JN225466

日本の商い

鈴木陸生著

島津書房

はじめに

日本には多くの人々の考え方に影響があったであろう、いくつかの歴史的な転換期がありました。縄文時代から弥生時代、儒教の伝来、仏教の伝来、大化の改新、応仁の乱、戦国時代、江戸鎖国の時代、開国・明治維新そして第二次世界大戦後の民主主義の時代などでありますが、これらの衝撃的な変革の時代がありながら、縄文以前からあったであろう八百万《やおよろず》の神を敬《うやま》う「神道《しんとう》」的なもので伝わった考えは、日本人の魂《たましい》の深いところに今でも潜んでいるような気がします。それらの中には、教えとして歴史的文章に残っていないものも数多くあります。

中には迷信《めいしん》と一笑されるものもありましょう。しかし、それでも現代社会で生活や個人の考え方に、影響をおよぼしているいくつかの考え方があります。そのように時代の変革の荒波にもまれながらも、依然として日本人の生活の中で、心や魂の奥深くに影響をおよぼしている古くからの考え方があります。

外国から来て日本人になった小泉八雲《こいずみやくも》は日本人の特性が良く見えたのでしょう。明治の中ごろになってでも残っていた神道について、日本人の生き方におよぼした考え方の素晴らしさを、彼は著書の中に数多く書き残しています。その著書に書かれていることを読むと、日本人の考え方の中に不変の考え方があって、それは神代《かみよ》の時代から現代まで続いていることが分かります。そのような日本人のものの考え方は単に日常の生き方だけに限らず、多くの企業文化にも影響しているのではないかと考えます。

まず、小泉八雲が日本の神道をどのように見ていたかについて、氏の著書を拾い読みすることで紹介してみようと思います。

八雲が語るには、現実の神道は書物の中に生きているのではない。といっています。また、儀式や戒律の中に残っている訳でもありませんといい、それらは、あくまでも国民の心の裡《うち》に息づいているのです。といっておりますし、その国民の信仰心の最も純粋な発露として存在しております。決して滅びず、決して古びることのない表象《ひょうしょう》が、日本の神道なのであります。そして、古風な迷信、素朴な神話、不思議な呪術《じゅじゅつ》など、この世に現れいでて人々の目に触れる現象などより遥か深い下で民族の魂の命根《めいこん》として、いまも生々と脈打って生きています。

さらに日本人の本能や活力や直感も、またここに由来している。と述べ、「神道が何であるか知りたい者は、よろしくこの地下に隠れた魂の奥底へと踏み分け入って研究して下さい。そしてこの国の人々の美の感覚も、芸術の才も、剛雄の炎も、忠義の赤誠《せきせい》も、信仰の至情も、すべてはこの魂の中に先祖より伝わり、無意識の本能にまで育まれたものなのだ」。と彼は述べております。(『神々の国の首都』講談社学術文庫)。そして、「この著作は神道を啓蒙するために書いたものではありません。文章や形になって残ってはいない数々の教えや呪文、昔語りの中に、隠喩的《いんゆ》(＊注—1)表現を持って語られた神道の教えを例にとって、日本人の魂の奥で今も脈々と続いている思想や文化に影響をしているものの、存在を分かって頂きたいと望んでいることをお伝えしたいのです」。と語っております。

(＊注—1)隠喩：例え話を用いて説明すること。

八雲という日本語表現の名人によっていい著された日本人の精神の奥底を見透かす力を、全否定できる人はいないでしょう。日本人は、既存のものをすごい破壊力で攻撃してくる異国の宗教、文化や文明によっても破壊されることなく持ち続ける柔軟な価値観を今も保持しているのです。その一つは「和」を尊ぶ魂の叫びかもしれません。

そのことが分かったときから、私は日本におけるモノ作りから、販売そして消費に至るまでの過程においても、普遍的に存在する日本固有の購買行動時の意思決定の価値観や、文化およびモノの考え方が存在しており、そのことが日本の市場でモノが売れる、あるいは、売れないという現象に影響している心理として存在するのではないかと思います。

そのことを知らないと、日本では製造業・流通業・販売業においても、何故売れるのか、何故売れないのかが分らず、日本で事業に成功することはおぼつかないという結果に遭遇して、悩むといったことが起きるのではないかと気がつきました。そして、そのことから、日本においてモノを作ってから売るまでの過程を通してモノが売れる普遍的な条件について、考察してみたいと考えるようになりました。多分、科学的な証明は不可能でありますが、多くの妖怪《ようかい》によって示された勧善懲悪《かんぜんちょうあく》的な迷信は、心の奥深いところで日本人の道徳的な生活文化に不文律となって影響を与えています。そして、そのことが日本の日常の生活を律している事例は決して少なくないと思います。ですから、モノの製造や購買行動の心理にも古代からの考えが、今も変わらずに影響しているものがあると考えております。

特に私は日本で営業という仕事を長くしてきました。日本には封建社会時代に「士農工商」という身分制度があって、人間の位が身分によって差別されていた時代がありました。営業という仕事はこの封建制度下の身分制度にあてはめてみますと一番下の〝商〟に位置づけられるため、封建制度が崩れて百年以上もたつにもかかわらず、何となくモノを売るよりは〝モノ作り〟のほうが上位に位置づけられて、販売を担当するものが見下されているような気がして残念でなりませんでした。営業を極めることを道《どう》として誇りを持ってやってきた人間として、そのことは大変残念に思えてなりません。

今、私は歳を重ねて現役からは離れていますが、生きている間に「営業だってその道を極めればすごいところまで行けるのだよ」ということを述べて、世に問い掛けてみたいと思っています。そこで『日本の商い』と題して日本の営業道を述べてみることにしました。もとより根が浅学非才の一営業担当者でありますから、高尚な学術論文は書けません。しかし、努力してやってきた経験から「何故モノは売れたり、売れなかったりするのだろうか」ということを考え、モノが売れるための普遍的条件を見極めることで、営業道を方便《たつき》として悟《さとる》ことに至る人間形成の道を生きることが可能だということを述べてみたいと思います。

アメリカ一番のスーパーマーケット（ウォールマート）やフランス一番のスーパーマーケット（カルフール）の経営者が、「日本の消費者は世界一難しい」といって、日本に進出しながら足踏みをしております。一方、そのような日本市場で、成功を収めている人も現存します。日本の商売の市場で成功するための条件とは何かを、今こそ探ってみたいと考えています。

人は誰でも自分の周りで起きたことによる体験の積み重ねで、その地域の文化を体験し、知識、習慣として積み重ねて行きますが、見たり聞いたりしたこともない他国の文化や習慣については、その価値もよく理解しないといったことがままあります。国境を接しない特異な文化圏の特徴として、日本人は外国人のことをよく知らず、また、諸外国の人が日本のことをよく知らないという点が国境を接するヨーロッパ諸国とは大いに異なります。

そして過去には小泉八雲とか、ブルーノ・タウトといった炯眼《けいがん》の師によって日本の特徴的なことが諸外国に紹介され、外国人は日本の優れた点を認識することが少なくありませんでした。外国人はもとより日本人でもそのことを自覚せず、そのことが当たり前のように思っていたこともたくさんあります。日本人も外国人の日本紹介といったことで「自分の国の特徴」を認識するといったこともよく見掛けます。

日本の商習慣《しょうしゅうかん》などは外国人から見ると分からないことも少なくないのでしょう。まだまだ日本のことを多くの人々に理解してもらう必要があります。

その日本の商い習慣を「規制」であるという解釈ではなく、そのような過去の習慣に影響を与えた日本文化の特徴が存在するのを理解してもらう必要があると思います。

また、モノ売り（商売）だけでなく、日本のモノ作り（製造）にまで考えを広げますと、この方面の仕事にも素晴らしい伝統があって、そこにも売れるための敷衍《ふえん》性のある条件をみることができます。例えば、伝統工芸品を作っている人々の生きざまです。そこからは「モノ作りだって世界に負けないぞ」という声が聞こえます。

そしてモノ作りの世界に住む人々にも、人間形成への道が模索されていることが分かります。さらに、日本の伝統工芸品作りで求められる〝美〟の根源には、日本固有の宗教的な思想があることに気がつきます。仏像に代表される彫刻美はまさにその代表ではないでしょうか。そして、その美しさには尊厳、慈愛、許容、慰めなど、まさに曼荼羅《まんだら》の知恵が求められます。しかも、それらは誰が見ても美しいと感じられる普遍性を持ったモノが要求されます。何と難しいことではありませんか。そのために仏師は仕事を始める前に「斎戒沐浴《さいかいもくよく》」を行い、体の穢《けが》れを流し去って作業にかかります。これは仏師に限ったことではなく、刀匠ら他のモノ作りに携わっている人にもそのような方がおられると聞きます。何故そのようなことをするのでしょうか。

私は創作者が邪悪な欲得に影響されてモノを作るのではなく、無の境地で自らに与えられた真知《しんち》の力に導かれて手足を働かせ、世のため他人《ひと》のためになる作品を作ることを望んだ結果ではないかと思います。真知とはことであります。

「真如実相《しんにょじっそう》」を悟った後に得られる知恵のことです。「真如」とは「ありのままの姿」、すなわち万物の本体として恒久不変の真理、宇宙万有あまねく存在する根源的な実相、法性（御仏《みほとけ》の心）として人間に与えられた知恵のことであります。

「斎戒沐浴」して創作に臨む心は、穢れを流し去って妖怪や化け物が身にとりつく隙《すき》を与えず、万物本体の知恵のささやきに従って仏像を作りたいと願うからであろうと思います。

万物本体の知恵とは、煩悩の灯を消して知恵の完成した悟りの境地、例えば、仏教で理想とする仏の悟った状態、すなわち、「涅槃《ねはん》」の心境でモノ作りに励みたいとの願望ではないでしょうか。そうしなければ良い作品は作ることができず、自我・我欲の残った気持ちで制作にあたることで、不完全な作品が作られることを恐れたのではないかと思われます。

これは一つの例ですが、日本ではどのようなモノ作りを行う人も大なり小なり、そのような心掛けで〝モノ作り〟に臨んでいるような気がします。このような心、すなわち完全を期する心はどこから出てきたかと考えますと、伝統的なモノ作りの制作態度から遺伝的に、魂から魂に引き継がれた心ではないかと思うしかありません。

作られたモノを販売する人たちも、また、製造に携わる人々のそのような心掛けや所作を知っているからこそ、顧客に販売するときにも製作者が行ったであろう、謙虚なモノつくりの心を購買者に伝えています。その態度はたとえ背広を販売するときにでも、まるで、仏像を厳かに販売するときのような慈愛のこもった微笑をもって客に接していることで分かるのです。

冒頭でも述べましたが日本人の価値観を支配している考え方の中には、原始的な太陽信仰から神道、道教、儒教、そして仏教などの影響が意識の底に存在しているように思われます。そして、モノを買い求める多くの人々も、無意識のうちにそれらの思想観に影響されて、求めるモノを選択しているのではないかと思われます。従って、モノ作りを提供する側も、それらの思想に叶《かな》うモノ作りを心掛けることに不思議を感じることはありません。ただ、もうすこし厳しく申しますと、千利休がこんな言葉を残しております。「叶いたがるは悪し、しかれども叶うは良し」。お客の希望に叶うだろうというだけではだめで、誠心誠意、作成したり販売行為を工夫したりした結果が、自然と客の叶うモノであることが望ましいというのです。何とモノ作りの人や販売に携わる人に求められる心には、奥深いモノが伝えられているのでしょうか。

広い意味での日本の伝統技術である〝農業〟、特に稲作においても、それに纏《まつ》わる多くのお祭に〝祈り〟という行為が残っております。今も能登地方に形として残っている〝あえのこと〟などはその代表格のように思います。農事における祭には大体において「願い」と「感謝」の二つの形が見られます。豊作を祈り、収穫を感謝する場のことですが、これらの祭りを執《と》り行う心は前述の「斎戒沐浴」の心とよく似ていると思うのですが、みなさんはいかが思われますでしょうか。

現代日本人の価値観も変わってきましたけれど、潜在的なところでヒンドゥー、仏教、道教、儒教および日本的多神教などの多様な伝統宗教の影響を、色濃く残しているのが日本の伝統文化の特徴ではないかと思います。ですから、根底にこれらの考え、すなわち、「身を清めて邪《よこしま》な考えをぬぐい去り、真摯《しんし》な気持ちで作業を行う」という考えがあって、日本人には何をするにもこれらの思想観に影響されて、今日まで仕事をして来たといってよいのではないかと思います。そしてこれらの考え方が特に色濃く残っているのが、「日本の伝統工芸品制作者の心の中」ではないでしょうか。もしそうであるならば、モノ作りや商売に携わる人たちが日本の精神構造を形《かたち》作っている日本の価値観についてを知らずして、創造活動に従事して良いはずはありません。だから、買うほうの消費者も日本人の魂の奥底に残っている、このような考え方があることを知っていなければなりません。このように生産者から販売者までもが日本人の好みに関する考え方の根源と、歴史について認識しておかねばなりません。

ちょっとくどくなりますが、このように考えてみますと問題は「モノ作り」「モノ売り」に限ったことではなく、日本における色々な組織の運営も、あるいはそれらの経営全般においても、携わっている各人の魂の奥底に眠っている不変の日本的価値観の特徴があるのではないかと考えます。そこで、日本におけるモノを作るというところから、モノを販売し、買って使い、そして修繕して、また使用するといった製造から消費に至る一連の流れの中で、数度の劇的な社会的環境の変化にもかかわらず、いまも変わらずに共通、かつ普遍的な形で残っている日本人の魂のささやきに関して、日本人が持つ価値観の根源を探し、歴史をたどりながら、その拠《よ》って立つ原点を見つけ、今日にまで影響している考え方について考察してみたいと思っております。

そして、未来やＩＯＴ（Internet of Things）の時代にも通用する〝仕事の仕方〟に必要な条件を見つけ、日本市場における特徴の中で、見逃してはいけないことを『日本の商い』というタイトルでまとめてみようと思います。〝日本の商い〟というタイトルをつけておりますのは、『商人』は製造から販売まで、さらには消費に至るまでの全域にわたる各当事者の〝魂と志〟を多くの人に伝える伝道者でなければならないと考えたからです。

そのような趣旨で書きましたので、営業主体の企業における若手の中間管理職の方々、新規に起業された若手の経営者の方々、そして外資系企業の若手幹部の方々にお読みいただき、良い企業文化を創造することの重要性に気づいて頂ければうれしく存じます。

鈴木陸生《りくお》

日本の商い　目次

目次

はじめに……1

第1章　日本で良く売れるモノ、売れないモノ……21

第1節　日本人の好き嫌い……21

第1項　好き嫌いの感性の根底にあるもの……21
第1項の2　日に三度の食事と日本文化……26
第2項　六感のうち「眼《げん》」、それに対応する好ましい「色」について……26
第2項の2　六感のうち「眼」、それに対応する好ましい「形」について……33
第2項の3　実用品の美について……41
第2項の4　六感のうち1〜2　眼（色、形）のまとめ……42
第3項　六感のうち「耳」、それに対応する好ましい声について……44
第3項の2　六感のうち「音」のまとめ……49
第3項の3　六感のうち「鼻」、それに対応する好ましい香りについて……50
ムクサノタキモノ（6種の薫物）……52
第3項の4　六感のうち「香《かおり》」のまとめ……55
第4項　六感のうち「舌」、それに対応する好ましい味について……55
第5項　六感のうち「味」のまとめ……58
第6項　六感のうち「身」、それに対応する

好ましい手触りについて……58
第7項　六感のうち「身」（触）のまとめ……61
第8項　六感のうち「意」、それに対応する日本人が求める感性について……62
第9項　六感のうち「意」のまとめ……67
第10項　日本人が好むモノ……68
第10項の2　日本人が嫌いなモノ……68
第10項の3　日本人に影響を与えた儒教の徳育表現……69
第10項の4　日本人の好む言葉……69
第10項の5　枕草子……73
第10項の6　因幡の白兎……74
第10項の7　八岐大蛇《やまたのおろち》退治……74
第10項の8　万葉集……75
第10項の9　曼荼羅……76
第11項　第1節の終りに……76

第2節　日本の商いの特色……77

第1項　日本の「商売」のあしどり……77
第1項の2　ちょっと見には分からない工夫と細工……83
第1項の3　良く売れるモノの共通点……83
第1項の4　声なくして人を呼ぶ……83
第1項の5　文化と文明（売れるモノの条件）……84
第1項の6　価値観の地域差……84
第2項　爆発的に売れるモノと何時までも売れるモノ――良く売れているとはどういうことか……85
第3項　継続的な価値観で長期売れ続けるモノ――ロングセラーが生まれた背景……87
第3項の2　最初に衣類に属するモノで見てみましょう……87
第3項の3　食べ物について見てみましょう……89
第3項の4　住まいについて見てみましょう……92

第4項　瞬間的な浮き沈みや泡沫的現象で突然ブームが現れた背景……97
第4項の2　流行商品の予想される展開……98
第4項の3　戦後の復興時代の流行の影響……99
第4項の4　集団就職の時代の影響……100
第4項の5　ベビーブームの到来の影響……101
第4項の6　核家族化の影響……102
第4項の7　外圧による規制改革の影響……102
第4項の8　情報伝達の技術革新の影響……103
第4項の9　流行を発生させる要因……104
第4項の10　21世紀の価値観は「心身の健康と安全な衣・食・住の環境」を大事にする心……105
第5項　価値観を形成してきた過去の時代背景……105
第5項の2　禅僧鈴木正三の考え……113
第5項の3　石田梅岩の考え……114
第5項の4　二宮尊徳の存在……117
第5項の5　日本の私塾……118
第6項　経済的な価値観に対する疑問……119
第6項の2　物々交換と貨幣……121
第6項の3　資本主義の崩れの予感について……123
第6項の4　第6項のまとめ……128
第7項　日本の商いに影響を与えた思想・文化の移ろい……128
第8項　日本人の好き嫌いの価値観を形作ったた多くのモノ、「富士山」……135
第8項の2　薬師如来像……136
第8項の3　宗教……137
第8項の4　宗教観……139
第8項の5　正しさ……139
第8項の6　お伊勢参り……139
第8項の7　伝統文化……140
第8項の8　胎臓曼荼羅……140
第8項の9　忠臣蔵の物語……141
第9項　日本の気候・風土の購買心理に対する影響……142

第9項の2　地理上の日本の位置……142
第9項の3　衣類に対する気候風土の影響……145
第9項の4　食に対する気候風土の影響……147
第9項の5　住《すまい》に対する気候風土の影響……148
第10項　日本人の価値観を形成する〝情《じょう》〟とは何か……149

第2章　日本で生産性の高い販売担当者……153

第1節　営業とは何か……153
第2節　営業を成功させる条件……154
第3節　好成績を上げている営業担当者の実像……157
第4節　モノを売る前に自分を売れ……162
第5節　良く売るために販売担当者が習得したいと考えていること……165
第1項　良く売る販売担当者が共通に持っている素養と販売技術——自己の成長過程の体験不足を補うために実施している努力……165
第1項の2「自分の顔に責任を持つ」良い顔つき維持のために行っている努力……171

第1項の3　「健康を良く管理すること」のために払っている努力……175
第1項の4　正しい呼吸の稽古・数息観……176
第1項の5　「相手に心地良く聞こえる話し声・話し方」ができるようになる努力……178
第1項の6　「魅力ある目つき」で接する努力……182
第2項　求道家の稽古と修業の紹介……185
第2項の2　ロダンの言葉より（『ロダンの言葉抄』岩波書店）……186
第2項の3　弓道範士阿波研造先生とドイツ哲学者オイゲン・ヘリゲル博士との会話から……187
第2項の4　達磨の話……189
第2項の5　風姿花伝に見る稽古……191
第2項の6　川上哲治の自伝に見る練習……193

第6節　販売担当者が販売効率を向上するために心掛けていること……196
第1項　顧客にとって心地良い挨拶をすること……196
第2項　顧客への話の切っ掛け作り（顧客と会話を始める機会）……198
第3項　商品の説明（デモンストレーション）……200
第4項　商品説明の前に問い掛けによって情報収集を……203
第5項　商品説明での注意点……204
第6項　販促副資材の使い方……204
第7項　顧客の質問の真意をつかむ……205
第8項　優良営業担当者の販売話法の組み立て――購買心理の打診……205
第8項の2　二者択一法……206
第8項の3　損得選択法……206
第8項の4　商談の転換……208
第9項　商談の締結（クロージング）……211
第10項　退出時の会話の技術「置き言葉・残

心」……212
第11項　仕事に対する稽古と修行について――修業と禅の結びつき……216
第11項の2　修業と稽古の意味するもの……220
第11項の3　日本人の宗教観と修行……224
第12項　第6節のまとめ……225

第3章　良く売れる店や会社……229

第1節　良い店・良い会社とは――経営思想を共有する一心同体の組織……236
第1項　経営者の志……239

第2節　企業の組織形態の違いに見る日本的経営の形……244
第1項　卸売業者の得意先の質による分類……247
第2項　販売担当者の得意先を卸売業態に特化した考察（この項では卸売業・代理店と特約店を同意義語に）……250
第3項　卸売店の人的・組織的構成から見た形を知る必要がある……253
第3項の2　企業の組織的特徴による分類……254
第3項の3　いわゆるワンマン的経営――担当企業が卸売業であり経営組織が第3項の「分類A」の形の場合……255
第3項の4　トップグループのまとまりが良い場合――担当企業が卸売業で経営組織が第3項の「分類B」の形の場合……256
第3項の5　トップグループのまとまりが悪い場合――担当企業が卸売業であり経営組織が第3項の「分類C」の形

の場合……257
第3項の6　下部組織や実務段階の人が実権を握っている場合——担当企業が卸売業であり経営組織が第3項の「分類D」の形の場合……258
第4項　顧客企業の組織運営の実態を知る必要がある……259
第5項　目標を達成するために顧客企業と販売目標・計画を共有する必要がある……260
第5項の2　具体的な展開について……261
第5項の3　計画会議の実施……262
第5項の4　決定目標とその追跡……265
第5項の5　月間計画進捗追跡会議（トレース会議）の実施……266
第3節　組織の経営管理……295
第1項　企業労働者の時代環境……296
第2項　組織の運営管理ができて初めてマーケティングが生きる……300
第3項　個々の企業の経営理念はその企業が
第5項の6　説明会・検討会の実施……267
第5項の7　計画の進捗チェックについて……267
第5項の8　未達成対策について……269
第5項の9　日本で成功している代理店担当者の実務と心構え……271
第6項　人材育成の仕組みを企業文化として持っていること……272
第6項の2　日本企業の社内教育について……273
第6項の3　つん留の話……276
第7項　これからの企業の経営者に必要な見識……280
第8項　商人の倫理、道徳、家訓などの重要性について……295

社会に示した公約である……302
第4項　日本的組織マネジメントの要点……305
第5項　経営理念の具体例……308
第4節　組織をマネジメントする……310
第1項　企業経営の志を明確にすること（理念・社是・社訓）……313
明示すること……314
第2項　組織の活動目標は明確にすること……314
第3項　「組織目標」達成のための基本方針を
第4項　組織規定、業務分掌規定等を作成すること（詳細は割愛）……316
第4章　日本の商いを支配する情《じょう》……321
第5章　日本でモノを売るということ……329
第1節　日本人の心――情について記憶に残った言葉……334
第1項　岡　潔……334
第1項の2　西田幾太郎……334
第1項の3　清少納言の言葉……334
第1項の4　ある小学生の言葉（信濃教育会編）……334
第1項の5　「かつお」と題するちょっとした話……337
第2項　「自然ということ」……338

第3項　「礼儀とか作法とか」……340
第4項　「恥」とは……346
第5項　「裏切り」とは……349
第6項　「恩返し」とは……350
第7項　「価値観の多様化」の中身……351
第8項　「稽古」が好きな人種……355
第8項の2　良　寛……356
第8項の3　山岡鐵舟と三遊亭圓朝……358
第9項　「薫習《くんじゅう》」ということ……359
第9項の2　「モノを売る前に、まず自分を売れ」……362
第10項　「求道心《ぐどう》」……364

第6章　日本における商いの成功は経営者の志にある

……367

第1節　経営者の人格

……367
第1項　ブライアン看護師の原則（P・ドラッカーの著書から紹介したい一節）……369
第2項　経営者とは……371
第3項　経営者の責任……371
第4項　企業経営者が考えるべきこと……372
第5項　良い会社とは……372
第6項　経団連企業行動憲章……372

第2節　経営の失敗

……374
第1項　経営を失敗しないための留意事項
〈債権の管理〉……377
第2項　経営を失敗しないための留意事項
〈不正〉……378

第3項　神に祈るということ……381
第3節　社長の交代……381
第1項　日本人が後事を託して引退する際に好む心音《こころね》……387
第2項　日本人が嫌う社長の交代……387
第4節　経営者の言葉
——多くの経営者の発言から日本の経営者として具備すべき必要条件とは何か……388
第1項　日本における名経営者（二十世紀の話でちょっと古いのですが）……389
第2項　経営者の一言……390
第7章　国際化の中で日本の経営者の責務……395
第1節　国際化とは……395
第2節　新しい文化と新しい競争の発生……399
第3節　国際化時代の企業経営……405

第4節　日本の経営者が果たさなければならない役割……408
第8章　商人道……411
第9章　商人の夢……415
おわりに……419
《付録》企業規定類見本……I～XXX

第1章　日本で良く売れるモノ、売れないモノ

第1節　日本人の好き嫌い

第1項　好き嫌いの感性の根底にあるもの

私は「好きです」「嫌いです」という単純ですが、誰もが持っているこの基準が、人間がモノを取捨選択する場合に、根源的な判断基準となっているのではないかと思っています。この「好き嫌い」という感情でさえも、科学的に研究すれば、どこかにその感情の発生源があって、将来はその作用の仕組みが解明されるかもしれないと考えますと、人間の感情までが経済学や統計学のごとく、何やら面白くない時代がくる予感がしないでもありませんが、好き嫌いについて現在では、まだ誰も科学的根拠と証明する術《すべ》を持っている訳ではありません。

従って、私の述べる好き嫌いの判断は、いわゆる科学的根拠に乏しく、独断と偏見が多く、私的体験が大いに影響していると思われます。逆にいえば、まだ科学的根拠に基づく反論に遭遇する確率も少なく、その点は少し安心して良いのかなと考え、駄筆を重ねてみたいと思います。

そもそも本書を書き始めた目的は、単純に「モノには何故売れないモノと、売れるモノとがあるのだろう」ということに、疑問を持ったことがきっかけであります。

そして売れるモノと、売れないモノとではどこが違うのだろうかと考え、長年の営業活動の経験から、初めて見たときから商品の評価に至るプロセスに潜む、普遍的な理由を探す研究をしてみようと考えた訳です。そして欲張りなことに、これからさらに国際化時代が進むことを考え、国内で営業活動に努力をなさる方々や海外へ進出して、日本の製品の良さを海外へ知らしめ、日本に企業進出を試みようとする担当者に対しては、何らかのヒントを提供することがあれば、自分を長年支え、応援して下さった多くの方々に対しても少しは恩返しになるのではないかと、我田引水ではありますが考えを述べてみたいのであります。

繰り返しますが、モノが売れる売れないという現象の奥に潜む、「モノが良く売れる理由、あるいは原因に潜む普遍性を探ってみたい」と考えたことが出発点であります。売れる売れないは作り手の違いによる「モノの差」によるのか、売り手、すなわち「売る人の違い」によるものなのか、それとも「売る店」あるいは「売る組織の違い」によるものなのか、何が原因なんであろうか。あれこれ思考するうちに、客の「買う、買わない」という意思決定の表現が顕在化する前に、「買い手の意思決定を支配する何か」があるのではないかと考えました。その意思決定に至る過程で深くかかわる「感情」の一つが、買い手の心を支配する選択基準「好き嫌い」というモノの見方ではないかと考えました。そこからさらに、突っ込んで人間の好き嫌いの感覚に影響する、事象について調べてみたいと考えるようになりました。

好き嫌いを〝感じる仕組み〟を考えるうえで、どのような切り口の分類で考えるのが良いかと考えたとき、お釈迦様の根本思想が凝集しているといわれる、般若心経の経本に「無眼《むげん》耳《に》鼻《び》舌身《ぜっしん》意《に》」という言葉で示された六感というものがあることに気がつきました。この人間の本能に含まれる、六感という区分に従って検討することは意味があるように思いました。その訳は、お釈迦さまが示された言葉であるということです。お釈迦様の言葉であるということは、日本人にとって非常に大事なところです。すべての日本人の価値判断の根底に横たわり、いまだに大きな影響力のある仏教的な考え方は、地球におけるマグマみたいに日本人の心の底に存在しています。すべての価値観に対してその評価を計る方程式の分母のような存在です。ですから、お釈迦様が経典で述べておられる六感という基準には、我々の判断を越えた大きな考えがあるのではないかと考えます。そのような訳でこの区分を切り口として、何故売れるのか、売れないのかということを好き嫌いという判断を、六感を区分基準にして、これから考えてみようと思います。

六感に感応する好き嫌いを大雑把《おおざっぱ》にいえば、音では静かが良くて騒々しいのは嫌い。色では白、純白、鈍色《にびいろ》、萌黄色《もえぎいろ》、茜色《あかねいろ》、紫などが好きでケバケバしいのが嫌い。匂いでは芳《かんば》しい香《こう》ばしいモノが好きで、臭《くさ》いと表現されるものは嫌い。手触りでは柔らかく手にしっとりくるモノが好きで、とげとげしかったり、触ってザラザラするのは嫌い。食感ではパリッとしたモノがよく、ぬるりとしたモノは好まない。ということがいえるかと思います。

ちょっとのっけから横道にそれて恐縮ですが、好き嫌いという表現によらずに別の表現を考えてみますと、モノを選択をする場合、多くの人は無意識のうちに「直感」に訴えて答えを求め、意思決定をしていると思われます。直感に訴える方法として古い仏典によれば、

人間は識《しき》（ヴィジュニャーナ vijnana「梵《ぼん》」）、すなわち眼・耳・鼻・舌・身・意の六根（＊注―1）をよりどころにして、色・声・香・味・触・法の対象（六境）に対して、眼識・耳識・鼻識・舌識・身識・意識の六識によって見・聞・嗅・味・触・知の了別作用をすると記されています。なんだか難しい言葉を使った話ですので、解りにくく感じるかもしれませんが、特に難しい話でもないのです。どのような日常の行動でも、「人間が無意識に実行していること」を言葉で書くとこういうことになるのであろうと思います。

これらの話は本筋の議論ではなく、好き嫌いを考えるとき、どのような区分で考え方を整理してゆくかということに関して区分の一つの根拠として仏典を用いて、その区分に寄ったということを示したにすぎません。深入りは無用です。

（＊注―1）六根《ろっこん》、人間の持つ六つの器官、六境《ろっきょう》、六根の対象。六識《ろくしき》。見・聞・嗅・味・触・知の分別作用をする眼識・耳識・鼻識・舌識・身識・意識をいう。このうち眼・耳・鼻・舌・身を五根といい、人間が外からの影響を受ける身体の器官、すなわち五感であり、意はそれによって生じる心の働きのことです。

無意識の感性を気づかせてくれる現象を一つお示ししてみましょう。

「これやこの　腐れる浮木取り上げて　子守の神と　我はなすなり」

と気持ちを記した円空と、その作品である多くの円空仏についてはご存知の方も少なくないと思います。この円空仏を見た人は何も知らなくても思わず手を合わせたくなると思います。理由や理屈ではなく、自然と感じるこの感性は日本人の心の底にある魂に直接訴えかけて、「木端《こっぱ》のひとひらも畏敬し、無駄にしてはいけない。どんなものにも魂がある」ということを感じさせてくれます。

そして、この心は日本人の誰もが意識せずに持っており、心から心に伝承されて今日まで残っている感性であると思います。どんなモノも粗末にしてはいけない、モノを大切にしなければいけない、もったいないなどという心はみんなが知っている心であります。この言葉のように誰が、何時、誰に、どのように教えつなげたといった記録すらなくても延々と続いている感性があります。

紹介したのはほんの一部分ですが、このように時代を越えて伝わっている独特の感性で、文化の一部として日本人が心の底に持っている本性に近い感性の中に、好き嫌いの取捨選択の基準もあるような気がします。

これなどのことも参考にして、日本人の好き嫌いによる選択肢の根源に横たわる感性について考察してみたいと思います。そのようなことを考えていますと、日本人は仏教思想のうち日本で洗練され発展し、今も残っている「禅」の思想が理解できる民族であることが不思議でないような気もします。例えば、禅問答のような「言葉」と格闘していると、道元《どうげん》禅師が禅は「不立文字《ふりゅうもじ》」「教外の別伝《きょうげべつでん》」といわれ「只管打座《しかんだざ》」といわれたその気持ちや、一休宗純師が骸骨《がいこつ》の戯画絵を持って衆生に示されたことの意味も分かるような気がします。

話を戻します。一般的には五感とか六感といったほうが解りやすいかもしれません。〝好き嫌い〟はいずれにしても、生まれたときから身についた本能的感性によって動かされているに違いないと思われます。が、実はそれだけではなく、生まれてから見たり、聞いたり、触ったり、食べたりした経験から得られて体験として蓄えられた数えきれない程の知識がそれに組み合わさっているようなのです。

すなわち、阿頼耶識《あらやしき》（＊注―２）に蓄積された習慣力が自我を形成していって摩迦識《まかしき》となります。この摩迦識が曲者なのであります。（＊注―３）ただし、ここで述べようとするのはアイデンティティーとして確立した固有の摩迦識ではなく、モノの購入動機や意思決定の場面において敷衍《ふえん》可能な日本人の摩迦識を見つけようというのであります。ですから、本著は古代から現代までの具体的事象から、わが感性を信じて独断と偏見で好き嫌いに対する日本人的なモノの考え方を分析しようというものです。

（＊注―２）阿頼耶識：私たちの行為はそれが終われば、そのまま消えてしまうのではなく、必ず心の中に行為の習慣力を残します。そして色々な経験をするうちにそれが心の奥底に種子となって蓄積されてゆき、私たちの記憶となって性格を形成する元となり、潜在的に認識や判断、さらには行動に大きな影響を与えるといわれています。それらを蓄えておく場所を阿頼耶識と呼びます。阿頼耶識は単なる倉庫のようなモノであり、そこに蓄積されたモノが実際に働くためには、摩那識から生まれた自我意識とか分別心とかが作用して、阿頼耶識には「我という垢《あか》が蓄積されていく」といいます。

（出典：藤原東湖著『禅とはより』）

最近エジンバラ大学のピーター・ヒッグス教授が予言した、ヒッグス粒子が発見された可能性があることがマスコミを騒がせましたが、万物を結びつけるヒッグス粒子とはそのスケールが全く異なりますが、古い仏教の知識の中に「阿頼耶識」とか「摩迦識」という概念があることは、科学の力とは別に人間の推論・英知の果てしない可能性を思わせて興味が尽きません。

（＊注—3）摩迦識：魔迦とは、たくさんとか多いという意。

第1項の2　日に三度の食事と日本文化

日本人は一般に一日に三度の食事をしますが、その食事は三度とも意味が違っており毎日あるいはその都度、献立は異なるのが一般的です。そのために欧米の食事とは異なる文化が生まれています。そのことは異なるモノを疑問なく受け入れることができる文化の元ではないかと考えます。逆に毎回同じでは気に入らない文化だともいえそうです。

ですから、一度受け入れたからといって、すべてを受け入れたのではなく、全体の食事の流れの中で一部を受け入れてきたのでしょう。すなわち、変わったおかずを受け入れただけなのではないでしょうか。

日本の消費者は世界一難しいと、「カルフール」にいわせた原因はそこにもあるような気がします。日本では消費動向調査（マーケットリサーチ）が余り役に立たない理由もそこにあるように思います。

第2項　六感のうち「眼《げん》」、それに対応する好ましい「色」について

前口上《まえこうじょう》がちょっと長くなりすぎましたが、まず、最初の切り口として眼・目から考えてみたいと思います。見て好きと感じるモノにはどのようなモノがあるかということですが、眼に感じるモノとして〝色〟というのがあり、次いで〝形〟があると思います。そこで、まず色から考えてみたいと思います。

　私は日本人の好きな色とはどのような色か、と考えますときに何時も真っ先に出てくるのが「鈍《にび》色」という言葉です。その言葉がいつも思い浮かびます。理由は何かよく解りません。「朽葉《くちば》色」というモノはその代表格のように思います。子供のころから身近にある本などに出てくる、絵や写真の色はそのほとんどが原色ではなく、くすんだ色であることに気がつき、子供のころ親に聞いたことがあります。そのときの答えとして「日本の風景は四季折々の自然の彩《いろど》りに囲まれており、その自然の彩りと調和する色が美しい色と考えられてきたのだ」と、聞いたような気がします。

　しかし戦後、その感覚は一気に乱されてしまいました。日本の四季は昔と変わってはいないと思うのですが、米国人のもたらした救援物資は軍の物資を除けば見事な原色で彩られていました。そしてそれらは救援物資のあり難たさとは別のところで違和感を持って迎えられたと記憶しています。またヨーロッパ、特に地中海地方を旅行した方が、素晴らしいと感じて買い求めたネクタイが、日本に帰ってくるとちょっと締め難いと感じた経験を持った人もおられるでしょう。

　話がそれましたが、日本人の好む色について考えてみましょう。

　日本の色には〝意味〟と〝位《くらい》〟があります。一般的に色の価値観の底に潜んでいる考え方は、聖徳太子の時代に定められた、「冠位十二階」に示された色の序列が影響しているような気がします。この価値感は長らく日本人の色に対する先入観を支配してきたような気がします。その色についての制度を概説してみますと、冠位十二階は推古天皇の時代（六〇三年）に制定された服の色・冠《かんむり》の色の制度です。

　この冠位の制度は、冠の色により位階を表し、上下の秩序を示す視覚的識別方式でした。冠位の色は、上位から紫（徳を表す）、青（仁を表す）、赤（礼を表す）、黄（信を表す）、白（義を表す）、黒（智を表す）の六色であり、さらに徳なら大徳・小徳の二つに別れ、大徳の紫が小徳の紫より濃い色です。この濃淡の違いで大徳・小徳・大仁・小仁・大礼・小礼…と十二階位に分かれます。また天子（帝）は白、皇太子は黄丹《おうに》（橙色）を用い、禁色の定めがあって臣官はこの色を使うことができませんでした。天子の白と臣官（義）の白との違いは、天子の衣服用の絹は蚕の繭《まゆ》を紡《つむ》いでも少ししか取れない絹糸で、この絹はその艶《つや》が落ちなくて、また変色しない絹であり、臣官の白絹は黄ばんだ白であると説明されています。皇太子は黄丹色と決まっていますので、聖徳太子はこの「黄丹」の衣冠姿であったと思われます。また紫が高貴な色とされるのは、褪色しない紫は「紫巻貝《むらさきまきがい》」の腸から取った汁で染めますが、染料の価格が高いので結果的に高位の人の衣服の色（高貴な色）にしか使えなかったという記録もあります。

　このような冠位の色は長らく日本人の脳裏に刷り込まれ、色彩に対する直感的な価値観を無意識に規制してきたような気がします。貴人が長らく使用してきた紫色は、後々の人々に対してもそれを見るだけで、何か高貴なモノを見るという感覚を呼び起こしたのではないかと思われます。冠色の制度はこのように後の多くの日本人の根底に、色に対する価値判定の基盤として存在してきたように思います。

　そのために「高価なモノ」と思わせたい場合には紫の色を使い、粗末なモノには使用を避けるという、モノ作りの歴史と伝統が文化として育まれた気もします。長い年月続いた、このような色に対する考え方や習慣が、日本人の色に対する価値観の先入観として、今でも固定概念化している点があるのではないかと考えます。つまり、モノは何であれ、この根底的な色に対する先入観に違和感なく調和すべく作られたモノは、「良く売れる」という一つの条件を満たしていると考えて良いのではないでしょうか。

そこで一番良く知られている高貴な色としての紫や、日本人が好きな藍《あい》（青）についてもう少し細かく見てみましょう。ただ単に「紫」というと、紫根《しこん》と灰汁《かいじゅう》による媒染で作った濃い紫色をいい、宮廷において上位の者のみが使用する色です。僧侶の使用する紫の袈裟《けさ》は最高位を表わします。深紫《ふかむらさき》が臣下最高位を表し、淡い方が下位の者ということになっています。「江戸紫」とは古くから武蔵野の代表的な草花であった、紫草で染められた紫を江戸紫と呼び、一時はヨーロッパまでその名を知られた程の爆発的な流行を生んだ色でもあります。

また岩手地方の南部紫とともに、全国的に流行した色でもあります。紫にはそのほか、紺青《ぐんじょう》色、藤《ふじ》色、二藍《ふたあい》、藤紫《ふじむらさき》、桔梗《ききょう》色、紫苑《しおん》色、深紫、薄色、菖蒲《あやめ》色、杜若《かきつばた》、葡萄《ぶどう》色、茄子紺《なすこん》など多数あり、きめの細かい色彩の違いが昔から使い分けられてきました。

日本人は藍色《あいいろ》が好きなようです。藍色に代表される青にもさまざまな色があります。水浅葱《みずあさぎ》、鉄色、青鈍《あおにび》、水色、甕覗《かめのぞき》、浅葱《あさぎ》色、藍《あい》色、藍鼠《あいねずみ》、納戸《なんど》色、群青《ぐんじょう》色、紺《こん》、空《そら》色、搗《かち》色などがあります。（＊注―1）これほど微妙に色を使い分けて、しかも、どのようなとき、何に用いるといった用途までを定めている場合があります。

さらに鴇《とき》色、桜鼠《さくらねずみ》、臙脂《えんじ》色、珊瑚《さんご》色、茜《あかね》色、牡丹《ぼたん》、柿色、納戸色、熨斗目《のしめ》色、勿忘草《わすれなぐさ》、苔《こけ》色、萌黄《もえぎ》色、青緑《あおみどり》、山吹《やまぶき》色、卵色、辛子色、海老茶、胡桃《くるみ》色、唐茶、利休鼠、深川鼠、銀鼠、そして金色は古代から仏教で永遠不変を表し、至高の精神世界の象徴でありました。

（＊注―1）搗色：黒く見えるほど濃い藍色、濃紺色。「かち」は「勝ち」に通じ、縁起をかついで武具の染め色や祝賀のときに用いられた。

ここに示した色の中で、例えば桜鼠を例に取ってみましょう。桜鼠とは「墨染の桜の花の色である」と説明されており、京都南郊の深草にある墨染寺《ぼくせんじ》の境内にこの墨染桜《すみぞめさくら》があります。江戸時代に大いに流行ったことがあるようです。退紅《たいこう》とは紅花で染めた桜色と一斤染《いっきんぞめ》の中間の淡い紅色のことをいうのですが、当時は濃い紅花染めは高価であることから裕福な人たちしか用いることができず、一般庶民は色を減じた薄紅色を用いたようです。この紅色の使い方には規則があって、濃い色は身分の高い人にしか使用が許されておらず、この程度ならよろしいという聴色《ゆるしいろ》が決められていた程、紅花の使用は制限されていました。（＊注―1）

ちなみに「一斤染」とは一疋（ぴき・二反）の絹布を染めるのに、わずか一斤（約600g）の紅花を用いて薄く染めたモノであることからこの名が出ました。

この一斤染と桜色の中間の退紅について貞丈雑記《ていじょうざっき》（＊注―2）によれば、「退紅というも卑しき者の服也、退紅とは桃色に染める布の狩衣《かりぎぬ》也。それを着る故退紅と云也」と記載されています。狩衣とはその名のとおり、野外衣装であり普段着のことです。紅《くれない》とは〝呉《ご》の藍〟のことで中国伝来の藍です。藍を最も濃い紅にするために八回も染め重ねました。これを韓紅《からくれない》と呼びます。

在原業平《ありわらのなりひら》は「ちはやふる神代もきかず竜田川からくれなゐに水くくるとは」と、竜田川の紅葉の紅の美しさを、竜田川のところどころ赤く美しい紅葉の風景を重ねて詠んでいます。すなわち、「山を彩る紅葉が竜田川の川面に映り、韓紅のくくり染めのようである。このようなことは神代にもなかっただろう」といった意味となります。韓紅の色にはこのような話も残っています。

さらに色の高貴さを示す話としては丁子《ちょうじ》色があります。香木の王者として知られる沈香《じんこう》をなんと染料として使用し、黄褐色に染めた布があるようです。相当高価なモノとして取り扱われたことが容易に想像されます。青系の色で面白い表現を使っている色に甕覗《かめのぞき》という色があります。極めて淡い藍色で、最も薄い藍染のことをいいます。藍染には白藍、薄藍、中藍、濃藍など微妙に色が違い、それぞれに名がつけられています。甕覗の色名は、藍甕にほんのわずかな時間を浸けただけ、「ほんの少し甕の中を覗いただけ」という意味からきたようです。まだまだ書き切れない程の色とそれにまつわる話があり、それぞれにふさわしい名前がついていますが、その多くは自然の現象にちなんだ名前がほとんどです。そして、日本で表現されている色にはそれぞれに謂《い》われがあり、その色を使うときにはその謂れと矛盾しないように心掛けないと、日本人の潜在意識との間で馴染《なじ》まない感情が生じ、不協和音を生じるという不思議なことが起こります。

このように多くの色があるうえに、日本の色は習慣あるいは伝統として、「何に使う色」というように決められたモノもあります。そしてその概念が昔から伝統文化として、多くの人の遺伝子に記録され残されているように思います。

このように考えますと、日本における好まれる色というのは、その色が施されたモノが使われるとき、その色の謂われ、用途とともに、および場所が調和するということが求められています。ですから、それらの条件を満たし、違和感なくそのときの環境にとけ込んで和音を奏でたときのように調和しています。その用いられたモノは、用いられた色やときとともに素晴らしいと評価されるのであると思われます。また、色が衣装に用いられた場合、独特の評価として派手《はで》、地味《じみ》、上品《じょうひん》、下品《げひん》などという比較表現があり、同じ色であっても色によっては、それを用いる人の年齢との調和で派手、地味と評価されるといった特徴もあります。これなども日本人の微妙な感性を表す一つではないでしょうか。

（＊注―１）紅赤は寛永二十年（一六四三年）の布令以来百姓、町民には禁制となった。

（＊注―２）貞丈雑記は伊勢貞丈《さだたけ》の著した有職故実書。十六巻。礼法、礼儀、人品、人物、人名、小袖、烏帽子、役名、官位、装束、飲食、膳、酒盃、輿、調度、書札、進物、弓矢、武具、刀劔、馬、馬具、家作、座鋪、紙類、皮類、鳥目、

鷹、物数、言語、神仏、諸結、凶事、雑事、書籍の三十五部に分類記載されている。貞丈の子孫が古書を読むときのたよりに、また人から故実を聞かれたおりの助けにもと、一七六三年（宝暦十三年）一月以後日々筆のまにまに書き記した雑録で、草稿のまま伝わったのを子孫貞友のとき、岡田光大が清書校合して一八四三年（天保十四年）に刊行。

さらに日本の色遣いは複雑です。それは合《あ》わせ、襲《かさね》、絣《かすり》、ぼかしなど単色から濃淡、そして組み合わせなどと広がりを見せるからです。特に古来の着物の着付けに考慮されてきた襲になりますと、感覚的に美しいということだけでなくて、色の襲の決まりまでがありましたので鑑賞するのにも高度な教養が要求されました。

例えば、紅梅《こうばい》ですが、表が紅梅の場合は裏は蘇芳《すおう》、時期は早春のまだ雪が舞うころに花咲く紅梅の色を表すとされています。従いまして、そのような襲を早春以外に着るということは非常識とされてきた訳です。桜色の場合、表は白、裏は赤花で、芽吹いたばかりの赤い若葉に、白い花を咲かせた山桜を表しています。桜萌黄色《さくらもえぎいろ》の場合、表は萌黄色、裏は赤花で春に着用し、萌黄色の若葉に山桜の花を表しています。菖蒲《しょうぶ》色の場合、表は青、裏は濃紅梅で着用時期は四、五月。撫子《なでしこ》色の場合、表は紅、裏は薄紫、夏の草むらに可憐に咲く撫子の淡い紫の花を表しています。

日本において好ましい色合いとは、単に、その色が美しいということだけではだめで、その色の持つ意味合い、組み合わせと季節感、そしてその場所および用いる人の品や位など、すべてが調和していることが大事で、その総合的な調和を感じとって、日本人は相応《ふさわ》しさを感じとり、称賛をするのです。さらに、日本の色を想像させ膨らませる要因の一つに、源氏物語や枕草子などという宮廷文学の影響があります。そして、わずかに残っているその絵巻物に施された色が長い間、日本の色に対する解釈に影響しているようなところがあります。そこに出てきた色が、文学とともに用いられたときと場所を想像させ、高貴な人たちが用いる色というものを夢の中で膨らませてきた感があります。日本の色遣いは夢見る世界でもあるのです。「みわたせば山も紅葉もなかりけり、浦の苫《とま》やの秋のゆうぐれ」。侘《わ》び、寂《さび》を感じさせる代表的な詩とされるこの和歌にも、日本人は充分な色と空間、そして経過した時間をも感じるのです。

日本人に好まれる色に茜色《あかね》というのがあります。茜色とは薬用・染料植物アカネの根で染めた暗い赤色をさし、夕暮れときの空の形容などによく用いられる色ですが、日章旗の中央に描かれた円形の赤いのが茜色です。今の日の丸の旗は江戸時代の後期に島津斉彬公が提唱し国旗の意匠として決まり、以来使われてきました。旗印の中央の丸印に使われてきた赤い色が、広島で取れた茜草からつくられた茜色です。国旗の色として慣れ親しんできたこの色は、日本人の郷愁の色でもあるのではないでしょうか。

第２項の２　六感のうち「眼」、それに対応する好ましい「形」について

次に眼に見えるモノとして〝形〟について考えてみましょう。一体どのような形が日本人の心に響き好ましいと感じられるのかと、いうことを考えてみたいと思います。仮に、日本において〝良く売れる〟とはどういうことか、定義をしたらどのようになるか。〝売れる〟といった場合、売れていたモノも入るのか、昔も今も売れているモノを指し示すのか、どちらでありましょうか。売れるという表現は現在形ですが、売れていたというのは過去形でありまして、その言葉には〝今は売れていない〟という意味も含まれているような気がします。

そこで、これから議論する売れる形につきましては、売れていたという評価を受けるモノは省くことにしたいと考えます。すなわち、日本において売れるとは昔も今も、そして将来も売れてるであろうという、ときを超えた長い時間と多くの人の評価に耐えて評価を受け続けており、将来も良い評価を受け続けるであろうモノを〝売れるモノ〟と定義して行きたいと考えます。

日本人は流行（はやりとかベストセラー）も好きですが、もっと好きなのはロングセラーです。ベストセラーの軽薄さをはしゃいで、もてはやすのは、かわいらしい若者の間だけ。と、誰かが何時かどこかで決めつけているようなところがあります。かつて売れたことがあっても忘れられたモノは、仮に懐かしさを愛でることはあっても評価はしません。日本において良い評価を得られるモノは、長い年月と多くの異質な価値観や評価にも耐えて長く生き残っているモノでなければならないのです。

そのような評価を得ようと思うと、例えば、日本では「出る釘は打たれる」という言葉が何時までも死語にならないことで分かるように、〝とがったモノ〟〝出張ったモノ〟〝引っ掛かるモノ〟〝はみ出したモノ〟と感じられるモノは良くないモノの代表であり、良いモノは〝角のないモノ〟〝柔らかいモノ〟〝滑らかなモノ〟〝馴染むモノ〟〝整っているモノ〟と感じられるのが良いモノに共通している形であるようです。さらにそのモノには優しさが潜んでおり、それがじわっとにじみ出ているといったモノが好まれます。例えそれが鋭角でなければならないモノ、例えば、刃物のようなモノであっても、細かく良く観察すると必ず丸みを帯びた部分があって、鋭さと調和をとっていることが分かります。名刀と呼ばれるモノと、その拵《こしら》えについてよく観察してみて下さい。そこにはこの考え方が象徴的に現れていることが分かると思います。

これらの考え方について、日本の伝統的な形から好き嫌いを確認をしてみましょう。日本はよく木と紙の文化といわれます。日本の生活必需品、衣食住を支えている材料が木材や紙が多いことから、そういわれるようになったのであろうと思われます。善《よ》し悪しは別として好まれる日本の形の代表として、現存する建築物の木と紙について、その好まれる形の根源を探ってみたいと思います。

みなさんが美しいと感じたからこそ、長い年月残されてきた木の形から、「形」が感じさせる好き嫌いを考察

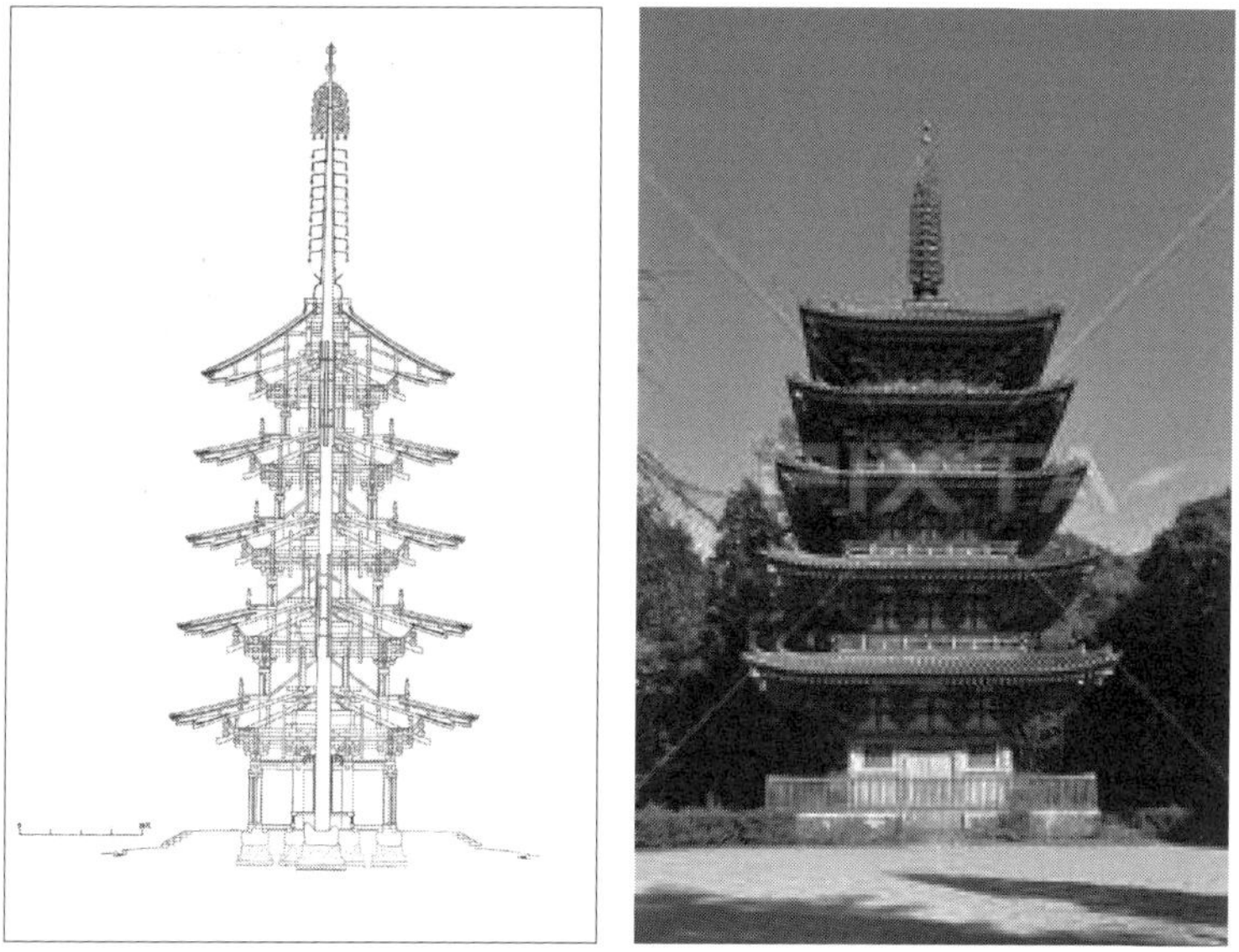

京都・醍醐寺の五重塔

してみましょう。木の形で何を代表的なモノとして論じるかは、あまりに多くの木製品がありすぎて選択に迷います。まずは木の形を美しく表す代表的なものとして、古刹《こさつ》や堂宇《どうう》はどうでしょうか、日本最古の五重塔である京都・醍醐寺《だいごじ》（＊注―1）の五重塔の木組みの美しさをどう感じて頂けますでしょうか。

この塔の美しさは「世の中をはかなき夢と聞きながらいつまでさめぬ心なるらむ」と詠んだ、後醍醐天皇の第二皇子・邦省《くにみ》親王（一三〇二～一三七五年）の悲話と不即不離の関係にあるのです。大覚寺統の本来の嫡流《ちゃくりゅう》である邦省親王は皇位回復を目指し、立坊《りつぼう》（皇太子を定めて公式にその地位につけること）を悲願として生涯を送りました。

この歌は邦省親王の生涯を象徴したような歌ですが、最後にはそれがはかない夢であると悟ったようで、邦省親王の無念の想いが伝わってくる哀愁歌です。醍醐寺の五重塔の美しさは、非の打ちどころのない端正なその建築美と邦省親王の想いとが重なって、静かなたたずまいと絶妙の均整を保っています。日本人はこの塔の美しさだけでなく、伝わりきた悲話と重複した哀愁美をこの塔に見ています。この醍醐寺の美しさは見事なものですが、さらによく観察をして頂くと、その構造に耐震構造があることが分かります。土台から九輪《くりん》の水煙《すいえん》まで一本の大木で突き通っており、揺れに対応して倒壊を防ぐという実効面も内包しています。実用と美しさ、これも日本の造形美の特徴の一つであると思います。

（＊注—1）醍醐寺は京都府京都市伏見区醍醐東大路町にあります。真言宗醍醐派総本山の寺院で山号を醍醐山と称し、本尊は薬師如来、開基（創立者）は理源大師聖宝《しょうぼう》です。古都京都の文化財として世界遺産に登録されています。伏見区東方に広がる醍醐山（笠取山）に二百万坪以上の広大な境内をもつ寺院です。豊臣秀吉による「醍醐の花見」の行われた地としても知られています。

もう一つの木の形の美しさを代表して見せてくれるのが、京都・桂川に架かる渡月橋ではないでしょうか。この橋はその美しさも素晴らしいモノでありますが、名前の由来とその名が示す情景との調和が、何とも素晴らしい価値を見せてくれます。この橋の名は鎌倉時代に亀山天皇（在位期間一二五九〜一二七四年）が、満月の晩に舟遊びをされ、月が橋のうえを渡るように見えることから、「くまなき月の渡るに似る」と詠われたことに由来します。この橋の美しさは、桂川とその背景の美しさにも引き立てられていますが、その美しさに負けない橋の造形美であります。これらの木製の創造物には切り口の見事さがあり、鋭いカンナのあとが感じられます。このことは先に述べた日本人の好みと矛盾するように感じる方もいるかと思いますが、いかに木造品の切り口が鋭い形状をしていようとも、日本人は木のぬくもりと肌触りの柔らかさを知っているのです。ですから、木材は鋭い切り口を持つモノでも建造物として調和して優しく優雅さを演出することができるのです。

利休が残した言葉（百首）に、「手前《てまえ》には強みばかりを思ふなよ、強きは弱く軽く重かれ」（お茶の手前において

京都・桂川に架かる渡月橋

は軽いモノを持つときは重いモノを持つ気持ちで、重いモノを持つときは軽いモノを持つ気持ちでしなさい）という言葉がありますが矛盾して聴こえるこのような言葉の中に、調和する心を重視したことがうかがえます。色々な形にもこの調和という考えを取り入れることで、日本人が大切にしてきた〝和〟という考えを形にする心が多くの匠《たくみ》の意識の中に脈々と続いているのでしょう。和を感じられる形に日本人の好みは吸い寄せられるのです。

このことは〝自然だ〟と評されるモノは良いという意味であり、〝自然ではない〟と評されるモノは〝良くない〟と評されたと同じ意味であると考えると判然とすると思います。

前項の色に続いて、形においてもただ形状が優れているというだけではなく、その作られたモノの由来や周囲との調和を合わせ表現することによって、鑑賞に心という厚みを付け加え、侘び、寂びを感じられる条件を整わせています。

日本に世界で一番長生きをし続けている企業があります。金剛組《こんごうぐみ》といいます。金剛組の創業は、飛鳥時代の五七八年。日本最古のみならず、世界最古の企業であり、イギリスの『エコノミスト』誌からも世界最長寿企業として太鼓判を押されています。金剛組は四天王寺を建立するため、聖徳太子が百済《くだら》から招いた三人の工匠のうちの一人であった金剛重光から始まったといわれています。その後、代々にわたって四天王寺の建築に携わり、当時の最先端の工法を日本に根付かせたといわれています。

四天王寺以外にも、法隆寺の建立（六〇七年）など、寺や神社の建築と修復に携わり、業歴は実に一四〇〇年以上におよび、現在の相談役である四天王寺正大工の金剛利隆氏は第三十九代目にあたります。一四〇〇年以上の年月の間には、もちろんたくさんの試練がありました。しかし、いずれの危機もなんとか乗り越えています。金剛組には、第三十二代金剛八郎喜定の〈遺言書〉が残っているそうです。喜定は家訓「職家心得の事」で次のように記しています。

「お寺お宮の仕事を一生懸命やれ」
「大酒はつつしめ」
「身分にすぎたことをするな」
「人のためになることをせよ」。

宮大工の仕事をみてその精緻さに感動して声を失うことがあります。その驚きはこの簡素にして重要な遺言を読むことで納得することができます。そしてこの創作者たちの謙虚さがあって初めて、多くの素晴らしい木造の建造物が生まれたのです。ここでも日本の木造建築物の美しさが、単純に造形の美しさだけでないということをうかがい知ることができます。このことは幸田露伴著の小説『五重塔』をお読みいただくと、寺院の塔を見る目と理解がさらに深まってくるものと思います。

このように日本人が好む美しさには多種多様な価値観が、漆塗《うるしぬ》りに埋め込まれた沈金のごとく多重に織りなされています。そしてそれらはその価値が分からない人に対しては、使うことすら拒む程の強い意志を主張しながら存在することもあるのです。

宮大工の仕事は釘《くぎ》を使いません。釘は一見頑丈に取りつけができるように見えるかもしれませんが地震などで揺れ、いったん緩んだら元には戻りません。組物《くみ》だと揺さぶってもまた元に戻って入っていきます。この桝組みの技術も金剛組に代々受け継がれてきた技の一つです。現在の宮大工の会「匠会」は、金剛組専属の宮大工によって結成されています。金剛組が、一四〇〇年あまりのあいだ、弟子から弟子へと伝えてきた技を次の世代に伝えること。これが匠会の最大の目的であるといいます。「匠会」の人たちは、互いに教えあい、学びあって、若い大工を育成していきます。

お互いの親睦を深めるとともに、切磋琢磨し、宮大工としての技と謙虚な人間の育成に努力しています。このような背景があって、神社仏閣の建築美は今日も美しく保たれています。そしてそれらが宮大工の精進《しょうじん》から生まれたモノであることを知っている、多くの日本人がその作品を素晴らしいモノとして愛でているのです。このように〝好きな形〟においても単に形態の美しさだけではなく、製作者の人格形成の過程も含めて造形美を評価しているのが日本の人々です。

「木は大自然が育てた命《いのち》…そのいのちを建物に生かす。それがわたしら宮大工の務めです」と現代の名工、西岡常一さんは語ります。そして「堂塔の木組みは、寸法で組まず木の癖で組め」と弟子に教えます。この感性が分かる人でないと日本の美は理解できないのです。ところが面白いことに、この難解な言葉を理屈抜きで「そうに蛇が体をくねらせたような、曲がった梁《はり》を目にすることがあります。そのような棟木《むなぎ》を使った建物が百年以上経ってもなお、一寸の狂いも生じていないという話を聞くと、何故か匠の技に納得してしまいます。

日本人が好む日本の形について、少しでも納得ができましたでしょうか。微妙かつ繊細な気配りを持つ作品だけが、長年の称賛を得ることができるのではなく、作品を製作した人の生きざまも含めて、見るモノを見て、そして評価するのです。

この宮大工の仕事ぶりとよく似た話があります。それは彫刻家として有名なロダンが、日本人の仕事ぶりを評価して述べた言葉を紹介します。「日本芸術はそのどこまでも辛抱強い観察と極小のものにある美の研究とで、われわれの芸術より秀れています。日本人は他の者が無視していた一つの葉脈《ようみゃく》をも研究しました。そしてどこの国でもできなっかた発見によって報いられました。この芸術の優越は近世からのことではありません。ヨーロッパの風習をあの国が適用したこととはまるで関係しません。反対にもっとずっと昔からのことです。そして数世紀のゆるやかな発達を通して完全を得たのです。

私は博覧会（パリ万博）のころ、仕事をしている日本の芸術家たちを見ていたことがあります。折々客が彼らを急がせて、本当にでき切らないものを持ってゆこうとして、その代価の金を出しては仕事をしている者を誘惑するのです。けれども彼らは断りました。金は失っても彼らが見て、でききらないものを自分の手から離すことは許しませんでした。これが本当の芸術的精神です。そしてこれが日本人に優越感を与えて、重税のあるにもかかわらず、ヨーロッパの市場に、その製造品を置き得るようにさせたのです。もし黄禍《こうか》というものがあるなら、それは強い統一した東洋芸術が、われわれの芸術界に押し寄せてくる平和的侵入にあるのです」とロダンは語っ

ています。（出典：『ロダンの言葉抄』岩波文庫）

日本人の好みを知るうえでこれらの話は良い示唆を与えてくれます。それはどのような創作物を作る日本の技術者においても、共通して持っている技術者の心だからです。すなわち、一部の隙《すき》もないモノを作るという心であります。それは創ることが業であり、修であり、求道の道なのです。そしてそれは綿密な観察とそれを見たり使ったりする人の心を徹底的に考え抜いた末に、作り上げるという創作過程の共通性を持っています。そのために、それを買い求めた人が買ったときには気がつかないことでも、使っているうちにふと「あッ、ここにこんな工夫がしてある」と気がつき、そのモノを買い求めたとき以上に感激をすることが少なくないのです。逆にいえば、買い物客は常にそのことを求めて品定めをしながら買い物をしているといっても良いのです。

第２項の３　実用品の美について

色、形という外見について述べてきましたが、日本人が好む美という点においては技巧ではないという点について、柳宗悦氏が日本民芸美術館を設立する際に述べた、趣旨文に注目する必要があると思います。民芸という言葉を生んだ氏は、「自然から生みなされた健康な素朴な生き生きとした美を求めるなら、民芸の世界に求めなければならなぬ、と述べ、私たちはかかる美が、寧《むし》ろ美術品と見做されているモノに少なく、かえって雑具として考えられる所謂「下手物《げてもの》」に多い事を見逃すことができない。もとより、美は至る所の世界に潜む。併し概して「上手《じょうず》」のものは繊弱に流れ、技巧に陥り、病疫に悩む。これに反し名もなき工人によって作られた下手物に醜いものは甚だ少ない。そこには殆ど作為の傷がない。自然であり、無心であり、健康であり自由である」と述べています。

第２項では、日本人の好む色と形について、その感性について古くから伝えられ残されてきたモノの中から、そこにある敷衍《ふえん》性を探し求めてきましたが、それらのほとんどは今日まで残されてきた、古典的な記録によるところが多くありました。しかし、現代の生活用品に日本の美を見つけ、世界に知らしめた柳宗悦、榎本健吉、河合寛次郎、浜田庄司、そしてバーナード・リーチ氏などが推奨する美にも、秘められている色や形に見逃すことなく注目して、民芸品の持つ日本人の好みに合致する色・形の持つ普遍性を見落としてはならないと思います。

総じて、日本人が違和感なく使い続けているモノの中に、日本人が好む「好ましい共通点」が潜んでいることを信じて、無心に使っている人になりきって、さらにその作られたモノになりきって、試しつつ撫でまわしつつ愛でて、顧客三昧に浸ってモノを作り続けたとき、創作者として年月と風雪に耐えて、敷衍性のある評価を受けるモノに潜む好ましい色と形を発見し、それを創作できるのではないかと思います。そして買い手である人はそのようにして作られたモノを見て、制作者の心を読み解いて、その作品を好ましいモノと評価して買い求めてゆくのではないでしょうか。

第2項の4　六感のうち1～2　眼（色、形）のまとめ

日本において好ましい色合いとは、単にその色が美しいということだけではだめで、その色の持つ意味合い、組み合わせと季節感、そしてその場所および用いる人などがすべて調和していることが大事で、その総合的な調和を感じとって、日本人は相応《ふさわ》しさを感じとり、称賛をするのです。造形の極みは「床の間の置物」「根付」「鍔《つば》」「鎧《よろい》」「寺院の装飾」「茶道具」「能の衣装」などに象徴されているように思います。

それは一部の隙もないモノを作るという心であります。言い換えますと「かゆいところに手が届く」ということです。そしてそれは綿密な観察とそれを見たり使ったりする人の心を、徹底的に考え抜いた末に作り上げるという創作過程の共通点を持っています。そのために、それを買い求めた人が買ったときには気がつかないことで

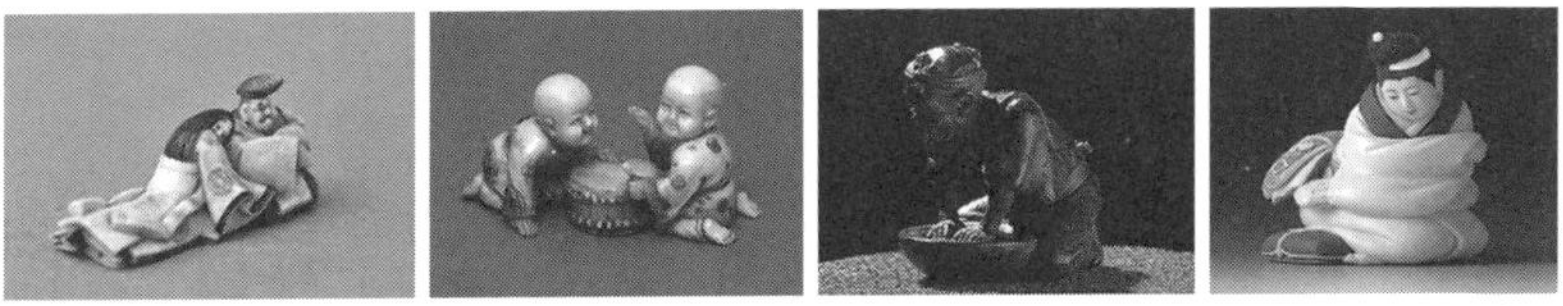

精緻を極めた工芸品「根付」

日本建築の装飾美「欄間」

も、使っているうちにふと「あッ、ここにこんな工夫がしてある」と気がつき、そのモノを買い求めたとき以上に感激をすることが少なくないのです。逆にいえば、買い物客は常にそのことを求めて品定めをしながら、買い物をしているといっても良いのです。

日本人の好む色や形について述べてきましたが、どのような色も形もその原型は作家の頭の中にあって、形になっていなかったモノが、作家を通して形になったモノであると思っております。作家は持って生まれた記憶の中から、そのときと場所にふさわしいモノを選択して表現したにすぎないのです。芸術家の作品においても同様と考えられます。その頭の中にある色や形を選択して、誰にでも見えるようにしたモノが作品であるとしますと、万人に共感を得る色や形はその作家の頭の中にあらねばなりません。多くの芸術家が苦悩と修業を重ねて、作品を世に出す理由がそこにあるのかもしれません。

逆に申しますと、万人に好まれる色や形を現出するためには、作家自身が人間の完成を目指して相当な修業をする必要があるということではないかと思います。言葉を絶する苦労がその人の心の中に敷衍性をもって、存在する色と形の中から最もふさわしいモノを選び、具体的な表現として目に見える形にして見せてくれるのであろうと私は思います。最高のデザイナーが選んだ色と形とは、そのような生みの苦しみを経てきたモノに違いなく、それゆえに多くの人に感動を与えるのではないかと考えます。

第3項　六感のうち「耳」、それに対応する好ましい声について

日本人が耳にして心地良い音とは、どのような音なのでしょうか。六感の耳に対応するモノを六境では声といっておりますので、音の中でも声に絞って考えてみたいと思います。耳に心地よく聞こえる音声とはどのような声色《こわいろ》でしょうか？　人に安心を感じ、心を和ませる必要のある声の代表としてお経があると思います。まず、読経《どきょう》・声明《しょうみょう》から調べてみましょう。昔の書物から僧侶の読経の声に聞き惚《ほ》れ信心の心が生まれたという話を見つけることがよくあります。

例えば、平安中期の僧で道命阿闍梨《どうみょうあじゃり》（九七四～一〇二〇年）は、藤原道綱《みちつな》の子で幼少より比叡山に登り、比叡山中興の祖と仰がれる良源《りょうげん》（九一二～九八五年）慈恵《じけい》大師の弟子となった僧侶ですが、道命阿舎利は法華経の読誦《どくしょう》に優れていて、その美声は巷間《ちまた》で有名であって、『今昔物語集』にこの話題が載せられています。今昔物語集では、道命とともに寺で籠《こも》りあわせた老僧の夢として、蔵王権現《ごんげん》、熊野権現、住吉明神《みょうじん》、松尾明神が道命の読経《どきょう》を聴聞《ちょうもん》したことが語られております。この話には余話が色々ついていますが今回は省略します。また僧、凝然大徳《ぎょうねんだいとく》（一三二一年没）の『声明源流記』には、「声相清雅にして諸人の耳を悦ばしめ音体哀温にして衆類の心を快からしむ」というような記述があり、優れた声明に賛辞が送られております。

（出典：http://sound.jp/tengaku/Shichseikai/ShomyoAsMusic.html）

京都の大原には仏教音楽院ともいうべき勝林院（一〇一四年開基）を開いた寂源、来迎院（一〇九八年開基）を

開いた良忍も、「諸人の耳を悦ばしめ」「衆類の心を快からしむ」音楽としての声明をより深めたいと思った僧侶たちだったのでしょう。

大原を紹介する三千院の冊子には「大原の地一帯は、千有余年の昔から魚山と呼ばれ、天台声明（仏教音楽）の修行の地として盛え、極楽往生を願う人々の信仰を集めたところです。上院の来迎院、下院の勝林院をはさんだ、律・呂《りょ》の二川の川面に深緑の樹立ち、さらには路傍の石に至るまで、僧侶の唱える声明の音が響きわたったことでしょう」とあります。律・呂とは二つの川の名であり、声明だけでなく日本の伝統音楽の基本的な旋法の名称であります。（呂律《ろれつ》が回らないという言葉の語源）。

（出典：インターネット京都大原三千院：http://sound.jp/tengaku/Shichseikai/Shomyo-j1.html）

日本の声を語るとき、読経や声明をまず考えることは自然であると思いますが、それらにはこのように古くから、聞く人に感動を呼ぶ声の出し方、旋律の研究が行われていたようで、その練習のさまは修行と呼ぶにふさわしかったと記録に残っているようです。そして声を五行によって分類した人がおり、金星の声が良いとしております。参考までに声の五行分類を次に示しておきます。（＊注—1）

（＊注—1）（出典：『風水学基礎講座』http://www.kumokiri.net/）

木性の声＝鋭くカン高い声。遠くからでもよく聞こえる。よく発達する。肝性の声。

火性の声＝焦げついたような声で余韻のない声。中年で失敗し、老年孤独。心性の声。

土性の声＝言葉が重く、少し濁った声。発達が遅く人の犠牲になりやすい。脾臓から出る。

金性の声＝潤いと締りがあり小声でも爽やか。相応の発達をする。肺から出る。

水性の声＝言語が長く、余韻があってのびやか。富貴・長寿の相。腎性の声。

また、体型と声にも密接な関係があるようで、身長の高い人は声が低く、首が太く背の低い人は高い声の場合が多い。顎《あご》や頬骨《ほおぼね》の張った人は、比較的良い声の持ち主が多いなどといわれているようです。

五行の分類は現代でいえばさしずめ、アナウンサーの発声練習の際に使用した指導要領や教材といったところでしょうか。過日、今上天皇陛下が御歳八十歳誕生日のみぎり、「最近少し耳が遠くなった、しかしアナウンサーの話す言葉は大変良く聞きわけることができます。よほどの鍛錬をされているのでしょう」と語られたと伝えられております。修行の大変さを労《ねぎら》われたのでしょうか、ご本心は奈辺《なへん》にあるかは存じません。しかしアナウンサーの方々の苦労は、ただ普通にしゃべっているのではなく、血のにじむ練習の成果であることが分かります。

このように日本人は発声にも練習を重ね、その目的の第一は「聞く人の身になって考える」ということが第一となっている点に注目する必要があります。

しかし、それは日本だけではありません。話がちょっとだけ横道にそれますが、声の練習についてはこのような話も残っているようです。「先生は五十メートル先の五円硬貨の穴に糸を通すほどの気持ちを込めて声を出すように教え、その次はさらに五十メートル先の針の穴に糸を通すつもりで発声しなさいと教えた」、この練習をさせた先生は外国の人であります。またこの話はすべての練習にあてはまる、イメージトレーニングというものがどこの国にもあるという点で、練習指導法として確立した普遍性を持っているのであろうと考えられます。このトレーニングの話は、目的を持ち何のために声をだすのか、またその目的を叶えるためには、どのような方法で発声の訓練を続ける必要があるのかなどを、理解させることができる良い話であると思いましたので紹介いたしました。

日本の伝統音楽にとっても、声明やお経の果たした役割は大きいといわれているようです。仏教音楽研究者の故大山公淳氏は『仏教音楽と声明』の中で「多くの日本声楽の基礎のうちその大部分は声明に由来するとさえ考え

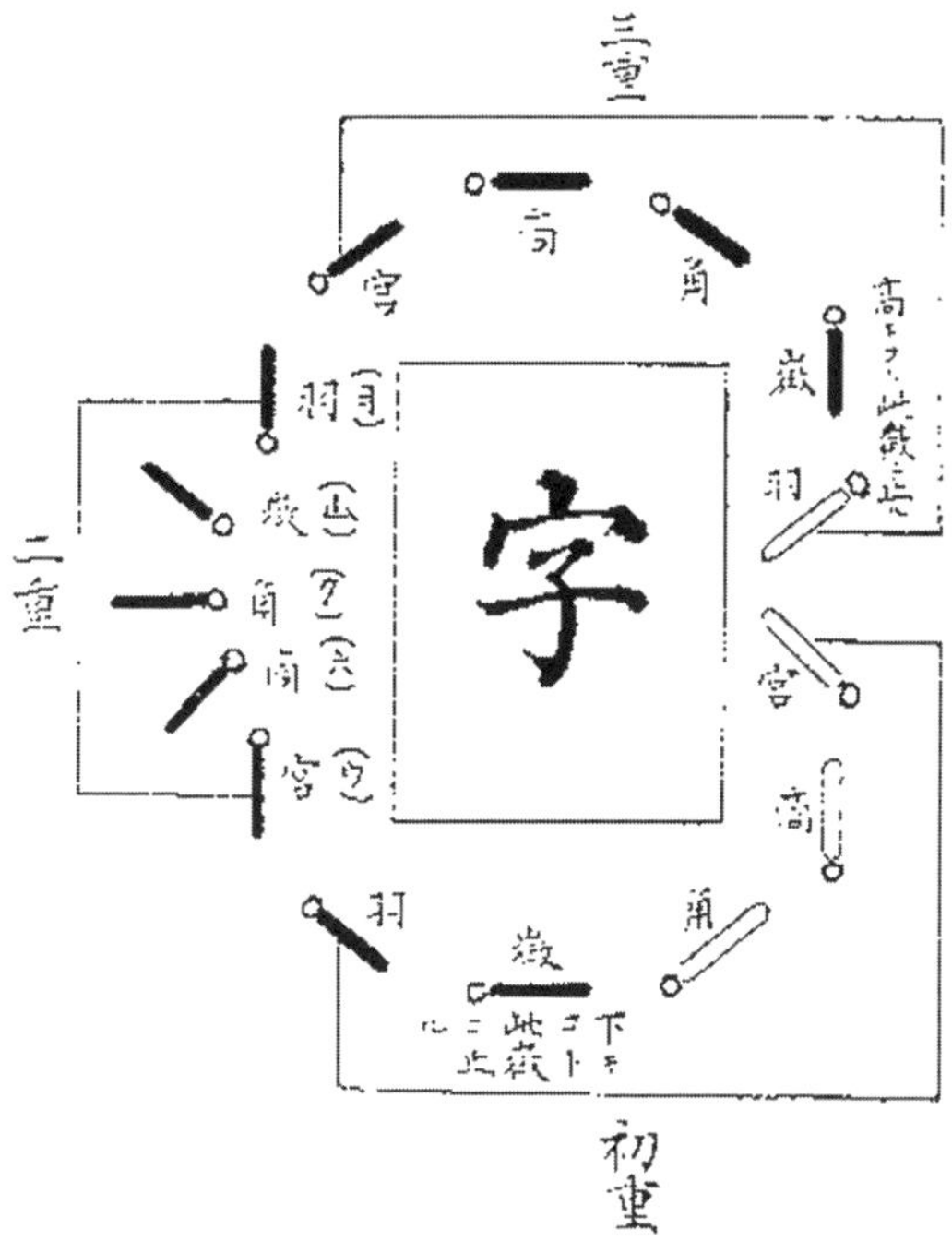

＊注―１参考図・声明の楽譜・節博士《ふしはかせ》

得られる」と述べているし、民族音楽研究に大きな足跡を残した故小泉文夫も、歌謡曲や民謡のもとは声明であろうと考えていたのではないかという記録もあるようです。

声明は仏教が起こったインドで生まれたあと中国に伝わり、中国から仏教伝来とともに日本に伝わり定着しました。キリスト教には賛美歌があり、聖歌隊がいるように、仏教にも仏教を賛美してお経に節をつけて歌う専門の僧侶がいたようです。

またちょっと脱線しますが、インドの声明に少しふれてみますと、古代インドの学問分野に五明《ごみょう》というものがあり、五明の中には声明（音韻学・文法学）・工巧明（工芸・技術論）・医方明（医学）・因明（論理学）・内明（自己の宗旨の学問、仏教者の場合は仏教学）の五種類の学問分野がありました。その中の一つに、声明が音韻学として含まれていたことが記録に残っていますが、声明の発生と発達に深くかかわっているのではないかと想像できます。

先にも述べましたが、日本での声明の発祥地は三千院にある大原魚山です。七五四年（天平勝宝四年）に東大寺大仏開眼法要のときに声明を用いた法要が行われた記録があり、奈良時代には声明が盛んに行われていたと考えられます。

平安時代初期に最澄・空海がそれぞれ声明を伝えて、天台声明・真言声明の基となりました。天台宗・真言宗以外の仏教宗派にも、各宗独自の声明があり、現在も継承されています。源氏物語の中に度々でてくる法要の場でも、比叡山の僧たちによって天台声明があげられていたことが記されています。

声明は口伝《くでん》であるため、現在の音楽理論でいうところの楽譜に相当するものが当初はありませんでした。そのため伝授は困難を極めたようです。後世になって楽譜にあたる節博士《ふしはかせ》が考案されました。（＊注―1参考図）

なお、各流派により節博士などの専門表記用語には違いがあります。しかし節博士はあくまでも唱えるための参考で、声明を正式に習得しようとすれば、口伝（指導者による面授）が必要不可欠で、面授によらなければ師から弟子への流派の維持・継承はできません。そのために指導者・後継者の育成が必須でありますが、戦乱や明治期の廃仏毀釈《はいぶつきしゃく》により寺院が荒廃しました。それにともない、僧侶が離散するなど、さまざまな条件が重なって多くの流派が廃絶しました。しかし、現代でも魚山流天台声明研究會は「一人一切人一切人一人」（一人は全員のために全員は一人のためにと同意か?）（＊注―2）をスローガンとする「天台声明」を歌い継いでいます。そしてそれらは日本の伝統音楽である平曲・謡曲、民謡、浄瑠璃などに影響を与えており、その音曲は声明の転化ということができます。特に単旋律音楽に与えた影響が大きいと考えられます。

（＊注―2）出典：http://www.京都通.jp/Temple/HumanRyouninn.html）

天台宗の僧侶である聖応大師良忍が大原来迎院にて修行中、阿弥陀如来から速疾往生（阿弥陀如来から誰もが速やかに仏の道に至る方法）の偈文「一人一切人　一切人一人　一行一切行　一切行一行　十界一念　融通念仏　億百万編　功徳円満」を授かり開宗した。大念仏宗《だいねんぶつしゅう》ともいう。「一人の念仏が万人の念仏に通じる」という立場から口称の念仏で浄土に生まれると説く。

第3項の2　六感のうち「音」のまとめ

六感の耳に対応するを代表する意味で音の中から声を選び、声の中から声明というものを取り上げて、調べて参りましたが、声については万人共通で心地「よい声」とはどのようなものか、ということを研究する必要もあるでしょうが、声には聞き分ける必要という意味で、声にはどのような必要条件があるかということも考えなければならないように思います。

声を聞き分ける必要の第一は、子孫を残すというえから子供が母親の声を聞き分ける必要という点が第一でありましょう。子供の生命の安全を図るためには、母親の出した声という信号を子供がきちんと受け止め理解する必要があります。また、その逆もあるでしょう。

心地よく聞こえる声の代表に声明を選択して色々と述べてみましたが、声には発声の目的があって、それを明瞭に伝えることができるのが第一であり、次いで耳に心地よいという条件があるように思います。さらに音というものの面白さは、物理的には音がしていても、聞こえるときと聞こえない場合があるということです。この点については、後にも述べたいと思っていますが、聞き手が聞こうと思わなければ聞こえない声があるということです。モノが売れたり売れなかったりする条件の一つとして声（音）を考える場合、何故聞こえたり聞こえなかったりするのかという、この心理的な問題は解決しておかなければならないポイントだと思います。

すなわち、物理的な音の前に何があるのかということであり、購買意思決定を促す条件として声というものは、どうも最初に物理的な〝音の質〟ありきではないような気もします。しかし、ただ単に心地よい音というならば、古典などによく出てくる〝妙なる音〟という言葉で表現される程、日本人にぴったりと理解できる音はないのではないでしょう。

この日本的な表現で示される音とは、どのような要素を含んだ音なのでしょうか。妙なる音とは、単に空気の振動によって起きるものではなく、聞き手の心の琴線《きんせん》に共鳴する音でなければならないような気がします。聞き手のそのときの心境、場面、状況、思い出、記憶、さらには願望や希望などに響く妙なるものでなくてはならないと思います。「この妙なる」を感じたとき、その音を感じるものを選択するのが、日本人の感性であると思います。その妙なる音は物理的に涼《すず》やかな音である必要はありません。

「人は声や音なしでは暮らせないように、人は沈黙なしでも生きることはできない」と、滝口修造は武満徹の著書に緒言を寄せていますが、日本人には厄介なことに、素晴らしい音や声に称賛を贈るが、その対にある沈黙に対しても同等の価値観をおく民族です。すなわち〝間《ま》〟というものも大切にする民族でもあるのです。

第3項の3　六感のうち「鼻」、それに対応する好ましい香りについて

匂《にお》いのうち、臭《くさ》いというと、何かよくないモノを想像させますが、香《かお》りというと何か心地良いモノを感じさせます。しかし〝におい〟というモノは何よりも、人が生きてゆくうえで生命を守るうえで、食べられるモノとそうでないモノを分別するために必要でした。さらに匂いを分類して、身内や子供に伝える必要があったと思います。体に触れたり取り入れる前に判断できる五感による、判別の方法として「におう」という行為は、安全な方法の一つとして確立し、その匂いを分類して伝える必要から匂いの表現が生まれてきたと思います。そして、そ

の表現が文明や文化の進化とともに変化をして、現代に至ったものと思われます。匂うモノの頂点に君臨するのが香料であり、忌《い》み嫌《きら》われる最低のモノとして腐敗臭があると思います。腐敗臭を見つけ出すことが食料を発見する方法であるように発達した動物である、禿げ鷹やハイエナは、その好む臭いが人間にとっては嫌いな臭いであることから、それらの動物も人間にとっては嫌いな動物の分類に入れられてしまいました。

最初は生命の維持発展の必然により生まれた〝匂い〟に対する分類も、やがては好ましい匂いを求める人間の欲望から香木、香油、香水を求める動きとなりました。そして香水を作る、調合するという技術の発展になりました。

本論の本題である売れる、売れないにおよぼす香りの研究は、例えば、作られたモノが、「木製品」で本来、木自身が良い香りをもっているということを別にすれば、どうすれば顧客に喜ばれる香りづけができ、それを維持することができるか。ということを考えるようになった時代以降のことなのでしょう。

香りそのモノは自然の恵みによるモノであっても、その使い方はどうやら、人為的な匂いが濃厚なのが匂いの特性のような気がします。そこで日本人の好んできた匂いというよりも、「香り」の言葉に焦点を合わせ、「日本人に好まれる香りとは」のテーマで考察して行きたいと思います。

日本人が好む香りというより、有名な香りの一つという意味で、蘭麝待《らんじゃたい》と名のついた沈香《じんこう》があります。蘭麝待（＊注―1）と名のついた由来は東大寺の名を伏せて雅名《みやびな》を呼び名にしていることから、そう呼ばれているようです。東大寺正倉院の中倉薬物棚に納められており、これまで足利義満、足利義教、足利義政、土岐頼武、織田信長、明治天皇らがこれを切り取っています。

これらの話は有名で、ときの権力者が求めたことによって蘭麝待という名が高まりました。この香りのほかにも香りについての話は、日本の古典文学にもたくさん出てきます。ですので、古典文学によってどのような香りが好まれて来たのかが大方推測できます。本論はまず多くの人に好まれ、好かれてきた、売れている「モノ」にまつわる香りに関することでありますので、その筋に沿って考察してみたいと思います。香りもまた、たんにその強弱や香りの種類だけで評価するというだけではなく、香りにまつわる物語が香りの評価とともに存在して、複合的な評価を得ています。そしてそれらは、おおかた「きつい香り」モノ、「濃い香り」モノと表現されるのは敬遠されました。これはみなさんも御承知されているところであります。逆に淡く仄《ほの》かなモノと表現されるモノが日本では好まれる香りだと思います。それは強い香りよりも仄かな香りのほうが、想像力をかきたててくれるという点で優れているからでしょう。

（＊注—1）蘭麝待は沈香《じんこう》です。正しくは沈水香木《じんすいこうぼく》で代表的な香木の一つ。東南アジアに生息するジンチョウゲ科ジンコウ属の植物である沈香木などが、風雨や病気・害虫などによって自分の木部を侵されたとき、その防御策として損傷部の内部に樹脂を分泌します。分泌液の蓄積したものを乾燥させて木部を削り取ったものです。原木は、比重が0.4と非常に軽いのですが、樹脂が沈着することで比重が増し、水に沈むようになります。これが「沈水」の由来です。

ムクサノタキモノ（6種の薫物）

この表で表された香の香りについて、まず見てみましょう。古くから香りを分類する方法があったようで、この分類も仏教的な臭いがする気がします。

また、日本の古典でありますす源氏物語には、たくさんの香りにまつわる話がでております。特に有名なのは、三十二帖で光源氏の唯一の娘であり明石の女御、明石の中宮などと呼ばれた明石の姫君が入宮する際に、光源氏が自ら香りを調合する際の描写や、四十二帖で身から自然に発せられる薫香から、薫の君と呼ばれた男と、名香

ムクサノタキモノ（6種の薫物）

薫香の種類	季節	色	五行	方角	香の表現と解釈
梅花	春	青	木	東	華やかで艶めかしい香り
荷葉	夏	赤	火	南	しめやかで涼冷な香り
黒方	夏秋	黄	土	中	静寂身に染まる懐かしい香り
落葉	秋	白	金	西	木の葉の落ちるモノの憐れさを思わせる香り
侍従	秋冬	白	金	−	秋風の吹く夕べの奥ゆかしい香り
菊花	冬	黒	水	北	菊の花の露の香り

（出典：6種の薫物http://www.kigusuri.com/asano/asano-17.html）

を常に焚き染めているとされた匂の宮という男の物語は香りに関してはよくしられています。香りというと何やら艶《つや》めかしく感じられるのは源氏物語が大きな影響を与えているからかもしれません。

しかし、同じ香りでも「線香」といいますと、「抹香臭い」といって、その陰気臭いのを嫌う人も少なくありません。線香は主としてお寺や家庭では仏壇で使用されますが、いつの間にか念仏、声明、法事や葬儀と切っても切れない関係となってしまったときから、印象が変わったようです。「香り」というモノは、元々は邪悪を祓《はら》い清らかな空間を演出する道具として用いられてきたモノのようですが、一方は艶めかしさを演出する道具として、他方は怨霊《おんりょう》を払拭した空間を創造する道具として重宝されるようになっていったもののようです。

葬儀というと何やら暗い話になりますが、葬儀で線香を炊く、そもそもの意味は決して陰湿なものではなく、極楽浄土の再現と関係の深いものであると思います。そのように考えますと、香りはいずれにしても人間と「幸せな空間」を対象とした媒体であるような気がします。

香りという字をテーマにしてしまったために、話はややこしくなってしまいましたが、本論に戻します。モノが売れるための条件のうち、匂いのおよぼすプラス面の影響とマイナス面の影響というようにみてゆきますと、香りを添えて売ることによって引き立つモノがあり、それらのモノは香りが持つ潜在的な固有の物語や意味合いを考え、その意味合いに合致したものに添えることによって、そのものに付加価値を与えることができ、願望をより強いものにすることが可能な力をもっています。他方、嫌われると、「鼻につく」という言葉があるように、忌《い》み嫌《きら》われて、見るのもいやという結果を呼ぶこともあるようです。

結論としては、「さわやかな微香」というモノが万人に無難であり、目的に対してうまく合致すると、思わぬ大ヒットするという付加価値を生む可能性を秘めたと言えるかもしれません。

〝薫習《くんじゅう》〟という言葉がありまして、何時もお寺にいるお坊さんや小坊主さんは、いつの間にか線香の香りが自然に衣類にしみついて、近ずくと香のさわやかな香りがしますが、これは意図して香りを身につけたのではなく、いつの間にか気づかぬうちに、寺で焚いている線香の香りが移ったのであります。その様子から、意図せずに身についた所作のことを薫習したものといい、躾《しつけ》のきいた良い所作をする人を褒めたたえる言葉として使ったりもします。

そのように、いつの間にかとか、気づかぬうちとか、密かにとか、仄かにとか、さわやかなとか、移り香あるいは残り香とかといった表現でお分かりのように、香りについては明瞭なモノよりも、目に見えない非常に微妙なモノが大切な評価基準であるような気がします。製品に付加価値を与える香りとして、香りを用いる場合はそのようなことをしって使用を心掛けることが必要となるでしょう。

一般に草木の香り、例えば桧のお風呂、菖蒲湯、梅の香り、木犀の花の香り、庭に薫る沈丁花の花の香り、そして蝋梅の花の香りなどは少し強い香りですが、これらの香りは、遠くから漂ってくる仄かな香りを伝えるという演出に耐え得ることによって、好まれる匂いとなったといって良いでしょう。このように日本における好まれる香りは、化学合成されたモノより、自然界のモノが発する仄かな匂いが主流であるという点が特徴のような気がします。

第３項の４　六感のうち「香《かおり》」のまとめ

六感のうち鼻に対応するという意味において、香りについて論じましたが、人が好ましいと評価する香りに潜む、普遍的な良い香りとされる要件とは、目立たず、仄かに、薫るともなく香り。それでいて心にしみる香りで、本体そのものと相応しい〝物語〟をもったモノということが言えるようであります。

すぐ消えてもいかず、さりとて他のモノにその香りが移りゆく程の強さがあってはならず、何時消えいったとも分からない程の残り香を感じさせるものであって、ゆかしい物語から連想される高貴さや、優美さを想い起させるものということができると思います。

第４項　六感のうち「舌」、それに対応する好ましい味について

良く売れるモノ、売れないモノという点で、舌で感じてその影響が味覚におよぶものは「食品」が最も代表格であると思います。その他の商品を味覚で選ぶということは、まずないといっても良いのではないかと思いますので、ここでは食べ物に絞ってゆきたいと思います。そこで議論を「良く売れる食べ物と、そうでない食べ物におよぼす味の影響」ということにしましょう。

日本人は味についてては世界一うるさい人種かもしれません。私はさほど多くの国へ行った訳ではありませんが、欧米や東南アジアの国々の日常の食事を見ていますと、基本的には毎日同じモノを食べています。少なくとも日本のように毎回違うのが普通ということはないのです。朝、昼、夜、さらに月、火、水、木、金、土、そして日曜日。日本ではそれに加えて、四季折々に食べなければならないモノとして、いわゆる〝旬〟のモノや〝節句〟

にちなんだモノが加わります。そのうえに定番としてのご飯と漬物とみそ汁があります。〝隠し味〟という何やら秘密めいた味もあります。そして正確には味ではないのですが、舌触り、歯触り、あるいはのど越しといった感触さえも味と一緒に評価します。日本人は微妙な味にうるさく、終戦後あの何も食べるモノがない最悪のときでさえ、米軍が恵んでくれた脱脂粉乳を〝不味《まず》い〟といって吐き捨てた人も少なくなかったのです。それは一部の人ではありましたが、日本人にあるまじきふるまいを見せたのです。日本の味を象徴する代表的なモノは、「味噌」ではないでしょうか。そして今や世界的な味となった「醤油」の味などであります。

　かなり以前から分類された味覚としては甘み、塩味、酸味、苦味の四種類があり、最近になって正体が広く認知されるようになった「旨味」、そして感覚器に対する刺激が異なりますが、辛味、渋味などがあります。通常はこれら七種類の表現で味は区別されます。そして〝味噌臭いみそ〟はだめだというのです。何とも難しい味覚ではありませんか。

　味噌汁の味は人によってかなり好き嫌いの差があります。いわゆる〝おふくろの味〟を代表とする味で、幼少時から慣れ親しんできた味でないと、受け入れ難いところがこの味噌汁の味にはあります。しかし、結婚して妻の作るみそ汁を食べているうちに、新しい味に慣れてゆくのもみそ汁の味の特徴です。全く矛盾することを申し上げると、たった三日で慣れてしまうのもこの味なのです。そして生涯変わらないのも味覚の好き嫌いです。味の濃度を地域的に見てみますと、関西は薄味で関東は濃い味と別れています。非常に面白い点です。

　匂いに次いで、「これは食べられる、これは危ない」ということに気がつくのも味覚ではないでしょうか。

　多くの日本人に好まれる共通の味というと、おそらく旨味《うまみ》であるように思います。昆布出汁《だし》、鰹節の出汁、干しシイタケの出汁、煮干しの出汁などの色々な出汁が食べ物の隠し味として使われます。これらに含まれている共通の味として〝うまみ〟というのがあります。これがないと、味に間が抜けたように感じるのが日本人であると思います。旨味《うまみ》に共通した使われ方があります。料理の中に旨みが含まれているのなら、それらのモノを直接食べればよいと思うのですが、通常はこれらのモノはそのまま食物として食べられるよりも、煮出して、その茹《ゆ》で汁を料理の隠し味に使います。そういう点において隠し味に使われるモノは使われ方が似ています。

そしてこれらの出汁にはほとんど色がついておりません。食物の色をそのまま引き立てて食に供するという日本料理の美的感覚を生かすという点からも、自然の食材を損《そこ》ねないという配慮にも適している味付けが、これらの出汁を隠し味として使う料理の特徴です。

「梅びしお」のみで味つけしたお粥があることをご存じの方も多いと存じますが、食したことがあるという方は少ないのではないでしょうか。

「梅醤《うめびしお》」とは、梅肉を煮て裏ごしし、砂糖を加えて弱火で練り上げたモノで、調味料として用いるモノです。白米のお粥にこの梅びしおを混ぜで食するのですが、風邪などで伏せっている、あるいはあまり食欲などがない、そのようなときにでも抵抗なく食べられる、おなかに優しい食べ物です。これなどは隠し味の極めつけと申しても良いのではないでしょうか。昔からの宮廷料理で、貴人の療養食として用いられてきたモノが現代にも伝わっています。

騙《だま》すつもりはないのですが、〝本当に良いモノ〟を一見分からないようにしてそっと出す。やがて、客がそのことに気がついて大いに喜ぶ、そのさまを見て料理を出した亭主は陰でそっと喜びをかみしめる。このような心象風景に好まれる日本の味とは、どのようなものかという答が凝縮して示されていると思います。旨味、隠し味、旬の味、そしてそのモノがもつ自然の味を損なわない。これで言い尽くした感じが致します。

第5項　六感のうち舌に対応する「味」のまとめ

六感のうち舌に対応する味について、人が好ましいと評価する味に潜む、普遍的な良い味とされる要件とは香りの項で述べたことと同様に、目立たず、仄かに、辛くもなく、甘くもなく、苦いでもなく、さりとて水のようにさっぱりしたモノでもなく、何となく口いっぱいの広がる旨味で、食材そのモノと共存し、互いに引き立て合うといった意味合いをもったものの存在が、どうやら普遍的な良い味と称されるときに必要なようで、食材そのものが持つ味や香り、そして食感といった食物そのものを評価することとともに、あることによって日本の味というものは評価されるようです。

黒子、脇役、そして舞台裏の人々が存在して主役が引き立てられるといった構図が味を評価するときには必要で、味を評価する人も、それらを知って陰の人を称賛することを忘れないで、称賛の言葉を選んで誉《ほ》めるということも忘れないというのが日本的「好き嫌い」評価といって良いのかもしれません。

第6項　六感のうち「身」、それに対応する好ましい手触りについて

手触り、肌触りという言葉で表現される好ましい〝感触〟について考えてみたいと思います。手触り、肌触りといいますと、何といっても絹の感触を一番に思い出します。見た目に光沢があり、つるつるしていながら弾力があります。そのようなモノを良い手触りのモノとして好んだといえば、大方の人の同調を得られるものと思いますが、手触りを最も大切にするという意味で衣類に絞って考えますと、衣類は昔から高価なモノとして尊重されてきたために、最初から絹織物が普及していた訳ではなく、分厚く、ごつごつした丈夫なモノが最初であり、保温性と長持ちが良いことが衣料の条件であったように思います。

そのごつごつした衣料も着古《きふる》してゆくうちに柔らかく、肌になじむようになって、良い裂《きれ》になったころは、ほ

ころびが始まるころでもあります。ほころびた布地を裁断し寄せ縫いして、あるいは刺し子にして布地を作っていったのが、着物の模様の始まりだという人もいます。手触りという意味ではさほど素晴らしいモノではなかったようです。以前、東北の津軽や南部地方では、女の子は七〜八歳になれば刺し子を習いおぼえたようです。それらの模様には「胡桃殻《くるみから》」とか「馬のまなこ」など、農村の暮らしから出てきた名がつけられていますが、「津軽のこぎん」や「南部の菱刺」も装飾を目的としたモノではなく、繕《つくろ》いモノから始まったのです。

このように〝手触《てざわ》り〟とは無縁であった布が、柔らかくすべすべして、軽く弾力があるモノに移行していったのは絹の出現の影響が大きかったと思います。現代ではこの絹の肌触りに代表される肌触りが、「好ましい」といわれる代表のように思われています。しかし、日本の布の歴史は日本人に素朴でごつごつしており、その割に肌になじみ保温性に優れている、あるいは通気性に優れている独特の布地は捨てがたく、いわゆる〝さっぱりしている〟という感触も現代でもなお好まれているという点は忘れてはならないことです。

触《さわ》という感覚にまつわる話として布を取り上げてきましたが、日本人の好む手触りとは、見た目に光沢があり、つるつるしていながら弾力がある。というモノと、素朴でごつごつしており、その割に肌になじみ、保温性に優れているという対極にある感触が両方とも好まれているのが特徴のような気がします。そして共通の条件としては〝実用に供する〟あるいは〝目的に合致する〟という点が欠かせないと思います。

蛇足ながら、日本の着物に対する考えのいったんを示す話をさせて頂きます。日本の浴衣《ゆかた》は背丈に関係なく仕立てられます。子供のころは腰上げ、肩上げをして体に合わせて浴衣を着ます。子供から成人まで一つの浴衣を大事に着用します。大人になってひとしきり着た浴衣は布の腰が少し抜けて、布地全体が柔らかくなります。柔らかくなって体になじんできた浴衣は、寝間着として最適となります。寝間巻として十分使いこなされたモノは肌に優しい布地になります。

ですから、寝間着として十分活用されたモノは解かれて裁断され、今度は赤ちゃんのおむつとして生き返ります。浴衣として作られたときから何年もたっていますが、寝間着として活用されたモノはとても柔らかく、赤ちゃんの肌にもしっとりとなじみます。その優しいおむつで赤ちゃんは愛情に包まれて成長します。

赤ん坊が成長しおむつが必要でなくなったころ、おむつは雑巾へと変身し、日常の拭《ふ》き掃除になくてはならぬモノとして重宝がられて使われます。新しい手拭《てぬぐい》で作った雑巾と比べてみるとその良さが分かります。水の吸い込みと水の切れがとても素晴らしいのです。手にも優しく、床や家具の清拭《せいしき》にもなじみます。どんなに素晴らしい雑巾でも毎日使われているうちにボロボロになってしまいます。布というより紙に近い状態になった雑巾は日向《ひなた》で乾燥されて、かまどの炊きつけになります。火付けが良い焚《た》きつけになります。焚きつけとなり灰となった浴衣は、木の根元や畑に撒かれ肥料となります。

そしてやがては土にかえります。これが日本の美意識です。繊維の「触《てざわり》」をこれ程うまく表現した話はないと思います。大事なことは、日本人が繊維を買うときにはここまで考えて繊維を選ぶということを知っておくことで、日本人に好まれる感触を考え、モノを作るときにも忘れてはならないことなのです。

触感の代表として衣類を取り上げましたが、食器もまた日常生活の中で触感を大切にされるモノの一つではないでしょうか。好まれる日常食器から、日本人が好む触感についてみてみましょう。磁器・陶器を問わず、容器食器は土器から発達したと考えて間違いはないと思います。色や形と同様に、茶道が器の感触に与えた影響も大きいものがあるような気がします。特に千利休がおよぼした美意識は、没後四二十年以上もたった今日でも影響をしている気がします。例えば茶道具はその形や色、そして手触りなどという外見の芸術的な美しさにとどまらず、形作られたモノに故事来歴や作者の制作態度までを埋め込み、さらに茶会の開催意義にそぐわしいかなど、それらすべてを鑑賞の対象とし、無機質な器に人間と同じような精神的な息吹を与え、諸道具を哲学的な鑑賞の対象としたところにその特徴が感じられます。そしてその好みは、現代にも大きな影響を残している点に見ることができます。

日本人が好む手触りについて、その特徴を述べると、柔らかさ、温かさという手に伝わる外的な刺激に加えて、清貧とそれを支える工夫が、それを用いる者に美的喜びを与えるものであることが、要求されるところに一大特徴があるように思われます。そして精神的な美という価値判断を持ち込んだ、〝茶道〟の影響も記憶しておかなければならないと思います。

第７項　六感のうち「身」（触）のまとめ

全身の皮膚を介して触れるという感触の好き嫌いには、どのように表現されるモノが共通点として存在するのでしょうか。よくビロードのような肌触りといいますが、この言葉は悪い感触を表現するのではなく、良い手触りをいい現わすときに使います。ビロードの感触とはどのようなものかと考えますと、滑らかで、すべすべしており、柔らかく、厚みがあり、深い色を秘めた光沢があるという表現でどうでしょうか。

このような〝ビロード〟のようという表現を実は布地だけに使うのではなく、結構、色々なモノの感触を褒《ほ》めるときに使います。日本人が好む感触という意味で、一つがこのビロードのようであるというものがあります。次いで絹のような肌触りというのもあります。ひんやりとして柔らかく、薄いという点がビロードとは違いますが、好まれる感触であります。この感触は布地に限らず、家具や食器、箱、草履や下駄といった履物でも共通です。すっきりとして、でこぼこ、ごつごつせず、つるりとしているが手になじみ滑りやすくないそのような感触をもつモノが好まれ、色と模様にどこかひと工夫があって、無駄がない秘めた美しさをもっている。そのようなモノが好まれる感触の共通点であるようです。

しかし、見た目がごつごつしていると感じる備前焼や丹波焼、伊賀上野、信楽焼など、土物といわれる陶器については、多くの人に好まれているとの反論があると思いますが、これらは使いこんでゆくうちにしっとりと滑らかな感触に変わってゆくのです。「見て美しく、触れてよく、用いてさらに愛着が起きる」、そのようなモノも、肌触りだけの感触で好き嫌いを判断するのでなく、そのモノにまつわる物語や、ごつごつしているが手に持つ、手にしっとりとなじむという感触もまた、いわゆる通人は好んだようです。

第8項　六感のうち「意」、それに対応する日本人が求める感性について

五感までは割合に誰もが理解する感覚だと思いますが、第六感にあたる「意」、すなわち〝心が思うこと〟について述べるのはちょっと難しいことです。最初に般若心経という経典にでてくる分類を引用したのですから、最後までこれでいかざるを得ません。今は五感で止めておけばよかったと反省しています。しかし、この六感がなければ、日本人の文化に根差した好みの本質に迫れないかもしれません、いや、この六感こそ、日本人の好みを特徴づけているかもしれませんので、考えてみたいと思います。

日本人が何かを購入して喜ぶときに見られる、共通点には以下のようなことがあります。購入者が欲しいと思って購入した後に発見する「こんなところにまで使う人の身になって気を配っている」ということです。それはときには些細《ささい》なことかもしれません。しかし、そのようなモノを発見したとき、そのモノを買った人は「買って良かった」と心から喜び、隠された宝を自分だけが発見したかのように喜ぶのです。

また、日本人は「良い品は声なくして人を呼ぶ」ということを尊び、「粗末なモノですが」といって考え抜き、

選び抜いた贈り物を贈呈します。そして「お口に合うかどうか分かりませんがお一つどうぞ」と謙虚に茶菓をすすめることなど、日本では「自ら」や「自らさしだす品物」を自慢し、誇示する行為を極力抑えるという考え方があり、そうする行為を売り手も美徳としてきました。現代のように、自社品を誇張して宣伝するということは〝品《ひん》〟の無いこととされ、誰もしたくはありませんでした。婉曲《えんきょく》や謙譲《けんじょう》の美徳《びとく》といわれるもののほうが上品と躾《しつけ》けられて、多くの人々は育てられました。

一九五一年（昭和二十六年）九月一日、愛知県の中部日本放送と大阪府の新日本放送（のちの毎日放送）のラジオ放送が日本で、最初の民間放送として開始されましたが、民放であるために広告収入が欠かせませんでした。そのために広告放送（コマーシャル）が流れました。そのとき私は「この会社変だね！　自分の会社の製品を自慢しているよ！」と感じ、父に話したことを今でも覚えています。今やこのような感覚は無くなってしまったようですが、日本人は自分や自分のモノを卑下して、他人のモノや他人を褒める〝謙譲の美徳〟という心をもっていたのです。

声なくして人を呼ぶということの一つの実例として、京都にある老舗《しにせ》の昆布菓子屋「松前屋」をご紹介しましょう。この店は「声なくして人を呼ぶ」を家訓として代々受け継ぎ、お客様に決してご愛想を振りまくことをしない。ただ来て頂いたお客様を実に丁寧にもてなす。そしてゆったりとくつろいでもらい、お客様が買おうが買うまいが丁寧に応対し接待する。そして見送る。それも玄関を出て、お客様が通りの角から見えなくなるまで見送る。という伝統を保持しているといわれます。もちろん、売るモノが一流でないといけないのですが、品が一流だけではだめなのが日本の商売です。品物に潜ませた客への心配りに加えて、このようなお店の接客の心をお分かり頂きたいのです。

ちょっと話がそれますが、時計職人の松浦敬一氏は次のように述べております。「私は修理を依頼した人の、何故、修理したいと思ったのかという想いを必ず聞くことにしています。それがモノを修理するときに大変大事であると考えるからです。そして、その思いを実現してあげたいと心に念じて、修理することにしております。すると必ず難しい修繕でも成功するのです」と述べています。この心が分かっておりますと、どのような製造物も修理が可能なモノではなくてはならないのです。

話が再び脱線致しますが、剣道にこんな話があります。「勝ちに偶然あり、負けに必然あり」ということですが、勝ちには確かに偶然というものがある気がします。ですから偶然からは何故、どうしてといった根拠を見つけることが難しく、勝ちから学ぶことは少ないと戒めています。これの真意は勝つことによって慢心して努力を惜しむようになってはいけないという、指導者の気配りと思いますが、確かに負けたときには負けた理由が必ずあるから、負けを省みることで反省をすれば、負けから学ぶことが必ずあるというものです。自分でも全くその通りだと思います。

そのように考えますと、製造者・職人などにとって、修理から学ぶことはたくさんあるのではないでしょうか、いや、修理こそモノ作りの先生ではないでしょうか。にもかかわらず、最近の製造物は修理を依頼すると「製造を終了をしておりますので、部品がありません。保証期間を過ぎておりますので、修理には応じられません。あるいは買い替えたほうが安くつきますよ」などという言葉にぶつかります。これからは資源をもっと大切にしなければならない時代が来るでしょうから、このような考え方が否定され、修理をしてでも長く使える商品が良いモノだといった時代が来るように思います。

このような商売の歴史をもった日本の商品は、消耗品を考えるだけでは見えない価値観が潜在しています。いぶし銀や加賀の漆塗りのような秘めた美しさをもっていなければならないことに加えて、モノを大切にする心に応えたモノでなくてはならず、そこに込めた美しさが作者の心であり、それを感じとるのが購買者の心、すなわち、売って喜び、買って喜ばれるという日本の商いの構図があるのです。現代でもこの心を会社のモットーとして掲げている会社もあります。「造って喜び、売って喜び、買って喜ばれる」（出典：伊丹敬之著『人間の達人 本田宗一郎』）。

これらのところを中村天風が語っている話から引用してみましょう。

中村天風は意識を「肉性意識」と「心性意識」と「霊性意識」に分類し、三つ目「霊性意識」の中に第六感（霊感）も含まれているとして、次のように述べました。「人間が人間らしく生きるには、まず何よりもこの霊性意識を活用しなければならない。ところが、いまの人は霊性意識など忘れてしまって、なんでも心性意識、つまり理性心（頭で考えること）さえ鍛えればいい、と思っている。もちろん理性は大切だ。文明を発達させたのはこの理性だといってよい。だが、それで人間は幸せになったか、というのだ。いくら文明が発達し生活が豊かになっても、不幸や不満足があることは理性では解決しない。つまり、それは大本《たいほん》にある霊性意識が働いていないからだ」と、この六感が働いて〝好ましいと感じ、あるいは好ましくないと感じる〟。すなわち、そのモノに感じる外面的な善し悪しよりも、心に感じるものの良し悪しによって人は幸せを感じるというのです。（出典：岬龍一郎著『中村天風心を鍛える言葉』ＰＨＰ研究所）

私はモノを判断する場合一つの基準を持っております。それは「長い年月、多くの人と多くの人が持つ多様な価値観に耐えて生き残ってきたモノであるかどうか？」というモノの見方の基準であります。すべてのモノをそのような基準で分析します。そのような意味で、私は現代まで古典として残された書物や古物を尊重します。その理由はそのモノが生まれてから今日まで、長い年月に世間で数えきれない多様な感性と価値観にさらされたはずであります。その多種多様な価値観に遭遇して評価に耐えることができ、そして、残ったモノしか古典として認められ現代には残っておりません。多くの批判に耐え勝ち残ったモノが古典といえるとしましたら、そこには普遍的な価値観の基準が横たわっていると考えて良いのではないかと思います。

偶然もあるかもしれませんが、生き残ったモノや生き残った考え方には、多くの人と時代を越えた価値観に耐えて評価に耐える「力」があったからではないかと思うのです。

寺院が不幸にして焼失したりすることがありますが、幸いにして焼け残った仏像などを見ると実に美しいモノばかりです。これらの焼け残ったモノを何体か見てきたとき、私は多くの人が「何らかの力」によって、「これは残さなければならない」と心を動かされ、必死になって災難から守り残したからではないかと考えました。そして、その多くの人に「守ろう」と思わせた「何か」がその仏像にはあり、その「何か」の力こそが、敷衍的な魅力を持つ〝何か〟ということではないかと思うようになったのです。

理性的な価値観の前に心を惑わす欲望というものがあります。欲望には色々のモノがあります。毎年の大晦日に聴く除夜の鐘の数でよくしられているように、百八もあるという煩悩《ぼんのう》、そして優劣、利害、損得、好悪、美醜、苦楽、浄汚、寒暑など阿頼耶識《あらやしき》に蔵する分別心。そして曼荼羅《まんだら》に示された仏の数ほどある考え方の洗礼を受け、今日まで生き残っているモノにはそこに真善美があるからではないかと思うからです。（＊注―1）

（＊注―1）真善美：人間の理想である真と善と美。それぞれ学問・道徳・芸術の追求目標といえる三つの大きな価値概念。西田幾多郎博士はこれらは同じもので、真善美に優劣はないと述べています。その価値を追求するのが、知・意・情といわれる心の機能です。この中で、最も大切なものは美を追求する情（すなわち愛）です。次が真理を追求する知、そして善を追求する意です。

ここでは日本人の意思決定において、強力な要因が「情」という心であるということを記憶にとどめておいて下さい。情については後でまた、述べることにします。

第9項　六感のうち「意」のまとめ

これらをすべてまとめて考えてみますと、日本人の好む心の問題は現代になっても急に変化するものではなく、何年もかかって続き、そして変化してきた日本文化のうち、仏教や儒教の影響を受けつつ成熟してきた、「利他の心や仏心」という心を基盤とした「思いやりの情というものが存在するかどうか」という点が重要なポイントです。それが購買意思決定の根原的な判断基準の一つとなるように思います。

日本人は無機質なモノに精神性と美を見出し、無心で飾らない自然の美を発見し人間との語り合いをさせることから「あるゆる物」を擬人化する傾向があります。森羅万象、山川草木を人間と同じ仲間にするという、日本人独特のすべてのモノと対話し縁を結ぶ心は、人とモノとでさえも共生することを良しとしたところに、美しいと感じ、好ましいと感じる感性の特徴があるように思います。

第2節の後半で『情』という問題を少し考えてみたいと思います。日本人の意思決定に強い影響を与える情とは一体どのようなものでしょうか。情について語る人が一度は目を通している、いくつかの考え方を書物の中から抜粋して紹介し、情について一緒に考えてみたいと思います。

そして、侘《わ》び、寂《さ》びとか幽玄の世界とは、人が目の当《まあ》たりにしている現実の事象に接したときに、その美しさから連想される過去の体験や物語が時空を越えて、同時に立体的に心に再現される心象風景をいい現わしたものと思います。現実に見えるモノと想像の世界に存在する映像とが重なって、立体的に空想の映像として構成され

・成せば成る、成さねば成らぬ何事も。成らぬは人の成さぬなりけり。（上杉鷹山）
・人事尽くして、天命を待つ。（胡寅『読史管見』）
・好きこそものの上手なれ。（ことわざ）
・己の欲せざることを他人に施すことなかれ。（孔子『論語』）
・その事業が個人を利するだけでなく、多数社会を利してゆくのでなければ、決して正しい商売とはいえない。（渋沢栄一）
・志を立つるは、大にして高くすべし。（貝原益軒）
・少年よ、大志を抱け。（ウィリアム・S・クラーク）
・やってみなわからしまへんで、やってみなはれ。（鳥井信治郎）
・案ずるより産むが易し。（ことわざ）
・人の一生は重荷を背負うて遠き道を行くが如し。（徳川家康）
・小欲知足。（釈尊）
・失敗は成功の元。（ことわざ）
・人間万事塞翁が馬。（ことわざ）
・おもしろき　こともなき世を　おもしろく　すみなしものは　心なりけり。（高杉晋作）
・大器は、晩成す。（老子）
・自分を信頼すること、これが成功の秘訣である。
・悪事、千里を走る。（ことわざ）

・往く者は追わず、来る者は拒まず。（孟子）
・この道より、われを生かす道なし。この道を歩く。（武者小路実篤）
・魂に嘘はつけない。
・心の老いが安定を求める。心の若さが変化を求める。
・故きを温ねて新しきを知らば、以って師為るべし。（孔子『論語』）
・朝に道を聞かば、夕べに死すとも可なり。（孔子『論語』）
・君子は和して同ぜず。小人は同じて和せず。（孔子『論語』）
・うそつきは泥棒の始まり。（ことわざ）
・うそも方便。（ことわざ）
・旅は道連れ、世は情け。（ことわざ）
・旅の恥はかき捨て。（ことわざ）
・和を以って貴しと為す。（聖徳太子）
・情けは人のためならず。（ことわざ）
・笑う門には福来たる。（ことわざ）
・大事をなさんと欲せば小なることをおこたらず勤むべし。（二宮尊徳）
・過ちを犯したとき、如何に対処するかでその人の本当の値打ちが決まる。（松下幸之助）
・すべて商売は、売って喜び、買って喜ぶようにすべし。（二宮尊徳）
・人をとがめず。我が誠の足らざるを尋ぬべし。（西郷隆盛）

・謙虚な人は誰からも好かれる。それなのにどうして謙虚な人になろうとしないのだろうか。（トルストイ）
・感謝して受くる者は豊かな収穫がある。（ブレーク）
・良薬は口に苦けれども病に利あり。忠言は耳に逆らえども行いに利あり。（孔子『論語』）
・結局、教育の問題というものは、人が持っている良い資質を、いかに発展させるかという点に帰着する。（ドラッカー）
・成功とは、成功するまでやめないことだ。（松下幸之助）
・ものをつくる前に人をつくれ。（松下幸之助）
・人の欠点を探さずに、長所を見ることです。（小林一三）
・人間五十年、下天の内をくらぶれば、夢幻の如くなり。一度生を得て滅せぬ者のあるべきか。（織田信長）

くどいようですが、これらは独断と偏見によってたくさんの言葉の中から勝手に選んだものです。不立文字《ふりゅうもじ》を発言しておきながら、言葉をいちいちたくさん羅列することは矛盾していますが、私の思いは厳密にこれら一つ一つを吟味するのではなく、これら全部を鳥瞰《ちょうかん》することによって、日本人の好き嫌いの感性が行間に、それこそ教外別伝として伝わってくる気が致します。それこそが日本人が今日まで倫理、宗教、哲学を通して残し守り続けた感性、禅の瞑想を支える感性かもしれません。意識することなく心の底に潜《ひそ》み、自然や宇宙、そして空気のように色即是空、空即是色として存在するものがあります。

好みの問題を論じるとき、日本人の好みを知る根拠として平安中期に、清少納言が書いた『枕草子』の文章を思い出してみることも無益ではないでしょう。枕草子で述べられている「いとおかし」とは、興味あるものという現代語訳からすれば、「いとおかし」と表現された中に日本人が興味と関心を示した代表としてとらえることができるように思います。そしてそれらの中に現代でも共感を得るものがあるとすれば、そこには時代を越えた共通の価値観が存在するかもしれません。枕草子に続いていくつか別の話も見てみたいと思います。現代と何が根っ子でつながっているか、総括的な感性で読みとって下さい。

第10項の5　枕草子

春はあけぼの。やうやう白くなりゆく山際、少しあかりて、紫だちたる雲の細くたなびきたる。夏は夜。月の頃はさらなり。闇もなほ、蛍のおほく飛びちがひたる。また、ただ一つ二つなど、ほのかにうち光りて行くもをかし。雨など降るもをかし。

秋は夕暮れ。夕日のさして山の端いと近うなりたるに、烏の、寝どころへ行くとて、三つ四つ、二つ三つなど飛び急ぐさへあはれなり。まいて、雁などのつらねたるが、いと小さく見ゆるは、いとをかし。日入り果てて、風の音、虫の聲など、はた言ふべきにあらず。冬はつとめて。雪の降りたるは言ふべきにもあらず、霜のいと白きも、またさらでもいと寒きに、火など急ぎおこして、炭持てわたるも、いとつきづきし。昼になりて、ぬるくゆるびもていけば、火桶の火も、白い灰がちになりてわろし。

この清少納言の「いとをかし」といった風情を「私は嫌い」という人は少ないでしょう。日本人の好き嫌いに影響を与えた原風景の一つといえると思います。この世の中では対象が何であれ、そのモノが好きな人は20％、嫌いな人が20％、残りはどうでもいい人たち。とよく言われますが、この「いとをかし」に関しては、好きな人が20％以上で嫌いな人が20％以下であるということは断言して良いのではないでしょうか。そこに私は日本人に普遍可能な感性を見たいと思います。

第10項の6　因幡の白兎

「心とからだの痛み」に対しては、優しい思いやりの心が必要であります。しかし、白兎がワニによって毛皮をはがされ泣いていたとき。その場を通りかかった大勢の神々は、その痛みは自業自得で当然の報いだと考えたのでしょう。兎に嘘の処方（塩水で体を洗う）を与え、もっと苦しむべきであるとしました。オオクニヌシノミコト（大国主命）は、その痛みを与えられることになった事情の如何《いかん》にかかわらず、優しい思いやりの心で対応しました。

　赤裸になっている兎の体の痛みを治すために正しい処方（真水で体を洗う）を与えるだけではなく、嘘の痛み処方を教えられた兎の心の傷を癒すためにも、助けてあげることが大切だと思ったのでしょう。このような懲罰も必要だが、罪を犯した者にも愛は必要であるといった教訓的な話も、日本人の多くが好きな話の一つであることは間違いないでしょう。因幡の白兎の話は幼い子供の心に「人をだましてはいけない、悪いことをしたら罰があたるよ、そして、悪い人でも苦しんでいるならば助けてあげたい」という心を育てたものと思われます。今も続く仏性の本体を感じることができます。

第10項の7　八岐大蛇《やまたのおろち》退治

　スサノオ命（素戔嗚尊）が、出雲国の肥の川上流の大きなお屋敷のうちで、おじいさん（足名椎：アシナズチ）とおばあさん（手名椎：テナズチ）が美しい娘、櫛名田比賣《くしなだひめ》を囲んで泣いていました。泣いてる訳を聞くと「娘が八人いたのですが、毎年、ヤマタノオロチ（八岐大蛇）が現れて、一人ずつ食べられてしまい今年は、残ったこの娘が食べられる時期になってしまいました。悲しくて泣いています」とのことです。この八岐大蛇をスサノオノミコトが退治します。この話も多くの人が知っています。「桃太郎」の話と同様に、日本人が「勧善懲悪」

の心を好む原点になった話かもしれません

第10項の8　万葉集

万葉集の中で読まれた歌に、何時覚えたか知らず、いつの間にか、知らずに憶えている歌は少なくないでしょう。日本人の心の奥底を言葉に託して巧みに表現したこの歌集は、多くの日本人の共感を得て今日も愛読されているといっても大きな違いはないでしょう。日本人の好きな感情を整理した辞典のような歌集です。この歌集も後の日本人の価値観に影響を与えたものの一つに間違いありません。

概要としては内容別に分類しますと、

イ、雑歌《ぞうか》と呼ばれるもの「くさぐさのうた」の意で、公の性質を持った宮廷関係の歌、旅で詠んだ歌、自然や四季をめでた歌などです。

ロ、相聞歌《そうもんか》。「相聞」は、何らかの消息を通じて、問い交した歌で、主として男女の恋を詠み交わしたものです。

ハ、挽歌《ばんか》と呼ばれる、棺を引くときの歌。死者を悼《いた》み、哀傷《あいしょう》するときの歌です。

相聞歌を表現様式の違いから分類されたものとして、

イ、寄物陳思歌《きぶつちんしか》　恋の感情を自然のものに例えて表現したもの。

ロ、正述心緒歌《せいじゅつしんちょ》　感情を婉曲でなく直接的に表現したもの。

ハ、詠物歌《えいぶつか》　季節の風物を詠んだもの。

ニ、譬喩歌《ひゆか》　自分の思いをものに託して表現したもの。

などに分けられますが、日本人の表現美の中に大きな位置を占めてきた、婉曲表現の美しさの原点を作ったものかもしれません。これらの記憶が遺伝子を介して日本人の生命とともに伝えられ、今日まで脈々と続き、今日の人々の美意識に影響を与えているといっても良いと思います。

第10項の9　曼荼羅《まんだら》

曼荼羅には中心に大日如来がいて、大日如来の周囲には四体の如来《にょらい》（宝幢《ほうどう》、開敷華王《かいふけおう》、無量寿《むりょうじゅ》、天鼓雷音《てんくらいおん》）と、四体の菩薩《ぼさつ》（普賢《ふげん》菩薩、文殊師利《もんじゅしり》菩薩、観自在《かんじざい》菩薩、弥勒《みろく》菩薩）、計八体が表されます。これらの如来と菩薩は、人間の持つ煩悩を抽象的に表したものであり、人の心の中には、色々な考えが詰まっていることを表し、色々な考えがあることが常であることを表しています。どの考え方が、何時急に大きくなって表れてもおかしくはないのですが、このように誰にでも同じように多くの考えがあるのですから、それぞれの考え方に一喜一憂して心をとらわれることが無いようにしなければならない。

人と人が出会い縁を結ぶということは、それぞれに持っている曼荼羅のどこかと、どこかが感じ合ったことができるのではないでしょうか。同様に良いと思って買うモノとの運命的な出会いと、心の奥底にある本人さえも意識していない本能や、本能に似た真知《しんち》に揺り動かされているという面があるのではないかと思います。

第11項　第1節の終りに

日本の商いの第1章に日本人の好き嫌いを述べさせてもらいましたが、商売を生業《なりわい》とする人たちは、まず、商品を売るのではなく、作られた商品に込められた、製作者の思いというのを知って、製作者の心を売る（伝える）ことをしっておかねばならない、ということをお話したかったのです。そうすれば後述する「モノを売る前に自分を売れ」ということともつながって、日本人の商いに込めた商人道というものが分かってもらえると思ったからです。

第２節　日本の商いの特色

第１項　日本の「商売」のあしどり

日本人の買い物に関する好き嫌いの歴史を少し振り返ってみましょう。

俗説ではこんな話もあります。「商人」とは中国の古代王朝の一つである商（殷《いん》）の国民もしくは出身者、またはは彼らの子孫で中国で最も早くから、ある場所で安価で購入した物資をその物資の乏しい別の場所に高価で売却して、差益を稼ぐことを生業《なりわい》とする者が現れ、その民族が「しょうにん」の語源となったとも言われています。

日本では商人のことを皮肉として、利己主義、お金に〝がめつい〟人物を「商人」と評することがあります。良く評価されない商人は封建時代の身分制度において、下位に位置づけられていた影響もあるのではないかと思います。また武家社会においては〝金《かね》〟のことを口にするのは、はしたなく品格にかけるといった風潮が存在していました。そのことも多分に影響があると思われます。

日本で独立した商人階層が形成されるのは、律令制と中小豪族が没落する平安時代中期以後であるとされています。市《いち》以外の場所で商売を行う者が出てくるようになる一方、有力な権門《けんもん》（権力者）と結びつく者も現れるようになります。

やがて、有力権門や寺社の雑色《ぞうしき》・神人《かみんど》（ゾウシキ：律令制で諸官司に配属された特殊技術者の集団）。（カミンド：中世、神社に奉仕し、その保護を得ることによって宗教的、身分的特権を有した者）などの身分を得て、その権威を背景に諸国と京都を往復して交易を行うようになりました。

その後、権門や寺社を本所《ほんじょ》（ホンジョ：荘園の領主・領家の上位に位置する名目上の権利所有者）として仰いで奉仕の義務と引き換えに、諸国通行自由・関銭免除・治外法権などの特権を保障された集団、「座」を結成するようになりました。とものの本にはいかめしく書いてあります。

私は商人とは生産者からモノを仕入れて、必要とする人に販売することを生業とする人が、そのときや場所の必然性によって発生した職業であり、人間生活の必需品同士を交換したり共有したりする業を象徴したような業種・業態であると思います。利便性の交換や共有は、やがて貨幣の誕生とともに貨幣を介して交換という手段となり、交換量が飛躍的に拡大し商人の繁栄をもたらしたと思われます。

堅い語り口はこのぐらいにして、商人のイメージを考えてみましょう。日本の商業の発展の歴史の中で行商《ぎょうしょう》という商売がありました。最初のころの絵画的イメージは商品を大きな風呂敷に包んで背負い、あるいは籠に商品を載せ、売り歩いていました。行商人と呼ばれた彼らはやがて蓄財ができると、だんだんと店舗を構えてゆき、一定の場所に住みつくようになりました。店を持つことによって、顧客に対して信用を積み重ねるという商人の歴史を作ってゆきました。店舗を持つことで流れ者（無宿者、根なし草）ではありませんということを形に示し、信用を確固たるものにしてゆきました。

このようにして信用が確定するということは、逆にいえば店舗を持たない人は信用がならないということです。基本的には店を持たず口先だけで言葉巧みに商売をする人、行商人イコール商人といったイメージが中世から、近代の商人に対する印象に影響があったように思います。そして、その印象が行商人のイメージを背負う、現在の営業担当者にも少し影響しているような気がします。

ここに、日本における商売の特徴の一つを見ることができます。すなわち、それは「信用」の重要性ということです。商品の良し悪しは大切な要因でありますが、それ以上に売り手と買い手の信頼関係が重視されているということです。商売に必要な要素として日本では、信用を確立するということが大事であるのです。「営業担当者はモノを売るより先に自分を売れ」といわれ続けてきました。

そのために店があるとはそこに定住することであり、風来坊のようにどこかへ行ってしまうことがないというので、今でいうクレームが発生した場合に店に行けば、モノを売った人が必ずそこにいて、何時でも苦情に対処してくれることが保証されることを示しています。そしてだんだんと客と店主の信頼関係が強固になって行くのです。このことを日本ではよく「店主の顔が見える商売」と言います。

もう一点特徴と考えられる点があります。商人は「おかね」を扱う仕事をしています。何時のころからか分かりませんが、日本人にはお金の話をすることを下品な話をするといって忌《い》み嫌《きら》う風潮がありました。その影響を受けて町人でも江戸ッ子は〝宵越しの金は持たねェ！〟などといい、特に東京人はカネの話を露骨だといって嫌います。

一方、大阪は商人の国といって、特にお金の話をすることを忌み嫌うことはありません。これは地域差の話ですが、そうでなくともどうやら、日本にはお金の話に関しては、きっちりとしなければならないときと、婉曲にさりげなくしなければならないときがあるようです。お金の話は何事もはっきり決着をつけなければならない場合が多く、露骨な話よりも婉曲な話を好む日本人としては、なるべくお金の話をしたくないといった本音が潜在的にあるのではないでしょうか。

しかし、多くの古い話が記録として残っている国でありながら、お金の話で食い違いが起きて騒動になったという話は、町民文化が書き残されている江戸話でもあまり聞きません。それよりも昔の商人は賢くてリスクを組み込んで商品価格を決めていたともいえ、債権が不履行になっても〝先刻承知〟とばかりに澄ました顔をして、心の動揺を見透かされるといったことはありませんでした。これも日本の商売の特徴の一つでしょう。

日本の経済が活況を呈していたとき、外国人から日本人が〝エコノミック・アニマル〟と呼ばれたことがありました。外国においても経済的な価値観に偏重した当時の日本人を、多少いやみに感じるところがあったようですから、直接的なお金の話を嫌うのは日本だけの傾向ではないのかもしれません。ともあれ商人に対して歴史上で示されたイメージは、颯爽《さっそう》とした紳士といった感じではありませんでした。

経済的な考えが元気よく登場してきたのは、何といっても産業革命以降で、モノが大量に生産されるようになってからであると思います。大量生産は、モノの流通を要求します。生産地で生産物が大量に山積みになっていても意味がありません。必要なモノを必要な人のところへ運び、大量消費されることで価値がでてきます。従って物流という手段とともに、貨幣経済の拡大と相まって、商取引というものは急速に発達しました。商人の台頭は大量生産と物流手段の発達とともに、確固たるものとなってきたと思われます。

大雑把な言い方ですが、大量生産と大量消費の文化が両輪となり、さらに運送という物流手段が効率化して商業という分野は飛躍的に拡大して、貨幣経済の発達を伴い今日に至ったというのが、概略の商業発展の足取りと思われます。そして、その傾向は次の大きな変革、すなわち、情報通信技術と通信販売の発展まで続いたと思われます。

商売上の好き嫌いの歴史は、最初、貨幣というお金を介した露骨な取引を嫌う傾向がありましたが、動力機械の発明と装置産業の発達、設備投資拡大の競争、さらに大量生産と生産効率の追求という変遷によって必然的に大量消費を求めるといった方向に進みました。大量生産と大量消費は、当然ながら個性という感性を尊重するという考え方に対してはマイナスに働きます。

日本では、そのような流れの中で〝流行《はや》り〟に対して〝私だけ〟の価値観を主張する傾向も生き残り、大量生産に対して零細かつ繊細な手作り志向という好みも並行して、希少価値として根強く残ってきたのもひとつの特徴で、これまで述べてきたこれらの傾向は歴史的に長い時間をかけても変わらない、日本人の嗜好《しこう》の走馬灯を見るように思います。

このように日本におけるモノの選択肢に含まれる選択基準には、単に表面的な見掛けの良し悪しといった面だけでなく、使い心地といった質の面、堅牢であるという点、補修に耐えるといった細かい点にまで、配慮が尽くされているといったことなど数え上げればきりがありませんが、意思決定を促すためにはたくさんの評価基準が存在します。

申し上げたいのは、そのように目に見える面や手に触れるだけにとどまらず、作った人の人柄や、そのモノを使った人にまつわる口伝、作品の来歴、それらのモノが使われた場面など、目に見えない想像の世界をも商品価値の立体構造の中に包含してそのものを鑑賞し、連想し、賞味するといった評価法、選択基準があります。その古くから存在する多様な評価法と、長い時間の重さに耐え抜いたモノが、日本では好まれるという固有の評価価値基準があるように思います。

日本では良く売れると称されるモノに、二つの傾向があることを指摘しておきたいと思います。一つはいわゆるベストセラーで、短期に爆発的に人気がでて予想をこえて売れる現象、もう一つはいわゆるロングセラーと呼ばれる、長い年月売れ続け人気が衰えない現象です。本著では流行とかベストセラーについても見ておりますが、主として売れるという条件を求めて、思考を重ねる対象はロングセラーを対象にしています。何故なら、日本には「商いは牛の涎《よだれ》」という言葉があり、切れることなく続くのを良しとする文化があるからです。

しかし、一方で日本で数年間生活をした外国の人が自国に帰りしばらくして、日本からやって来た友人や帰国した友人に会うと「今、日本では何がはやっている?」と無意識に質問をするのです。このようなことから日本にしばらく住むと、いつの間にか「流行」に敏感になっている自分を見つけるそうです。また、歴史的には江戸時代元禄のころ世界一の大都市江戸では、女性の半襟《はんえり》に紫色の小布を使うのがはやっていました。それを〝江戸紫〟といったようですが、多くの人がわれもわれもと身につけたといいます。流行という言葉の代名詞にさえなった江戸紫の端布、さらに過去では「みんなで渡れば怖くない」「護送船団方式」などの言葉から連想する日本人の好みは、「みんなと一緒」「はみ出したくない」という言葉が示しているように感じることがあります。

もしそうであるならば、日本の嗜好の特徴は〝流行〟ということであり、長い間売れ続けるということや個性的という言葉とは矛盾することになります。「世界一気難しい」という評価とも矛盾する気がします。一体どちらが日本的なのでしょうか？ それとも、だからこそ難しいということなのでしょうか。

モノが売れるということと、いわゆる好みとは深い関係があると思います。日本で〝売れる〟という評価を受けることとは、どのような現象を指しているのでしょうか？ そのことを確かめないと、日本人の購買心理を支える思考について議論をすることはできない気がします。一体日本で〝売れる〟という言葉を定義するとすれば、どのような状態を示すことになるのでしょうか？ 日本においては売れているということと、流行っているとは、どうやら別のようです。では、日本で良く売れているといわれる現象は、どのようなことを指しているのでしょうか？ 少し深掘りしてみましょう。

流行を追わないと、仲間外れになるのではないかという一般市民の感情があります。それが多くの人に影響しているとも事実でありますので、ベストセラーも普遍的な価値観でもないといえます。ただ私はどちらかというと、長い期間売れ続けるというモノのほうに、幾分か多目に軸足をおいて評価したいと考えています。商人間の口伝を見てみましょう。

第１項の２　ちょっと見には分からない工夫と細工

日本人は、どのような作品または製品においてでも目立たないところで、ちょっとした工夫がなされ、それが使う者にとって小気味の良いモノであったりしたら、それはそれは有頂天になって、そのモノを抱きかかえてだれにも渡すものかと、それが例え高額なモノであっても、一人で満足して買うといったところがあります。付加価値という生半端なモノは通じない、あれば便利という程度の細工モノをつけて付加価値と考えていたモノは、誤魔化しか堕落した考えといわざるを得ないところがあります。

第１項の３　良く売れるモノの共通点

良く売れるモノの共通点としては、作る人が良く役に立つように、使いやすく便利なように、そして丈夫で壊れないようにと願って作る作業が進むという点と、その作業そのものが求道的であること。そして使い手さえもその気遣いにびっくりする気配りが、なされている点が共通してあるように思います。

第１項の４　声なくして人を呼ぶ

先義後利至栄《せんぎこうりしえい》とは、京都の麩《ふ》の店の家訓であります。義とは人の正しい道。三方良しとは、客良し、職人良し、世間良し。職人には注文はつけるが、その分高く買ってやる。不況のときにも仕事を作ってやる。こうやって商売をしていれば、宣伝なぞしなくてもお客様は向こうからやってくるということです。

第1項の5　文化と文明（売れるモノの条件）

文化とは「どうしてと問い詰められると答に窮するのが、文化という言葉の特徴でも」あります。習慣とか慣習とかといったもので、その慣習の中に閉じこもっていれば、そして、その地域に参加していれば加害を受けることが少いものであります。従って、そこに住み続けないことには分からないものでもあります。文化はそのほとんどが不合理です。しかし、人は寄って立つモノがないと不安定さから抜けだせない、その安心して寄りかかるモノが文化である気がします。そしてそのモノは非合理性が強い程、文化としての迫力があるように思います。

文明とは誰でもが容易に参加することができるものであります。自動車文明に参加する、航空機文明に参加する、コンピュータ文明に参加する。これらのことは誰にでも簡単に参加し利用することができます。

売れるモノには文化を共有するモノが含まれている必要があります。しかし文化だけでなく、その時代に好まれる文明の香りも含まれていないといけないのであります。そのために文化は文明よりは付き合い方が面倒なのであります。それだけ売れるモノを作るのは面倒ということです。

第1項の6　価値観の地域差

売れるという条件には大阪文化と東京文化の違いが関係します。東京は武家社会の影響を強く受け継いでいますから、良いモノが売れます。値段は比較的関係ない場合が少なくありません。さらに見栄を張ってまで高いモノを買うといった文化もあります。それに比べて、たくさん売れればいいというのは大阪商人の町の文化であるようです。東京の価値観の中には、安いモノを買って馬鹿にされたくないようにという「恥を嫌う心」「名こそ惜しけれ」の心があり、一方大阪には、「儲けりゃ良いじゃないか」という価値観があります。

このような言い伝えの言葉がおよぼす地域的な文化も、モノが売れる条件の一つとして参考までに知っておたほうが良いようです。雑談的な話で日本の商売の足取りと題した第一項を終了し、日本の商売の匂いを感じて頂きたいと思います。

第2項　爆発的に売れるモノと何時までも売れるモノ――良く売れているとはどういうことか

いわゆるベストセラーとロングセラーでありますが、ベストセラーは誰も彼もが競って求めて爆発的に売れたけれども、一定の期間を過ぎるとそのブームは去って行ってしまったものをいい、ロングセラーとは何十年、何百年経過してもその評価価値が変わらず、存在感が強固に継続しているモノのことをいいます。まずロングセラーについて考えてみましょう。

日本における商いの歴史をみていると、日本において歓迎されるのはどうやらロングセラーのような気がします。日本人の嫌う言葉に軽薄というのがあります。流行を好むくせに流行を求める態度を、付和雷同する軽薄な行動とみる風潮があります。「赤信号みんなで渡れば怖くない」という言葉があり、またヨーロッパで比較人類論にこんな笑い話もあります。難破した船から救命ボートに避難する人々の心理を書いたものです。どうしても救命ボートの定員が一人オーバーしてしまいました。誰かが犠牲にならないとボートが沈む危険性があります。そんなとき、次の言葉は有効に作用するといいます。（このジョークは再度引用します）

海難事故の場合に乗客を海に飛び込ませる方法

1. アメリカ人には、今飛び込めば君は英雄になれる。
2. イギリス人には、今飛び込めば君は有名人になれる。
3. フランス人には、飛び込んではいけない。
4. ドイツ人には、規則だから飛び込まなければならない。

でポケットにも入るし、鞄の隅に入れても場所をとりません。そのくせに小さなモノから大きなモノまで包み込んで持ち運びするときに便利です。色や柄によってはおしゃれなアクセサリーともなり、おしゃれを演出してくれます。

座布団も同様に長い年月使われて、いまだに使われています。家具と一体となっていない点が西欧のクッションと似てますが、用途の多様性が魅力です。

ちょっと衣類から離れてしまいましたので、元に戻しましょう。割烹着というのを御存じでしょう。赤堀割烹教場（一八八二年創立）の赤堀峯吉が、受講者である良家の妻女のよそ行きの着物を保護するために考案したという説がありますが、さほど古い歴史を持つものではありません。けれども、洋服時代にも十分通用するといった意味で用途の柔軟性、利便性において優れた特徴を持っています。畳《たた》めば嵩《かさ》張らず持ち運びに便利な点は風呂敷にも似ています。

紐《ひも》についても考えてみましょう。組紐や真田紐《さなだひも》、そして水引《みずひき》に日本の紐の特徴とロングセラーの特徴を見出すことができます。これらの紐の特徴は、神事と深くかかわっているという点が特徴的です。すなわち、日本のロングセラー品にかかわる普遍的な一つの特徴は、神の恩恵や縁起と、深くかかわっている点に見出すことができます。

従って清潔感という点は欠かせない要素の原因となります。利便性があり、用途に多様性があって、清潔で、汚れを感じさせない、さらにリサイクルが効くといった点も、衣類における超ロングセラー品の普遍的特徴であると思われます。使いすてを好む傾向は、それこそ一時的な流行りかと思います。日本人の布に対する感性は生活の貧しさから来たものも少なくありません。このことがぼろ布を活用し、布を使いきる知恵ともなっているようです。そのために日本では布を求めるときに、今の目的以外に将来の活用という点も選択肢の一つとして含まれています。

さらに日本布の特質の一つは、その土地の素材で作った布に天然染料で染め、練達の職人が手機《てばた》で織ったモノが多く、化学染料で染め大量に作られた使い捨てのモノとはちょっと異なっています。さらに、その布を作った人の人柄やその作られた過程、そのモノから連想される過去の著名な人々が、その柄の着物をまとった故事来歴と想像上のその光景をも含めて、自分の中に膨らむ空想的情景を加味し評価してそのモノを買い求めるといった傾向も少なくなく、そのような品の中に多くの日本人が長年愛し続けて、今日まで続いているといったことも少なくありません。

そこに日本人の布に対する好みの特徴と普遍性を見ることができます。

第3項の3　食べ物について見てみましょう

米飯、味噌汁は誰が考えても、日本の食物の特色を持つモノの一つであるように思います。日本に限らずお米を主食にしている国はほかにもありますが、お米は何といっても日本一の超ロングセラーであります。

米飯にはどのような特色があるのでしょうか。お米を資産を計る基準にしたり、労働の対価にしたり、税金としての役割を担ったり、（＊注―1）日本では食するという主目的以外に「お米」はいろいろな役割を果たしてきました。そのために食べ物として「うまい」「まずい」という評価以外に別の評価がありますが、このたびは嗜好的な評価に絞って考えてみたいと思います。

外食産業におけるメニューには鉄則があります。それは、「客に出すご飯は損得を抜きにして絶対に手を抜くな！」という心掛けです。その理由は、おかずは不味《まず》ければ客は次に来たときに別のモノを注文する。しかしご

能登地方に伝わる農神事

飯が不味ければ客は次には店に来なくなる。という昔からの店主口伝の秘話です。この言葉に日本のご飯の特質が凝集されているといっても過言ではないでしょう。日本人はお米を食の中心に据えています。甘くもなく、辛くもなく、苦くもなく、無味無臭でもないこの食材をすべての食材の中心において料理を取りそろえるのです。他の食材においてときに欠落するものがあっても、それは大らかに許されるものでありますが、ご飯がなくては食事にはならないのです。

日本において食文化の中心は何といっても「米飯」なのですが、それは何故かというと、儒教の中庸思想にその根拠を見つけるのが、最も簡単であると考えられます。逆にいうと日本において中庸思想が根づいたのはコメを食していたからかもしれません。と、思えるぐらい深い関係かもしれません。日本人でご飯以外の食材を食べ続けた場合は、必ずどこかで「飽きる」といったことが起きますが、〝ご飯《はん》〟は飽きるということがないのです。それはご飯独特の総合的な触感にあるのではないでしょうか。

日本料理の特色のひとつは、調味料はあくまでも脇役で、食材そのモノの味を楽しむところに特色があり、日本食の冥利《みょうり》とされます。調味料を隠し味として主食材の持つ素晴らしい味を、どうやって引き立たせるかが料理人の腕であるともいわれております。しかし、その脇役の働かせ方に心血を注ぐのもまた、料理人の腕の見せどころなのです。食材と調味料、どちらが主役なのでしょうかと尋ねたくなります。目立つことを嫌って、その存在をいやというほど強烈に印象づける「隠し味」。中庸の象徴である「ご飯の味」、そして旬を競う「おかず」の数々に囲まれた日本の食卓。この取り合わせの風景に日本食文化の特徴を見ることができます。すなわち、調和です。単に和といっても良いかもしれません。和の心こそ、日本の食文化の大きな特徴です。「今日の食卓はすべての食材が調和しているか？」これこそが大事な食評価のポイントの一つです。

みなさんは「あえのこと」という言葉をお聞きになったことはありませんか？　能登地方に今も伝わる農神事です。神に豊作を祈り、神に収穫を感謝する。農家の人々が農作物を頂くことができるのは、すべて神様のお陰と考え、冬に豊作を祈り、秋に収穫ができたことを神に感謝する神事を行います。農業のみならず漁業においても同様の神事は行われます。この食材を食する前に神に感謝するということこそ、日本の食材に対する基本的な態度です。

従って、その食材に向かって調理をする人もまた、身体の穢《けが》れを落とし、衣服を改め、食材に礼拝して調理にとりかかります。この〝調和〟と〝感謝〟の心を忘れずに、祈りをもって表意し、収穫され調理をされたモノに対しても同様に感謝の気持ちを込めているかどうか、という心を大事にして頂いた食材は何一つ無駄には致しませんと神に誓い、調理人は調理前に神に祈りをささげ、包丁を清め、斎戒沐浴《さいかいもくよく》、祈祷《きとう》をして食材に立ち向かいます。食する人は食材そのものに限らずそれらを育ててきた人々、料理に携わった人々、並びにすべてを恵んで下された八百万の神神に感謝して祈りを捧げて、「頂きます」と両手を合わせてから料理を食します。

このような文化を大切に守り継いでいることが感じられる食卓が、日本人に好まれる食事ということになります。つまり、天地自然が恵んでくれた食材を得ることができたことを神に感謝し、その食材の〝命〟を食することにおいても感謝の気持ちを忘れず、さらに、腹八分目という知足の心を忘れず、〝施餓鬼《せがき》〟（＊注―2）をしてヒモジイ思いをしているかもしれないすべての生き物に思いをはせ、そのうえに、食卓に出されるまでの間に造作をかけたすべての人々に感謝し、それらのモノと行為のすべてに対して無心のうちに手を合わせて、〝頂きます〟というつぶやきの出る食事の作法こそ、日本において長年続いた食事の風景なのです。食材の味や料理の旨い不味いに限らず採集から調理に至るすべての過程にたいして、感謝をする精神性や自然と神にたいする畏敬《いけい》の念に耐え得る食膳こそが、日本で優れたモノとして好まれる食文化なのです。

（＊注―1）明治四年に廃藩置県が行われそれまでの領主というのが一掃された。そのときから租庸調の仕組みが変化したが、納税はコメを持って行うことが原則になっていた。

（＊注―2）施餓鬼：禅宗では生飯（サバ）といって食事のたびに飯を数粒施す習慣も施餓鬼の作法だとしています。他の者に施す、困っている誰かに目を向けるという仏教の教えです。「餓鬼」に「布施」すると書いて施餓鬼です。禅宗における施餓鬼とは、単に法事だけでなく、日常の修行の一つと考えられています。

第3項の4　住まいについて見てみましょう

日本の住宅は「木と紙」で出来ているとよくいわれてきました。柱と障子や襖《ふすま》の印象からそう評されたのかもしれません。日本における優れた住まいとは、基本的には日本の風土に合ったモノと、日本の風土から得られる建材を工夫して作り上げたモノといえます。

日本の風土の特徴は比較的明瞭な四季があるということです。その特徴に耐え得る建築様式と建材が長年使われてきたために、そのような環境に適した建造物が日本人の寝食の時間を過ごすのに適したというよりは慣れ親しんで来た住居といってよいと思います。台風という季節があり、梅雨《つゆ》時といった季節もあり、さらに季節とは関係がありませんが、日本中至るところで地震が頻発いたします。そのうえ狭い国土が東西南北に広がっているために、同じ日本でありながら気候の特徴はかなり地域によって異なります。

そのために地震に強く、気候、特に乾湿の変化に強く、寒暖にも対応でき、すぐ作りなおすことができて修繕が容易というのも日本住宅の必要条件です。これらの条件に優れた対応力を持った日本建築の代表が寺院建築です。今でも宮大工と呼ばれる人たちがその建築技術を継承しております。畳というモノも日本住宅の特色の一つです。この独特の通気性と弾力性は、日本人にとってなかなか手放しにくいモノの一つのようです。最近の建築様式では板の床やフローリングと呼ばれる素材で作られた床が多いのですが、よく見るとどこか一間だけは「畳の部屋がある」というのに気がつくと思います。畳の部屋に床の間と仏壇があり、柱はなくとも和室の一間は欲しいというのが日本人の住まいに対する希望です。

昔から家を作るには、石屋、大工、左官屋、建具師、表具師、畳屋、瓦屋などの諸職、近代では井戸屋、電気屋、瓦斯屋、ガラス屋など多くの専門職が仲良く、あるいは文句を言い合いながら建築現場で寄りあって仕事をしていました。しかし今は新建材を用いて工場でほとんどのモノは作成されて、現場では組み立てるだけといった建築風景で、昔とは大きく変わってきました。

話は変わりますが、数年前にドイツのケルンに行ったことがあります。ケルンの大聖堂は有名ですからご存知の方も少なくないでしょう。ドイツの方とのご縁で普通は見ることができない、大聖堂の屋根裏や天井近くまで見学をさせてもらいました。いわゆる修理現場で、建築の具体的な作業を見たときに、厚さ五ミ《ミ》リ《リ》程度、幅一メー《メー》トル《トル》、長さ十メー《メー》トル《トル》程度の鉛《なまり》の板《いた》を巻いたモノがたくさん積んでありましたので「何に使うのですか」と聞きました。「石の上に石を重ねるとき、あいだに鉛の板を敷いて次に石を重ねるのです」ということでした。鉛は柔らかいので石同士の凸凹を鉛の板が吸収するのだそうです。

成程と思いびっくりはしませんでしたが、びっくりしたのは建物には石を積み上げているだけで、柱は使っていないということを聞いたときでした。その話を聞いたときには背中に冷や汗が流れるのを感じました。そのとき、私は〝積木の教会〟の地上から数十《メートル》もある天井裏に立っていたのです。

地震があったらどうなるの？　と一瞬考えましたが、ケルン大聖堂は作り始めてから五百年以上も経っており、今もまだ完成をしている訳ではなく、作り続けているのだということでした。そして、その間一度も地震による被害に遭遇したことはなかったということでした。このときの体験と日本住宅の成り立ちを対比して考えると、「同じような考え方でできる筈がない」という考えに容易に立つことができます。

さて、またまた脱線して、住まいに対するもう一つの考え方を紹介致しましょう。「立って半畳、寝て一畳」という言葉であります。日本には「清貧」を尊ぶ考え方があって、人間しょせんは立っているときは半畳、寝るときは一畳あれば足りる。それ以上を望むのは贅沢であると、生活を華美にすることを戒めています。千利休の侘び茶を継いだ千宋旦が晩年に建てた一畳台目（約二畳の広さ）の茶室は、侘び茶の精神を表した究極の茶室とされていますように、日本では住まいに対するこのような価値観も忘れてはならないものとして、多くの人の心の奥底に存在しているのも事実なのです。

このように考えると日本人の住居に対する好みは複雑で「堅牢で、風雨災害に強く、湿気や寒暖にも対応し、和洋両方の利便性を持ち、耐用年数も長く修理にも対応でき、簡素なモノでなければならないという宗教的、および哲学的思考にも応えなければならない」。そのうえに現代の人々の好みまで、吸収しなければならないとなると、さらに個人の秘密の空間が保たれ、一家団欒《いっかだんらん》の場所があり、庭に車を二台はおけるスペースがなければならない。となると、とても侘《わ》び茶《ちゃ》どころの話ではないのですが、多くの日本人はできるならば、これらのすべてを満足したいと思っています。

連続的な（アナログ的）価値観で何時までも売れるモノについて、衣・食・住の区分に沿って見てきましたが、古くから継続している価値観と、時代というか、主として海外の影響ということが多い気もしますが、外国の影響を受けて変形しながら長い時間と多くの価値観の評価に耐えて、残ってきたモノもあるような気が致します。それら日本人の態度を評して、このような言葉でいい表しています。

すなわち、「日本人は「和魂洋才」「神仏混合」という言葉に違和感を差し挟みません。「舶来礼賛」そして「明治維新と文明開化」などの良いものを取り入れ、気に入らないものを取り去って和と洋にかかわらず良いもの同士を融和させる術に優れている。という自画自賛をします」。そして、最近は時代の激しい変化を経て、ますますこの知恵に磨きをかけてきている気がします。その変化の過程こそが、日本の文化の特徴のひとつでもあるように思います。

しかし、私は変化しているようだが、あるいは変化しているように見せて外国文化を抱合同化させて、独特の価値観によって仕立て直し続けている。といった態度が日本人のモノに対する好き嫌いの感性の特質であるような気もします。

会社一つをとってみても、歴史のない会社はこれからの日本ではだめになります。何故ならば、それは社員に対する社員による家族的教育の強弱によって、会社の持つ企業の信頼性の力が決るからです。いわゆるブランド力を支える信用力は、時間をかけないと良いものはできないのです。日本の社員教育には経験の連続性という積み重ねの良さがあります。目先ではなく、将来を期した人の育成は連続的な（アナログ的）思考でなければならないからです。継続的な思想によらない人事を行った場合、例えば天下り官僚を幹部にすえる、あるいは外国人を幹部にするなどといった人事異動が、日本で失敗する例が多いことを見ても分かると思います。

話は飛びますが、〝どんど焼〟といった行事が残っているところもまだあるでしょう。正月明けに竹や杉の葉を集めて、塔を作り、火をつけて燃やす。子供たちが火の回りに集まってお菓子を食べたりして楽しそうです。

どんど焼の行事風景

このような風景を見た人もおられるでしょう。しかし何のために実施しているのかを知っている人は少ないのではないでしょうか？　誰もその意味を知らず、ただ形だけ残っている行事が日本にはどのくらいあるのでしょうか？　しかし、そのいわれや意味を知らなくとも、そのような風景に出会ったときにほっとした気持ちが心の中に流れるのは何故でしょうか？　生まれ育った環境と、その環境が潜在意識に与える影響というものの正体はなんなのでしょうか。この考えを少し深めることが、何故、長年売れ続けるのだろうか？　という問い掛けに出してくれる答も少なくないような気がします。

話は再び飛躍しますが、新しい価値観の芽生えてきそうなとき、日本における議論の場で反対意見を述べる人は、多くの場合「既得権を失うのではないかと危惧する心」から、その反対の意見は生まれているような気がします。その心には保守的、保身的という気持ちがあるように思います。この人間の本能に似た心が意思決定に対して、影響力を持っていることも知っていなければならない事実のようです。

日本において長期間売れ続けるモノに潜む共通点について、(分類は適切かどうかは別にして) 考察してみましたが、ロングセラーを求めるならば、以上述べたような考え方に潜む共通点に目を向けて、考えてみるというのも一つの方法であると思います。

第4項　瞬間的な浮き沈みや泡沫的現象で突然ブームが現れた背景

前項ではアナログ的な価値観でよく好まれ続けているモノを見てきましたが、対象的に流行やブームと呼ばれる現象で、世間を席巻するほど良く売れる現象もあります。そして、それは他の何よりも大切なモノであるかのごとき現象を呈するのであります。

流行という言葉が流行《はや》ったのはいつころからなのでしょうか? 私は流行というと〝ミニスカート〟が強烈な印象として記憶に残っていますが、それは自分の感性がそのとき、女性のファッションに関心が高まった年齢であったからなのでしょう。しかし見事に流行りました。誰でもどんな女性でもミニスカートをはいていました。次いでサックドレス、ヘップバーンカット、ボディコンワンレングス、ルーズソックス等々。それらはヨーロッパにおけるファッションショウを起点にしてかなり流行しました。

これらの現象を現在から見てみるとお分かりのように、今でもほとんど誰もが継続的に好んでいるということはなく、流行ったファッションを自分にとって個性的と思って好む人だけに取り込まれて生き残ってはいますが、最早ベストセラーではありません。

ベストセラーは長くは続かないにしましても、その出現は強烈な印象を押しつけます。その火をつけた人の快感は、何ににも代えがたいものがあると思います。そして、それは麻薬のごとく次のヒットを生み出す競争となって行きます。

日本人には「みんなで渡れば怖くない」といった集団心理が強烈に働く心理的背景があります。ですから一度火がつくと一気に燃え上がります。従って、日本におけるモノ作り人は〝一発ヒットを放ってみたい〟とだれしもが一度は思ってみるのです。そして誰しもが次は定着を図って産みの苦しみに入ってゆくのです。

第4項の2　流行商品の予想される展開

コモディティ化とは、マルクス経済の用語です。最初は製品の機能の品質で競争しますが、次いで価格競争となり、さらに高付加価値商品の競争となります。しかし、やがて後発国や後発企業の追従を受け、市場から姿を消してゆきます。そして、ＩＴ技術の発達はそのスピードをどんどん速めています。

ブーム商品はこうやって市場から退出します。このような現象のことを称してコモディティ化と呼んでいます。すなわち、所定のカテゴリーないの商品において、製造会社や販売会社ごとに機能・品質などの属性と無関係に経済価値を同質化することを指しており、市場に流通している商品がメーカーごとの個性を失い、消費者にとってはどこのメーカーの品を購入しても大差のない状態になることです。

このような競争現象に巻き込まれないための法則は、製造側も販売側も「知足《ちそく》」という思想を知ることが重要です。この現象を知っていた日本人は、昔から「長期に愛される商品こそ優れたモノである」と考えるに至ったのではないだろうかと思うのですが、いかがなものでしょうか。

流行はある程度の人口密度が必要です。日本における流行についてもう少し見てゆきましょう。流行の拠点は都市文化の勃興《ぼっこう》地にあると思います。戦国時代以前は京都が流行の中心であり、豊臣秀吉の検地以降は藩の「市《いち》」（＊注―1）が中心で楽市・楽座はよくしられています。江戸時代では城下町の人たちが中心となりました。

過疎地帯や山間僻地では、流行はあまり顕著ではなかったようです。現代の流行の生まれた時代の背景をその特徴で区切りますと、勝手な区分ですが、戦後の復興時代、集団就職時代、ベビーブーム時代、核家族化時代、中産階級時代、バブル経済時代、規制改革時代、そして情報革命時代となるのではないかと思います。それら特色のある時代を少し見てみたいと思います。

（＊注―1）楽市《らくいち》・楽座《らくざ》は日本の安土桃山時代（戦国時代後期）において、織田信長や豊臣秀吉の豊臣政権や各地の戦国大名などにより、城下町などの支配地の市場で行われた経済政策です。楽市令、「楽」とは規制が緩和されて自由な状態となった意味。

第4項の3　戦後の復興時代の流行の影響

戦後の復興時代の経済を牽引したのは、何といっても政府の政策であると思います。各個人が財を失ったこの時代は個人に何かを始める力がありませんでした。「公」という字のつくものを思い起こしてみましょう。電信電話公社、住宅公団、道路公団、公立病院、公立学校、公立体育館、公立図書館、交通公社、郵政公社、さらに細かくみますと「県立」「市立」「町立」と名前がついている組織や施設を多く目にすることができます。これらの人が集まるところが、流行の拠点となっていたことが分かります。ただし、多くの人はそれらを当たり前のごとく利用してきましたので、その存在をごく普通に感じていました。しかし外国人から見ると、ちょっと不思議な現象であるようです。

私はあるとき外国の友人から、こんなことを尋ねられました。日本の人はよく県立会館とかに集まることがありますが、「けんりつ」とは何のことですか？　私は一瞬返事に困りました。アメリカ人には特に奇異にみえたようです。これがすべてとはいいませんが、「個」が「公」よりも優位にある国の人と公が個より優位にある日本との違いは、好き嫌いというモノの価値観にも案外、影響をおよぼしているのではないかと思いますし、「流行」という現象に関係があるかもしれません。

第４項の４　集団就職の時代の影響

戦後の復興に続き朝鮮動乱や所得倍増論で、日本の製造業は活気づきました。地方から働き盛りの若者が、特に四大工業地帯、京浜、中京、阪神、そして北九州工業地帯に移動してきました。一九五五年から六十五年までの十年間で集中的に行われた大がかりな若者の移動は、農村の労働力減少を生み、農村で若者の減少が顕著になり、農村での農業就業率が激減しました。この時期に生まれた膨大な村を出た者たちの物語は、戦後の若者像のひとつの塊を形成しています。

この「集団就職」の背景には農村の過剰人口問題がありましたが、一方で都市部での労働力不足を解消しました。農村での労働力の移動を例示しますと、二十〜二十四歳の年齢層では、男子の場合、五十五年の八十三・六万人→六十五年の二十三万人へ、ほぼ四分の一に減少しました。女子の場合も、一〇一・一万人から三十・四万人へ、七割の減少を示しています。さらに、十五〜十九歳の階層では、進学率の上昇もあったせいで、この傾向はさらに顕著で、男子は四分の一、女子は五分の一にまで急減しました。戦後の復興期から高度成長期にかけて、産業構造の変動を伴う経済活動の拡大は、大量の労働力需要を生みだしました。

他方、六十年代初頭の農村では人手不足が語られるようになり、「次男・三男問題」に代わって、「村に残る者の孤独」、すなわち、「長男問題」さえ持ちあがるようになりました。想像もしなかった早さで、人口構成の逆転が起きたのです。結果として、農村文化と都市文化は分離し始め、流行は都市現象でのみ顕著に見られることとなりました。農村が保守的になったのではなく、農村を構成する人口の大部分が若者ではなくなったのでした。

この現象で逆の影響を受けたのは都市部ですが、急増する若者の住まいに対応するために住宅公団による団地が急増しました。団地に住むということが時代の先端のように流行しました。

第4項の5　ベビーブームの到来の影響

都会に集中した若者の結婚ブーム、新婚旅行ラッシュ、そしてベビーブーム、多くの幼児を対象とした〝おもちゃ〟、すなわちフラフープやダッコちゃんなどが一世を風靡《ふうび》しました。団地での公園デビューというのが流行語となり、子供を公園で遊ばせる母親の姿がどこの団地でも見られるようになりました。そのような子供が集まる環境から、これらのおもちゃは急速に〝われもわれも〟と流行いたしました。二〇二五年に高齢者人口が25％に達するなどという話は、爪の先ほども出ていない時代でした。若者を中心としたブームでありました。今では知っている人も少なくなってしまっている現象で、まさに〝ブーム〟でした。

乳母車といっていた乳幼児の乗り物がベビーカーという形になって残っていること。ドライミルクが大流行したこと。天花粉《てんかふん》と呼ばれていたモノがベビーパウダーと呼ばれるモノに変わって残っていること等々、ベビーブームが残した流行で今も残っているモノは大方使い捨て品として形を変えており、特に所得倍増や高度成長期と呼ばれる時代と合致し、消費が美徳などと叫ばれましたが、大方の古いタイプの日本人はその世代の人たちを除いて目をひそめて見ていたものです。

従って、この時代のブームとなって、しかも形を変えながら今日にも残っているモノは、多くの日本人が確かに利便性が高いと評価したモノだけですから、それらは今後も残り続ける可能性があります。布製のオムツはこの期を境に全く姿を消し、紙おむつ、ティッシュペーパー、生理用パッドなどが残りました。

第4項の6　核家族化の影響

集団就職をし、結婚をして、団地に住み始めた若者は団地内コミュニティーからだんだん離れて行き、東京オリンピックをきっかけにして流行し始めたテレビジョンを中心とした、家族だんらん重視の生活へシフトしてゆきました。所得倍増という言葉や高度成長期という言葉とともに、個人所得が増加した若者を中心に「カーつき、婆抜き、マイホーム」という表現で分かるように自己中心的な若者が作り出した、消費のブームがまさに流行の中心でした。

核家族化した過程で求められたのは数々の電化家庭用品でした。この傾向はバブル経済といわれる高金利、大量のカネ余り現象を生み、土地の価格は高騰し、投資ブームが起き、かなり多くの人が〝投資家〟になってゆきました。そのプロセスから個人住宅の建設は加速し、核家族化に拍車がかかりました。全国民が浮かれた変な時代でした。長年の国民的な思想である、「勤倹貯蓄」という言葉は死語になったかの観を呈していきました。

第4項の7　外圧による規制改革の影響

戦後の日本は国力の衰退から国や地方自治体を中心とした、公共事業が復興の牽引役を果たしてきましたが、国力の回復とともにそれらの公共事業運営に対して、自由競争が阻害されているとの声が諸外国、特に戦後の日本復興に寄与したアメリカを中心に起こってきました。日本護送船団という言葉も聞かれるようになりました。

この言葉は政府を中核にした企業集団が、互いに助け合い防衛しながら諸外国への経済進出を進め、外国との競争をかわしているといったイメージから生まれたのでしょうが、この構図を解体せよとアメリカは迫ってきました。そして「日米構造協議」（＊注—1）がスタートしました。

（＊注—1）日米構造協議はアメリカと日本の間で、日米貿易不均衡の是正を目的として一九八九年から一九九〇年までの間、計五次開催された二国間協議です。一九九三年に「日米包括経済協議」と名を変え、一九九四年からはじまる、「年次改革要望書」「日米経済調和対話」への流れを形成した。

この項では「瞬間的な浮き沈みや泡沫的現象で突然ブームが現れたモノ」ということで良く売れるモノのうち、流行やブームといった現象を見せながら、大量消費を示したモノを断片的に見てきましたが、日本における流行やブームといわれる消費行動は主として日本人の生活に対する、外的環境の変化をきっかけにして生まれたモノが多いことに気がつきます。次いでメディアの影響と人口密度の高さが、これに拍車をかけているといったことのようです。

日本で爆発的に販売ブームを作ろうとしたときには、ブームが起きるきっかけには何らかの生活環境の変化が必要であると思われます。逆にいえば、生活環境の変化から何が起こるかを予想する能力が、ヒット製品を生むともいえるかもしれません。

第4項の8　情報伝達の技術革新の影響

次なる変化はＩＴ、すなわち情報技術の発展がきっかけになるに違いありません。収穫とか狩猟による獲得物の交換は労力の必要性を感じさせます。貨幣による支払も「モノ」の代金の決済という点で、物々交換のイメージは残りました。しかし、カードや電子決済の普及で、モノの価値や労働の価値に対する対価の〝支払い〟という経費支出感覚が激変し、労働の貴重な価値観は消失しかかってきました。

この情報通信技術革新の時代におきるブームは、過去に経験した多くのブームや流行のように、この情報化時代の環境の変化によって、やがては失われてゆくのか、それとも未来社会の普遍的な価値観となって、長く存在してゆくのかはまだ見えてきません。心配なのは国際化ということもあって、情報通信技術が非常に大量の変化をもたらしているので、人類に対して大きな代償の支払いという負の財産を残して消滅してゆくのか、あるいは新しいイデオロギーを生みながら、恒久的に人類の財産として文明化して残るのかということで、結論はまだ見えてきておりません。

第4項の9　流行を発生させる要因

いずれにしても瞬間的に流行を生み、ブームを作るきっかけは、環境の変化が大きなインパクトになっているという共通の条件があるようです。ブームから利を得るには環境変化の先取りが必須のようです。

永続する商品価値の中で男性に売れるモノ、女性に売れるモノ、何故か年を取ると持っていたくなるモノなど、特定の分野で分類をしますと、ロングセラーの条件が見えてくることがあります。例えば、

印伝袋：セカンドバッグ、根付：キーホルダー、矢立：ボールペン、

手提げ袋《ぶくろ》：ハンドバッグ、

櫛《くし》：コーム、

草履《ぞうり》：サンダル、

笊《ざる》：ふるい、

形を変えていないモノとしてナイフ：鋏、包丁、メガネ、風呂敷など。

まだまだ色々あると思いますが、用途や目的は変わらず、必需品として外観が変化しただけのモノは新しく出現したモノのように見えますが、よく見ると過去にも将来にも必要性が認められたモノで、まさに和魂洋才で進化しながら続いているモノであることが分かります。

デジタル的な価値観が、連綿として続いてきた日本のアナログ的な価値観と出会い混じり合って、新しい価値

観として共感を得る場合もあります。これらのできごとは日本の伝統的な文化に少なからず影響を与え、古来のモノや習慣に若干の変化をおよぼしますが、和魂洋才という言葉が示すように、日本人は国際化によって日本に入ったモノを上手に取り込み日本化をすることによって、以前からの価値観と摩擦を起こすことなく独自の価値観と調和をさせて、あたかも古くからあった日本の文化のごとく当たり前に接する術を持っています。

第４項の10　21世紀の価値観は「心身の健康と安全な衣・食・住の環境」を大事にする心

私はこの言葉がキーワードになる可能性が濃いと思っています。医薬品に対する期待も大きい。医薬品・食品の安全と自己責任による健康な生活を多くの人々が望む時代になり、それを保証する政府が規制の主導権を握ることになるでしょう。

企業は健康と安全を損なうことを助長するようになると社会の批判を受け、企業としても健康と安全に配慮することを重視することになるでしょう。その結果、企業としてもこれら安全性の維持管理に対して危機管理をしておく必要があり、かつ予算化しておく必要があるでしょう。その対処ができない企業は社会的に抹殺され、今以上の社会的貢献費用（ＣＳＲ会計）の予算化の必要性は増してくることになるでしょう。

第５項　価値観を形成してきた過去の時代背景

御釈迦様は諸行無常といって、変化し続けて流転しているのがこの世の常だと二五〇〇年も前に申されております。ということは、変化しているそのことが常態であると思われます。とすれば価値観といったモノも、その時代環境の変化によって変わるのが当たり前ということができます。時代背景とともに変化した価値観の様子、あるいはブームが起きたそのときの環境などを商売の面から俯瞰してみましょう。

日本で商いというモノがそれなりに成り立ってきたのは何時のころからなのでしょう。商人とは商品を他の商品と物々交換を仲介、あるいは貨幣を介して、交換を仲介する業態に従事する者を指すといわれております。いわば、野性が生態系を維持する知恵を見ていますと、決して一人占めはしません。この動物の習性にならい、モノの偏りをなくし、なるべく必要なモノが必要な人の元へ流通するための便宜を図る業務を生業とし、いくばくかの手数料を得て生活を営む形態が、確立し定着してきたことによって、そのような業種に従事する人のことを商人と呼び始めたということも推測できます。

日本には農業を尊んで、商人を卑しい人間とみなす慣習（農本主義・士農工商）がありました。日本で独立した商人階層が形成されるのは、律令制と中小豪族が没落する平安時代中期以後であるとする説もあります。だんだんと市《いち》以外の場所で商売を行う者が出てくるようになる一方、有力な権門と結びつく者も現れるようになりました。中世においては、商人の活動する場は行商と市にほぼ限定されていました。ただし、初期のころ、彼らは専門化されておらず、生産者が自分でつくったモノを自ら売り歩くという性格が強いものでした。専門の商人が現れるのは八世紀以降であるといわれています。

平城京には都城の内部に官営の市《いち》が設けられ、市籍権（租税を払って市内で商売を行う権利）をもつ商人がそこで売買を行いました。平安京には東西に市が設けられ、市籍をもたぬ商人も含めて売買がなされました。平安時代には行商人の中にも商いを専門におこなう人々が現れ、各地の特産物などが行商されました。院政期や平氏政権の時期には、京都などにおいて常設店舗をもつ商人が現れました。近世は　商人がその生業を専門化・分化させていった時代でありました。

問屋・仲買・小売という現代につながる流通業態の発生がみられ、加入者数を制限し、売買を独占しました。しかし、これは近世初期にあっては物資供給の安定という効果がありましたが、やがて商品経済の進展の深まりとともに、むしろ円滑な商業取引にとっては阻害要因ともなりました。近世の最も著名な商人は元禄期の長者番づけに「横綱　紀伊国屋文左衛門　五十万両」とあります。江戸幕府の年収が八十万両とされることからも、一代で築いた財力の大きさがうかがえます。

「物々交換」はいつの時代でも行われていたでしょうが、「物品Aと物品Bを交換する相対方式」では普遍性がありません。通常、商いでは必然性の高いモノを、共通価値を代表するモノとして使用します。米・布・塩などが貨幣のような役割を果たしたモノと考えられます。

平安時代では、皇朝銭（日本で鋳造された十二種類の銅銭の総称）を広く民衆に使わせようとしましたが、その流通範囲は主に近畿地方に限られていました。また、銅不足から貨幣の質が落ちたので民衆の銭離れが起こり、政府の力も弱体化したため、十世紀末には皇朝銭の鋳造は中止されました。

しかし、商人の発生と貨幣の出現とは非常に関係が深く、貨幣の発明なくして商人という業種の発展はなかったといっても過言ではないかもしれません。また、貨幣の発達は商品の価値観にも、それまでと異なった影響を与え始めたことも事実であるような気がします。それでも本格的な貨幣取引が定着し始めたのは明治維新以降、税金の納付方法が物納から銭納に変わったからであり、江戸時代は基本的には納税は「米」でありました。そのことが実は大きな変化に対して強固なタガをはめてきました。

そのために「何も変わらない、微変化の時代」を形成してきましたので、文明的な進歩発展はいったん止まったかのように見える時代となりました。しかし、そのためにこの時代に「経済環境の変化をしないときの人間の生き方」が洗練化され、醸成されて独特の文化を形成したことも鎖国とともに大きな特徴であります。

この日本的特徴が実は現代の価値観形成にも、まだまだ大きな普遍的な影響を与えています。変化の少ない時代に価値観の差別化をする思考と技術は、今日なお参考になる点が少なくありません。

唐突ですが、変化しないモノの代表として、日本の文化や芸能の価値基準に影響を与える能楽（＊注―1）についてちょっと触れてみたいと思います。その理由は、伝統文化の底に潜む日本独特の幽玄、侘び、寂びの世界が兆しを見せてきたからであります。そのような感性は日本の後々の世まで、モノの価値を計る物差しとして大きな影響をおよぼしているからであります。

（＊注―1）世阿弥の世界　観世三郎元清（中年以後の擬法名的芸名が世阿弥陀仏で、世阿、世阿弥はその略称）。能は唐から伝来した散楽（猿楽）を起源とし、その散楽に芸術性を追求し、高度な物語性を盛り込んだのが世阿弥であるとされています。

三代将軍足利義満《あしかがよしみつ》の威光は、鹿苑寺《ろくおんじ》金閣として今も残っております。義満は京都中から銘木、名花を集め、室町に〝花の御所〟を設けましたが、その雰囲気が室町時代の気分を代表しているといってよいでしょう。

義満は当時の朝廷の御用芸能でありました、雅楽や琵琶に対抗する〝式楽《しきがく》〟（＊注―2）として、新興の猿楽《さるがく》に期待をかけました。夢幻能の創作も世阿弥の功績です。夢幻能は夢の形式で亡き者の霊や鬼神を主役のシテとして登場させ、滅んだ者の情念や遺恨を表現します。

夢幻能の「発想」により、能楽が鎮魂や救済といった抽象的な主題にも踏み込むことが可能となりました。

この夢幻能の創作が、貴族の間で流行っていた連歌の感性と結びついて、すべての芸術作品の評価に〝侘《わ》び〟〝寂《さ》び〟、あるいは〝幽玄《ゆうげん》〟の世界の存在を確かめることとなり、〝禅〟の方便である不立文字《ふりゅうもじ》の伝承方法（形や言葉によらない伝承方法）と重なり合って、日本独特の芸術作品評価の方法となったと考えます。

日本の歴史の中で室町時代は大変特殊な時代で、特に芸術、文化において後世に影響を与え続けているモノが少なくありません。おそらくこの時代の文化は、多くの人の芸術品の鑑賞眼に多大な影響を与え、遺伝子に染み込ませているものと推測いたします。その価値観は長年、日本のすべての創造物、特に美術品、芸術品など伝統工芸品の良し悪しを評価する基準の一部と成って今も根強く存在しております。それゆえ、良く売れるモノ売れないモノという議論と非常に深いところでつながっていると思われるので触れてみました。

（＊注―２）式楽《しきがく》：儀式用に用いられる芸能。寺社の宗教行事に付随している音楽や、平安時代の宮廷の行事の一部として固定化された雅楽も式楽ですが、江戸時代において江戸幕府が能を武家の式楽として規定したのが有名で、式楽といえば能をさすことが多い。

表面的な色や形、そして風合いなどといった直接的に感じられる感触以外に直接は表現されていませんが、関連して感じ、想像できるものとを空想の世界で合成することで三次元的な架空の立体像や、過ぎ去りし時間などを豊かに連想できる作品が高く評価されるという鑑賞法がだんだんと確立し、幽玄の世界との立体的な空想に、時間という四次元の価値観を付加して日本の芸術家は独自の表現をしていったのでした。

そしてそれらを愛でるという伝統的な鑑賞法が、今日においてもモノの価値評価に大いに影響をしておりますので、日本で好まれるモノには〝侘び〟〝寂び〟のような深みの理解が必要といわれるようになったと思います。

それと同時に制作態度における伝承法が師匠から弟子への相伝《そうでん》で、しかもそれは正師による単伝《たんでん》であり、そこに言葉は存在しないといった点に何やら神秘性までも帯びてきたように思います。しかしよく考えてみますと日本に仏教よりも古くから伝わっている神道においては、伝承するすべてにおいて言葉や文章は残っておらず、すべて無言の相伝または〝例え話〟による伝承で、司馬遼太郎氏によれば「神道には隠喩《いんゆ》（＊注―１）による伝承しか残っていない」といっております。形にならないものでの伝え方は日本の古くからの伝統であるらしく、それだけに外国の人に理解してもらうのは難しいのかもしれません。

（＊注―1）隠喩とは直接的にそのものを示すのではなく、例え話などによって示すことをいう。

物々交換や貨幣といった仲介物による商売には直接的、かつ物理的な価値が存在しましたが、この世阿弥の出現によって形のないものに対する価値観の尊重といった、次元の異なる価値観が生まれてきたと思われます。

島流しに遭った世阿弥は、恨み言を一切書かないことで義満を越えました。世阿弥は自著『金島書』に、内心の苦悩といったものを全くといっていい程書き残していません。そんなところにも彼の強靭な精神力が感じられます。そして諦観《ていかん》ではなく、佐渡で静かな透徹の心境にまで達していたと思われます。ここが世阿弥のすごさといえるのでしょうか。このあたりから道元の「只管打坐《しかんだざ》」の世界と、触れ合う機運というものが感じられるような気が致します。

「侘《わ》び」「寂《さ》び」「幽玄《ゆうげん》」「不立文字《ふりゅうもじ》」「只管打坐」、これらの言葉が示す豊かな想像と連想の世界が潜《もぐ》り潜って現代人の深層心理にも食い込んでおり、それが現代日本人の好みの感性にも影響し続けて、モノの判断に影響しているのがとても面白いところであると思います。

新古今和歌集の中で藤原定家により詠まれている

「見渡せば花も紅葉もなかりけり浦の苫屋《とまや》の秋の夕暮」

という歌は侘び寂びを表現している秀逸な歌とされております。この歌が読者に要求する空想の世界、さらにその連想こそ、日本の伝統芸術を鑑賞する心の目であるといって良いのではないかと思われます。この辺が分からないと日本のモノの良さが分からないといっても過言ではないかとも思われます。さらに、もうちょっと脱線して能の話を致します。

能の登場人物はシテ（主役）、ワキ（脇役）、囃子《はやし》、笛《ふえ》、小鼓《こづつみ》、大鼓《おおづつみ》、太鼓《たいこ》からなる四名、登場人物の心情や情景描写を謡う八名に地謡《じうたい》。それ以外にシテヅレ、ワキヅレがあります。

能は最小の動きで、喜怒哀楽を表現するのが基本です。悲しいときには少しうつむき（クモル）、さらに悲しいときには、手のひらを目の辺りに近づける（シオル）、嬉しいときは少し上を向く（テラス）、そうした所作を含め、能の形は二百以上あります。シテの多くは中程で退場し（中入れ）、装束を変えて再び登場します。中入れの前を前《まえ》シテ、後を後《のち》シテと呼びます。

佐渡の流人に対する島の人の対応は、日本中の島流しにされる土地の島人の対応と似通ったものがあり、島人の温かさは「善悪はときの流れ、運不運であって。正悪ではない」ことをしっていたと思われます。（日本の懐の深さ）。

堀が深く黒々と底光りする面《おもて》には、辺りを振り払うような威厳がありますが、角度によっては、優しさを秘めた顔に見えたりもします。良い面の条件として、〝無表情の中に表情がある〟ことがあげられます。島流しという処刑の意味は、お分かりのように、ときの流れに善悪の判断さえも任せるところにあります。ここに古くからある古典の評価の心をも見ることができます。

古典は長い年月人の目にさらされ、評価されてきて残るものは残り、捨て去られるものは捨て去られてきています。そしてその被評価期間を通して、あらゆる角度から評価や研究が進み、時代の環境変化における正当性も合わせて評価されているので、古典として残ったものには素晴らしいのがあるのです。

西行法師もまた、日本で好まれる人の一人であります。ですから、西行にまつわる何がしかのゆかりがある者、また西行を懐かしく思う人にとっては、欲しいモノを身に付けたりするようです。

西行法師は旅をたくさんしておりますから、その土地土地で読んだ歌や書いた書、あるいは滞在した場所などゆかりのものも少なくありません。ちょっとした草花も西行の歌に詠まれていたりしますと、それはもう忘れがたい貴重な花ということになります。そしてその花の名が広く知られるようになると、その花をあしらった衣装などは西行の詠んだ歌を思い起こさせ、ゆかしいものとなって好まれるといったことになります。

そのようにして過去に望ましいとされた人や、モノとのかかわりを連想したり、幻想に似た情景と、現存するモノとを合成して、そのモノを好ましく感じる感性は日本人の独特のモノかもしれません。西行は諸国行脚の後、この地（京都艸林寺《そうりんじ》）にあった塔頭《たっちゅう》蔡《さい》華園院《かえんいん》に来り、しばし杖をとどめて、

〝願くば花のもとにて春死なんそのきさらぎの望月の頃〟

と詠みましたが建久元年（一一九〇）河内の弘川寺《ひろかわでら》で入寂《にょうじゃく》しました。室町時代の和歌の四天王の一人である頓《とん》阿《あ》上人も、また西行を慕ってこの地に来住し当寺で没しました。このような史実から「如月」や「望月」とかかわり、または、それらの言葉とかかわるものは歌人西行法師のゆかしさと重なって、好ましいもの、ゆかしいものとなってゆくのです。西行庵は艸林寺の西南にあります。茅葺の草堂内に西行・頓阿二法師の像が安置されています。西行桜はその艸堂前にあります。花を愛し旅に死んだ西行を偲んで、後に植えられた桜でありますから、例えば着物の柄に桜をあしらい、西行桜と称しますと、それだけでその衣装から西行が思い起こされるといった結果を期待した趣向が生まれます。

毎年四月第二日曜日には全国の歌人たちが集まり、花の下で西行忌が行われます。その同じ日に西行庵からは

るか離れた東北の西行ゆかりの地で西行忌が行われたとして、その地で桜模様の着物でも羽織れば、それはもう優雅な西行の世界がそれだけで広がるのです。このような現象は日本の過去の歴史で、日本人が好ましいと思った数多くのことを知識として心に温めておき、それらをいつでも臨機応変に取り出して活用してみせる機知が必要ですし、それを理解する知識と教養が必要です。

日本で好まれるモノ、あるいは日本でよく売れるモノに共通する普遍性を探すうえで、好ましいと感じることで深層心理の深いところにあって無意識にふとでてきて、影響していることを求めて、過去のゆかしいと思われるできごとを拾ってみましたが、当然拾い切れてはおりません。まだまだたくさんの具象的なできごとなどがあるのは承知ですが、ここでいいたいのは良く売れるモノも、売れないモノも、たんなる表面的に具現化した現実の色・形だけで判断してはなりませんよ、ということがいいたくてこの項で触れてみました。

次に室町時代に負けず、日本の文化文明に大きな影響を与えた時代に江戸時代があります。江戸時代の価値観で後の世にも影響を与え、考え方をリードした方々を見てみましょう。

第5項の2　禅僧鈴木正三の考え（＊注—1）

「何の事業も皆仏行なり」。鈴木正三《しょうさん》の著書『四民日用』の言葉で、山本七平が「勤勉の哲学」の冒頭に載せた一句であります。その著書の序文で「日本人はなぜ勤勉なのか」と山本氏は問い掛け、「貧しいから」という解答には、世界的水準からいえば、日本人は決して貧しくなかったと自答する。「貯蓄」も同様で「社会保障が不備だから」という解答には世界的に見れば、社会保障がゼロの国でも貯蓄性向がゼロの国もあると自答する。結局、「勤倹貯蓄は美徳」という価値観をもっているとしかいいようがない。と答えています。

では一体、その思想はどのように形成され、どのような影響を与え、現在に結果しているのかを探ろうというのが、氏の「勤勉の哲学」で探求しようとしたテーマではなかったかと思われます。そして勤勉の哲学以前の日本的思想は、「自ずから成る」、いわば「自然神的」発想であったとも述べています。しかし「一禅僧であった鈴木正三のこの思想が、日本の思想史に影響を与えた程のものとして評価されたのは何故だろう」。そして山本七平は「心学」にこの思想を普及する条件があった。と述べています。

第5項の3　石田梅岩の考え（＊注―2）

石田梅岩《ばいがん》の心学は町人層を中心に普及しました。鈴木正三は著書『万民徳用』の中で、農民が、農業が忙しくて悟りを得る修業をする暇がありませんという問に対して「農業即仏業なり」と回答し、寒いときも暑いときも、煩悩の多いこの身心を敵と思ってスキやクワでひたすら責めて耕作すべしといい。商人に対しては「まず利がますような心遣いを修業すべし」といいました。「売買に励み、一筋に国土のため万民のためと思って商いをすべし」と説きました。

そのような正三の言動から「日本的資本主義の精神的源泉は、この正三に求むべきだとされる」という意見もあるといいます。その発想は「世俗的行為は宗教的行為である」という発想があるからだと思われております。武士は秩序維持、農民は食糧生産、職人は必要な品々の制作提供、商人は流通を担当し、それぞれ職能するのが宗教的義務になるとしたのであります。と、山本七平は述べています。

江戸時代の代表的な思想は、儒教（朱子学）、国学、石門心学（＊注―3）、蘭学であると思います。この思想を見てみましょう。

石門心学が一番、現在に影響を与えていると考えられております。日本の資本主義精神の基礎は、この石田梅岩の思想であると述べている人もいます。欧米の資本主義の精神は、キリスト教（プロテスタント）の精神が基礎にあるのと同じような状態にある。ということを述べる人もいますが、それは違うと述べる人もいます。

日本経済の精神的な部分は、石門心学によっており、その石田梅岩の思想の基礎は江戸初期の鈴木正三の思想であると述べる人もおられます。

正三の思想は、「仏法則世法」で生活の業を立派な行為と考え、心掛け次第で労働をそのまま仏行となし得るとした点に特徴がみられます。（剣禅一如などという発想も同じ考えかもしれません）。農業は則仏行なりとなるのです。正三は農業を修行と考えて行動することを求めました。商人の利益も否定することなく、正直の道にいればそれはそれで修行である。人に奉仕した結果が利潤を生むことは良いことになる。

この鈴木正三の思想を発展させたのが、石田梅岩の石門心学です。正三が宗教家として説いた修行方法を、梅岩は非宗教家である思想家として思想に置き換えて説きました。役に立つモノには真理が存在するので、古来の思想の良い部分を見て行けば心理が分かります。その根本は「本心」の存在にあります。と説きました。「本心の学」から『心学』となりました。梅岩の基本も正直であり、「本心」に対して正直であれの意味になります。これに比べると、聖書には「本心」は登場しません。

梅岩は「本心」とは何かを問い詰め、「本心」とは生まれたままの自然である。自分の中に天然自然があり、それが「本心」を構成しているとみます。このため日本では「自然である」という言い方は褒め言葉であり、「不自然」という言い方は批判の言葉になります。

「心」、すなわち内心の秩序（小宇宙）と、大宇宙、すなわち天然自然の秩序は同じであり、この二つは自然とつながっております。このつながっている自然の形に従うのが「道」であり、その基本をきわめた者が聖人ということになると述べております。

世俗の業務に宗教的な意義を感じ、すべてを度外視して業務に専念し、人の道と考えてこれを実行し良心を満足させ、さらに倹約しているなら、資本が蓄積して、その結果として利潤が世界最高になってしまうのも不思議ではない。梅岩は倹約を説きますが、その基本は「自制」であり、「知足」である。それが社会秩序の基礎と考えていました。

以上、現在の日本の資本主義は、その精神が鈴木正三の思想、および石田梅岩の石門心学の思想が影響してできていることが分かります。それを急に変えようとしても無理で、この石門心学にある精神で日本流の資本主義を営む方が多くの日本人に納得を得られるものと思います。合理主義と日本の心学を徹底したほうが、日本人には分かりやすい経営ができると思います。欧米の資本主義思想を含んだ経営を持ち込んでも、言葉だけが流行して、その後は廃《す》たれることになります。

例えば、CSR（＊注―4）でありますが、企業の社会的責任については梅岩は昔から説いています。「二重の利を取り、甘き毒を喰ひ、自死するやうなこと多かるべし」、そして「実の商人は、先も立ち、我も立つことを思うなり」と、実にシンプルな言葉でCSRの本質的な精神を表現しました。石田梅岩の思想は近江商人の「三方よし」の思想と並んで、「日本のCSRの原点」として脚光を浴びることになります。

もう一つの具体例を紹介いたしましょう。山形県酒田市に、今も残る「山居倉庫綱領」に記載されていることです。

・山居倉庫は、徳義を本とし事業を経営して以って天下に模範たらんとす。
・山居倉庫の目的は、庄内米の改良を図り、地方の福利を厚くし以って国家に奉ずるにあり。
・山居倉庫員は、己を正しく親切公平を旨とすべし。

・米の扱いは、常に神に祈請する心を以ってすべし。
・職責を重んじ、上下力を協せ克く勤めて怠る事なかれ。

というのがあります。これなどは前述の正三、梅岩の思想の影響を受けたものと思われます。

第５項の４　二宮尊徳の存在

二宮尊徳は日本の江戸時代後期に「報徳思想」を唱えて、主として農村復興政策を指導した農政家・思想家ですが、その二宮尊徳（金次郎）の思想にも正三、梅岩の考え方は多大な影響を与えています。日本の倫理的な資本思想は鈴木正三、石田梅岩が唱えたものが礎石となっております。その根本に日本人として伝承的な神道の言い伝えが染み込んでおり、この点を戦後は封建主義として切り捨てている傾向がありますが、先進諸国の低成長時代にあっては、尊徳の思想から汲み取ることが必要な部分も少なくないような気がいたします。

もう一点、日本の後世に影響をおよぼした考え方という意味で「朱子学」があります。ご承知のように朱子学は江戸幕府の「官学」となりました。大義名分を大切にし、正邪《せいじゃ》を明らかにするこの思想は「処世術《しょせいじゅつ》」と揶揄《やゆ》される程に、現実的な考え方に立つ「儒教《じゅきょう》」とこの時代に並立しております。

日本がよく建て前と本音の国といわれることがありますが、その原点は江戸時代の朱子学と儒学にその元があるかもしれませんし、複数の思想の並立を意に介しないのは、神道と仏教との混合を違和感なく受け入れてきた、古くからの国民性にあると思います。

いずれにしても、ギリギリと理論闘争をすれば対立が生まれそうな思想でも、混ぜ合わせてしまうところに、好き嫌いや善し悪しを超越した価値観を決定する際の独自の感性があり、そこに日本人の特徴があることを商売をするうえでも知っておく必要があります。

江戸時代に名君の一人と謳《うた》われた岡山藩主・池田光政候は「神道は正直にして清浄なるを本とし。儒道は誠にして仁愛なるを尊む。仏道は無欲無我にして忍辱《にんじょく》慈悲を行とする」。三教ともにかくのごとくならば、たとえ教えは品々ありとも、世に害あるべからず。と述べて、権現様も神仏ともにお用《もち》いになったといい「神仏」に対し、どれが良くてどれが悪いとはしなかったといいます。聖徳太子の時代から綿々と続く「和して同ぜず」の考え方は、今も通用する日本独自の尊い考え方ではないでしょうか。

第5項の5　日本の私塾

官学としての朱子学や、あるいは儒学といった思想教育のことは前項で述べましたが、それ以外にも以下に述べる教育機関がありまして、それらが幕末や明治維新という変革の時代に大いに影響をおよぼしました。そしてそれらは互いに敵視することなく、他の考え方を補完材料にしてしまうところに、日本人の知的好奇心の面白い特徴があるという点も、商売上の基礎知識に加えておかねばならないと考えられる現象です。

江戸時代半ばから幕末にかけて、当時の教育の一翼を担った代表的な私塾の話を提供してみます。江戸時代の日本の教育水準は国際的にみても高かったと考えられ、武士はもちろん、商人や農民の間にも読み書きなどを学ぼうとする教育への関心が高かったと思います。

僧侶や浪人らが子どもに読み書きそろばんを教える寺子屋から、名の通った学者が指導し人材を輩出した著名な塾まで、さまざまな私塾が存在していました。さらに幕末に近くなると蘭学塾、兵学塾、医学塾など多様な学問の私塾も見られるようになりました。塾として教育を行った期間は短いのですが、後代に大きな影響を残したものや、また明治以降も近代教育制度の中にその伝統が続いていったものなどがあり、日本の塾は後世に多大な影響をおよぼしています。

以上、事例を引いて述べましたのは、日本人が購買の意思決定をするうえで、影響を受けていると思われる考え方を知らないと、日本の市場で商いに成功することは難しいからです。すなわち、過去からつながっているであろう伝統を構成している、日本人の価値観や思想について見落としてはならないことであると思ったからであります。

（＊注―1）『四民日用』は三河に生まれた仏教思想家鈴木正三の主著、『武士日用』、『農人日用』、『職人日用』、『商人日用』の四章からなる。士農工商の四民がそれぞれの職業倫理に従うことで仏道を実現することができると説く。

（＊注―2）石田梅岩：百姓の次男として生まれ、十一歳で呉服屋に丁稚奉公に出て、その後いったん故郷へ帰り、二十三歳のときに再び奉公に出て働く。一七二七年に出会った在家の仏教者小栗了雲に師事して思想家への道を歩み始め、四十五歳のときに借家の自宅で無料講座を開き、後に『石門心学』と呼ばれる思想を説いた。すなわち「学問とは心を尽くし性を知る」として、心が自然と一体になり、秩序を形作っていると述べている。

（＊注―3）石門心学：石田梅岩が説いた思想書。

（＊注―4）ＣＳＲ：Corporate Social Responsibility＝企業の社会的責任。

第6項　経済的な価値観に対する疑問

近年会社の規模が大きい、売上げが多い、営業利益が多い、そのような会社を良い会社と呼ぶ風潮が長く続きました。しかし、資本主義社会も成熟し、富の偏りが多くの人の批判の対象となり始めました。

一つのイデオロギーが長く続きますと、どうしてもひずみが出てきます。長年続いてきた資本主義にも当然、批判が出てきます、しかしながら、次なるイデオロギーは出現する機運はあっても、具体的に形は見えてきません。世界的には貨幣に変わるものとして、地域通貨（イサカアワーなど）や仮想通貨（ビットコイン）などが発生しておりますが、貨幣を凌ぐほどの勢いと発展を示すまでには至っておりません。また生活そのものの形において変革を試みた、イスラエル人によるキブツ（＊注―1）についても、関心を寄せる人はいても世界的にブームを起こす程には至っていません。

資本論のご本家マルクスに対しても賛否の評価はありますが、これを越える素晴らしい考え方が世界で台頭してきてはいませんが、富の偏りに対して批判が出始めているのは事実のようです。長らく世界をリードしてきたケインズの理論も、所得の格差の広がりで一部に不満も出てきております。私は市場原理に基づく自由資本主義については疑問を持っております。

人間の能力とか、縁と運とかは必ずしも機会均等に、かつ、万民に平等に成果を保証しているとはいえないからです。弱肉強食の世界ではなく、弱者をかばい合って生きて行くことこそ人間らしい営みであると思うからです。一定の枠組みで抑制された環境下での自由な購買心理こそ、人の英知による消費生活であると思います。日本の購買心理には欲望を適度に抑制された「知足《ちそく》」という考え方もあることを、知っておかねばならない点であると思います。

そして経済学や統計、過去の分析やマーケティングは過去のモノの流れや傾向は教えてくれます。しかし未来がどうなるかは教えてはくれません。未来を教えてくれるのは、現実の現場の観察と、現場の人々の心理の分析と、人々の感性とであります。従って、過去の流れの延長で未来を予測しますと、しばしば予想が外れます。

「温故知新」は過去のモノマネではないのです。

例えば、挨拶をきちんとする。お礼を申し述べることを忘れない。昔お世話になったことを忘れず、お礼を申し述べる、恩返しをする。これらの行為は経済的に即応する価値観ではありませんが、日本で商売をするうえでは忘れてはならない重要なことです。

また最近、年功序列型終身雇用に対して、否定的な考え方をしばしば耳に致しますが、年功序列の崩壊によるストレスが動物園で起きているといいます。餌を獲得し、餌を与える必要がなくなったことで動物界の序列が崩れ、かえってストレスを発生させているといいます。こういう点を加味して考慮しますと、社会保障制度の過度の充実は、動物の世界が見せてくれた結果と、同様の社会を発生させる可能性がないとはいえません。こう考えてゆきますと、一定の生活習慣をともにしてきた人間集団が積み上げた、生活文化をベースにした相互了解の不文律を順守し合う、環境下での自由選択に対応できるものこそ、日本で良く売れるモノということになるのかもしれません。

日本の文化的で多様な価値観と、商売の効率や経済的な投下労力や投下費用対効果という対立する価値観との調和を、どのように図ってゆくべきかについては、日本の企業も今後考えなければならないことです。しかし、日本で商売をしようと考える外資企業もそのことを深く考える必要があります。

例えば「先用後利」、「損して得取れ」、「利他の心」、「商売は牛の涎《よだれ》」、「他力本願」などという考え方は即座には理解し難いでありましょうが、それらの言葉の真の意味が分かれば、日本での企業努力の方向がどこにあるのかが分かることにもつながります。ちょっと似ていると感じるかもしれませんが、金融業界のように「リスクをとって先物を買う」という考え方とは似て非なる思想であります。

（＊注—１）キブツとはイスラエルの農業共同体をさします。

第６項の２　物々交換と貨幣

貨幣は物々交換に選択の自由を与えたという意味で画期的な役割を担いましたが、（流通に自由度を拡大した）時間の経過とともに、貨幣が一人歩きをして、目的以外の用途に供することになってしまいました。お金でお金を売ったり買ったりすることを実行することによって、自由資本主義といった考え方が生まれてしまったのです。

自由資本主義はお金の価値の地域差、時間差、民族差、価値観の文化の差、色々な差が生じる現象をお金に置き換えて差額を儲けたり、損したりすることをコントロールして自己利益を生む方術を生みだしました。資本主義は経済が継続成長することを基本に考えられています。しかし、現在のようなあり余る実体経済と遊離したダブダブのお金が、バーチャルな世界を演出して、マネーゲームをするようになったので、資本主義永続の前提が揺らいできたように感じられます。

ニューヨークで七十年以上も続いた「セカンド・アベニュー・デリ」が閉店に追い込まれました。その理由は不動産価格の上昇で賃料が倍以上となり、移転を考えざるを得ない状況になったためといわれております。

前にも述べましたが、収穫とか狩猟による獲得物の交換は労力を感じさせられます。貨幣による支払いも「モノ」の代金の決済という点で、物々交換のイメージはなんとか残りました。

しかし、カードや電子決済の普及で、モノの価値や労働の価値に対する、対価の支払いという経費支出感覚が消失しかかってきました。過去に経験した多くの文化や考え方であって、電子情報化時代の感覚によって失われた多くの考え方や価値観が、いずれ高価な代償とともに返ってくるであろうと予想します。一体、それはどのような犠牲や負担を人類に要求することになるでしょうか。

一つのヒントがあります。孔子が『大学』で述べております、「小人閑居にして不善を為す」の言葉です。新しい文明は多くの場合、人を肉体労働から解放します。解放され、獲得した余暇を人は何に使うのでしょうか。例外なく欲望を満たすことに使います。

最も顕著な過去の例は「鉄」の発明です。鉄を持たなかったころ、人類は狩猟または農耕によって生きていました。そのときの道具は石、木、骨などが主たる材料として用いられておりました。そのために効率は悪く、人は自分の必要最小限のモノを獲得することを、収穫の限度とせざるを得ませんでした。それ以上獲得しようと考えても、労力の限度がありました。まして他の人の領地を荒らしたり、耕作地を荒らしたりする余力もありませんでした。規制や法律がなくとも自然と限度が定まっていたのです。それが日本では縄文時代であり、人はのんびりと悠然と平和裏に生活を営んでおりました。

ところが農耕に鉄器を使用するようになってから、この平和は破れ、領地獲得の争いや統率する人と労務を担当（奴隷なども含む）する人とが出現し始め、社会は大きく変化し始めました。

鉄の発明でそれを農耕に使用し始めてからの人類は、ケタ違いの食料を獲得することが可能になりました。そのためにその時点から、人口は増加し、余剰収穫物の交換や売買という行為が生まれ、あり余った労力で農耕用地の獲得競争が生まれ、殺戮《さつりく》や争いまでも発生しました。そして多種の紛争も生まれたのです。鉄文明の導入によって人は、所有という欲望を満たすために、新しい文明の獲得とともに生まれた余力を使いました。

近年、人間はコンピュータや情報伝達技術を獲得しました。この新しい文明も人間に余力を与えそうです。人類はこの新しく獲得した文明から生じた余剰労力を、どのように活用するのでしょうか。神により新しい課題を与えられたように思います。決して、鉄と武器の発明の結果と同様な禍根を残してはならなと思います。人の英知を信じましょう。

第6項の3　資本主義の崩れの予感について

私は前々から、資本主義はいずれ何らかの形で、崩壊するのではないかとの予測を持っております。ではどのように崩れてゆくのか、また誰がそれを何と呼ぶのだろうかと興味がありますので、自分なりに勝手な予測をしてみたいとおもいます。
過去および今後の世の中の流れは次のような変転をたどる。(大胆な予想)。

1. 封建社会の崩壊。
2. 社会主義の台頭。
3. 民族主義の台頭、全体主義の台頭、軍国主義の台頭。
4. 国家主義的イデオロギーミックスの敗北。
5. 民主主義の台頭。
6. 資本主義のボーダレス的拡大。
7. 資産所有格差の拡大。
8. 自由競争による自由資本主義の台頭、弱肉強食傾向の発露。
9. 民主的社会主義の発生。
10. 資本的暴力に対する革命の芽生え。
11. 宗教思想中心の国境なき民族主義の台頭(道徳主義)。
12. インターネットが影響をおよぼし、多くの人による国境、民族間のネットサーフィンが始まる。
13. 宗教的対立から宗教的融合へ。民族の融合。バーチャル・ネットサーフィンによるボーダレス、バリヤフリーのグローバル・コミュニケーションが拡大する。特許権、知的財産権の競争の拡大。
14. 物理的流通物量と流通貨幣発行の同時制限、バーチャル貨幣の用途規制。
15. 資本主義的価値観の崩壊。

16. 新しい人類共生の価値観が台頭する。

第二次世界大戦の後、傷つくことなく勝ち残ったアメリカは、唯一の大国として長年世界をリードしてきました。そしてリードする思想が自由や正義ではなく、アメリカ経済至上主義の傾向を見せてきたことを、だんだん世界中の人々が分かってきました。そこからアメリカの苦悩が始まるのではないでしょうか。

世界で流通している物量を貨幣に換算すると、約三兆ドル（二〇〇〇年頃）といわれているそうです。それらのモノ流通の決済に必要な貨幣は八兆ドルあれば十分であるとされています。それなのに、現在世界で流通している貨幣は三十兆ドル、実に物流量の六倍の貨幣があふれています。金本位制が破壊してから（兌換紙幣の消失）、インターネット取引などが開発されてその傾向は拡大するばかり、仮想取引から発生する仮想流通貨幣は瞬間的にはどれ程になっているか、想像もつかない額になっていることでしょう。

そのあり余った貨幣（仮想貨幣も含めて）が生み出す利益を取り合いする貨幣ゲームが、自由な経済競争と称し、労働なき富として所得格差を生み、社会に罪悪を生んでいるのではないでしょうか？

少しづつ人々は経済的価値観や価格だけが、唯一の価値観ではないということに気がつき始めました。安いモノを作るために多くの人々を犠牲にするのは良いことなのでしょうか。本当に消費者は安いモノのみを求めているのでしょうか。まだ具体的な形は見えてきておりませんが、もっと別の価値観を求めているのではないでしょうか。地球を破壊してまで競争に打ち勝つということが正しいのでしょうか。

かつて、偏った価値観に集中することから競争や闘争が生まれました。その結果、極端な例として殺し合いが生まれ、戦争が生まれてきました。多くの人が平和に暮らせる方法はないものだろうか？　このことを命がけで考え続けた人々のうち、キリストと釈迦とモハメッド、主にこの三人の考えた宗教に多くの人々の共感を得て今日まで続いています。

しかし、これらの宗教的な思想でさえも、その弟子たちによって「俺の理解が正しいのだ」という正当化競争があり、殺し合いまで起きています。元にさかのぼって考えれば、「どうすれば、よりたくさんの人々が平和に生きて行けることができるか」ということを追及して実践してゆくことが大切なのだという点に集約できるのではないでしょうか。だとすれば、経済的価値観のみが肥大して一部の人たちだけが、経済的特権階級になろうとしている現在の世界の流れに、「待った！」をかける人が出てきてもおかしくないと思います。

かつては一国単位で起きてきた歴史的変革が、交通手段の発達や情報ネットワークの発達からボーダレスで、一斉に起き始めるというのが過去とこれからの違いでしょう。宗教争い化するかどうかは別にしても、「どうすれば多くの人が幸せになれるか」という考えが拡大するためには、どうしても既存の考えは部分から全体へ修正され、ほころび始めることにならざるを得ないと思います。

そして、そのほころびは過去よりももっと速いスピードで、変化し広がって行くという現象が起きることになるでしょう。例えば次のような変遷を予測することはできないでしょうか。

1. 経済的価値観の退潮。
2. 地球愛、人類共生的価値観の台頭。
3. 貨幣制度、特に仮想（バーチャル）貨幣に対する批判が高まり、株、証券に対する考え方が変わる。
4. 実体を伴わない貨幣発行の制約か兌換券への転換（金本位制？）。
5. 消費の急激な拡大は進まない。先進諸国の要望（ニーズ）は量的拡大から質的充実へと移行する。発展途上国の需要（ニーズ）は量的拡大がしばらく継続する。

6. 量的供給は発展途上国、質的供給は先進諸国という国際的棲み分けが進みながら国境を無視して平準化が進む。
7. 二十一世紀の人類の総意は「心身の健康と衣食住の安全」であり、これを確保するという願望が膨張する。

限られた資源と限られた消費活動の環境の中で、人類の英知である「互いに助け合って平和に生きる」という思想の実現に向けて、まず個々の人が立ち上がり。次いで民族的集団が立ち上がります。そして国の境を打ち破り、国境を越え共通点としての宗教的あるいは道徳的思想の価値観を同調する多くの人々の集団に、多様化を認めつつも新しく創造した価値観を認め合う考えが広がり、やがて全世界的規模で多くの人々が動き出すことになるでしょう。

そのとき、何故売れるのか、何故売れないのかという質問に対する考え方も答えも、今とはかなり異なったものになろうと思われます。しかし、それでもそれらの変化を超越して、通用する商売上の普遍的価値観について、もうしばらく考えてみたいと思います。

例えば、経済至上主義はほころび、経済的封建主義は崩れ、民族の文化的価値観を基にした多くの価値観が自己の主張を維持しつつ、かつ、相対的に認め合う世界が出現してくる。そして、その世界の中で再び競争が生まれ、争いが始まるのか、人類が滅亡するのか。あるいは遥かに理想的な世界に発展するのかは分かりませんが、平和裏に終わることを祈りたいと思います。

日本にいると、「これからの世界はこうなる、だからそれについて行くためにはこうしなければならない」という、マスコミの論調に乗せられてしまいそうになります。グローバリゼーション、グローバルスタンダード、ボーダレス、市場原理主義、規制緩和、国際会計がスタンダードになる。そして地球規模での社会貢献を加味した企業格づけを意識せざるを得ない社会になる。また金融ビッグバンが起きる、多様なデリバティヴが出現する、債権の証券化が進む、未公開株式の売買市場の拡大、未知の金融商品が生まれる。やがてそれらも陳腐なモノとなり、マネーゲームの市場も収束する等々であります。

第6項の4　第6項のまとめ

本章の目的からは若干、脱線した面もありましたが、モノが売れる、売れないという条件に潜む普遍的な共通条件を探りたいという考えからでした。そこで分かりやすく事例を引くために引用した話が、ちょっと軌道を逸した感がありましたのでお許し下さい。

少なくとも経済的な価値観、すなわち、「需要があって安ければ売れる」という考え方一つだけで、モノは売れたり売れなかったりするのではありません。需要を構成する人々が購入の意思決定をするまでには、経済原則や市場原理だけではないということを、述べたかったのを察して頂きたいと思います。

未来につきまして本項で述べましたことは余談で勝手な願望です。真意はアメリカを中心とする世界の優秀な経済学者が、現存する問題や解決すべき課題を世界経済の混乱なしに解決してくれることを、期待したい思いであると理解して頂きたいと思います。

第7項　日本の商いに影響を与えた思想・文化の移ろい

世界は産業革命以降、大量生産から大量販売、コストダウン競争、競争相手の排斥、一人勝ち、経済革命、そしてゲリラの出現と推移して、経済の勝者になると想っている人たちはこのような図式に乗って、結局は自らが破滅して行きそうな気がします。

少し話が飛びますが、二十年前のスイスと今回訪問したときのスイスとの違いを見て、街が輝きを失っていることにビックリしました。ジュネーブの街を歩きながら、あのキラキラしていた街は、どこへ行ってしまったのかと考え込んでしまいました。スイスは一八一五年に永世中立宣言を行い、一九〇七年にオランダで開催された第二回ハーグ国際平和会議で、周辺国に認められ今日まで中立国を保ってきています。

スイスは長い年月にわたって外国への傭兵や兵器の供給基地でありました。（ローマの大切な施設は今でもスイス兵が守護を任されている）。近隣諸国が対立を続けている限り、大国同士が戦争をしている限り、中立は意味をなしました。それは国際抗争に際して、公平性の確保や兵力の供給源としても、また財産の保全場所という意味においても重要な意味がありました。

冷戦構造が壊れ、ＥＵ連合ができて、中立の意味や存在価値は薄れたかのように見えます。その結果、スイスへ流入してくる人やお金が減り、世界の中で存在感が減少しているのかもしれません。中立を継続するかＥＵに加盟するか、大変な国家戦略の選択に迫られているときがくるかもしれません。しかし観光地の人々は、スイスフランに固執することなく、すでにユーロを認めて流通させております。

これらの現象から私は、人間の英知はボーダレスの世界の中で各民族はアイデンティティーを確立し、認め合いながら共栄の道を探ってゆくものと確信しています。お互いの違いを認め合いながら、自分の分限に満足してゆくことこそ必要な知恵であるように思います。そのような意味で日本の古き良き時代の思想や文化が、国際社会の中で良い影響を与えながら、重要な位置を占める時代がくるのではないかと勝手な想像をしております。

これからは経済優先の考え方が後退いたします。そして今からゆっくりとした時間が十分あるのです。今までよりは木目の細かい仕事をして下さい。たくさんのことを雑多にこなすのではなく、ちょっとしたことを丁寧にかつ綿密に行うのです。そしてそこから生まれる高品位と優雅さを競うのです。

江戸、明治、大正、昭和初期とつないできた建国日本のシステムは悪くなかったと思います。悪かったのはその間に起きた戦争そのものであって、それと戦争を起こしたのは「戦前の日本の古い仕組み」だといって、それらをすべてぶっ潰したことのほうであると思います。そして、今なお多くの日本人の心の中に潜伏している、日本人好みの過去の価値観の多くは、この戦前に育てられ歴史の淘汰を経て定着したものです。そのことが経済停滞している現在になって、思い起こされているのは面白い現象だと思います。これからは消費材すべての製造責任者・流通責任者はこのことを忘れずに色々な商品を製造し、販売しなければ売れません。これが日本の伝統的な文化と価値観を生かすことであります。

経済学者のマルクスも自論の中で、資本主義はやがて崩壊するといっております。資本主義的な経済的価値観に傾きすぎる思想は、世界情勢の変化とともに進化してくるものと思われます。そのきっかけを作ったのは、IT技術の進歩と移動手段の高速化と利便性の向上、すなわち二十世紀後半に生まれた新しい文明だと思います。

前述の話と重複いたしますが、〝どんど焼き〟の話を思い出して下さい。地方で高齢者が元気な地方は、いまだにその風習が残っているところも少なくありません。このような風景を見た人も何のために実施しているのかを、きちんと知っている人は多くないのではないでしょう。

ただ形だけ残っていて、その言われや意味を知らなくとも、そのような風景に出会ったとき、多くの人がほっとした気持ちになるのは、一体なんなのでしょうか。前にも述べましたが、この考えを深めることが、日本では何故売れるのだろうか？　何故売れないのだろうか？　という問い掛けに対して出してくれる答も少なくない気がするのです。それほどの歴史的経験や文化というものは大きく深い存在感を現代にも持つのです。

また、日本における新しいことの意思決定の場で反対意見を述べる人は、ほとんどの場合「既得権を失うのではないかと危惧する」ことから、その反対の意見や考えは生まれていると考えてほぼ間違いはないと思います。その心底には保守的・保身的な考えが支配している。という日本人の特質を見逃さずに承知をしておく必要があります。この保身的考えの強さもまた、過去の歴史や文化の影響でありえるのです。

以上、日本の伝統的な思想・文化的価値が購買心理におよぼす影響について述べてきましたが、世界の国々の歴史的経験も、世界経済に少なからず影響を与えています。世界経済もマクロ的にみれば「何故売れるのか、何故売れないのか」という疑問に答えてくれる要素を、過去の歴史の中から見出すことができます。例えば第二次世界大戦の後、世界的規模の金融市場で相場を作ることができる程の、まとまったお金を持っていた人は誰だったのだろう。あるいはお金をまとめる知恵を持っていた人は誰だったのだろう？

中東の産油国のオイルダラー、これは作られたあぶく銭だ。これをまとめて動かし世界の相場を操作したのは、誰だ？　日本のバブルを作り、それをパンクさせて、儲けようとしている人は誰だ？　韓国のバブル崩壊後の混乱は何故早く収まったのか、何故だろう。今どうして、韓国の対米反抗が始まったのか？　東南アジア諸国の為替相場の急変と混乱は何故起きたのか？　４０１ｋ（米国・退職年金制度）のまとまったお金は何の相場づくりに使われたのか？　シリコンヴァレイの隆盛と急落を演出しているのは誰か？　日本の不況は何故にかくも長く続いたのか？

アフガンを攻撃し、イラクを攻撃することによって政商は何を企てていたのだろうか？

このようなことは直接的にモノが売れたり売れなかったりする現象とは、関係がないように思えるかもしれませんが、資本主義世界でモノの価格が市場原理で決まる部分が多いとすれば、これらのことも多いに商売に影響があるのです。

今までは巧みに運んでいたアメリカの戦略も自分たちが作ったボーダレスの世界で、グローバル・スタンダードを提唱することによって、あるいは自分たちが作ったハイパーリンク、インターネット、ＷＷＷによって自分たちのシナリオがシナリオ道理に進まなくなってきました。すなわち、主催するマネーゲームに多くの人がついてこなくなったのです。

アメリカにいる人がすべてアメリカ人とは限りません。アメリカにいるユダヤ人かもしれないし、華僑かもしれません。あるいは印商かアングロサクソンかもしれません。断定は危険ですが、アメリカをマネーゲームの基地にしていることは間違いないように思われます。

これらを見抜いて新たな世界戦略を策定して、動き出した別の人々が出てきました。アメリカの正義は実はアメリカのエゴだということを提唱し始めた人たちです。

ニューヨークのテロも、その兆候として見ることができるのではないでしょうか。ＥＵ連合の面々もそうですが、リー・クアンユーやマハティールらも、いち早くそれらのことを見抜いていたように思われます。鄧小平はこの資本主義的戦略を、共産主義を上手に崩すために利用することを考えていたのではないかと推測します。イスラムの人々はアメリカにやられたと考えている節があります。

このような時代には、世界中の発展途上国の大衆に、英雄の出現を求める風潮が出てくる可能性があります。英雄の一言で求心力が高まる可能性を秘めているので、英雄の間違った指導で暴走する。特にテロなどの暴力行為を警戒しなければなりません。さすがに先進国ではその危険性はないと思われます。しかし経済的な価値観だけではいけないことは多くの人が感じ始めています。価値観に対する考え方の転換が始まったようです。

旧封建主義が崩れたとき、権力の集中は壊れて分散しました。分散したものをまとめることで新たな権力の集中が始まりました。国家主義、民族主義、全体主義、社会主義などで人々を扇動したのがそれであります。結果からみると過去の数々のイデオロギーは結局、特定階層の権力を集中し、維持するための道具であったようにもわれます。

昔の思想家といわれる人々は、本音を直接的に暴露せず、どう表現すれば安易に露見することなく、上手に包み込んで綿密に隠し、いかにすれば主義と主張を通し、権威と名声を得られるかの方法を計算し、多くの教義・経典にしたのではないかとさえ思われる節が感じられますが、邪推でしょうか。純粋に衆生《しゅうせい》済度を求めたのは三大宗教でも創始者に限られていたのではないかと思います。仏教においてさえも、教義経典の枠にはまらずに仏性本体のみを仏の教えとせず、自己の仏典解釈を本道として派を争ってきたように思え、本音で仏性を信じることを実践してきた人を異端視しているようなところがあるように思えます。

自由主義や民主主義は、どんな形で権力を集中しようとしているのでしょうか？　自由な競争は結果として弱肉強食を促進して、所得の格差は広がり富の集中は経済的な権力格差を生み、経済的階級を生む。そのようなことにならないでしょうか。

その結果、暴力による経済的階級闘争が起こり、経済的集中は破壊され分散する。と、こんな経過をとるのではないでしょうか。このような現象は購買心理にも当然影響を与えないということはないように思われます。

普遍性のある価値観として日本人の発想ではないのが残念ですが、ここにマハトマ・ガンジー師の言葉をあげさせて頂きます。

「犠牲なき信仰、良心なき快楽、人間性なき科学、人格なき教育、労働なき富、道徳なき商業、原則なき政治」。

これらはすべて社会的罪悪である。と彼はいったのであります。この思想こそ普遍性のある思想として、人類の遺産として残ってゆくものではないでしょうか。ここに人類が平和に生きる永遠のヒントがあるかもしれません。そして普遍性のある価値観というものを探索するとき、多いなるヒントを提供してくれたと思います。

しかしインドにおいて今なお残る、「カースト制度」のことを思うとこの素晴らしい考え方にもどこか、何かにおいて不足があるのか、あるいは人類はその終末に至っても、価値観の多様性を失うことがないというのが正解なのかもしれません。

このガンジー師の暗示的な言葉の中で経済的側面が強い、二つの言葉にスポットをあててみますと「労働なき富、道徳なき商業」というのがあてはまると思います。このガンジー師の考えに、もし協調する人が多いとすれば、きっと貨幣経済に対する疑問が生れるに違いありません。

貨幣経済そのものは後戻りできないと思われますが、物理的物量の何十倍もの規模で流通している貨幣、あるいは金融商品には本来の役割から逸脱している部分があるのではないかと、疑問を抱く人が多く現れる可能性はあると思います。

繰り返しますが、平均的な人々の暮らしの消費に必要なモノの流通に対して、必要な貨幣の量はどの位でなのでしょうか。円滑に貨幣経済が機能するためには、どの位の余裕を持った貨幣量が必要なのでしょうか？　そして、今はその何倍くらいの貨幣が流通しているのでしょうか？　今のところ経済学は「富の再配分」の必要性までにしか進展はしておりません。

少し話は逸脱いたしますが、ヨーロッパではドイツでもフランスでも、アメリカ型の巨大化した企業が、今、経営がおかしくなっているといわれております。それらはいずれも、資本を集約し、再編や合併を繰り返し、企業を大型化して競争力を高めるために努力をしてきた企業だといわれております。巨大化した自由経済主義者を古代の恐竜にたとえる人がいます。

すなわち、「巨大化した自らを維持するために周りの食糧を食いつくし、やがては自らを滅ぼす羽目になってしまった」と。パリでも、ローマでも日本を代表するような巨大企業が目抜き通りのビルを買い漁り市場に進出したときがありました。今、それらの大部分はビルを売り払い引き上げてしまっています。日本やアメリカの企業進出に耐えた、「地元の頑固者はちゃんと残っている」といいます。今では同じことを中国がやっています。

よく考えると経済を活性化するということは、何かを消費しなければ達成できません。何かを消費するということは、とりもなおさず、地球資源を消費することになります。そう考えるとこのボーダレスの時代に、すべての国が消費を拡大し続ける。そんなことが永久に続くはずがありません。こんなことには誰でもが気がつくはずであります。

資本主義的価値観だけでは、行き詰まりが見えて来始めたことを多くの人が感じ始めてきたようです。これからは過去の思想の影響も受け、新しい価値観を含んだ考え方で、しかも世界的に比較的多くの人の共感を得られる価値観や思想で、例外的な思想はあっても多数の人々に認知され受け入れられることができる、新理想主義的な思想が共有の価値観として登場するかもしれません。どのようなイデオロギーにしろ、それらの思想やそれによって形成される文化に、これからの消費は影響を受けることになるでしょう。

第8項　日本人の好き嫌いの価値観を形作った多くのモノ、「富士山」

宗教、哲学、美学、品格、禅、儒教、神道、武士道、農耕生活等々で述べられている、色々な渾然としたものの中から、日本人の特徴的であると思われる現象をつまみ食いしてみました。言葉の選択基準は私の独断です。

初夏の晴れ渡った日に堂々とした富士山を見て、きれいとか素晴らしいとか思わない人はいないでしょう。日本人は富士が好きです。津軽富士（お岩木山）、出羽富士（鳥海山）、薩摩富士（開聞岳）、まだまだ全国に富士はたくさんあります。なかには庭に富士山を作っている人もいます。ただただ好きなのです。

混じり気のない（曇りのない）目で見て、好き嫌いで判断してゆくことは日本人のひとつの特徴だと思います。大きな耳は良いことだ。金持ちになれる。などと良くいい伝えていますが、どうやらそれは聖徳太子の呼び名（豊聡耳皇子《とよとみみの》）からきているようだという人がいます。このようにいつか誰かがいったことが言い伝えとして、正しいことだと思い込まれていることもあります。そこにあるのは日本人共通の感性に共感といった行為を、媒体として広がっていったものと思われます。そこには誰かの発言が共感を生んで定着してゆく。これらの現象に好き嫌いの基準を作り上げた構図が見えるような気がします。

第8項の2　薬師如来像

東山三十六峰の中で双林寺山は円山とともに極めて目立たない山です。贔屓《ひいき》めに見ても小さな岡に過ぎません。現在の双林寺は円山公園の南の端のある小さな天台宗のお寺です。創建は平安朝の初めで、この地は唐土の沙羅双林寺に似るところからかく名づけられたものだといわれております。往時は寺運栄え境内も広く、多くの塔頭支院を有してましたが中世に至り衰微《すいび》しました。

室町初期に国阿《こくあ》上人によって再興されましたが、応仁の乱により再び衰退し、明治初年に円山公園が設けられるにおよんで寺地の多くを譲地せしめられ、今は本堂一宇のみを残しております。本堂の薬師如来座像は貞観仏で一本彫成の量感ある見事なものであります。

第8項の3　宗教

真言や天台は誰でも知っているように貴族の宗教として、貴族の権威を守る儀式として唐の文化とともに日本に入ってきたものです。権力と結びついた仏教として日本で普及しました。次の時代に台頭した武家社会に受け入れられたのは、天台仏教から派生した禅宗であります。天台で学んだ道元が唐から会得して持ち帰り、独自の解釈で「只管打座《しかんだざ》」の境地を発見し確立しました。この禅の〝行〟に、武術における修行との近似性を発見したのが武士です。

武士は身分的には貴族の下位に位置づけられていましたが、室町以降、貴族社会の荘園支配から脱して、武力による権力支配権を握りました。武力による支配は、いつ武力による権力の逆転が起きるかもしれません。血で血を洗う競争に勝つためには、どうすべきかということが武士の解決すべき最大の問題でありました。そのような時代背景にあって、台頭してきた〝禅〟は格好の宗教でありました。理論や儀式での権威づけではなく、自らの修行で体感するところの悟りと武術における体得とをだぶらせながら、非を他に求めず自己に求める求道心や問題解決を修行に求めるやり方で、宗教的権威を背景にして、武家社会における権威づくりの手段として、活用したためにその信者は増大していきました。

浄土宗から出てきた親鸞の浄土真宗は、善人でも悪人でもどのような人でも、成仏できると述べているところが最大の特徴でありますが、それまであまり宗教家が対象としてこなかった女子を、公然と仏教へ参加させたことが一大革命であったように思います。さらに次に出てきた日蓮宗は、封建社会のなかで下層にあった商人や技術者を信者として開拓した点が、他の宗派との特徴的な違いであったと考察します。そのように考えてみると宗教はときのイデオロギーと無関係ではなく、時代背景や時代思想とも関連が深いことが分かります。

次なる時代の宗教はどのようなものになるのでしょうか。その問いに応える私見を吐露してみたいと思います。人にはそれぞれに最適な視覚的速度（動体視力）というものがあると思います。今のコンピュータ社会は、その適度な速度を凌駕しているように見えます。従って、多くのストレスを持った人が何を求めるかというと、多分〝ゆっくりした時間〟を求めるのではないかと推量いたします。

私の考えでは、次なる宗教界を制する思想は、人間という動物に最も心地よいスピードを持った〝人間道の完成を目指す行〟を伴う新しい形であろうと思われるのです。日本人の共感を得る働き方のひとつに「無我尽誠」、すなわち己を無にして人の世に誠を尽くす。あるいは、「滅私奉公」などがあります。

すでに述べましたが、室町時代までの仏教は貴族の権威を守ることを主眼とし、自分たちも貴族から庇護を受けるといった相互関係に存続の基盤をおいていたと思われます。さらに禅の到来によって、権力者にこびる宗教が否定され、権力と距離をおいた宗教が発達し始め、自己統制の儀式としての宗教が生まれました。これは禅が入ってきたと同じころに戒律がわが国に入ってきたからであろうと思われます。戒律を守り、自己統制力を高めることは、その後頭角を現した武士集団の制御に大変具合が良かったことから、武家政治と禅が結びついて行ったとも思われます。江戸時代に朱子学を国学としたことも、禅が普及していたことと無関係ではないのではないかと思います。

一方、庶民に対しての宗教は生活の苦しさから、浄土に生き返ることを願う人の増加と結びついていったと考えられ、もともとは、ときの権力者の権威を形で守ることから発生した宗教は、この時点でその性格を変えていったように思われます。

第8項の4　宗教観

宗教はときの権力者の権威を高め、その存在と権益を守るために多くの儀式を作ったものであって。各種宗教のにぎにぎしい儀式は、その形から権力者を権威づけるためのものであると見抜き、無理にそのようなことを暴露して抑圧や損害を受けるよりは、知らぬふりして有り難がって低頭しているほうが賢いという考え方もあるのではないかと思います。

第8項の5　正しさ

不二《ふじ》一元論で（インド・ベルル寺院・理想と現実は同一である）スワシ・ヒデカナンダ師は次のようにのべております。あらゆる宗教はその根源において一つである。どんな教えに従ってもよいが、忘れてはならないことは「どんな相手でも正しい」ということを述べております。日本人の和の精神に共鳴して、共感が得られる考え方であります。

正月で明け、神社詣でを行い、七草粥を食べ、バレンタインデーで騒ぎ、節句を祝い、お盆で先祖を祭り、夏祭りの神事に酔い、ハロウィン、クリスマス、大晦日の神事で締めくくる。日本の生活習慣は慈愛の心とすべての考え方に和する心に、根本的な思いの中心があることで理解できます。

第8項の6　お伊勢参り

江戸時代では国民の他国（藩）への移動は禁止されていました。そのようなときに、神社仏閣をお参りに行くことだけは認められていました。そのために神社参りという口実で、庶民のリクレーションとしての旅行が実施されていました。信仰という問題ではありませんでした。原則禁止、建前禁止という考え方も外国人から見て日本人の考え方が複雑であると思わせている根拠となっているかも知れません。言い方を変えれば、日本人は古くからストレスの解消法を知っていた民族なのかもしれません。

第8項の7　伝統文化

伝統文化は形を守り、一寸も崩さないところから長い年月、崩壊しないで原型を保ってきました。この形を守るということの持つ意味をよく覚えておく必要があります。この反対が進化です。進化は異質のモノと出逢ったことによって、それとの対応能力を高めることから生まれてきます。

従って「ダーウィン」の進化論はキリスト教から迫害を受けますが、それは宗教の儀式は教義が変化してしまうことによって、宗旨が崩壊することを恐れたからでありましょう。伝統文化にはそれを守ろうとする超保守的な考えがあります。伝統を頑固に保全するという考えと進取活用とを同時並行して、現実に上手に取り入れてゆく知恵をもっているのが、日本人の特質の中にあることも知っておく必要があります。「空即是色、色即是空」であります。

数多くある価値観に対して、「釈迦といふ　いたづらものが世にいでて　おほくの人をまよはすかな」と一休禅師は述べております。また、絶世の美女といわれた小野小町は「吾れ死なば　焼くな埋むな野にさらせ　痩せたる犬の腹肥やせ」と詠んで浅薄な価値観を揶揄《やゆ》しております。ここらに日本の知恵の源泉が潜んでいるように思います。

第8項の8　胎臓曼荼羅

曼荼羅《まんだら》には、何種類かの曼荼羅が存在しておりますが、胎臓《たいぞう》曼荼羅は「悟りの空間」であり、「胎臓界」であると述べられております。色即是空・空即是色の世界であります。一〇八の煩悩がぎっしりと詰まっているさまを色々な仏様で象徴して、極色彩で描いたものです。自分の心の中には憎しみ、怒り、喜び、哀れみなどが所狭

胎臓曼荼羅

しと並んでいて、ときには、怒りがこみ上げ、ときには喜びがこみ上げてくる。それが人間であるが、どのような心を鎮め、どのような心にいつも支配されるのがよいかを考えてみようと、問い掛けているものといわれております。

第8項の9　忠臣蔵の物語

考え方によれば野蛮な殺し合いとも見ることができる、この「忠臣蔵」の物語をかくも多くの人が熱狂的に追慕する心は一体何でしょうか。日本人の正義感、忠誠心、勇気、愛情、日本人を今も熱狂させることができるこの物語は、日本人の好ましいと感じる心情のすべてを満足しているのかもしれません。忠臣蔵が示す一人の武士を中心とする、家臣集団の結びつき程に、強い絆を持った組織集団があったなら、その組織集団はきっと現代でも素晴らしい会社になることが可能でしょう。

「一宿一飯の義」「同じ釜の飯を食う」「忠誠心」、この古めかしい言葉は実は現代の日本人集団を統率するときにも通用する、時代を越えた組織マネジメントのキーワード的な心情かもしれません。

以上雑然と述べましたことは「日本人の価値観は複雑である」といわれておりますが、その理由を考える材料を複眼的視野で見たのを提供してみようと考えたからです。

日本人は相対的な価値観で物事を判断する習慣があります。昔から西洋の神様のような絶対神をもってはいないことが影響しているかもしれません。日本人が好きなモノを見つけるのではなく、日本人がモノを好きになる考え方を探し求める研究にヒントを提供したいと思ったのであります。

第9項　日本の気候・風土の購買心理に対する影響

文化には「どうして?」と問い詰められると答に窮するところがあります。習慣とか慣習とかといったもので、それがいつどこで誰によって提唱されて、みんなが真似して行ったのかといわれても困る点があります。しかし、その中に閉じこもっていれば、あるいはその地域の生活に参加していれば、害されることが少ないものであることは事実であるようです。従って、そこに住み続けないことには分からないものが多くあります。ですから、その気候風土で育てられた文化は、その地域の多くの生活習慣に影響を与えております。

もちろん、モノの購買心理にも影響を与えております。文化は多くの部分において合理的ではないことがしばしばあります。しかし、人は何か寄って立つモノがないと不安定さから抜け出せないということがあります。得体のしれないその「よっかかるモノ」「人の生活に一定の規律を与えている」のが文化である。といっても良いかもしれません。ですから、好きか嫌いかといったことを判断する基準のようなものが、地域の文化の中に含まれているのかもしれません。

一方、文明とは誰でもが容易に参加することができるものであります。自動車文明に参加する、航空機文明に参加する、コンピュータ文明に参加する。これらのことは誰にでも簡単に参加することができます。

売れるモノには文化を許容するモノが含まれている必要があります。しかし文化だけでなく、その時代に好まれる文明の香りも含まれていないといけないのです。日本の風土はどのような文化を生み、どのような価値観をその気候風土から生みだしてきたのでしょうか。購買心理にかかわる側面から見てみたいと思います。

第9項の2　地理上の日本の位置

〈経度〉

最東端［東京都南鳥島］・日本測地系：東経153°59′25″（北緯24°16′42″）
最西端［沖縄県与那国島］・日本測地系：東経122°55′59″（北緯24°26′38″）
経度の平均［神奈川県藤沢市付近～新潟県村上市付近を結ぶ経線］・日本測地系：東経139°27′54″

〈緯度〉

最南端［東京都沖ノ鳥島］・日本測地系：北緯20°25′14″（東経136°04′20″）
最北端［北海道択捉島］・日本測地系：北緯45°33′19″（東経148°45′30″）
緯度の平均［熊本県天草市～宮崎県日向市・延岡市付近を結ぶ緯線］・日本測地系：北緯32°59′17″

今仮に、この東西南北の端の位置を国境とした四角を作ってみますと縦3445.06キロメートル、横2784.09キロメートル、面積9.591.321.19平方キロメートルの四角形になります。この空想上の国土を長方形にしてみますとブラジルより大きく、アメリカ合衆国よりちょっと小さいということになります。

国の実質面積は小さいけれど、東西南北に広がりがあるのがこの国の地形的な特徴です。国は小さくとも南と北、東と西では当然ながら気候風土が大いに異なります。日本は島国で単一民族といっていますが、歴史的にみれば誰が純粋な大和民族かということは分かりません。少なくとも平安時代くらいまでは渡来民族も多く、複数の民族が混然と生活を営んでいたものと思われます。

当時の気候風土がどうであったかは全く分かりませんが、これほどの広い範囲に伸びた国土ですから、気候もかなり変化に富んだ地域差があり、風土も一概にひとまとめにしては論じられないのが特徴であると思います。気候も風土も多様性があるというのが特徴かもしれません。

一般的に述べられてきたのは、日本の気候風土的な特徴は四季が明瞭である、湿度が高い、台風に襲われることが多い、地震が多い、川が急流である、国土が狭く人口密度が高い、島国であり閉塞的・排他的なところがある、海・山の幸も豊富で豊かである、狩猟よりも農耕が盛んで、特に水稲栽培をすることから人的なつながりを大事にするから、礼儀正しくて、長幼の序が守られているといわれております。

台風をはじめ、地震、山が急峻であることから水流が過激で洪水に悩まされ、さらに、火山列島であることから噴火による自然災害が他国に比べて相対的に多く、その都度、被災者は悲惨な目に遭います。そのために古くから為政者の重要な仕事として、治山、治水があげられております。被災が繰り返されていること、相手が自然の力であることから、抗うことの無意味さを知り尽くしてきたので、日本人は自然災害が治まるまで待つという忍耐が強制的に要求されてきたといわれています。

結果的に我慢強い性格が形成されてきたと同時に、助け合うといったことが当たり前のように生活の中に溶け込んできました。その結果、失敗や過去の被害に対して寛容で、過去を振り返って頓着しないという性格が育まれたともいわれております。また、仏教の影響もあって物事に執着すること、特に固執することは戒められてきました、日本における仏教の影響の大きさを考えれば、「不執《ふしゅう》」という考え方は無視できない考え方の一つであることは想像に難くありません。

それらの点をとらえて、日本人は歴史を学習しないとか、歴史から学ぼうとしないといった外国人の評価もあるようです。しかし、だからといって過去のことはどうでも良いかというとそういう訳でもなく、過去の義理人情の恩義を忘れていいようものなら、一遍で仲間から外されるといったことが起きます。商売とは一見関係のなさそうな現象と思われるでしょうが、私は大いに関係があると感じております。以上、こんな言葉で語られているのが、日本の気候風土に影響を受けた特徴かと思われます。

このような気候風土が日本の商売に、どのような影響を与えていったかについて見てみたいと思います。地域ごとの考え方の違いの一例を見てみましょう。売れる、売れないという条件にも大阪文化と東京文化の違いがあるように思います。

東京は昔、武家社会だったことから見栄《みばえ》の良いモノが売れました。値段はあまり関係がありません。たくさん売れればいいというのは、大阪の商人の町の文化です。東京の価値観の中には、安いモノを買って馬鹿にされないようにという「恥をかくことを嫌う」「名こそ惜しけれ」の心が色濃くあります。一方、大阪には、「ごたごたいわんと、儲けりゃいいやないか」という価値観があります。もっと雑駁《ざっぱく》な言い方で表現すると、東京では顔があれば生きて行けるが、大阪では銭《ぜに》がなければ生きて行けない。という言葉も伝わって残っているようです。

江戸の義理人情、難波《なにわ》の銭勘定。日常の挨拶にも、東京では「お元気ですか」といいますが、関西では「儲かりまっか」という位の違いがあります。これには長い間、江戸幕府が市場経済のコントロールを免許制にして、免許を持った人たちを関西の指定した場所に集めたことも影響しているかもしれません。「船場」の気風などはその代表的なものでしょう。

話が気候風土から離れてしまいました。気候風土に関する商いへの影響に話を戻します。再び前掲と同じ衣食住のカテゴリーを使って、気候風土の商いに対する影響を見てみましょう。

第9項の3　衣類に対する気候風土の影響

当然、分かりやすいのは夏涼しく、冬暖かい衣服ということになりますが、日本では長い間、麻のような繊維質の強い植物で作られている衣類が用いられてきました。しかし時代が進むとともに綿の輸入や綿花の栽培が普及し、綿布が普及しました。しかし、最初は綿も高貴な布地というイメージでした。絹布が普及するにつれて綿布はだんだん庶民へ普及しました。この歴史が、荒くゴワゴワしたモノは粗末なモノで、薄くて軟らかくしっとりとした絹は、高貴なモノという価値観が出来上がったように思われます。

しかし、紡績技術の向上と染料の発達はそのような価値観を払拭して、「夏涼しくて、冬暖かい」という要望にこたえて夏の衣類の素材では、麻が高級な衣類の素材という位置づけを獲得いたしました。素材としては麻、織り方としては粗、色としては水色で吸湿性のある衣類を着用している人が、おしゃれであるとの評価を得るようになりました。ただ現代になるとこの肌触り感覚は残したままで、しわにならない素材としての化学繊維を使用したモノが普及しています。ただ、化学繊維によるアレルギー反応が忌避《きひ》されるという新しい問題も発生致しました。

天然素材が必ずしも無害という訳でもありませんが、自然が好きな日本人の感性と相まって、天然繊維、手織で天然染料を使用した布や糸で作られた衣類が高級品としての評価を得ているようです。気候の関係から、汚れや型崩れがしないという点を確保できる天然繊維の加工技術の改良が進めば、おそらく麻などの植物繊維を使った夏モノ繊維は、時代を越えて普遍性をもつ世界の繊維になることが想像できます。

衣類はその素材として植物繊維を長く使用してきましたし、今も使用されております。動物の毛皮は日本における衣服として、あまり普及しておらず、東北や北海道の人たちの一部に普及しているに過ぎません。防水性や保温性に優れ、耐久性にも優れている毛皮という素材を、何故、日本人は長く使用してこなかったのでしょうか。農耕民族であった期間が長かった日本人は、長らく食用の家畜を育てる習慣がなく、動物を食するという習慣をもちませんでした。

そのことが動物の毛皮を衣服に利用するということが、普及しなかった一番の理由であろうと思います。現に狩猟で鳥獣を食していた東北や北海道の人たちは、毛皮の衣服を防寒に作業着に活用しています。

何故、肉食をしなかったかという点においては、仏教の伝来ということが日本では長く影響してきたと思われます。仏教では戒律において足のある動物は食べない、足の数の多いもの程それを避けるべきと長い間動物を食することを禁じておりました。

特に、仏教を導入当時から信じていた貴族階級にはその傾向が強く、貴族階級がその影響力を失い、武家社会になると少しづつ肉食を始めるようになりました。その後、動物の毛皮は衣類に使われるようになって普及したものと思われます。日本人に好まれる衣類の特徴といえば、機能性よりも生活環境の影響が強かった傾向があるのではないかと思います。

第９項の４　食に対する気候風土の影響

食材が豊富なのも日本の特徴の一つかと思われます。海の幸、山の幸、それに季節の変化がありますから大変多様でありますし、朝昼夕食と全く同じモノが食膳にあがる頻度は多くありません。一汁一菜《いちじゅういっさい》といいますが、その一汁にも工夫があり、一采にも工夫があるのが日本食の木目の細かい点であると思います。食物に使用する素材は旬《しゅん》のモノを第一とするという考え方も特徴の一つであると思われます。初物を食べると寿命が一年延びるといった諺《ことわざ》も残されております。

好まれる日本食についてはすでに述べましたので、違う切り口で考察してみたいと思います。食に対する気候風土の影響として特徴的なことは、高温多湿の地域が多い、降雪が多いところに特徴をみることができます。両地域ともに共通している点は、食の保存に工夫があるという点ではないでしょうか。防腐という点と長期保存で鮮度を保つといった点が特徴であると思います。

第2章　日本で生産性の高い販売担当者

第1節　営業とは何か

営業を心掛ける人は、一円でも高いほうを買う人がいるということを、知っていなければなりません。経済的価値観のみで、モノを購入するときの意思決定が、行われるのではないということを知っておくべきなのでありませす。そして、そのことを信じて、何故かという疑問に答え得ることを極める道を歩きながら、営業とはどうあるべきかを考え、その思索と修業の結果、自己の人格の形成を図るのが「営業道」であると思い至ることが大事です。しかし、どのように理論的な考察をしても、実証が伴わなければそれは虚業です。営業道もまた「修証一如」なのです。

貨幣は、何故生れたのでしょうか。貨幣の発明と普及によって、モノ売りという業種が急速に拡大を致しました。営業における貨幣の功罪についても、考えてみなければなりません。モノ売り（営業）の歴史の発展過程で、専業としての営業という概念や、流通業という業種概念が生れました。営業という職種の発展の歴史の流れから、さらに専門化し細分化した職種として、宣伝・広告業が生れ、マスメディアの活用やインターネットの活用が生れました。

営業とはモノを作る人とモノを買う人との接点に立って、双方が最良の選択をすることができるように立ち振る舞うことを、生業《なりわい》とする人であると仮定して考えてみたいと思います。

現代では営業という仕事の中から、人と人が面談という方法を経て商談が締結される職業形態を担当する人を、特に営業担当者と識別するようになりました。すなわち、面談により人にしかできないこと、機械にとって替わられることのない仕事、人と人の会話効果によってしか得られない、「情と納得」を含む情と知的情報の交流という心理効果を期待する活動を、営業担当者の業務と呼ぶようになったと思います。

重複しますが、売り手と買い手の間にいて、「モノ」を売る。すなわち「売買契約」を成立させるという行為の中で、人にしかできないことを実施すること。ロボット化できない、機械化できないことを実行して効果を上げてゆく職種を営業と呼ぶことにしたいと思います。

では、営業を成立させることとは、どのようなことかと考えますと、「売って喜び、買って喜ばれ、そしてより良い社会の成立に貢献する」。このことを実現し、継続してゆくことを営業という仕事の業態としたいと思います。

第2節　営業を成功させる条件

営業の成功が（1）売って喜び、（2）買って喜ばれ、（3）社会のためになることである。としたら具体的にはどのようなことが実現するということでしょうか。

例えば、売って喜ぶということは、どのようなことで実現が確認できるでしょうか?

売上げを達成し、経費を予算枠内で収め、税金を支払うことができて、社会貢献事業にも投資することができ、そして配当を予定通りに実施し、株主に失望を与えなかった。さらに利益蓄積ができ、経営継続のための再投資資金が確保でき、人材育成の成果が上がり生産性が向上した。これらのことを達成することができたときに満足感を感じることができる。これを営業の成功といっても良いのではないかと思います。

次に、買って喜ぶということはどのような条件が整えば実現したといえるのでしょうか。それは買った人が心の満足を得た。すなわち、買って良かったと感じてもらったとか、使っていてとても満足をしているという声を聞いたとき。あるいは、それを所持することで心が豊かになったと感じたという、内心の優越感を顧客に与えることができたといったことではないでしょうか。

三番目の社会のためになるということは、どのようなことを実現することでしょうか。

狭義には社会貢献事業に投資することでしょうが、広い意味では会社が存在する地域に雇用機会を創生し、地元の人々に喜んでもらうことでもあると思いますし、しかし営業担当者個人にとっては、社員の行いがその地域の人々に好感を与えるといったことも大事な要素の一つと思われます。さらに、無駄を防ぎ不当な利益を搾取《さくしゅ》しないで、会社の存在そのものが地域社会に貢献している。すなわち、雇用の確保。公明正大な経営の実態。企業姿勢が謙虚である。経営継続の可能性が大である。その企業に関係している人々が、すべて和して和《なご》んでいるといったことを実現しているということではないでしょうか。

大変、大雑把ではありますが個人、組織にとっても、営業活動の理念を達成するとはこのようなことが実現されていると感じるときに、営業担当者の存在価値が客観的に認められるということではないかと思います。

どのような場合も結局は、関係するすべての利害関係者の心を「情」において、満足させることができればと思います。では次に、日本人の心はどのようなときに喜びを感じるのか。それは何故か、どうして誰もができることではないのか、出来る人と出来ない人がいるのは、何故かなどを考えて行きたいと思います。

最初に営業担当者とは何かを再度考えてみたいと思います。できうる限り多くの顧客の価値観を知り、理解し、分かり、満足させることができる人間に自らを成長させることが営業道という鍛錬の道であるとするなら、そのような人間になるために、どのような修練が必要かを考えてみたいと思います。

営業の目的達成とは、常に俯瞰的《ふかんてき》な視野を持ち、その視野に立って、点の仕事（現場の具体的な仕事、すなわち売上げ）を実現することです。点の理解から仕事に入ると、狭い認識に陥ることが多いのですが、点は多くの異質の価値観を持ったモノを包含し、凝縮したモノであるとの認識に立つことによってその問題は解決します。

極度に凝縮されたモノには、目に見えない想像を絶する多くのモノが含まれていまして、モノの購買動機を構成している多様な価値観も例外ではありません。そのすべてが日本の文化で、文化には多くの価値観に影響するモノが含まれているかもしれません。

太陽光を凝集するレンズやプリズムもまた透明であります。しかし、太陽光を凝集したり、拡散したりしてさまざまな色を見せ、自らの透明な光の中に多くのモノを吸収して包含していることを証明してくれます。それは元々は太陽光に含まれていたモノですが、自らもそれを含んで、なお透明でいるかのように、営業担当者も一見透明であって、すべての価値観を包容できいる人格を持った人でなければならないのではないでしょうか。本物の商人は太陽光であり、その販売技術はこのレンズやプリズムのようでなければと思うのです。

目には見えない多くの価値観を受け取って、必要なモノを必要なだけ、それを必要とする人に役立て、多くの価値観も損傷せず、自らも汚染されることがない。無から生れて無に帰結する。色即是空・空即是色でなければなりません。もっと厳しく言いますと、盤珪《ばんけい》和尚の提唱する「不生の仏心」でなければなりません。

モノを作った人の心を分かり、その心を買う人にそっとささやき、モノを買う人に「貴方から買いたい」といわせ、満足を共有できるまでに成らなければなりません。さらにその人生は晩年死に至るに際して、自問自答し、「良い人生であったか?」との自らの問に対して、自らが「良い人生であった」と答えられる。そのような人生に成るべく、日夜自己を磨くことが営業道の修業であります。それらのことを禅問答のように難しい言葉で述べるのではなく、平易な日常語で述べてみたいと思います。

第３節　好成績を上げている営業担当者の実像

デパートでの販売について考えてみましょう。デパートという店頭環境内では、店員に与えられた環境条件は仔細にこだわらなければ、ほぼ同一と考えても良いと思います。しかし現実には同じデパート内の同じ売り場内でさえも、販売成績の良い店員とそうでない店員が存在します。その差は売場環境の違いではなく、店員の質の差といって良いと思います。店内販売員、外交販売員においても、販売高生産性においてはどの販売員も同じではなく差があります。

そこで、〝日本の商い〟における販売条件のうち、顧客に直接対応する販売担当者（セールスマン）の中で、販売成績の良い販売担当者に共通する普遍的条件とは、何かについて見てみることとします。そして最も大切なことは日本の顧客は、表面的には分からないことであっても、売り手が苦労して修行し、努力してきた人であることを〝分かる感性〟を持っていることを知ることです。そういう思いで次を読んでみて下さい。

芸術家、武道家、スポーツマンの練習や稽古の苦しみの道程は何とさわやかに語られ、片や販売担当者のそれは汗みどろ、血みどろの生臭さを感じさせ語られるのでしょうか？　ひょっとするとその理由は、たんてきに利潤を求めるから軽々しく見えるからかもしれません。

店頭であれ、外交であれ営業を続けてきた先輩たちは、何とかして販売員にやる気を起こさせる工夫をし、営業とは素晴らしい仕事だといい続けてました。それにもかかわらず、今、会社に入ってきたフレッシュマンは、余りその職業に誇りを持ってはいません。先輩や上司が口先でどのように上手にいってもだめで、先輩営業担当者の生き方が、そして残した足跡がいかに贔屓目《ひいきめ》にみても、尊敬に価するものではないということではないでしょうか。

仕事という点では同じでも羨望のまなざしで見られ、尊敬の対象となっている職種もあります。他の職種についてその違いを見てみたいと思います。

例えば、パリにおける万国博覧会での日本人の仕事ぶりについてロダンは次のように語っております。

「……日本芸術はそのどこまでも辛抱強い観察と極小のものにある美の研究とで、われわれの芸術より秀れています。日本人は他の者が無視していた一つの葉脈をも研究しました。そしてどこの国でもできなかった発見によって報いられました。この芸術の優越は近世からのことでなく、ヨーロッパの風習をあの国が適用したこととはまるで関係しません。反対にもっとずっと昔からのことです。そして数世紀のゆるやかな発達を通して完全を得たのです。私は博覧会のころ、仕事をしている日本の芸術家たちを見ていたことがあります。折々客がかれらを急がせて、本当にでき切らないものを持ってゆこうとして、その代価の金を出しては仕事をしている者を誘惑するのです。けれども彼らは断りました。金は失っても彼らが見て、出来切らないものを自分の手から離すことは許しませんでした。これが本当の芸術的精神です。そしてこれが日本人に優越感を与えて、重税にあるにもかかわらず、ヨーロッパの市場に、その製造品を置き得るようにさせたのです。もし黄禍というものがあるなら、それは強い統一した東洋芸術がわれわれの芸術界に押し寄せで来る平和的侵入にあるのです……」と、世界的芸術家であるロダンが述べています。（『ロダンの言葉抄』岩波文庫より）。

営業担当者に対する評価と比べてどう考えますか。比較にならないとおっしゃらずに、どうか比べて考えて下さい。比較する価値は確かにあるのです。そして、もしできることなら、芸術家になりたいと思う心を認めて欲しいのです。そのうえで販売担当者になりたいと思う人が多く出現するためには、どうしたら良いかを一緒に考えて行きたいのです。

私は販売担当者は「楽《らく》をして儲けすぎてはいないか？」と思うのです。その結果、どうも軽薄に見えるような気がするのです。もっと促成を求めないで、苦労をしなければいけないのではないでしょうか。確かに偉大な芸術家の評価は現世ではなく、残念ながら彼の死後に出てくる場合も少なくありません。

しかし、営業担当者の評価が死後高くなるといった話はあまり聞きませんし、仮に死後の評価が高くなったとしても、本人への見返りは何もないのです。この大きく異なる生き様の中に、見過ごしてはいけない人生上の大切な生き方があるのです。そこを人間形成の共通点として見つけて欲しいのです。

一般的に販売担当者の職業の特色としては次のようなことが考えられます。

・販売担当者は大部分サラリーマンである。
・お客はお金を出してまで販売担当者の話を聞く場合は少ない。
・販売担当者の客は担当地区等の変更によってしばしば変わる。

・販売担当者の社内評価は客がする場合より上司がする場合が多い。
・販売担当者の業績の評価は大概の場合、短期間で区切られて評価される。
・販売担当者の業績評価は烙印ではなく、同じようなチャンスが何度となく与えられる、やり直し可能なものである。
・販売担当者の活躍の場には見物人が少なく、失敗も知られず、ごまかしも可能である。

これら業務の特徴が、販売担当者に自分の仕事を深めるための自己研修、努力や練習というものを必然と感じさせない点があるかもしれません。その他にも、色々営業活動の特性はあると思いますが、日本人的性質の一つである、「旅の恥はかき捨て」的感覚の延長線上に、仕事の場があるのが特徴のひとつのような気がしてなりません。

誰も見ていないところでの行いこそ、実は大切なのです。外での仕事が多く、これが特に外交販売担当者の営業活動の水準を向上させる最大のネックでもあるように思うのです。

ですから、自らを鍛えようという意欲を生じさせず、修業、稽古に何かを求めようとする気持ちが出ないのでしょう。それは失敗の原因を他に求め、他に転化しやすく、自らのうちに求めようとする考え方になかなかならないからでしょう。

そしてそのうちに年をとって会社で管理職となり、机に座って部下の販売担当者の行動に注意を図りハッパをかければ良いのですから、管理職になれば、良い販売担当者になるための〝茨《いばら》〟の道を自ら求めなくても良いのでしょう。そのような先輩の元では良い販売担当者は育たず、部下としても先輩である上司をあまり尊敬できず、自らも自分の仕事に誇りを持ち得ないのではないのでしょうか。

いつか、どこかでこの鎖を断ち切り、次に続く人々が生き生きと働く、そんな営業の先輩をつくらなければならないのです。素晴らしい先達が多く輩出して販売員という職業をだれもが誇らし気に語るようにしたいものです。そのためにはその努力をする姿の中に、優秀な販売担当者が保持すべき素養、技術、そして生きざまの普遍的共通点を多くの人が認める必要があります。

営業という職業は、大抵の場合、サラリーマン生活の一過程として存在し、担当現場で販売活動に従事した後は、組織人としての能力の評価のほうが大きくなる場合が多くなります。社内の人間関係に敗れるとか、うまく立ち振まっても営業としての過去の業績の蓄積は、総合的な素晴らしい人間としての能力として評価されることが少なく、営業成績の評価は部分的で、質の異なるものだと思われがちな点もあります。

それらの社会現象が販売員としての営業能力向上の努力を阻害してきたといえないこともないように思えます。しかし営業活動を極めようと努力した人が、販売員的能力を「営業道」、あるいは「人間道」といった方向に求道的な努力をした場合は、その努力の成果が全人的能力としてとらえられることが可能です。

その結果、自らの営業能力を鍛えることによって、人生の中における販売担当者としての修行の意味を位置づけられれば、その人は販売担当者としての努力や稽古の真の意味が分かり始め、顧客や他人によって「人間として成長」した姿として認められるのではないかと思います。

実はそこに良く売る販売担当者と、だめな販売担当者との差があるのです。そのことを知らないと売れたり売れなかったりしたときに、その理由を売り手自身の努力に求めずに、他（主として買い手）の条件のせいにしてしまうのです。逆に、自らのせいにして、自らの販売技術を努力で磨いた人はその努力の過程で自らを鍛え、人間的にも成長してゆくのです。

第4節　モノを売る前に自分を売れ

これはセールスマンの入門書に良く見掛ける言葉です。この重要な価値ある言葉の意味するところを考えてみたいと思います。これは何を語っているのかということですが、これは探究心をもち関心をもって立ち止まって考える必要がある程に価値のある言葉なのです。

販売担当者の話が理解され共感を生むかどうかは、販売担当者の話が相手の心に聞こえなければなりません。人間の耳は物理的に聞こえますが、心に響いて聞こえるのではないということはご存じの通りです。それと同じで、街での騒音、雑音がいくらあっても気にならないし、その騒音の中で聞こうとする音は聞き分けられます。

繰り返されるバックグランドミュージックは、何度聴いても好きな曲以外は耳に入ってきませんし、印象に残ることもありません。こんな現象を経験したことはおありでしょう。このことでも解ると思いますが、このように「モノを売る前に自分を売れ」という珠玉の言葉も関心を持って努力、練習や工夫をした人でなければ分かりません。そして販売担当者の言葉も担当者が努力、工夫をしたものでなければ、どんな話も相手の人の心には響きません。

音というものは物理的に存在していても、聞く人が聴こうと思わなければ心に聴こえないのです。従って販売担当者の話も同じことです。どんなに上手にしゃべっても、相手が聴こうと思わない限り、相手の耳はおろか心には届かないのです。

「聞くと聴くの違いです」。モノを売ろうと思う人は、そのモノを売ろうとする余り一生懸命に商品の話をするでしょう。これは初心者のうち仕方がないことで、やむを得ません。しかしこのこと（モノを売る前に自分を売れ）をいつ気がつくかが問題です。気がついたときが「分かったこと」から、「できること」への階段の入口に立ったといえるのです。

すなわち、モノを売る前に相手が聴いてやろうと思う、そんな人間になる努力をまずせよということなのです。しかし、それではその自分を売るためには何をせよというのかについては、余り色々のことが具体的には述べられていないような気がします。そこで人間作り、自らの人間形成の修養ということを最初に述べてみたいと考えています。

この墨蹟は私が悩んでいたときに、前出の禅の老師酒井盤山師に紹介して頂き、面談することができた剣道範士湯野正憲先生が、私に書いて下さった言葉です。

販売担当者にモノを売る前に自分を売れという言葉を考えて頂くときに、みなさんもこの言葉の深い意味を一緒に考えて頂きたいと存じ、お目にお掛け致します。

販売技術といいますと、話し方、話の組み立て方、セールスポイントの説明など、話の内容をどのように上手に作り、かつ話をするかということが主体になっておりまして、その前後に市場調査とか、目標設定の仕方とか、アフターサービスについてということが枝葉の技術となって構成されています。従って、その範囲で勉強し努力する結果になってしまいます。

そこで、私の考えている販売担当者が、修得しなければいけない技術の範囲についてまず述べます。次にその修得の仕方について述べますので、それが好成績を上げている販売担当者が共通して努力している普遍的な修行の姿と思って下さい。

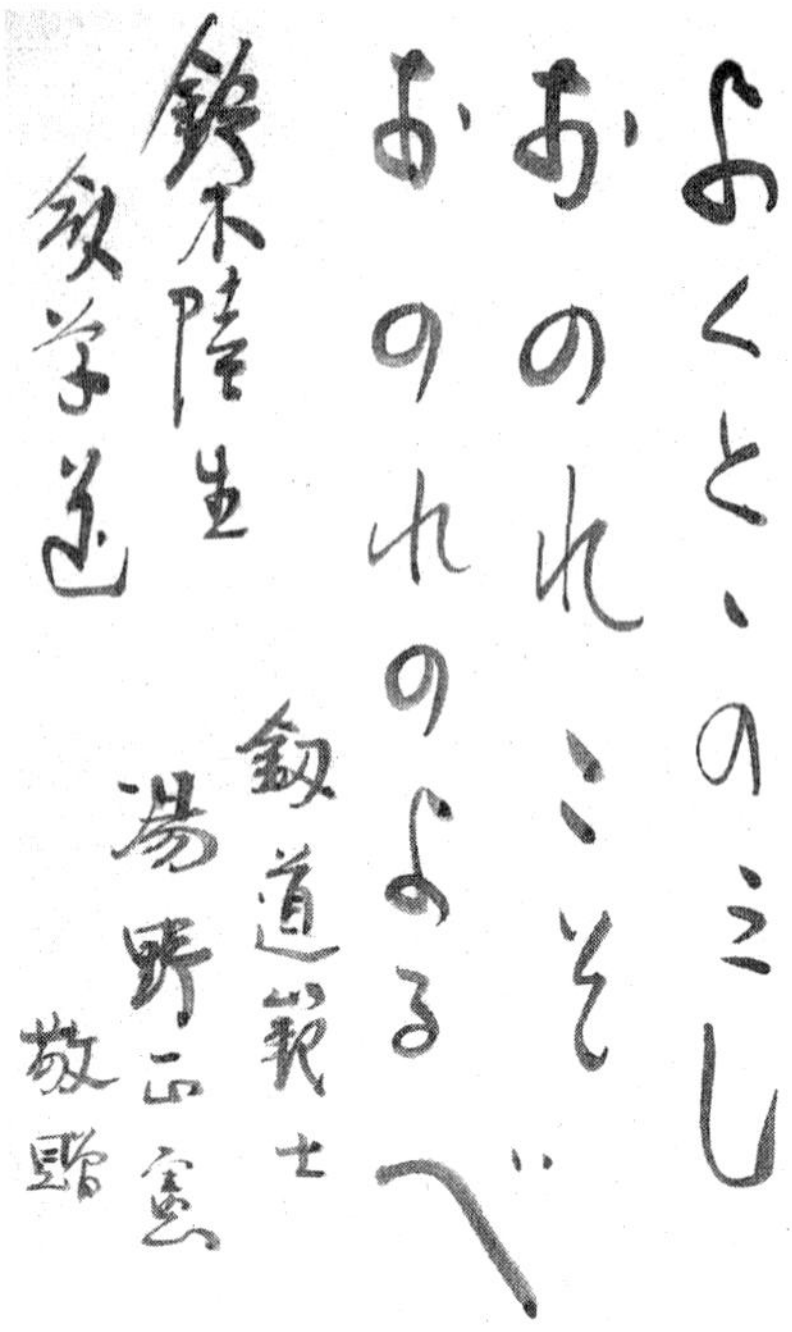

剣道範士湯野正憲先生よりの色紙

さらに、なぜ修得したほうが良いかを述べさせて頂きたいと思います。そして自らの販売活動という生業《なりわい》の技術を修得するために努力している姿と、求道者の修業とか稽古と比べながらみて行きたいと思います。そのうえで求道者たちへの世の中の高い評価と、販売担当者の評価との違いのいったんを探って見ながら考えて行きたいと思っています。

それがモノを売る前に行わねばならぬ自らの修養という、言葉の意味する販売員の修得しなければいけない技術ということです。その修行を通して完成した人間が持つ、人間性こそが、販売担当者が共通に習得し完成しなければならない「良く売れるための販売担当者の技術だ」ということに気づいて頂きたい。販売成績が優良な人は、常に人間としての自分を高める努力を休むことなく実施しています。

ここで話をするときに技術という言葉を使っていることに、違和感を感じる人がいると思います。何故、技術という言葉を使ったかと申しますと、人が生まれつき持っている素晴らしい仏の本性も、多くの人が成人したころには世のちり芥《あくた》にまみれて汚れ果てているからであります。本来、持っていた仏性を見失ってしまっている場合が多いので、修行して努力しないと真の自分を取り戻すことができない。自分から「努力して取得しなければならないもの」という意味をこめて技術と表現しました。

第５節　良く売るために販売担当者が習得したいと考えていること

優秀な販売担当者（以下、販売担当者、販売員、営業担当者と称する職種の呼び名は同義語と思って下さい）は、どのような努力を日ごろから行っているのでしょうか。それが分かれば優秀販売担当者の持っている素養とその努力している方向が分かり、それらが販売担当者が持たねばならぬ、普遍的な共通技術であるということに気がつくはずです。企業経営者にも販売担当者育成の重要性と教育の方向性が見えてくると思います。

良く活躍している販売担当者が共通に願っていることは「モノを売る前に、自分を売れ！」という販売担当者にとって珠玉の言葉を実現できる自分になることです。そのために自分を磨き、自分と顧客の間で〝情〟の通い合う信頼関係を構築することが、どうすれば実現できるかを考えることに他ならないからです。その実現を願って日夜、努力修行しているという共通点を優秀な販売担当者は持っています。

第１項　良く売る販売担当者が共通に持っている素養と販売技術
――自己の成長過程の体験不足を補うために実施している努力

販売担当者の最も大切な素養として非常に大切なことは、少なくとも物心つくころまでに体験しておくこととして、「祖父母が健在で父母が健在、祖父母ともに仲良く、父母ともに仲良く、父母は祖父母を尊い、良くしたがい、祖父母良く父母を愛し、その和するさまを見て育った子供であって、素直に成長した人である」。ということであります。

販売員の実施すべき努力という標題からすると、おかしな話になったと感じられるでしょうが、実は深い関係があります。そしてその意味が〝なるほど〟と良く分かった人は、次を読む必要がない位に大切なことです。この条件が整った家庭で成長した人は、横社会と縦社会の在り方を薫習《くんじゅう》して育ちます。（自然と身につけてゆきます。薫習については後に述べます）。

横社会では祖父母や父母の日常を見て「和すること」や「互恵の念を持つこと」の素晴らしさと重要性を知り、縦社会では祖父母と父母の関係を見て「畏敬の念を持つこと」や「慈しみの心を持つこと」の大切さを身をもって感じることができますので、「自然と素直さが子供の心の中に育って」ゆきます。これらの心は対人関係を良化する基本ですから、販売担当者にとってはとても重要なのであります。

ですから、もし、販売担当者としての大切な素養として前述の条件のうち、何か一つでも欠けてるとした場合はそれを補うための努力が必要です。その努力を修業で補い、良く売る販売担当者となるためには躾《しつけ》として自身の体に定着させなければなりません。祖父母、父母の日常の行いが薫習となって、子供の身と心に沁みるということですから、それを稽古と練習で補おうとすれば、なかなか骨が折れることです。心から「鈴木正三《しょうさん》」の提唱する「仁王禅《におうぜん》」のごとく、必死の覚悟で修業をするつもりで努力しなければ身にはつきません。ですから練習とか稽古ではなく、修行でなくてはならないのです。

すべての人々が生い立ちに恵まれ、その素養を全部満足しているとは限らないと思いますので、それを補う努力をする必要があります。生後身につけるモノを技術であると致しますと、無意識のうちに最初から備わっている人は大変な技術を持っていることになります。（宗教的には生まれたばかりの子供が身につけているのは仏性だけであり、それ以外は生まれでた後に身についた知恵だとする説もあります）。

もし不幸にして何か不足している人は、その不足から生じる欠点は何かを探し尋ね、それを補う努力をしなければならないと思います。そのような意味で販売技術という言葉は適切ではないように思いますが、第一番目に必要な条件として「生い立ちで身につける素養」の問題をあげ、どれかが不足していると考える人は努力でそれを補う、これも修行の道である。と思いまして、良く売る販売担当者の共通して体得している技術の第一とした訳です。

しかし、これは大変な努力を必要とします。躾《しつけ》というのは大抵の場合、油断をするとすぐ元に戻ってしまいます。その点、血の中に脈々と続いているものはそう簡単には消えません。そして、それが素晴らしいその家の伝統（遺伝）ならば、その人は無意識のうちに良い行動をすることができるのです。そのうえに物心がついて後、毎日の生活の中で見聞きし、身体の肉となり、脳細胞に刷り込まれてゆくのですから大変な力です。そんな大きな力と対決して、自分の意志で自らを律して行こうというのですから、並の修業とか稽古ではとてもかないません。

何故、そのような素養（条件）が必要かといいますと、それらの条件が自ずから備わっている人は人生の輪廻《りんね》を知り、自然の輪廻と仲良くすることを知っており、和することの大切さを知っています。そして自分自身でさえもすべてが自分だけの力で生きているのではなく、世の中すべてのものに助けられて生きているということ。仏教臭い言い方をすれば「生かされている」ということを知っていますから、常に「感謝」とか「思い遣り」とか、信愛という心が無意識のうちに形成されて発露することが多いのです。

営業とか販売活動とかいいますと、誠に攻撃的、積極的な仕事と受けとられがちですが、この仕事ほど他の人（顧客）を許容すること、受け入れること、顧客の気持を理解してあげるというような受容的な能力が要求される仕事は少ないのです。

ですから、余計に感謝する気持のような受身の心はとても大切です。そのとても大切なことを無意識のうちにできる人は大変な幸せ者です。しかし売らんかなという気持でお客様を訪問する人は、ついついどうやって売り込もうかと考えてばかりいますので、そちらのほうに頭が行ってしまいます。

ともすると、「顧客がいやな顔もせずに自分のために時間を割いてくれたこと」「顧客が下手な話を聞いてくれたこと」また、従来から良いお客様であり「常々お世話になっていること」、あるいは「わざわざ来店してくれたこと」等への感謝の気持ちを、心から表すことを忘れてしまいがちであります。感謝の表明をする前に、今日の目的である売り込みに走ってしまうようなことがあります。

「売る、売りに行く、売りつける、売り込む」。こんな気持ちだから、いかにすればうまく売れるかばかりを考えます。ですから人間としてとても大切なことを忘れることがあります。そんなことがいつまでたっても販売担当者の仕事の質が、尊敬に値しないことにつながっているのです。

販売担当者として修得すべき技術の第一は、自らの存在に対し、喜びと感謝の気持ちを忘れず、自分を取り巻くすべての人々に対し感謝の心を常に持つことであろうと思います。（単に人間というだけでなく、すべての森羅万象といったほうがよいかもしれません）。この大切なことが無意識（自然に）のうちにできるかできないかが大問題でありまして、無意識の行動としてできない人は稽古をして自らを躾なければいけません。不断の稽古が必要な訳です。

身についた無意識の行動という意味で、二つ三つお話をしてみましょう。ある人の随筆にこんな箇所がありました。

「私はある食堂で食事をした、近くの席に数人の学生たちがたいそう行儀悪く食事をしていた。そこから出て他に行く訳にもゆかず、注意するのも面倒臭くて苦々《にがにが》しく見ていたらやがて出て行き、その行きがけに一人の男が、自分と隣の者の椅子を直して立って行ったので妙な気持ちがした……」。私の忘却で言葉遣いが間違っているかもしれませんが、このようなことが書いてありました。

この文書を作った作者側の無意識の反応、学生の無意識であろう行動、その両方に興味を持って読んだことを憶えています。「行儀悪く話をしながら食事をしてはいけません」と躾けられたであろう作者のいらだち、自分の椅子をちょっと直して帰る学生。「自分の椅子はちゃんと直してくるのですよ」と躾けられたのであろう。作者が同時に感じた「いらだち」と「安心」とが無意識に作者の心の中で錯綜したそのとき、作者はなんとなく奇妙な心地になったのでしょう。

日本人の心の中に何百年も流れ続けてきた日本人の心、これは現代といえども容易に消えはしません。むしろすべての人の心の中に無意識に残っています。その無意識の心に添い、しかも自然に無意識のうちに善い行いができない人は大変な努力が必要なのです。それらを意識してやることは、意識の集中力を持続することになる訳ですから非常に疲れます。そのことは皆様もお分かりのことだと思います。

もう一つの話は身近な例ですが、私がある剣道の先生のところへ伺ったときのことです。

私の話がその先生の尊敬している人の話になったとき、先生は今まで机に肘をついて脚を少しくずしゆったりとくつろぎながら話を聞いておられたのですが、にわかに姿勢を正し、かしこまって話を聞くという形になったのです。私は麦焼酎を片手に持って飲みながら話していましたので、つい姿勢を正すタイミングを失ってしまい、開き直ってそのまま話を続けてしまいました。そのときの先生の身についた「仕草《しぐさ》」にハッと胸をつかれました。と同時に自分に身についていない、そのような態度が恥ずかしくてたまりませんでした。

三番目の無意識の行動の話は、誰もがよく見掛ける風景です。電車に乗って座っていると、妙齢の女性が現れ、向かいの座席に座ったかと思うと、さっと大きく足を組んですましています。おそらく無意識のことと思います。今もし、そこへ彼女が自らを意識しなければならない人、好ましい男性とか、知人、上司などが現れたらどうでしょう。大抵の人は意識して足をきちんと組み直し、座り直すことでしょう。

しかし大変です。習慣からきた無意識の行いと、意識した正しい姿勢とでは疲れ方が違います。ですから、もし彼女がそのうちに仲間と話がはずみ、夢中になってしまったといたしますと、無意識のうちに体が習慣を憶えていて足は自動的に動き、大きく組んだ元の足元の乱れた形になることでしょう。

まだまだ例はたくさんあると思いますが、このように無意識の行動は繰り返され、体に憶え込まされると自然に出てきてしまうのです。最初に話を致しました大切な生い立ちのことに話を戻しますと、良い環境で育ち、体に染み込んだ立ち振る舞いということが大切なことは二、三例をだして述べました。この無意識の行いと合わせて考えてもらいますと、良く分かって頂けると思います。ですから今までの成長の課程で、もし不足している点があることに気がついたならば、今すぐにでも癖がつくまでやらねばならないのです。ですから修得すべき技術として最初にとりあげた訳です。

もし不幸にして母を失った人は、母の優しさを良く分からないでしょう。優しくされるということに体験の不足が生じます。父を失った人は信念の頑固さと力強さについて、身近で体験してきたことが少ないでしょう。祖父母と同居の経験のない人は、目上の人への敬いと従順さを目で見て、体験を積み重ねるといったことが不足しているので、従順な態度が十分できないでしょう。

顧客に「長幼の序」を大切にする人がいたら、その人からは疎まれることになるでしょう。仮に知識として頭で分かっている人がいたとしても、毎日の生活の中で体に溶け込み血肉となったものとは雲泥の差があるのです。ですから、その無意識の行動を良い方向に向けて稽古と修業により、良い躾を体につけることができると疲れずに、無意識のうちに良い行いができてくることになります。

その良い習慣のつく稽古を一、二お教えしましょう。私が販売員の基礎訓練などを実施するとき、いつも口うるさく言っていることは、他人に会ったら、その刹那《せつな》「この方にお礼を言わなければならぬことはなかったか？」と瞬時に思い出す習慣を身につけなさいということです。

もう一つは「感謝日記」の作成です。一日を振り返って、今日一日お世話になったり、親切にしてもらったりしたことは「何か、誰か」、どういう意味で誰に感謝をささげるべきかを日記に書くことです。この二つを毎日念頭において行動すれば、必ずその答えは良いほうに出てきます。毎日毎日の日記が稽古となって習慣となって身につき、無意識のうちに行いになって現れること請け合いです。販売成績の良い販売員は見えないところでこのような努力をしています。

第１項の２「自分の顔に責任を持つ」良い顔つき維持のために行っている努力

二番目の大切な技術は「顔つき」です。この場合、生まれつきの顔のことをいっているのではありません。美男美女であることが大切だといっているのでもありません。

私はあるとき不幸にして生まれつき視力を失った人の笑顔を見たとき、ハッとしました。笑顔とはこんな顔をすれば相手の人に心地良く写るということを、彼は分かってやっているのではありません。盲目の人は、他人の笑顔も自分の笑顔も見て知っている訳ではありません。しかし私が見たその人の顔はあきらかに笑っており、柔和な笑顔であったのです。私がここでいいたいのは心が表に現れた顔つきが大切だということです。どんな人も笑顔は素晴らしいのです。昔からこんなことをいいます。「笑う門には福来る」、まさにこの言葉が言い表していますように笑顔はとても大切なことです。

古い話ですが、ある本にこんなことが書いてあったことを思い出します。「むかし未開のジャングルで土人に逢ったとき、笑うことで警戒を解き、命拾いをした人と、恐怖で顔が引きつって怖い顔をしたために殺された人がいた」という話です。

一つの同じ顔がちょっとした口のひらき、ほほのゆるみ、眉の角度の変化、目の回りの筋肉の動きなど、こういった言葉に言い表せない程のほんのちょっとした動きが、鋭く相手の感覚に響くのです。

微笑は美しく、相手の人に安心を与えます。この笑顔がいつも漂う顔にしなければいけません。これは簡単なようですが、なかなか大変に難しいことです。人はいつも楽しく、嬉しいことばかりではありません。哀しいこと、淋しいこと、腹立たしいことなどが交互に襲ってきます。そんな中で他人に向けた顔をいつも笑顔でいるのは難しいことです。人は物事にこだわり、執着し、そのモノに心を奪われることが少なくありませんから、不愉快なことに遭遇したときに瞬間的に立ち直るのは容易ではありません。ものに拘《こだわ》らない心として「無の境地」については、昔から禅僧でさえも到達することに大変苦労していると聞いております。そして、その境地に至る努力を即すものとして残された言葉があります。

心は鏡のようであれ　（姿はうつすが跡は残さない）。
流れる水の如くあれ　（器の方円《ほうえん》にとらわれない）。（＊注—方円：丸や四角）
漂う雲の如くあれ　（風まかせあがなうこともしない）。
池面に写る月の如くあれ　（写るとも写すとも考えず写し映っている）。

これらの言葉はみんな、心が清らかに澄みきって何にも捉われない大変自由な心境を示すものと思われます。なかなかこの心境になれないので修行中の雲水も、色々と難行苦行を行って禅僧として大成して行ったようです。坐禅などもその修行の一つ、一度やってみると分かりますが、なかなかその神髄が分かるものではありません。ついつい坐ったら、どうなるのですかと聞いてみたくもなります。仮に聞いてみたとしても「只官打坐《しかんだざ》」（ひたすらに坐れ：道元の言葉）とか、激しくは「坐死《ざし》」（正受慧端の言葉）などという言葉が返ってきて、ただ黙って坐れといわれます。

実はこのところが大事なところで、分かることとできることの差をはっきりと知っている人の指導と、頭だけで分かっている人の指導の違いが現れているところです。しかも、禅の場合、師家《しけ》は具体的に何をしろなどとは教えてくれません。伝わるものは伝わり、分からない者には分からないものだと突き放したりします。そして正師《せいし》は日常から「不立文字《ふりゅうもじ》」で教えていると言って取りつくひまも与えてはくれません。

話は飛びますが、古典物語によれば、「平家物語には祇園精舎の鐘の声……」「方丈記には流れに浮かぶ泡沫《うたかた》は……」などの言葉に続く言葉で、「自然の輪廻」「無常感」を読者に訴えて、人の執着心のおろかさを教えています。

ものにこだわらずに平常な心でいるためには、まず自分自身が間違った行いは絶対にしてはいない。という自信がなくてはならないでしょう。我欲があってはできません。これがなかなか難しいところですが、その無欲の確信があってこそ心に余裕ができて、まずは平静でいられるということでありましょう。しかし、その自分の自信もときに大きな波に揺れることがあります。

果たして自分は正しいのだろうかと、普通の人ならば誰もが思うことです。ここでたちまち心を奪われてしまうのです。ですから真理の探求の努力をし、自らの思想哲学を練らなければいけません。絶対的に正しいとはいえない場合でも、常に正しくありたいと思う心は、必ず自信と余裕を生み出す力となるはずであります。そうすれば心にゆとりがでて、顔に現れることになるでしょう。ですから、どんなときも瞬時に相手の人に笑顔がおくれるためには、自分が常に正しくありたいという心を持ち続けることであります。その結果、余裕が生まれ、良く売る販売担当者が共通に持っている素養として、販売技術の第二としての「顔つき」が自らの修得された技となります。

西田幾多郎著『善の研究』第二編、実在第一章「考研の出立点」というのがあります。笑顔作りの出発にあたって、その文の最初の部分を読者に紹介いたしましょう。

「世界はこのようなもの、人生はこのようなものという哲学的世界観および人生観と人間はかくせねばならぬ。かかる処に安心せねばならぬという道徳、宗教的要求とは密接な関係を持って居る。人は相容れない知的確信と実践的要求とをもって満足することはできない。たとえば高尚なる精神的要求に疑いを抱く様になる。元来真理は一つである。知識においての真理は直ちに実践上の真理であり、実践上の真理は直ちに知識においての真理でなければならない。深く考える人、真摯なる人は必ず知識と情意との一致を求むる様になる。我々は何を為すべきか、何処に安心すべきかの問題を論ずる前に、先ず天地人生の真相は如何なるか？　天地人生の実在とは如何なるものなるか？　を明らかにせねばならぬ……」と続きます。理屈っぽく考え、理屈をこねようというつもりはありません。

正しい心というものも、結局は自分が正しいと思うことしかできないのですから、その自分が正しいと思う基準を常に知行一致の境地に至るまで、磨いて欲しいということが言いたいだけです。そうしなければ、好感を得られる笑顔を瞬時に作ることはできません。

内面の自信と余裕から瞬時の顔つきが作れるという話をしましたが、外面、すなわち、他人が見る自分の笑顔がどう見えるかということも知っておいて損はありません。笑ったつもりが泣き笑いなどということもよくある話です。笑う顔にも「冷笑、嘲笑《ちょうしょう》、破顔大笑《はがんたいしょう》、拈華微笑《ねんげみしょう》、莞爾《かんじ》」など色々あります。無理した作り笑いはかえって相手の心にそれと伝わりましょう。

そこで達人の笑顔作りの話をしましょう。噺家《はなしか》の柳亭痴楽師匠の話ですが、噺家として客が笑ってくれないことはとてもつらいことです。師匠もなかなか客に笑ってもらえないので日夜苦労を重ね、鏡を相手に話の稽古をいたしまして、ついに二枚目といわれた良い男の顔を破壊された顔の男に変え名声を得ました。そのために一般の人は作られた顔のほうをよく知っており、素顔のほうは知らない人が多い程になったと聞きます。内面の努力とともに、心地良く相手の心に映る笑顔を知るために鏡を見る努力を欠かしてはいけません。

第１項の３　「健康を良く管理すること」のために払っている努力

良く売る販売担当者が努力している第三番目の問題は健康管理です。よく苦痛に顔がゆがむといいますが、体のどこかの調子がおかしいと、顔と仕草に現れます。気力は確かに大きな力を持っていますが、限界もあります。気力の限界を信じない人には気力の限界の実験をお教えしましょう。試して下さい。

まず、正しい姿勢で正座をします。そして絶対に動かずに一時間じっとしていて、それから「気力…気力」と力一杯念じて立ち上がってごらんなさい。通常稽古をしていない人は足がしびれて、まず立てません。いくら気力々と頑張ってもだめです。気力は大切なことですが、気力だけでは限界があるということを簡単に知ることができます。もっとも修業をした人、能芸の修得者のように板張りに数時間ぴたっと坐ったままでいて、何もなかったようにすっと立って静かに歩いていける人もおります。しかしこれはその修業の程度が全く違うのです。ちょっと話がそれてしまい横道に入ってしまいました。話を戻しましょう。

気力が充実していればかなりのことが解決できることも事実ですが、気力と体力とは車の両輪であることを知ってほしいものです。健全な精神は健全な身体に宿るという言葉もあります。

具体的な健康法は色々な教え、多くの本なども発行されておりますので割愛しますが、自分をよく知り、自分に合った健康法を続けることです。そしてどんなに注意深く健康管理をしても、なお、管理できない部分があることをやがて知ることになるでしょう。健康にも自然の波があることに気がつくと、人間の個体も大自然の中の一つのものであることが分かり、大自然に生かされていることへの謙虚な心構えが、体をいたわることを本気でやり始めだすことになるでしょう。

本気で生命のことを考えたならば、すべての健康法の中に共通してある極意、「呼吸法」に気がつくことでしょう。いかなることも対応できる心身の準備が、正しい呼吸法にあることが次第に分かってくると思います。そうするとその呼吸を通して大宇宙（自然界）と小宇宙（人間）を知り、自らの呼吸が大宇宙と一体となる、自己即宇宙、宇宙即自己が分かるところまで修行したくなることでしょう。

肉体の鍛練法は他に任せるとして、健康管理の技法として正しい呼吸法を、毎日何分かの時間を取って行いましょう。次に正しい呼吸法の稽古について少し述べます。

第1項の4　正しい呼吸の稽古・数息観

すべての運動は正しい呼吸方法によってなされると、正しい運動が行われ的確な成果がでます。この呼吸と運動の関係ということは、大変深い意味を持っているのです。このことだけでも話はつきませんが、その呼吸法による数々の成果は、ぜひ、それぞれ実施したうえで確かめてもらうとして、私が習いました呼吸方法を述べてみましょう。

まず良い姿勢で正しく坐ることです。座布団を折って重ねて尻の下に敷き、左足を右股の上にあげる「半跏趺坐《はんかふざ》」という姿勢をとります。結跏趺坐《けっかふざ》というのもあるのですが、このほうが最初は無理がなくて良いでしょう。背筋を一本に伸ばし、うなじを伸ばし顎《あご》を軽く引いて、肩の力を抜いて、左手の掌《たなごころ》に右手を乗せ、親指を軽く触れ合う程度にして両手を組んで腹の前に置き、前方（約一・三米《メートル》）のところに目を落とし半開きとし、奥歯を軽くかみ締め、舌を上顎につけて鼻から静かに息を吸い込む。吸い込んだらその息を臍《へそ》の下にぐっと力を入れて押し込む。そして静かに静かに息をはき出す。はき出しながら「ひとーっ、ふたーっ」と数え、とことんはき出したら、喉を開ければすッと空気はひとりでに、それこそ一息に入ってきます。そして、また静かに息をはき出すのです。

一日の時間の中で必ずいくらかの時間を取って、何かを続けていこうということは並大抵の努力ではできません。しかし、一流の販売担当者は必ず一度はこの道を通っています。ぜひ、「坐禅・黙想」あるいは「数息観《すうそくかん》」（呼吸法）を試してみて下さい。

健康とは節制と規則正しい生活に、あることは疑いようもないことであります。昔から知られ、当たり前のことでありながら、なかなかできないことです。しかし健康でないと絶対に今一歩のとき、消極的になってしまうことは自明の事実です。積極的人生のためにも健康に留意したいものです。節制と規則正しい生活、これができなければせめて一日一つで良いから、生活のリズムを刻む何かを実行すると良いでしょう。朝の散歩でも良い。坐禅でも良い。わずかの時間でも必ず実行すると良いと思います。

できることなら、それは「沈黙を伴う瞑想の時間」であることが望ましいと思います。沈黙は知恵の泉です。沈黙を伴う何か一つのことを決め、必ず毎日行うことは、健康にとってかなりの成果が上がること請け合いです。ぜひ、実行されることをお勧めいたします。

営業担当者の仕事は何よりも行動です。この行動の原動力になるのが健康であります。どうぞ健康方法の達人になって下さい。

第1項の5　「相手に心地良く聞こえる話し声・話し方」ができるようになる努力

良く売る販売員が四番目に努力している技術として発声があります。話し方というべきかもしれませんが、いわゆる話術といった意味ではありませんので話し声とします。読者の中に自分の話し声を百時間以上も録音などで聴いた人はいますか。割合に少ないのではないかと思うのです。販売担当者とは話すことが重要なウェイトを占める仕事である割に、また、これ程手軽に録音ができる時代に成ったにもかかわらず、自分の話を録音して聴いている人が以外に少ないのです。

私は九州、広島、群馬、茨城、栃木、長野、山梨、東京、大阪と転勤をして歩いたので、いつのまにかあちこちの方言を憶えてしまいました。その土地の人と電話をかけると、話しているうちに先方の土地の言葉が自然と口から出てしまうのです。ですから、いつの間にか私の言葉は国籍不明になってしまいました。そして中途半端なあやふやなアクセントで、話をしてしまうことが起きていたのです。その結果、自分で知らないうちに相手の人を傷つけてしまっていることがあることに気がつきました。

例えば、大阪で使う「そやなぁー」とか「そいでなぁ」という言葉は、関西では普通に年下の人から目上の人に使います。東京で「そうやな」「それでな」という言葉は、完全に目上の人から目下の人への言葉遣いとなります。文字で書いているのでアクセントの細かいニュアンスが、伝え難《がた》いので分かりづらいとは思いますが、ちょっとしたアクセントの違いで感情的誤解が生まれるのです。

そして、このようなことが結構あるのです。用心して言葉を選ばないと大変なことになります。両地方の人の話し方に通じていて両地方の言葉が中途半端になった人間が無意識のうちにしゃべる言葉で相手の人に不快感を与えるということがあるのです。土地にとけ込もうとして土地の言葉を使うことも必要ですが、土地の言葉はそれなりに、長い歴史と土地の人々の文化の流れを抱いているのです。独特のアクセントも存在しています。よく考え、中途半端に使わないことが大事です。

こんな話もあります。「考えとくわ！」。この言葉は関西の商談では完全に断り文句です。しかし、東京では「まじめに検討しておきます」という意味にもとれます。関西ならば二度と同じ要件で訪問しなくても怒られたりすることはありません。しかし、東京では後日、再訪問しなければ大変に失礼なことになります。「人に頼んでおいて、ほったらかしとはどういうことだ！」と烈火のごとく怒られます。

同様に「アホ」と「馬鹿」も極端に違います。大阪では「アホ！」と怒られても「えらいすんまへん」と頭をかいてお終いです。江戸っ子にアホーといえば大変なケンカになります。しかし、江戸っ子に馬鹿野郎と怒鳴られたときには、「すみません」と謝って済みますが、関西人に馬鹿野郎といったらタダでは済みません。大阪と東京ではこんなに言葉の理解に差があります。

これは言葉の問題ですが、用心しなければいけない発声のもう一つは「独り言」です。相手の人との会話の最中に自分にいい聞かせたり、自分で確認をするつもりで「独り言」をいうことがありますが、この独り言は十分注意しないと、声となって相手に聞こえ、相手の人に向かっていった言葉と誤解されることがあります。独り言は当然、雑な言葉になっている場合が多いので気をつけないといけません。

言葉は伝達の最も良い道具と考えがちですが、言葉程あやうい伝達の方法はないともいえます。そして、言葉は真意が伝わらないことが良くあるのに、伝えたほうは伝えたつもりでおり、聞いたほうはそう思っていないことがあったりする。すなわち、理解が異なることがあるので、なお、話しはやっかいになります。

昔、ラジオ放送で電報クイズという番組がありました。二組に分かれて「同じ言葉」をそれぞれの組の人たちに、一人ずつ順に口から耳へ伝えてゆくのですが、最後の人に伝わったとき、とんでもない言葉に変わって伝わってゆく面白さをゲームにしたものです。これらも言葉が伝える側と受ける側との感覚の差で、くい違いが生じる例といえましょう。

もっと色々な例があるでしょうが、ともかく言葉程あいまいに、危うく伝わるものはないということを分かっていただきたいのです。ですから、ことさら声をはっきり、言葉を明瞭に話さなければいけないのです。話し方の上手下手よりも、もっと前に自分の話し声を何度もよく聞いて、聞いては話し、聞いては話をして稽古し、内容よりももっと前に注意しなければならないことを自覚して練習して欲しいと思います。

良い言葉の練習方法についてお話し致しましょう。まず、話したいことを書くのです。それを声を出して読んで、録音して聴いてみましょう。次に、話し言葉に直して書いて、読んで、録音して聴いてみましょう。さらに、台本なしに話をして録音して聴いてみましょう。話をすることがいかに難しく、分かったつもりで話したことが、客観的に聞いてみると分かりづらいことがあるのです。話をすることは子供のときからですが、あまり意識せずにやっていることが多いのです。こうやって自分で稽古をしてみると、その難しさがよく分かると思うのです。それが分かったら、人の前で今までみたいにいいかげんに話をすることができなくなると思うのです。それで良いのです。そこから本当の練習を始めましょう。

そのうえでさらに言葉は、実は伝えたいことを伝える確かな道具ではなく、言葉以外にも言外の感じるものが、もっと多くのことを、語り伝えていることを知るべきでしょう。そこまで理解が進まなければ、プロではありません。

ともあれ何度もしゃべり、何度も聴き、自分の声が心地よく響くように稽古しましょう。新入社員のときに許された話し方、溌剌《はつらつ》さが好感を持って聴かれることがあるでしょう。それはそれなりに良かったのでしょうが、十年位のキャリアを持つ人は、ちょっと違った別の話し方でなければいけません。世阿弥は著書の中で、それを年代ごとに持つ〝花〟の稽古といっています。（著書：『風姿花伝』）

日本の長い歴史の中で生まれた敬語、丁寧語《ていねいご》はまだ生きています。遣いなれた適度な丁寧語はとても好感がもてます。先輩が得意先を一日十軒訪問して会得してきた話術を、同じように実戦で憶えることも必要ですが、あと十軒分は独り芝居をして稽古を毎日続けましょう。（一人稽古）。発声と言葉の選び方は、最初から最後までついて回る大切な技術です。特にベテランになった方々は、それなりに気品のある語彙《ごい》を豊富に持ち、自由にそして上手に豊富な言葉を駆使したいものです。販売成績の良い販売担当者は、こんなことにも注意して話し方の技術を磨いております。

話は変わりますが、過日、天皇陛下がご誕生日のメッセージでこんなことを申されておりました。「私も歳をとってきたので耳が少し遠くなりました、しかし、アナウンサーの方の声はよく聞きとれるのです。きっと大変な訓練をなされているのでしょう」とおっしゃいました。お分かりでしょうか、ここのところがものを言わなくとも、本人に確かめなくとも分かるという、日本の顧客の怖い感性でもあるのです。

第1項の6　「魅力ある目つき」で接する努力

良く売る販売担当者が、五番目に努力している販売技術として「目」があります。目、すなわち「目つき」について申し上げたいと思います。それは日本の販売担当者が行っている許容、寛容、包容を感じさせる、そんな目つきのことです。そしてこれができることを、一つの重要な技術と考えたいと思っています。目つきなどは生まれつきだと思っている人もたくさんいるでしょう。そのような努力はしてみても、どうにもならないと思っている人がいるかもしれません。しかしそうではありません。

「目は心の窓」と言いますが、この眼《まなこ》という窓は内から外を見るものでありますが、目つきとなりますと、外からその人の心の中を見るものでもある訳です。むしろ、外からのぞくことによって心が見えるのです。目つきは心だと考える訳です。

良い目をするということは、良い心の状態でいるということであります。「顔で笑って心で泣いて」という言葉がありますが、そんなときさっと顔の表情は作り笑いをしていても目が泣いているのでしょう。また、「光る目」という言葉がありますが、これらもきっと心が発する光が目を通して相手の心を射ているようなときに目が「キラッと」光るというのでしょう。ではどんな目つきが良いかということになりますが、私はとても良い話に出会いました。

信州の戸隠秋山郷、山奥の小学校の素晴らしい先生の言葉です。それは「物言わぬ自然の語り掛けを聴き、そして応える」という言葉です。この言葉は先生が生徒を教えるときの、心構えとして話をされたときのことです。唐突なので何のことか分からないと思いますが、話が脱線し横道にそれます。

この小学校では校長先生の勧めで、野外授業というのを積極的に実施しておりました。野外での子供は教室と違った表情を見せます。教室では見られない、多様な表情や態度が見られるといいます。先生はそれらの表情から、子供が語りかけたいと思っていることを察し応えてあげないといけない。というのです。子供が見つけた草や虫、そして自然現象、子供が何に興味を持って見詰めたのか、子供の視線の先と子供の目を見て、子供の心を察しなければいけないのです。

そして、その子が先生に向けた目を見て、子供が何を言いたいのかを察しなければならない。そのような野外授業の訓練から、先生には「物言わぬ語りかけを聞き、分かりそして応えるための先生の目ができるのです」と教えて頂きました。

私はこの話から多くのことを教えてもらった気がします。そしてその一つにこのときの目、すなわち「子供が自然を見詰めている目、その子供の目を見詰める先生の目」、このときの先生の目こそ、私はそれは良い目だと思うのです。そのときの目は愛の心を持っているのだと思います。ですからどんな目つきをすれば良いかということに対しては、「すべてのものを愛する心でいる」ということが返事になりはしないでしょうか。

その愛する心で相手の人の目を見てごらんなさい。きっと相手の人の心にも伝えたいことが伝わることでしょう。それではそのような目つきの稽古とは、どんなことがあるのでしょうか。

人の言葉ばかり借用して申し訳ありませんが、幸田文は著書の中で「病むことなく、年老いた人は不幸だ」と小説『闘』に書いておられます。人は病むことによって初めて病気を体で知ることになります。その結果、病んだ人の痛み、苦しみ、悩み、それがどのようなことか自分の体で初めて分かるようになります。そして初めて他人の悩み、苦しみに出会ったとき、その人のつらい心身の状態を察してあげることが可能な自分になったことに気がつきます。

逆にそのような体験をしたことなく過ごしてきた人は、本当に病んだ人の身になって、考えてあげることができないのではないでしょうか。ですから、人の身になって考えることができない人は、人間社会の中で周囲の人とうまくやっていけないことが少なくありません。そのために高齢者になって、孤独な老人になる場合が多いのです。

このことで分かりますように、自分のことだけを考えて生きることではなく、「いつも相手の人の心を分かってあげよう」、「理解してあげよう」、「もしかすると、このように思っているのではないでしょうか」という気持ちになって、一寸の隙《すき》もなく、相手の人の心を見る心掛けでいることが大切な稽古だと思います。

こちらの気持ちが少しも分かってもらえず、いつまでもぐずぐずしている営業担当者、そんな人に長居されると、そのうちに怒りたくなってくる。そんな経験はありませんか。目の訓練は顧客である、相手の人の目の中も見えるようになることを目的としなければいけません。

このように目つきは心でありますし、その心は相手の人を愛する心だと思います。その愛する心で、自分本位でなく相手の人の理解を深める努力、未経験のことでも分かろうとする心。さらに自らの経験以外に他人から聞くことを自分の糧にしたり、本などに出てくる人々の心理などを、常に注意深く観察することによって、多くの経験と同じように自分の心を、豊かに広げる努力をしなければなりません。そして見えなかったものがだんだん見えて来るようにすることです。

愛と美を求めて何が美しく、何が真理であるか、誠実にそれを求めて行けば答えが求められます。その心掛けで「自分にできる、思い切った優しさ」を打ち出していけば、必ず目は美しく輝き、あなたの目つきは相手の心をとらえて行くことでしょう。そして同時に、相手の人の心も分かる目を持つことになるでしょう。このような努力をして販売活動にあたっている人が、結果として良い業績を残している人に共通している心掛けなのです。

そこで次に、仕事の技が向上するために行われている修行（練習）や稽古について、ちょっと過去の他の世界（営業活動ではない）の例をあげて示して見たいと思います。

苦労して修行を重ねた人が良い結果をだすことは素晴らしいことですが、そのような人を決して見逃さない日本の顧客の感性も、また素晴らしいと思わねばなりません。

目のつけどころが違うという言葉がありますが、まさに目のつけどころが違う客は、一方で何らかの修行を経てきたことを示す顧客であり、見えないところに、そんな客がうようよいるのが日本の顧客市場の怖いところであります。こんな点も日本で商売をする側の人は、気をつけなければならないことであると思います。素晴らしいと思われている人々の努力や修行のいったんを、次の項で示してみたいと思います。だめな販売担当者の日ごろの過ごし方との、違いが良く分かると思います。それが分かってきたならば、日本の素晴らしい販売担当者はどのような努力をしているのか、その共通点を自分でも考察してみて下さい。

第２項　求道家の稽古と修業の紹介

良く売る販売担当者（成績の良い販売員）に共通する、販売員の努力していることについていくつかに分類して、その努力すべき点を修行（練習）で習得すべき技術として述べてきました。人間としての生い立ちの欠陥発見とその補いのための努力、そして無意識の世界で素晴らしい行動をすること。顔つきの話では心を広げこだわりのない心、健康管理の話では大自然との共存から謙虚な心。声の話では言葉よりももっと相手に感じさせるものの存在を知ること。

さらに目の話では相手を許容する愛の心など、いわゆる販売技術に関する指導書、教育書には余り取り上げられていない問題を、良い成果を上げている販売員に共通する素晴らしい技術として取り上げてきました。このようなことは社会人として、人格形成上大切なことであるにもかかわらず、多くの人が意識して解決せずに販売促進活動を実施してきたために、ある意味では販売担当者の品格が、低くみられてきた原因となったともいえないこともありません。

しかし、販売担当者はこれらの問題を売上げ、すなわち、販売実績の向上の苦労の中で並行して解決して行かねばならぬということが現実の問題であるのです。ですから、いかにして売るかといった一般的販売技術といわれるものも不要だとはいいません。前述の五つの習得すべき技術に加えて、それらの一般的な販売技術、例えば、「名刺の出し方、会話時の姿勢、顧客との対面角度と距離」などの知識も必要だと思っています。それらの問題は次の「販売員の必須技術」の項と、「営業活動の悩みと壁」の項で述べてみたいと考えています。

その前に、ここでは求道的な人、素晴らしい人であるとの評価を得ている人たちが、自ら業《わざ》を磨くためにどれだけの稽古、修業をしてきたかを幾つかの例で見てみたいと思います。そして、その修業を通して業だけでなく何を取得したのか、稽古、修業とは何なのかを考えてみたく思っています。さらに、販売成績が良い販売担当者には、表面的には解らない努力があり、その努力の結果、「良い販売成績」は構築されているのであることを読みとって頂きたいと思います。

第2項の2　ロダンの言葉より（『ロダンの言葉抄』岩波書店）

「画家諸君、ラファエルの書いた肖像を見よ。この大家は一人の人物を正面から描出《びょうしゅつ》するとき、胸を斜めに奥まらせる。そうやって彼は第三伸張の幻想を与える。全ての偉大な画家は空間を探ります。厚みの観念の中にこそ彼らの力は宿るのです。こういうことを忘れるな、相貌《そうぼう》ない、量しかないということを。素描するとき、決して外囲線に気を取られるな、ルリーフ（浮彫）だけを考えなさい。そのルリーフが外囲線を支配するのです。休みなしに稽古せよ、手業（メチエ）に身を馴らさねばなりません。芸術は感情に他ならない。しかし量と比較と色彩との知識なく、手の巧みなしにはきわめて鋭い感情も麻痺されます。最も偉大な詩人でも、言葉を知らない外国ではどうなるでしょう。新時代の芸術家の中には不幸にも言語を学ぶことを拒絶する多くの詩人があります。芸術家の資格はただ知恵と注意と誠意と意志とです。正直な労働者のように君たちの仕事をやり遂げよ」。

このようにひたすら黙々と稽古をせよといっています。手技と言葉ということを例にとって、外面を飾る技術を磨かなければ内なる心も表に現すことができない。そのためにも体に憶えさせるべく、稽古を仕事のごとくせよと言っています。

第２項の３　弓道範士阿波研造先生とドイツ哲学者オイゲン・ヘリゲル博士との会話から

「……偉大な達人は同時に偉大な教師でなければなりません。分かりきったことですが、我々の考えではこの両者は全く一心同体でなければなりません。もし範士が呼吸の練習でもって稽古を始めたとすれば、あなたが決定的のものを獲《え》たのは呼吸法のお陰であるということを彼は決してあなたに確信せしめ得なかったでしょう。あなたは、まず第一に、あなた自身の工夫でもって難破の苦汁を嘗《な》めねばならなかったのです……」

「……師範があなたに向かって投げ与える救命の浮き輪をつかむ準備ができる前に。嘘《うそ》ではありません。私は私自身の経験から師範はあなたや、その他の弟子の誰をも、我々が自分自身を知るのより、ずっと良く知っているということが分かっているのです。彼は弟子の魂の中を彼らがそうだと思いこんでいる以上に良く読みとっているのです。……」

「……早速放った第一射は私のみるところでは抜群にうまくいった。滑らかに気づかぬうちに射は放たれていった。師範はしばらくの間私を眺めていたが、やがて自分自身の目を疑っている人のようにためらいながら「どうぞもう一度」と言った。私の第二射は第一射をさらに凌駕したように私には思われた。そのときの師範は無言のまま私に向かって歩みより、私の手から弓を取り上げて私に背を向けたまま座布団のうえに坐った。私はこれが何を意味するのか分かったので引き下がった。……この後、師範は「あなたは私をだまそうとした」と言って稽古を受け付けなかった日が何日があった。……」

「……貴方は一杯に引き絞った状態で無心になって満を持していられないことがどんな結果になるかお分かりでしょう。貴方はいつも繰り返し、自分にそれが実際やれるだろうかと自問しないでは落ち着いて練習することすらできないのです。まあじっと辛抱して何がどう現れてくるかお待ちなさいと……」「……一度これがお分かりになった暁には、貴方はもはや私を必要としません。そして、もし私があなた自身の経験を除いてこれを探し出す助けをしょうと思うならば、私はあらゆる教師の中で最悪のものとなり、教師の仲間から追放されるに値するでしょう。ですからもうその話はやめて稽古しましょう。……」（オイゲン・ヘリゲル著『弓と禅』より）

この話は示唆に富んだ良い話だと思います。稽古と師弟の関係の意味と、その本質を述べているように思います。苦しい稽古をして、つらいとき、我慢をして頑張ったとき、何が大切かが自分自身の体で分かる。その道を必ず通るまで道を進まねばならぬということを教えています。

頭で、理屈で分かったようなことを戒めています。そして苦しみ抜いて、身につけたものでなければならぬことを教えています。まさに稽古の意味と稽古からしか得られぬものとを、確信もって教えていることがお分かりになる話だと思います。禅の世界ではこの関係を「正師と弟子」と言っております。また、正師を持たない修業は邪道であるとも述べております。

第２項の４　達磨の話

武帝（中国の皇帝）に見切りをつけた達磨は嵩山の少林寺に入り、面壁九年の坐禅三昧の生活に入っていた。

そのころ達磨は、「人生いかに生くべきか」という大問題に直面し、その解決を儒教や老荘に求めたが得られず、さらに、すでに伝来していた般若系統の仏教教学にこれを求めたが、これまた、何ら得るところなく煩悶懊悩《はんもんおうのう》していた。

神光という名の青年がいた。この神光の耳にあたかも天啓のように入ったのが、嵩山の少林寺に「壁観婆羅門《へきかんばらもん》」と綽名《あだな》されるインド僧、すなわち達磨がいるといううわさであった。

神光は「この人こそ自分のこの煩悩を解決してくれる人ではないかと、さっそく勇躍して山深い少林寺を訪れた。だが達磨はただ壁に向かって黙々と坐禅しているばかりで振り向いてくれず、来意を告げるすきもない。彼はそのまま悄然と辞去するほかなく、その後も何度か訪れたが、いつも同様であった。しかし彼の煩悩《ぼんのう》はますます深刻になるばかり、ついに陰暦の十二月、今日こそ断じて達磨に相見願おう、そしてこの人生観上の大疑問を解決するまでは絶対に動かぬ」と堅く意を決して小林寺を訪れた。

だが、達磨は相変わらず盤石のように兀々《ごつごつ》と坐禅しているばかり、しかし神光もまた、黙然と洞窟の外に佇立《ちょりつ》して身じろぎもしない。そのうちに雪がチラチラと降りだし、黄昏《たそがれ》からはいよいよ本降りとなった。

中国内陸の山中のこととて、寒気は文字通り骨に徹するばかりである。四辺暗く寂寞《せきばく》としてときおり響くのは雪におびえた猿の叫びと、枝から落ちる雪の「ばさり」という音ばかり。しかし達磨は一顧もくれず、黙々と坐禅、神光も膝を没する雪の中に端然として不動、とうとう長い冬の夜もいつか白々と明けてしまった。このときになってはじめて達磨は、やおらその異様な光を持つ眼を神光に向けて、「汝久しく雪中に立つ箇は何事をか求むるや?」と口を開いた。神光さぞかし嬉しかったことであろう。

神光はここで自らの切実な疑問と悩みとを、正直にぶちまければよかったのであるが、多少の衒《てら》いもあったか「ただ願わくば和尚、慈悲甘露の法門を開いて広く群生を度したまえ」と訴えた。この一語決して間違ってもいないし、嘘でもあるまいが、この期に臨んで「広く群生を救って下さい」と、何か他人事のように言っているのはまだ徹底本気になっていない証拠である。求道心に一脈の甘さがある。

達磨は間髪を入れず、これを見て取り、その機が熟さないと見て、諸仏無上の妙道は無限の歳月にわたって不屈の精神努力をつづけ、行じ難きをよく行じ、忍び難きを良く忍ぶほどの大人物にして初めて成し得べきものである。小徳小智、軽心慢心の輩の企ておよぶべきものではない。おぬしのような小才子にやれる修業ではない。無駄だからやめろ、やめろと、剣もほろろに突き放し、また背を向けてしまった。

神光は達磨にこう悪辣冷酷《あくらつれいこく》に扱われて思わず徹底真剣になった。そしてわれとわが臂《ひじ》をズカリと利刀で断ち切り、血の滴《したた》る腕を達磨の面前に差し出し、赤誠《せきせい》を面にあらわして、切に切に入門を願った。

達磨は一夜雪中に立ちつくした神光の態度に彼の不退転の求道心を見、今またこの血のしたたる腕に彼の不惜《ふしゃく》身命《しんみょう》の求道心を見、ようやく堅く閉ざしていた甘露の法門を開いて、彼の入門を許したのであった。

この話はあまりにもサラリーマン生活の態度とは次元が違いすぎて、何のために出てきた話かちょっと分かり難しいと思いますが、稽古とか、修業とかの話をするときに、禅僧の修業の話を抜きには語れないと思うのです。その禅僧の修業の話の中でも特に有名で、日本に大きな影響を与え、しかも、激しいのが達磨の面壁九年の坐禅だと思います。ですから修業の代表格として、この話を持ち出したと思って下さい。面壁九年と一口にいいますが、凡人には一日の面壁坐禅でも苦しいことでしょう。

それなのに何故、このような激しい修業をしたかと想像しますと、稽古、修業の成果の一つは、いつの間にか体が憶えることに気づいたときには、雑念を払拭してしまったことだと思うのです。そして無意識のうちに反応して肉体が動くことが、その成果として現れると思うのですが、この達磨の場合は自問自答で問い詰め、真理とは何かを考え、それを繰り返し繰り返し、問い直し、自ら悟ったと思ったことをさらに心に言い聞かせ、幾重にも躾を行ったと考えたらどうでしょうか。

すなわち、体で憶えることと同じように、心の中核でしっかりと憶えるための修行を積むために、このような激しい修業をしたと想像します。体で憶えることも大変でしょうが、心で憶えるということは、肉体の煩悩《ぼんのう》よりももっと誘惑の多いことで、少々の修業ではぐらついてしまうのではないでしょうか。もしそうだとしたら、心にしっかりと言い聞かせるということは並大抵のことではなく、そのことが出てきた場合、その修業の重さは、計り知れない尊さを伴っていると思えるのです。

第２項の５　風姿花伝に見る稽古

世阿弥は著書『風姿花伝』の中で年代稽古と称して、各年齢の稽古を示しています、抜粋して例示してみますので興味があれば研究してみて下さい。

七歳…………自然に身についた良さを発揮させ、基礎的なもの以外はさせてはいけない。物まねをさせず、良くも悪くも本人には教えないようにして、伸ばすようにする。

十二～三歳……能のわきまえもできてくるので順序よく正しく数曲の一つ一つを、きっちりと稽古しなさい。

十七～八歳……このころは声も変わり、体も伸び、中途半端な時期であるのでちょと退屈する。しかし人に笑われようとも、朝・夕発声の練習をし、心の中では願力を起こして、今が一番大切なところと自覚して、もしここで稽古をしなければ能が止まると思いなさい。

二十四～五歳…このころの稽古は一生の芸が定まる大切なときである。このころ注意しなければいけないことは、もって生まれたものと、稽古で得たものとを間違えて修業を怠り、自慢などしていると、もって生まれた位《くらい》の花までも失することになる。

三十四～五歳…この時分に名声を得ない場合は、未だ修行が足りないのだと知りなさい。そして早く見極めずにいると四十歳から能は下手になると思いなさい。

四十四～五歳…このころになるとどうしても〝身の花〟がなくなるので、脇の為手を養成することを心掛けなさい。そして自分を良く知るように心掛け、自分に無理のある能をしないように心掛けなければならない。

五十歳過ぎ……このころになったら何もしないという方法より以外に良い方法はあるまい。しかし、誠に得意のものは花が残る。

誠に大雑把な抜粋を記載いたしましたが、付け加えますと。この稽古、修業の話を載せました意図は、例えば、新入社員が一定の研修を受けて実戦に出たときなどは、元気よく若さあふれる積極さだけで好ましく見えるものです。しかし営業活動の十年選手が新人のごとく、元気と積極性だけではどうも感心しないのは良くお分かりの通りです。

そんなことで分かりますように、人それぞれの経験と年齢によって、修業すべき点が異なるということを分かって頂きたいと同時に、ときは金なりで、そのときは二度と来ない訳ですから、そのときそのときにやらねばならぬことを確実に実施し身につけて、次のステップに向かって欲しいということであります。

ですから、待ってくれない時間と対決し、そのときしかできない修業、稽古があるのです。このことを忘れずに真剣に生きることが大切だということを分かっていただきたいのです。成績の良い販売担当者が先輩、上司（師匠）から教えられて、年代稽古を意識して実施したならば必ず大成し、顧客から見て深みのある接客態度と話法が身についており、顧客はそれを快く思ってくれるので自分の要望を達成するのです。

第２項の６　川上哲治の自伝に見る練習

蝉しぐれが土手を渡って耳に入る夏の昼下がり、私は一球、二球、三球と打ち始めました。頼んで来てもらった二軍のバッティングピッチャーと一体になったつもりで、投げる、打つ、投げる、噴き出す汗を拭いもせず、一心不乱に打ち込みました。

やがて、投げる球がカーブに変わって、何球目かが足を踏み出しボールを見詰めてバットを振る瞬間、私は思わず「あっ！」と声をあげました。私の目の前でボールが完全に止まったのです。いや止まったと感じたのです。カーン！　打球は外野のフェンスに達していました。投げる、踏み出す、止まる、打つ。「これだ、これなんだ、私が探し続けてきたものはこれだったのだ」。ピッチャーが投げる、私が踏み出す、ボールがすとんと曲がる、目の前のボールが〝ピタッ〟と止まる、止まった瞬間を素早く叩く。それは正しい心と身体で刻むリズムでした。もう嬉しくて、嬉しくて、心はずませ振りました、打ちました。「ようし、もう忘れんぞ、絶対に忘れんぞ」と思い通りの打球がぽんぽんと飛びました。

しっかり覚え込むまで打とうとして我を忘れておりましたが、ふと気がつくとピッチャーからボールが来なくなっていました。「どうした？」とマウンドを見ると、炎天下に投げ続けてくれたピッチャーが茫然と立ちすくんでいました。打ち始めてから一時間も経過していたのです。

「いやぁ、すまん、すまん、暑い中をご苦労さんだったなあ、ありがとう。君のお陰でどうやら打撃のこつがわかったようだ、明日からわしを見ておってくれよ、必ず打つから」。近くの食堂で労をねぎらいながら、バッテングピチャーとは言え制球のいいガーブを投げ続けてくれたこの若者に私は心から感謝しました。我を忘れ、人も忘れ、精魂込めた暑い夏の日の午後、私の打撃開眼の一日でした。人間嬉しいことは寸時も忘れたくないもの、開眼した日からの私は忘れたらいけないと思うものですから、寝てもさめても球を止めることばかり考えるようになりました。「待てよ、忘れてはいないか?」と思うと真夜中でもふと起きてバットを振ったものです。びゅんびゅん振りました……。

各界でも著名な人は、皆、川上哲治(元巨人軍監督)のように修業をしているのです。営業活動においても販売担当者の修業すべき技術を〝成程〟と認めてくれた人は、良い販売成果を上げている人が陰で、この人たちにも劣らぬ努力を重ねていることをも認めて頂きたいと思います。そして部下や後輩に、今すぐ修得のための稽古を始めるよう指示して下さい。あなた方の顧客は第一線の販売担当者の努力を見抜いているのです。

販売担当者の修得すべき業を述べ、ロダンから始まる各方面の一流人の稽古、修業の描写文を借用して並べてみました。何を修得すべきかを知り、修得の結果、何かを自分のものとし、一流となった人々の修行の過程を見て、自分が修得すべきことで見落としていたこと。あるいは、はっきりと自覚してはいなったこと。そして自分の販売担当者としての技術を修得するための努力は、どの程度のものだったかを気づいた人は、すでに一流の販売担当者の道を歩み始めたといって良いと思います。

顧客に回った人は、販売担当者のこのような努力を見抜いて、努力している人からモノを買ってあげて下さい。

その行為が、さらに人を育てることになります。

彫刻家、弓道範士、哲学者、僧侶、能芸家、スポーツマンの方々の稽古。（私の力不足のため、比喩《ひゆ》、隠喩《いんゆ》および引用の仕方がうまくない点は申し訳ありません。どうかぜひ、引用した文章の本文全部を読んでいただきたいと思います）。道は違ってもその道を極めようとした人、極めた人の生き方の中に共通のものを発見し、その共通点の中に苦しい稽古、修業の過程があることをわかって欲しいのです。そしてそれらの人々がみんな、魅力あふれる風貌、容姿をしていることを合わせ認めて欲しいのです。

稽古、修業の共通点として師弟の関係があること。理屈でなく、身体でわかる過程（体得する過程）があること、繰り返しと継続があることなどを読みとって欲しいのです。そのうえで修得すべき業の五つを苦しさに打ち勝って師のいうことをよく聞き、無意識の状態においても自然と良い行動が出てくるまで、稽古、修業（繰り返し継続）をやって欲しいのであります。

それなのに一般的に言って、前述の求道心の強い人々を自分の世界とは異なったところにおいて、外からこれを賞賛するといった傾向があります。気をつけたいものです。

やや回りくどい言い方になりましたが、成績が優秀な販売担当者はそれなりに苦労しており、その苦労が人間としての成長を促し、良い接客態度を形成していっております。客は客でそのことを感じ、「同じ買うならあの人から」となってきます。「売って喜び、買って喜ばれる」といった関係が、売り手の修行の成果として、売り手と買い手の間で成立しているのです。「モノを売る前に自分を売れ」という言葉の源泉が、そこにあることに気がついて頂きたいと願っております。

第6節　販売担当者が販売効率を向上するために心掛けていること

第1項　顧客にとって心地良い挨拶をすること

出会いは挨拶で始まります。挨拶とは顔を合わせたときに〝おはよう〟とか〝さようなら〟ということですが、これだけが挨拶だと思っている人がいます。さらにそのおはよう、さよならさえも自分の気に入りの人だけに言って、他の人には知らん顔の人がいます。挨拶ができない人が増えてきました。気をつけたいものです。

営業活動における挨拶は明朗な声で自社の名前、自分の名前、来意を告げることであります。会社の名前と自分の名は言っても来意をはっきりさせない人がいます。何故でしょうか？　そのような人はおそらく「門前払い」を恐れるからではないでしょうか、それほど相手の人にメリットのない、時間の強奪をしていると思っているのでしょうか。もし、そうだとしたら最初から、相手をだまそうと思っているのではないでしょうか。「会ってくれさえしたら、話さえ聞いてくれたら、得意の弁舌で舌先三寸に乗せて料理するのだが」とでも思っているのでしょうか。そのような心掛けの人は営業活動で成功はしていないのです。

私は得意先を尊重しなければ良い販売活動は成り立たないと思っています。こちらの都合で話を聞いてもらうということは、立場を変えれば相手の貴重な時間を割いてもらうのですから、相手の人に、会うべきか会わざるべきかを判断する時間と心の準備の余裕を与えてあげたいものです。来意を告げ門前払いをくわされている人は、挨拶と来意のつげ方を工夫すべきであると思います。

そして一度の不成功は決して無駄ではなく、また無駄にしてはならないのです。この失敗（空振り）が自分の資産となり、経験の蓄積となるからです。一度でだめなら二度で、三度でだめなら四度で売る。門前払いの回数は顧客に対して「心情的な貸し」の回数でもあるのです。回を重ねるごとに相手は「借り」の回数が増えていくのです。しかし、ただ同じように回数を重ねたのではあまりにも能がありません。一回目より二回目と工夫を重ねるべきです。その工夫を来意を告げる言葉に生かすことが大事です。販売活動の成果は面談回数×販売技術といわれる所以《ゆえん》です。

例えば、「…それでは本日は失礼させて頂きます。何時ごろお伺いすればご都合がよろしいでしょうか？会っていただける曜日か、時間をお教え願えませんでしょうか」（返事をもらう）。そして次回には「…先日はお時間を頂けませんでしたが、今ごろの時間が都合がよく、会っていただけるとおしゃって頂きましたので、御指示に従ってお伺いさせて頂きました…」。といえるように、帰りに「引っ掛《ひか》かり」「取っ付き」の切っ掛けを作って帰るのです。

そして、次回にそれを生かすとか、または全然、引っ掛かりができないで帰ってきてしまった場合は、誰かの紹介状をもらって次の訪問の際に来意を告げるとき渡すとか、目を引くモノになるような珍しいモノを用意するとか。あるいは、主人以外の人にまず会って来意を聞いてもらうとか、ときには裏口から回ってみるとか、出掛ける時間を見計らって出て来たところで何としても顔を合わせるとか、工夫すれば何とか顔を合わせることは可能であると思います。あくまでも会うことが先方にとってメリットがある、という確信にたったうえで工夫をすれば心が通じます。（達磨の話を思い出して下さい）。

以上述べましたことは主として、販売担当者が出向いて販売促進活動を実施している場合のケースを、想定して記述したものです。店舗にいて来客に接する場合も心理的な基本は同じなのですが、具体的場面を想定すると、ちょっと異なる面もあります。

来店客の来意は、お客様が待っている訳ですから、来意を告げる代わりに「いつもご来店ありがとうございます」といったように挨拶の言葉が変わります。この言葉の大事な点は、「何時も買い物をして下さることをよく存じて感謝しておりますよ！」という意味であり、「私はそのことを忘れておりませんよ」「いつも感謝をしてますよ」ということがお客に伝わる必要があります。人は自分の存在を無視されたと知ると、気分は良くありません。逆に自分の価値を認めてもらうと嬉しく感じます。多くの場合人は自分の存在意義を認めてもらうことで、自分の存在をみんなが知っていることを自分で確認できて、自己満足致します。

「いつもご来店ありがとうございます」と声をかけることは、実は相手のほうの存在を認めてあげる。しかも、良いお客さんであることも分かってますよ、ということを告げる挨拶です。笑顔で客の目を見詰めながら「いつもありがとうございます」と挨拶することで、客と店員のコミュニケーションが一瞬にして成立します。

このことを知らない販売担当者は、相手が話し掛けてくるまで待っていたりします。具体的な事例をここにあげてゆけばきりがない程たくさんあるでしょうが、この事例で示しましたように小さな挨拶の差が、実は販売成績の差になっているのです。

第2項　顧客への話の切っ掛け作り（顧客と会話を始める機会）

一般に話し掛けの機会作りは相手の心をなごませるために、気候の話、趣味の話、商売繁盛の話など、すなわち、「今日はよいお天気ですね」「雨が続いていやですね」「昨日のゴルフはどうでしたか」「近ごろ、釣の釣果はいかがですか」「いつも御繁盛で結構ですね」「いつ見てもお庭のお手入れが行き届いていますね！」など。このような言葉を交わすことが、話し掛けの機会作りだと思っている人が多いかと思います。

悪いことではないと思いますが、私は話し掛けの機会作りとは何かといいますと、会って頂いて、貴重な時間を頂いたということが本当に嬉しいということを感謝し喜ぶ、そしてそれを誠心誠意、表現することが話し掛けの機会作りの段階だと思っています。

自分が相手の人に喜びを与えることが、嬉しくない人はいないと思うのです。また、自分のために時間をさいてくれることを喜ばない販売担当者はいないと思います。そして上手なご挨拶は、顧客の心の中で「もし買ってあげたらもっと喜ぶだろう」と、いうように連想は容易に広がるのです。ですから、良い販売担当者は心から「会って頂けたこと」に感謝の気持ちを表すことが、上手にできるように何時も努力をしています。

そして前回に何か買ってもらったことがある顧客のところへ行った場合は、必ずそのときのお礼を第一番に口から出すことを心掛けている訳です。お礼は何度いわれても気持ちの悪いものではありませんし、顧客の心理は潜在的にはお礼をいわれることを期待しています。ですから、お礼の言葉をいわないと客は不満を感じます。話し掛けの機会で努力すべきことの注意はこんなことだと思って下さい。

販売成績の良い販売担当者は、最初の話し掛けの段階についても練習と努力をしております。店内で来客に対応する販売員は、この話し掛けの機会を見つけるのに苦労しております。早すぎれば「今考えている最中なのだから黙ってほっておいて」という感情が客に生まれたりしますが、遅すぎると「客が来ているのに何しているのだ、あの店員は！」となったりします。挨拶から、話し掛けを行うまでの間《ま》の取り方こそプロの技術と言ってよいぐらいなのです。「お気に入りが見つかりましたでしょうか？」「さすがに良いモノに目をつけられましたですね！」。このような言葉を何時かけるか、これが店内販売員の修行の眼目であります。

販売員が客に声をかける〝間《ま》〟は、「啐啄同時《そったくどうじ》」でなければなりません。「啐啄同時」とは、母鳥が卵を抱いているときに、卵の中からひな鳥が殻を叩くときのことであり、その瞬間に母鳥は外から卵の殻を割ってひな鳥が生まれます。その唯一無二の瞬間のことをいっているのですが、このタイミングは早くても遅くてもひな鳥が死んでしまいます。この間を会得するまでに優秀な販売担当者は人間の研究をしているのです。

その研究は、まず自分を知るところから始まります。人間とは何か、何故この世に生まれ出たのか。自分は何者か、人は何故生きるのかなど、自分を見詰める修行の延長で、他人の心が分かるようになります。他人の心は何によって知ることができるか？　それは他人が発する言葉で分かることが多々ありますが、他人の小さな動作で心を読みとることもできます。そのために優秀な販売担当者は、店員となって客に挨拶をした後、客の斜め後ろで客の視野の限界ぎりぎりに立ち、客の所作を注意深く観察すると同時に、客の視線の先にも注意しておきます。集中力を凝らして客の動作から目を放してはいません。

そして、声をかけるのは「まさにこのとき」というのが分かる（見える）程に、日ごろから販売担当者は修行をし続けているのです。それが店内販売員の話し掛けの仕方です。これを知っているだけでは済まされないのです。日常から教養を磨き、客のどのような質問にも的確に対応できる、自分を作っておかなければなりません。

このような話し掛けの切っ掛け作りを習得している、販売員が良い結果を残しています。

第３項　商品の説明（デモンストレーション）

販売活動においてはいわゆる本番です。売り込みのための商品説明の開始ということになります。自社品の特徴を立て板に水のごとくしゃべりまくる。販売担当者の腕の見せどころ、話術の駆使の真骨頂、まさに〝さわり〟の部分と思われるところであります。この部分が誇張されてセールスマンは口八丁手八丁と印象づけられているところ大であります。そのために販売担当者の仕事はこの部分で大きく印象づけられ、その陰の部分が知られていないのではないかと思われるくらい、販売技術としては代表的部分であり、企業内訓練でも充実しているところであります。

商品説明のやり方の一番大切なことは、その場の雰囲気を察知するということです。そして、次に大事なことは話の内容と順番です。最初から商品の説明を行うのではなくて、初めはいかに上手な質問を用意し、質問を行いながら将来、説明したい事柄に対する相手側の考え方を予備知識として仕入れておくかということ。すなわち、顧客側の情報を収集して整理し予想される断り文句に対して、あらかじめ駄目詰め（＊注―1）をしておくこと。そして顧客の逃げ場も作っておいて話を誘導するということであります。この組み立てが大事な点であります。

売り込みたい商品の説明というと、パンフレット、販促副資材サンプルを駆使して説明を微に入り細にわたって、親切丁寧に行うことと思っている人が多いと思いますが、それは間違っております。

（＊注―1）囲碁用語で「逃げ道をふさいでおくこと」。

商品説明の最初の段階では、何も出さず何も示さず注意深く相手の表情を見詰めながら、自分の商品説明を行うために必要な予備知識を蓄積するための応酬話法、すなわち、「質問攻め」をすると理解したほうがよいのです。ただ下手にやると「何が言いたいのだ、回りくどい、早く本論を話しなさい」などと、相手の人に怒られますので、この点については話法で注意しましょう。

次にあらかじめ予備情報として、説明により収集した情報をよりどころに説明に入る訳ですが、その自社商品の説明に際して、商品知識の未熟なこと、最近は目を覆いたいような場面を呈する販売担当者に、しばしば出会うことがありますが、そういう人は論外です。まず、自社品についての知識に関しては、誰もが知っていなければなりません。販売担当者を市場に送り込んでいる会社側にも責任があると思いますが、売りたい商品の競合品や類似品についても良く知らない人が見受けられます。当たり前のことですが、自社品だけでなく競合品を含めて、関係する情報を持っている必要があります。

商品説明の実施にあたって、あらかじめ知っておかねばならぬ周辺知識をまとめてみますと、次のことになります。

1. 顧客に関する情報。
2. 自社に関する情報（社の歴史・組織・人脈・経緯・営業部以外のこと）。
3. 自社品に関する知識（宣伝品以外も含めて）。
4. 競合他社品に関する知識。

商品説明を開始する前に、これらの知識がきちんと整理されていることが重要な前提であります。そのうえで売り込みのための説明を始める訳です。これらのことは大変、大切であるにもかかわらず、割合と粗末に扱われており、知らないことが多い状態で、宣伝商品のみを宣伝している販売担当者がいますので注意しなければなりません。

例えば、顧客の親しい人が自社の幹部におられて顧客から「○○さんどうしておられますか?」と聞かれたとき、「ム……?」「存じません」では、顧客の好意的な雰囲気も壊れてしまいます。（顧客に対する人間関係の情報の準備も必要です）。

さて、中核となる話し、すなわち商品の説明でありますが、話の進め方として大変大切なことを申し上げます。売り込みたい商品の用途に関した周辺部の情報を、「問い掛けによってあらかじめ得ておく」ことは前述の通りですが、それは断り文句に出会ったときに上手に対処する準備ができるからです。

通常、よほど相手が欲しがっているモノを販売するとき以外は、大体顧客は販売担当者の話を適当にあしらって断ろうと思っています。「何かいいモノないかな！」程度の冷やかし客が少なくないのです。だから断り言句《ごんく》をたくさん用意しております。あらかじめ予想できる断り言句は、できることならば未然に防いでおいたほうが上手な販売話法といえるでしょう。そのために質問をする前に問い掛けによって相手の情報を収集しておくことが大切です。では、どのような問い掛けを事前に行っているか次に述べてみます。

第４項　商品説明の前に問い掛けによって情報収集を

例えば、自動車を売りに行く人の問い掛けを例にとって、断り文句からの回避を想像してみましょう。

販売担当者の問い掛け、「雨降りのときなどの外出はどうされていますか？」。

顧客の返事、「タクシーで出掛けています」。または「バスで行きます」。

このような簡単な問い掛けでも、返事をもらっておくのと、そうでないのとでは随分と違うのです。何故かといいますと、もし、この返事を聞いておかなければ、この顧客の返事の言葉がそのまま十分断り文句になるからです。例えば、「タクシーを利用しているから結構です」「バスが便利ですから間に合っています」と言ったように軽く断られてしまいます。しかし、優秀な営業担当者ならあらかじめ問い掛け時に答えてもらっていた返事を断り文句にさせることなく、逆に話をつなぐ言葉として利用してゆきます。その言葉を断り文句としては使用させない話の展開を、技術として修得しているからです。例えば、

「我々貧乏人と違ってタクシーを上手に利用なさっているそうですが…」。

「バスを大変効率よくご利用されているようですが…」。

というように会話の中に顧客の返事を利用し、相手を心地よくさせながら断り文句として使用させない工夫を

しているのです。ほんの簡単な事例ですが、商品説明がどんなに上手でも商品説明をする前に必ず、いくつかの適切な問い掛けによって顧客の情報の収集と会話の誘導、構成を考えて商品説明に入る必要があります。成績の良い販売担当者は、多くの経験からこのことをよく心得て実施しております。

第５項　商品説明での注意点

商品説明に対する研究を行ったうえで、本当に自信を持ってユーザーに話をすること。心の中に疑問を残さないことが大切です。そのためには商品について、徹底的に納得がいくまで自分が知ることです。特徴、長所、そして欠点、欠点、欠点を必ず説明できるようにしておくことです。欠点が説明できないようでは、自信のある説明とはいえません。

何故、そのような欠点を持ちつつも発売しているかが、説明できればセールスポイントの強調につながり、より強烈に相手の人に分からせることができます。

第６項　販促副資材の使い方

相手の顧客はどんなにうまく話をしても言葉、口先だけでの話には不安を持ちがちです。完全な納得は致しません。そのために「副資材、サンプル、カタログあるいは印刷物」などを用いて予想される質問に対して、副資材で答えができるように準備しておく必要があります。

印刷されたモノ、活字になったモノ、写真などが言葉だけより安心感を相手に与える場合が多いからです、ですからできるだけ質問を予想し、質問に対して手際よく根拠となる資材を示しながら、説明できるように副資材は準備したいものです。副資材を最初から商品説明時に使う人がいますが、それは最良の副資材の使い方ではありません。良い販売担当者はこのことを知っております。

第7項　顧客の質問の真意をつかむ

せっかくの顧客からの質問が、答え方の違いで関心をそらしてしまうことがあります。顧客が質問をするということは、顧客が商品に十分関心のあるということなのです。ですから、質問への応答には十分神経を配って実施して下さい。相手の質問の鋭さをたたえ、そしてその質問の意とすることは何かを明確につかむことです。言《げん》外《がい》の意味もつかみ取って相手に返事をすると、〝にっこり〟と、喜ばれることが良くあります。顧客の質問にはぜひ、感度を鋭くした受信機で受けるようにしましょう。

そして自分が十分理解できなかったことに関しては、臆《おく》せずに丁寧に質問をして確認することも大事です。不十分な理解から中途半端な返事をするよりは、もう一度聞き直すことのほうが顧客の信頼感をよりよく、獲得する例は少なくありません。細かいことですが、良い販売担当者はこのことを体得しているものです。

商品説明のポイントをまとめますと、

1. 説明の前に問い掛けをすること。
2. 説明の際は購入した商品を使用するときの想像、連想を駆り立てることが重要な説明の技術である。（短所も熟知しておくこと）。
3. マニュアルは頭の中に、副資材は説明のためよりも、質問に対応できるようしっかりと用意をしておくこと。

以上のようになろうかと思います。

第8項　優良営業担当者の販売話法の組み立て——購買心理の打診

商品説明の終わりに、受注を促す締めくくりに近い言葉を、売り手が買い手にいうことがあります。これは販売担当者の用心深さからなのです。いったん断られたら会話はお終いなので、話が続き、つながるように顧客の購買心理の成熟度を打診するための会話をすることが必要です。これを購買意思の打診（テストクロージング）と呼んだりしています。

このことはあくまでも、受注の試行であるということを知っておくことが大切です。（相手の心理状態を打診する。相手の人には大変失礼な言い方ですが、これも売り手の用心深さと考えてもらうと良いでしょう）。そのために良い結論を出させたいのですが、商談を元に戻す余地も残しておきたいときの会話の継続状態と思えば良いと思います。この打診（テストクロージング）の技法にも色々ありますが、究極は販売員の個性あふれるものとなるところですけれども、代表的なものを紹介してみましょう。

第8項の2　二者択一法

例えば、「大きいほうと小さいほうとどちらになさいますか」という言い方です。相手の意志決定が明確でないにもかかわらず、どちらか返事をしなければいけないような、意志決定を促すような質問を発することです。

二つを並べてどちらが良いですか、買い手が買う意志が少しでもあれば迷いながらもどちらかを選択します。その返答によって意志の動きが読みとれるという具合です。上手な販売担当者が良く使っている打診話法（テストクロージング）の一例です。

第8項の3　損得選択法

簡単にいってしまうと「こちらはこれだけお得ですが、こちらはこんなに損になります」ということです。そして、どちらにしますかと尋ねる訳ですが、これではちょっと面白くありません。

従って「こちらはこれだけ損になる点がございますので、あちらを求められたほうが良いのではありませんか。

または、あちらをお求めになりませんか」と損のほうを強調して、もう一方を求めるようにすすめるやり方と、「こちらのほうはお値段は張りますが、こんなところがお得です。あちらよりこちらのほうをお求めになりませんか」と、徳になることを強調してどちらかに決定を促すという方法があります。

昔から得になるほうをすすめると、買い手が欲にかられて、買ったと思われるのは嫌がるから、気をつけたほうがよいなどといわれたものです。しかし最近は大変合理的に考える人が増えていますので、十分損得を説明して選択を迫ったほうが良い場合もあるように思います。

その他にもいろいろな方法が工夫されていると思います。購買打診とは、面談の始めからその時点までの間に自分が説明したことについて、買い手がどの程度反応しているかを確かめるのが目的です。ですから、買い手の購買心理の段階を知るための質問を発して、その返事から自分の説得の過程、ならびに不足を感じ取らなければなりません。

機械的な言葉によらず、自分のタイミングで、自分の言葉で、自分の持ち味で、工夫しなければならない点で良い販売担当者が苦労して会得《えとく》に努めているポイントだと思います。先輩の販売担当者と同行して、脇で聞いていますと、「何時説明をして、何時買って下さいといったのか分からないのに、帰り際になると注文がまとまっている」などといったことを経験することがあります。

そんなとき良く注意していると、先輩たちは上手に購入心理を打診していることが分かると思います。世間話から話し始めて、雑談をしながらタイミングを見つけてさりげなく、「…じゃ今日はこの契約だけ頼みますとか」「…では二十個持ってきますからお願いします」とか、色々な言葉があるでしょうが、相手が買うとも買わないとも、いっていないのに受注が決定したように、それこそさりげなく言い切っています。

そしてほとんどが問題なく、それで済んでしまっています。だから横で聞いていても分からないことがあるのですが、先輩たちはそれなりに雑談にみえる話の中で、相手の心の変化を読んでいるということと、相手のほうとの間で十分、信頼関係が出来上がっていることを察知することが必要です。

この購入意思の打診の技術の向上に血眼になって努力しているのが、優秀な成果を上げている販売担当者です。そして買い手が「いらないよ」といった場合、「それじゃ半分だけ持ってきますよ」「それじゃ一個だけにしときますよ」「それじゃ十日後に持ってきますよ」とか受け答えて、うまく買わせてしまいます。そしてそれでも断られると、そこで初めて商談を始めるなどといった場面にぶつかることもあるでしょう。

それら体験の実例の中から自分に合った打診を幾つか選び、自分に合った話し方を工夫し用意して、それを使いこなしながら良い成果を上げているのが優秀な販売担当者です。

ただし、販売担当者が日ごろから、顧客との間で強固な信頼関係を作るべく努力していること、あるいは瞬間に良い信頼関係を作り上げることができる、自分を作ることに血のにじむ努力をしていることを見逃してはなりません。どのような素晴らしい販売話法も、顧客との間に信頼関係が存在し、情が通じていうことが必要不可欠な条件であることを知っておかなければなりません。

第8項の4　商談の転換

話を進めて行くうちにだんだんと商談の打診などにより、商談の成立の見透しが分かってくる訳ですが、（テストと思っていても商談の転換から、すなわち本格的な受注と契約締結に結びつく場合も少なくありません）。会話時の相手の反応から、そのまま押すべきか、話の転換を行って、もう一度態勢を立て直してからやり直すべきか。

すなわち相手の要望が十分高まっていない訳ですから、購買打診中の会話から得た情報を頭において、商品説明の段階にもう一度戻って、要求の高まるのを待ったほうが賢明な場合も少なくありません。購入者の心理は、一般に次のような心理の段階を踏んで進むといわれています。

興味を持つ→注意をする→想像する→連想をする→比較をする→欲求をする→決断を迷う→決断をする。といった心理の展開の階段です。

アメリカでは「ＡＩＤＭＡ」（アイドマ）の理論と呼ばれております（＊注―１）。人は瞬間的に心の中でこの心理の階段をのぼり、購買の意思決定をしているらしいのです。優秀な販売担当者はこのことを知っていて、心理の展開を上手に使った話法などを研究しています。

（＊注―１）ＡＩＤＭＡの法則とはアメリカのローランド・ホールが提唱した「消費行動」の仮説です。よく似たものに日本の広告代理店の電通等により提唱されたＡＩＳＡＳ（エーサス・アイサス）というモデルがあります（＊注―２）。読者は体験からどんな心理変化を想定し、どのような販売技術を独自に構築しているのでしょうか？　人まねでない、自分の感性に照らし合わせた独自のモノを確立するよう研究して下さい。

（＊注―２）ＡＩＳＡＳは以下の言葉のイニシャルをとったものです。Attention（注意）、Interest（関心）、Search（検索）、Action（行動、購入）、Share（共有、商品評価をネット上で共有し合う）。

購入者が心理的にこのような段階を進んでいるとすれば、どの段階でテストを行うかが問題であるので、十分機が熟していない段階で行ったとすれば、当然良い答えは返ってこないのは予想の範囲内です。

理論的には心理の展開を言葉にするとこのようになりますが、相手の人の顔に表示板がある訳ではありませんので、どの段階を進んでいるかを判断するのは、集中力を発揮した観察、経験と勘、練習と訓練で修得しなければいけません。ここですでに前述致しましたが、「物言わぬ語りかけを聞き応える」という練習をした人と、そうでない人との差、すなわち、「営業道」の修行の差がでるのです。

購買の打診においてうまくいかなかった場合は、話を転換しなければなりません。このときの注意点は相手に〝くどい〟と感じさせないことです。それまでの商談が割合に長く続いた場合、購買意思の打診は実質的に契約締結の段階と感じられる場合が少なくありません。ですから、また振り出しに戻ってやり直しの感じて始まったのでは、だらだらと長く、くどくど続く感じがでてしまいます。従って転換というように、やはり少し思い切った話に切り替えてみるのが良いと思います。

その場合こその作戦ですが、話がそれすぎて何のために面会しているのか、何のために話を転換したのか分からなくなってはいけません。必ず、遠回りをしても元の道に戻るように展開する必要があります。そして、元の話が進められるような、切り替えにする話の技法を工夫すべきです。

そして相手の人の状況、自分のおかれている状態もよく観察して、相手の人の邪魔をしていないか、もう少し話を続けても迷惑をかけないか、支障はないかなどを判断するのもこの時期ですので、このことを忘れないようにして下さい。売り込みに夢中になるのも結構ですが、相手への配慮ができない程、余裕のないセールス活動はあまり感心できませんし、成功もしません。

唯一、成功する場合があるとすれば、それは新人のころの下手な話法で、一生懸命話をしていることが相手の心に伝わり、好ましく感じられたときだけです。

転換の話としては相手の趣味の話など、今、相手の人が関心を持っている事柄が分かっていれば、そのことに纏《まつ》わる話をすることが一番、相手の人が乗ってくる確率が高くなるでしょう。相手の人の関心事項は色々です。このときこそ、日ごろから得意先の情報を収集しておいたことが生きるときです。

お医者さんが労務管理に悩んでいたり、政治家が糖尿病を悩んだり、ワンマン社長が子供の受験で頭を痛めていたり、それこそは人は生きもの、その人の毎日は色々なことが起きているのです。販売担当者は自分の売り込み商品に関してのみ一生懸命考えているので、ついつい相手への思いやりの視野が狭くなります。相手のほうを思いやるこの余裕の力こそ、商談転換の最大の技術です。

第９項　商談の締結（クロージング）

営業活動の中で喜びの一瞬である商談の締結。誰にとっても、この嬉しさが毎日の仕事を支えている大きな力であるといっても間違いないでしょう。

嬉しいときであると同時に大切なときであります。感謝の気持ちと嬉しさとで一杯なのはよく分かりますが、大切な締めくくりでありますので、仕事の詰めをきちんとやらなくてはいけません。買い手の人にやってもらわなければいけないこと、売り手がしなければいけないことをきちんと整理し、十分双方で確認をし合うことが大切です。

後になって確認したこと以外のことが、出てくるのは買い手にとっていやなことです。そんなことが起きないようにきちんとけじめをつける習慣を身につけなければいけません。そのための一番良い方法は、顧客との会話を簡単なメモにして、ノートに記録することが良いと思います。そして、そのノートは商談締結の際、忘れてはいけない項目をあらかじめ記載した、点検表（チェクリスト）式になっているとなお良いと思います。商談に必要な事項を得意先である相手の人と確認を行ったら、感謝の気持ちを込めてお礼をいうとともに、次の商談のスタート時点についたことを自覚しなければいけません。

せっかく獲得した得意先でありますので、もっと色々の商品を売り込めるチャンスでもあります。他の得意先の情報をもらえるかもしれません。さらに、商品を買った得意先は味方になってくれますので、見込み客を紹介してくれるかもしれないのです。このようなことを忘れていると、客からよくでる苦情に対処することを失念したりします。

そして、「あの人は売り込むまでは良かったが、売り込んだらさっぱり姿も見せない（挨拶もしない）」などといった苦情につながるのです。商談締結時に心から感謝の気持ちを表すと同時に、次のスタート台に立ったという心構えがあれば、そのような言葉も客からでなくなるでしょう。

第10項　退出時の会話の技術「置き言葉・残心」

最初にも言いましたように、店舗にいて来客に販売する、いわゆる店員は別にして、現代の販売担当者に企業は一発勝負を期待したりはしておりません。また市場環境もそれほど甘くはないようです。できることならば、誰でも一回で商談をまとめたいと思っております。

しかし、現実には何度かの繰り返し訪問で成り立つ、現代の営業活動においてこの〝置き言葉〟程重要なことはないと思っています。人は繰り返し会うことによって警戒心を解き親しみを増し、何の貸借関係のない人でも、繰り返し頼まれることによって負担を感じるようになります。繰り返し面談することによって、商談の成立するチャンスが生まれる現代の販売担当者には、面会から次の面会をつなぎ、さらに一回の訪問が踏み台になって、次回の訪問面会の助けになるためにも〝置き言葉〟は大切です。（＊注―1）

そして置き言葉に関して一番大切なことは記録、または記憶であります。次の訪問のとき、決してそのことを忘れてはならないということです。これは絶対に忘れないで下さい。忘れては何の意味もなくなります。それでは置き言葉とはどんなことかといいますと、商談が成立したときにはその次のためにも、また不成立のときには、なおさら、次の面談のための何かを約束することです。その約束の種類は色々あるでしょうが、一番簡単には

「再度訪問させて下さい」、ということを約束することです。

例えば、「もう一度伺わせて頂きたいと存じますので、ご検討をお願いできませんでしょうか」。これに対して次の訪問の際忘れてはならないのは、置き言葉に対応して話を始めることです。「先日、お邪魔させて頂きました際に、ご検討をお願いいたしておりましたので、ご検討の結果がいかがなものかと存じまして、お邪魔いたしました」。

あるいは「今日は結論を頂けませんでしたが、次の御都合の良い日はいつごろでございますか」。これに対しては「先日、○日ごろが御都合がよいと伺いましたので、今日はよい御返事が頂けるものと存じ伺いました」。というように前回の置き言葉とつなぐ会話から始める。検討を忘れていても、顧客は「ハッ！」とします。真顔で聞いてくれるチャンスができるのです。

置き言葉が次のような場合には、こんなつなぎ言葉でどうでしょうか。

「それでは次回には、ぜひ良い御返事を期待しております」。これに対しては「前回、次のときにはとおしゃって頂けましたので楽しみに伺いました」。

具体的には色々あるでしょうが、置き言葉とは次回の訪問をできるだけ具体的に約束すること。そして、次回の訪問の際は必ず置き言葉を忘れず、置き言葉と呼応した言葉で会話を進めることです。このことは簡単なようで、何の効果もないように思われるでしょうが、繰り返し訪問の中では心理的に相手に負債を負わせてゆくので度重なると必ず効果が出てきます。断り文句ではない本音が、だんだんと聞けることになって対策も立てやすくなるのです。

主として直接顧客と面談して、販売活動をする場合の技術を例にとって順次話をしましたが、いわゆる店頭販売で店舗に来訪された顧客に対応する、店頭販売員にも同じようなことがいえます。少し違うのは最初の「挨拶」と「置き言葉」にかかわるところかもしれません。こちらから行くのと、来て頂くのとの違いです。

大事なことは来店客に対応する販売担当者の場合には、顧客の顔と名前を必死になって覚えておく努力をすることが大切です。そして、顧客が来店されたとき、顧客の目をしっかり見て、こぼれるような笑顔で、真心こめて「いつもご来店ありがとうございます」と挨拶することです。

この「真心こめて」というところが大変重要なところで、日ごろの修行の成果が一瞬にして態度にでるところです。さらに望ましいことは、できるだけ「お名前」を覚えておく。そして、「……さん、いつもご来店頂きありがとうございます。お時間の許す限り、ごゆっくりお買い物をお楽しみ下さい。私はここにいますのでいつでもお声をかけて下さい」。と顧客の来店時に挨拶できるようになっていれば素晴らしいことです。

大体以上のようなことで、顧客との応対について少し具体的に述べましたが、大切なことは顧客対応の練習を、しっかり身につくまで実施すること。対応には『真心』を込めるということです。真心のこもっていないマニュアルに書いてある、言葉の棒読みのような対応はマイナスにしかなりません。良い態度で顧客から褒められる販売担当者は、これらのことを日常から勉強し、会得してごく自然に所作として出てくるようになるまで、自主的に練習・修行しているのです。

外食チェーン店の受付マニュアルのような「いらっしゃいませ、今日は何名様ですか?」「ただ今係がご案内いたしますので、しばらくお待ち下さい」。見渡せば席はいくつも空いているのが分かるのに、こんな紋《もん》きり調の言葉を蝋人形のような顔でつぶやく店には、また行きたいという気にはなれません。

(*注―1) 置き言葉とは今回の訪問と次回の訪問を関連づけるために、次回訪問時に何らかの手掛かりをつかみ得るように言い残して、退出する際に印象強くおいてくる言葉のこと。

次の表にまとめられたことをしっかり心に記して、このパターンを一回の面談の中で組み立てたり、または一連の訪問の中で組み立てたりしてやって行けばよいと思います。そしてこの技術は技術論の最初に述べた人格形成の修行と、平行して存在するもので、決して分離してあるものではないことを重ねて認識して下さい。「置き言葉」の根源は、日本における武道で共通して教えられる「残心《ざんしん》」ということと同じであるような気が致します。武道に関心のある方は同意して頂けるかもしれません。時間があれば、日本武道における「残心」についても研究をして頂きたく思います。

忘却してはならない名言

1. モノを売る前に自分を売り込め
2. 面談回数×販売技術（話）＝成果
3. 信用第一、損して得取れ

1. 挨　拶
2. 説明の切っ掛けつくり（アプローチ）
3. 商品説明（デモンストレーション）
4. 商談締結の打診（テストクロージング）
5. 商談の転換
6. 商談の締結（クロージング）
7. 置き言葉

第11項　仕事に対する稽古と修行について――修業と禅の結びつき

稽古は主に体を使う所作であります。稽古をしてその稽古をさらに積み重ね、努力した人が、その努力にもかかわらずうまくいかないことがあります。考えて、さらに考えてついに迷う人もでてきます。大体の人において、今やっている稽古で良いのだろうかと迷い、自分の考えは正しいのだろうかと迷ってしまいます。

体の稽古をし抜いた人は、次に心の問題ではなかろうかと考えていくようです。技の理論、理屈を考え、ついに自分の心に問題があるのではないかと考えて助けを求め、解決の道を探して悩み続けるのだと思います。その人によって、先輩、達人、父母、師と色々の方々に救いを求めることでしょう。

それら悩みを持つ人々の中に自らに厳しい人は、自分だけで解決をしょうと心に決めることもあるでしょう。色々な人に教えを請うても、なお満足の得られない人、自分の納得がいくまで道を究《きわ》め求めたい人、自分だけでなお深く考え貫いて厳しく自分を見詰めたい人、そのような人が禅を思いつき、坐禅をしてみたく思う人々ではないでしょうか。

坐禅を思いつく理由は色々あると思います。独善的に考えてみますと、仏教はその昔、印度に起こり中国を経て日本に入ってきました。最初のころ、仏教は高貴な人々の間のものでありました。しかし鎌倉に頼朝《よりとも》が幕府を作ってから武家社会が始まりましたが、その武骨な人々を京の公家社会の仕組みになじませるように統治してゆけば、それ以前の二の舞になってしまうと考えたのではないでしょうか。

粗野な武士たちを治めていくためには精神的支柱が必要となります。そこで鎌倉幕府は旧来の貴人仏教をやめ、朱子学を導入し、禅宗を取り入れたのではないかと想像します。それらの流れはやがて儒教、浄土宗や浄土真宗の台頭とともに武士社会から、さらに庶民層へと広がっていったと思われます。

その禅宗における禅僧の修業の一過程である坐禅が、何故か道を求める人々に好まれるようです。剣禅一如、茶禅三昧、書と禅、まだまだたくさんの結びつきをみなさま良くご存じでしょう。何故、修業を心掛ける者が一度は近づき、また終生離れられないものとして禅の存在を認めてきたのでしょうか。〝営業担当者と禅〟という話を聞いたことがありますか、おそらくあまりないと思うのです。修行の過程において、禅が思い起こされるものとそうでないものがあるようです。一体、どこが違うのでしょうか。それは稽古、修業の中には技だけでは解決できない程高められ、深められたものと、そうでないものとがあり、その違いではないかと思うのです。

技だけで良いと思われたところに、営業担当者の修業の残念なところがあり、そのために営業担当者という仕事が、今日まで高い評価を受けないできている原因だと思います。

すなわち、心の修業をしなければ出てこない能力が必要な仕事程、はるかに水準の高い仕事であると思うのです。そして、その高い水準の能力を自分のものにしたいと思う人々が、禅を思いつき、禅に魅力を感じるのだと思います。禅とは一体、どのようなものでしょうか。

禅とは何か。これは大変多くの人が語っているし、また語り尽くしてはいないのも他にないくらい、分かるようで「分からないもの」です。しかし、その人なりに分かるものなのです。そしてそれをかざして「悟った、悟った」とは決して言えないものなのです。ただ、時折、禅の達人がいてその人の生き方、すべてが禅のようなすごい人がいるのです。そんな普通では分からない禅に、各道の修業者はどうして近寄るのでしょうか。

私なりに分かっていることは、一生懸命やっているのにどうしてもうまくいかない人。自分のどこが違っているのか、心が間違っているのではないだろうか？　と迷っている人。自分の心が正しくないからではないかと迷っている人、これらの人々が、先達の中でその道の達人といわれる程の人達が、禅の修業をしているということを知って、「禅とは何か」を考えるからではないでしょうか？　これらのことから、禅の修行の中に何かが在るのではないかと、近づいてくるのであろうと想像しております。

また、禅の修養の中に坐禅という特殊な業《ぎょう》があります。ただ、黙って座っている人に不思議な気持ちを抱くのは当然であり、そして私もやってみようと考えるのではないでしょうか。しかも坐禅は比較的容易に、道具もなく、その修行に入っていけることができることも理由の一つではないかと想像しております。

そして、その出口の容易でないことに気づきながらも、自らに問い掛けるには大変よい機会や環境であることに気がついて、多くの欲望に執着することの弊害に気づき、ただ、「只管《ひたすら》に」ということが分かりかけるのではないでしょうか。そしてついに分かったと思い、身についた垢や執着の心で仕事に悩んでいた心を思い直して、再び自分の仕事に励むエネルギーをつかみ取ってゆくのだろうと思います。

しかし凡人である風塵《ふうじん》界の居士さんは、その「悟りの力」もまたいつか尽きるときがきて、再び迷いはじめ、確信を得ることと自分を見直すことを深めることのために坐禅に返って行きます。

その繰り返しの中でちらちらと見え隠れする「悟り《さとり》」を、やがてかなりはっきりとつかみ取るのであろうと思います。日々が安心して過ごせるころになりますと、もはや俗人としては悟道《ごどう》の域に達していると思います。そのころになると本当に稽古の意味が分かってきます。そして稽古によって得られるものを他人に語ることはせず、ただ黙って稽古し、また後輩たちには稽古せよというだけになってきます。本当につらい稽古や修行の体験を経てきた人には道筋が見えてきます。そして只管《ひたすら》修行することに確信が持てるようになります。これが坐禅という修養の魅力ではないでしょうか。

売れないことを他人のせいにし、失敗の原因を自らに求めないことが多い営業という仕事は、自分の心が間違っているのではないかと考えるまでには、なかなか至らないのではないでしょうか。心の中に客を誤魔化そうとでも思う気持ちが少しでもある限り、そのような気持ちは生まれてはきません。そのために「禅と営業道」などといった考え方は、簡単には生まれてきません。営業という仕事はそこまで高められ、深められることを欲しないのです。ですから営業という仕事は、いつまでも尊敬に値しない職種として存在することになってしまうのであろうと思っています。

禅寺に行って坐禅の修業をしょうとしますと、日常生活と異なる作法にいちいち驚かされます。しかし偉い老師が黙々と行っています。その動作の一つ一つの意味は、分からない人もいるであろう小坊主さんたちもその通り行っています。そして、それこそ何も知らない私にその通り教えてくれます。

「何故、そのようなことをするのですか?」という質問は、入る余地がありません。偉い偉い老師がそのようにやっているのです。そして本尊をひたすら礼拝しているのです。黙って坐っているのです。小坊主さんはただ黙って従っているのです。だから私も黙って従わざるを得ない雰囲気がそこにあります。

ここのところにも禅と武道や仕事の稽古、修業との共通点があります。「モノを習うには形から入って見よ」という言葉もあります。理由、理屈を問わず先人の残したモノに体ごとぶつかってまずやってみる、体を使って真似してみる。そしてその行動の意味を知るころになると、頭でできるのではなく、無意識に体でできるようになっていて、やってきたことがいかに大切であり、そして、頭で知ることとできることの違いが分かってくることになります。坐禅の修行とはこのような点であります。そして他の稽古、修業にとって大切な集中力の錬磨も、坐禅をすることによって必ずできるようになるのです。

以上のようなことでは理解が浅いとは思いますが、私が分かる程度でお話をしますと、稽古や修業を必要とする業と禅の結びつきの理由は、前述のような訳ではなかろうかと思います。すなわち、先に生まれ先に悩んだ人たちが良いと思って坐禅の修業をし、そのことが事実良かったという足跡を残しており、さらに何故かということを語り明かさないで、ここまで来いという態度で済ましており、その絶対的な自信と神秘さが寡黙な態度と相まって魅力を倍加します。自らの精神を痛めつけることの好きな求道者は、何のためらいもなく、神秘的な修業の道へ入り込んでゆきます。ですから、求道的精神の持ち主は、禅という世界にいつも近づいているのだと思います。

第11項の2　修業と稽古の意味するもの

人生における稽古、修業には「今、そのとき」にやったほうが良い、そんなときがあるようです。人間が生まれたときから死ぬときまで、一時《いっとき》も止まらずに進み続ける時間との戦いである。と言ってもよい程であります。二度と取り返しのつかない時間。そんな過ぎ去っていくときの流れの中で、そのときつかまえなければならない「時間と稽古」があるのです。

言い換えますと、そのときにやらねばできない稽古があるのです。そしてまた、どんなに一生懸命にやっても必ずそれだけの時間は必要だという稽古があるのです。もっと分かりやすくいいますと、子供のときしかできない稽古、純粋さと素直さとを持ち合わせているときにしかできない修業。また、年を経て経験を積んでからしか分からない工夫と稽古、そして体を痛めつけて虫の息になる位になってようやく意味が分かる稽古、十年間続けて来たから分かる稽古などがあります。ここで一つの例を紹介しましょう。

……能役者の老後に残された課題が老女ものです。昔はその上演に地謡の一員に至るまで還暦後の役者をそろえたといいます。技術的にそれほど難しい訳ではなく。四十歳で上演しても可能は可能なのですが。それを待つ心の距離が「何か」を付け加えるのです。その微妙な差に能は巨大な贅沢《ぜいたく》を費やすのです。明治三名人の一人、桜間伴馬は、還暦を過ぎて宗家から老女能「卒都婆小町《そとばこまち》」を許され、一年間その準備に没頭し、これを演じました。それ以後は卒都婆の謡《うたい》を謡うことすらなかったといいます。一生に一度、ただ一度のための還暦後の一年の日々云々《うんぬん》……。

この話などは、稽古のときと量、稽古の質という意味で良く分かる話だと思います。還暦を過ぎるころ、すなわち、幼少のころから培ってきた稽古が、何十年分か蓄積されたときになって、はじめて卒都婆小町が舞えるという意味合いと、老齢にならなければ分からない役どころがあります。それが修業を積んで還暦を過ぎぐらいになると、ようよう分かるころになるという意味合いとがあって、その両方がようやくそろうのが六十歳過ぎ。そのときになって名人といわれる程の人が、一年間それだけの稽古に時間を費やして、やっとひと舞台つとめることができるという役柄があるという話です。

また幼いころ、その必要の意味すらも分からずに覚えた二×二が四、二×三が六、二×四が八という掛け算の九九、これもそのときにしなければならない稽古の意味するものの一つです。

頭の柔軟な記憶力の旺盛なころに、練習していることが何の役に立つのが分かりもしないうちに、繰り返しやるのですが、それを子供は体で憶えてしまう。そして、それが将来大変役に立つ、そんな稽古もあることはみなさん合点して頂けるでしょう。しかし、これさえも何故、そのようなことをする必要があるのかと考えたり、問い掛けたりし始めるころになってから練習するのでは遅いのです。理由はなかなか憶えられないものだからです。「算数の九九」などは稽古が先で、その体得した価値は後で分かる典型的なものだと思います。稽古の「時」という言葉にはこのような意味もあるのです。

そのときにやらねばならぬということは、言い換えれば今一刻のそのときが常に大切ということと。今ひとつは絶対時間の量が大切ということから、稽古というのはときを稼ぐことだともいえると思います。その結果、その稽古によってしか生まれてこないものがたくさんあり、それが大変な価値を持つものと思っています。以上のようなことを営業の技術におきかえて考えてみましょう。

「新人営業担当者の良さと、そのときにしかできない稽古とか、二十歳代、または三十歳代、四十歳代、五十歳代の営業担当者の技術。そしてその間に時間をかけ、やがて無意識のうちに素晴らしい技が体から滲み出るような修業の積み重ねがあります」。

そのような目で営業技術を見ている人は大変少ないでしょう。営業の熟練度はときにノルマの大きさに置き換えられたりします。ベテランはもっとたくさん売りなさいというように。また、本人も何となくそうだと思ってしまったりします。営業担当者の本当の価値は目先の業績の大小ではなく、その人がどんな生き方をしてきたかが問題なのです。業績は一時的なもので、時間とともに過去のものとなります。いつまでたってもなくならないモノ、減らない良いモノを身につけて生きてきたかどうかがその人の値打ちなのです。

そういうモノを身につけて成長していくことが稽古、修業であり、業績は一時の足跡にすぎません。営業担当者の技量訓練とはそんなものなのです。物まねをしても絶対的時間を費やしていなければ絶対に追いつかないもの、それが稽古の重さです。その点、現代の営業担当者が実施している稽古や修業は、諸求道家のそれに遠くおよばないのです。だから、営業担当者の人生は安っぽいと評価されるのです。

稽古修業により体得する、いわば物理的な肉体労働を繰り返すことが、精神文化上高い位置を獲得するのは、何故でしょうか。知っているということと、できるということは天地程の違いがあるからなのです。具体的にやってみせることができる人は、精神文化の創造者になり得ますが、知っているだけの人は何も作り出すことはできず、評論家でしかあり得ないのです。

話は何度も飛びますが、かのバッハは晩年、非常に寡作《かさく》になった。そしてその人の生き方は作品以上に作品的になったといわれています。ついに理想はその細微をきわめ、手足を動員して書き表すことあたわず、ついに自らの呼吸のみ表すこととなったのか。それ以外に何も表す必要を感じなかったのか…。名人といわれる人にはそのような伝説が良く残っております。次の話をどう解釈されますでしょうか？

……柳生宗矩は剣の奥義をきわめて後、一度も剣を抜かなかった……。

……中国の伝説的弓の名人、紀昌はついに弓を忘れ、弓という名もその使い途も忘れ、枯淡虚静の域に入り、我と彼との別、是と非との分を知らぬ。眼は耳のごとく、耳は鼻のごとく、鼻は口のごとく思われると晩年述懐した。彼の生前、邪心を抱く者どもは彼の住居の十町四方は避けて回り道をしたという……。（岩波文庫『李陵名人伝』）。

まだまだ例はたくさんありますが、この三つの話に共通していることは、その道を極めようとその道に入り、血の汗を流して修行をし、努力した人たちが、ついに悟境に至り、求めんとした技をも放棄したかのようにみえる点です。一体、これは何を意味するのでしょうか。稽古、修行のその意味を考えるとき、修行により道を極めた人々が、ついに生き方の真理を見つけ、技の鍛錬が実は手段であったことに気づき、手段から離れて修行により発見した、本来の目的に向かって生きていく姿が、結果として、素晴らしい人生として見られる点にあると思います。

そのように考えますと、稽古や修行とは、後で気がついても追いつけるものでなく、今のこのときを大切にして行わねば絶対にだめだということが分かると思います。次いで、知らなかったことを知るようになり、さらに、知っていることができることに変わり、そして求めたものを心身の中に定着させ、無意識のうちにも行動が起せるようになることであろうと思います。そして、その修業の道程の中で、ついに真理の道を発見をもする、というのではないかと思います。

技術向上の過程で必然的に修行、稽古を要求されるものとそうでないものがあり、そこでの差が、そのまま仕事の技術に対する評価につながっているような気がいたします。

営業道とは「何か?」を、ぜひ考えて極めてみて頂きたいと思います。

第11項の3　日本人の宗教観と修行

日ノ本《ひのもと》では、
農夫も漁師も商人も、
我が身を達磨に見立て切磋琢磨し、
身を清めて、収穫を八百万の神に祈り、
方便を釈迦に習い、
孔子の教えに従って、先祖を敬い、
神から賜った海山河や森羅万象や縁と出会いの運に感謝し、
利他と知足の心を知り、
謙虚に生き、
額に汗して働くのである。

正授庵住職・酒井盤山老師

仕事に悩みし時、これらの文化が心を過り、
なぜか人を坐禅へと導くのである。
私に禅の入り口を覗かせてくれ、人生の悩み解決の糸口を示唆してくださり、そして、剣道範士湯野正憲先生を紹介して下さって、私に剣と禅との縁を結んで下さるとともに、行住坐臥即禅を身をもって示してくださった信州飯山の正授庵老師は心の師です。

第12項　第６節のまとめ

この節で述べていることを纏《まと》めますと、良い販売成果を上げている営業担当者が共通して意識し、努力している点について認識して頂こうというものです。

まず、第一に忘れてはならないことは、モノを売る前に顧客と営業担当者との間で、良好な信頼関係を築き上げることが必要であるということ。第二は販売技術の向上・努力もさることながら、営業担当者が顧客の気持ちを理解するために十分な努力が必要であるという点です。しかし、そのためには多種多様な価値観と多様な文化について、勉強をする必要があるという点に気づいてもらいたいという点です。

例えば、洋画家の絹谷幸二氏がイタリアへ留学していたときの話です。「潮干狩りの習慣のないその海岸ではアサリが一杯とれた。私たちはアサリを一杯とって持ち帰り、スパゲッティボンゴレなどにしてたくさん食べた」。それを恩師のサエッティ先生に話したところ、「貝は漁師から買いなさい、漁師が困るじゃないか」とたしなめられた。と告白している。

また、フレスコ画を描くときに必要な石灰を一輪車で運んでいたら、先生から「それはファッキーノ《運び屋》の仕事だよ」といわれた。人々は支え合って生きている。イタリアの人々には、そんな考え方が根本にある

と教えられた。（日本経済新聞『私の履歴書』より）。自分でできることは何でも自分でやりなさいと躾けられた、日本人には考えもおよばない習慣です。

もう一つ卑近な例で申し上げると、私が大学で教職に就いていたころ、私は中国人の学生に本をあげたことがありました。翌日、その学生に廊下で偶然に会いましたので「昨日の本読んだ？」と聞きましたら、うなずいたので「昨日のことなので今日会ったらお礼ぐらいいいなさい」と、礼儀を教えるつもりで学生にいいました。すると、学生は「先生お礼は昨日いいました。中国では二度もお礼をいうと、何か下心があるのではないかと疑われ良くない関係になります」といいました。

私は比較的近い国である中国の道徳観にも、日本とは大きな違いがあることを気づかされました。このような国の習慣の違いを知らなければ、これからの国際社会では良い信頼関係を作るのも容易ではないと思いました。

何故、このような話を出したかといいますと、営業職にとって大事なことの第一は信頼関係の構築であるといいました。信頼関係を構築するには自分の主張も大事ですが、相手の人のことを理解する。すなわち、顧客のことを良く知らなければ良い信頼関係を築くことは困難です。相手のことを理解するためには、相手の生活習慣とか文化や価値観について知識を、広めておかねばなりません。どのような価値観に対しても敬意を持ち、それを理解するためには自分の考え方の許容範囲を広げ磨かなければなりません。

特に外国の営業担当者の方には、世界的にみて特異な文化を持つ日本で成功するためには、そのことを知っておかねばならないということを示しておきたかったのです。その逆に、日本人が世界で仕事をしてゆくには、世界各国の文化や習慣について深く勉強しなければならないということです。

本項では日本で活躍する、営業担当者と成るための条件をまとめてみました。これは外国の人とって並大抵のことではないことが、少し分かって頂けるのではないかと思います。さらに、日本では買う人も売り手のこうした努力を察知する能力を持っていて、その価値観が価格差を凌駕することがあるので、日本市場は難しいと思われる点でもあるのです。次いでながら余談として示しておきたいことがあります。

それは年賀状、暑中見舞い、中元、歳暮などをやり取りするといったことです。日本では人間関係を大切に致しますが、特に人間関係のうち、相互の信頼関係を大切なものとして重視いたします。日本における信頼関係の維持は、コミュニケーションの質と頻度に比例いたします。節句の贈り物を「虚礼」といって嫌う人もいますが、これを中止すると〝縁〟が切れてしまうことも少なくありません。

その理由は、盆暮れの贈答品には数え切れない情報が詰まっているからです。モノが行き交いするだけではなく、贈る側の心と言葉が詰まっています。

例えば、それはこんなことです。「お元気ですか、体調はいかが、何時も同じモノでごめんなさい。私のほうは相変わらず貧乏暇なしで忙しくしております。ご家族、皆様お変わりなく過ごされておりますか、何時ぞやは大変お世話になりました…等々」。

お中元やお歳暮には色々な思いが詰まっているのです。さらに、日本人独特の婉曲的な表現としてのお礼の言葉などが内包されています。ある意味では虚礼ではなく、日本では必然性があるといえるぐらい色々な思いが含まれているのです。

第3章　良く売れる店や会社

日本の企業の「起業から発展した経過までの歴史」を考えてみますと、最初は零細企業で親子、あるいは夫婦で始めることが多く、そのレベルにおいては会社内で多少互いの考え方に齟齬《そご》はあっても、大きな間違いを起こすことはありませんでした。しかし、社員が増加し、仕事の分業が始まると、業務の重複や欠落が生じる可能性があるため、仕事の分担において約束事が必要となります。

組織は大きくなるに従って、仕事の重複や欠落がだんだんと生じてきます。そのような企業の初期発展段階で、日本企業の先駆者たちは、社長・社員も、出資者も一丸となって「社員とその家族のために、お客様とお金を出して頂いた株主の方のために、強いては地域住民の方々のために」と身を粉にして働いて会社を大きくしてきました。その過程で企業規模の拡大と同時に、人間同士の信頼関係の構築において必要なルールを不文律、あるいは成文化した社内規則という形で企業文化として構築し伝承してきました。

ところが近年、何でも先進諸国の真似をすることが「進取の気概」とばかり、特にアメリカの模倣を行う企業が増え始めました。さらに、アメリカのビジネススクールで経営修士の資格（ＭＢＡ）を取得した人は、ＭＢＯ（目標管理）を金科玉条のように振りかざし、マニュアルとインセンティブが生産性の向上を生むとばかりに、組織人の管理を行い始めました。そして成果主義こそ、企業経営管理の大事な方策であると考えて、実力主義とか成果主義を経営思想の中核に据えて企業を経営する人が増えてきました。

そして一代目が営々と築き上げた会社を、アメリカから帰ってきた俊才の二代目社長が、潰《つぶ》してしまう例は幾らもでてきております。そんな方々にアメリカ型の経営が悪いといっているのではなく、いきなり、企業風土と企業文化の異なるビジネスモデルを日本に持ち込んだら、必ず、消化不良を起こしますよということを申し上げたいのです。

「同じ釜の飯を食ってきた人たち」と一緒になって企業を経営する。この言葉が日本企業経営の特質のすべてを物語っているといっても、過言ではないと思います。生《なま》のMBOをそのまま持ち込んだならば、日本では失敗するばかりです。マニュアルに書かれてなく、企業運営にとって大事なことが、抜け落ちてしまう可能性があるからです。日本では大事なことでも、誰もが知っている〝当たり前のこと〟は、いちいちマニュアルに規程するようなことは余りありません。

例えば、「廊下に落ちている芥・塵」は誰が拾うのでしょうか？　そのようなことは規定やマニュアルには書かれておりません。日本なら気がついた人が、誰でも何時でもごみを拾います。米国流では「規程ではごみは誰が拾うことになっているのですか？」という従業員の質問を受けるということになり、日本では極端に言えば、そのような質問がでることさえ稀《まれ》です。

日本でそのようなことをいえば、社内の人間関係がヅタヅタになってしまいます。その理由のひとつは日本とアメリカでは従業員の雇用形態や雇用契約、社員の育成という考え方が根本から異なっているからです。

もうひとつ分かりやすい例をあげれば、結婚という一種の契約を考えてみましょう。日本において結婚を夫婦の契約とみなせば、その契約は当事者同士の約束を意味すると誰でもが思うでしょう。しかし、キリスト教国などでは結婚という契約は夫婦相互に取り交わす約束ではなく、誓約書に書いてあることを「夫婦それぞれが守ることを、それぞれが神に誓う」というものです。平たくいいますと、「私は誓約書に書かれていることを守りますと神様に約束します」というものなのです。従って、守れなかったときには「神に懺悔《ざんげ》する」ということになります。

米国では軍隊に入隊するときの誓約書も同じです。「私は軍の規約を守ることを神様に誓います」というものなのです。すなわち、誓約書の文面が仮に同一であったとしても、誓約書にサインした当事者の受け取り方は根本のところで異なります。ですから、軍人でもキリスト教でない人は、誓約書にサインすることを拒否しても問題はありません。別の言い方をすれば、契約は上司と部下（組織長と本人）の約束であるのと、契約が神との約束である国の人とでは企業文化が全く異なるということであります。ですので日本ではＭＢＯがうまく機能しないのです。それに気がついていない人が、英語を社内公用語とし、ＭＢＯで従業員の就業管理をしようとしてもうまく行くはずがないのです。

ちょっと次元が異なりますが、米国大統領の就任宣誓も同様に大統領と神との間で行う宣誓であります。だからこそ、リンカーンのスピーチ（＊注―1）は新鮮でかつ、国民を感激させたのです。

（＊注―1）ゲティスバーグ演説（Gettysburg Address）とは一八六三年十一月十九日、ペンシルベニア州ゲティスバーグにある国立戦没者墓地の奉献式において、アメリカ合衆国大統領エイブラハム・リンカーンが行った演説です。一般的に「人民の、人民による、人民のための政治」の訳で知られる。

米国企業と従業員との雇用契約においてもこれは同じことがいえ、企業の就業規則は従業員と企業との契約、あるいは所属する部署との契約を意味する訳ではありません。日本のように雇用者と被雇用者の間で守るべき権利義務（双務契約）を示すものではなく、就業規則は米国では従業員の守るべき業務マニュアルであって、従業員の署名する誓約書は「私はマニュアルを守ることを神に誓います」。というものになります。コーポレート・ガバナンス・コードもマニュアルと同様に、各階層の役職が順守すべき事項を定めたものであり、各役職に就任した者が就任したときに行う署名や宣誓は、「このコードを守ることを神に誓います」という意味です。

このように雇用の根本的な契約関係が異なる企業で、目標を掲げ実施過程を管理する手法で同じMBO手法を採用しても、人間関係や人間関係の柵《しがらみ》、敬語や礼儀といった不文律と心情的な親和を得ることができず成果は上がりません。特に異なるのは上司と部下の関係です。日本では先輩や上司が部下や後輩に手を取り、足を取って汗水流して教え育てようとしますが、欧米の企業ではそれは極めてまれなことです。

それらのことが分かっていない近代の経営者がせっかく先輩が作り上げた企業文化を、今、潰してしまっているのです。そして、先輩たちが苦労して大きくした企業で、管理ミスや不祥事を起こしたりしています。

では、日本で成功するためにはどのような組織運営をするのかといいますと、ひとつは人と人との信頼関係を大事にすること。すなわち、企業内の人間関係はもちろんのこと、企業人と顧客との接点である製造・販売の現場、事務作業の現場を大切にし、顧客の反応をいつも意識した経営をすることです。

さらに、経営者と従業員が理屈やマニュアルで結ばれているのではなく、企業理念を大切にし、日常の業務がその「志《こころざし》や情《じょう》」で結ばれ、経営上の意思決定をするたびに、「経営思想」を判断の「物差《ものさ》し」、あるいは意思決定の基準とすること。以上のことを常態として実行している組織は、良い組織ということができます。

軍隊には軍隊言葉があり、入隊すると最初は、軍隊言葉を覚えさせられます。三カ月もすると軍隊言葉を聞くと、すぐ反射的に決められた動作をとる兵隊ができあがります。疑問とか判断とか、思考をさしはさむ余地のない仕組みです。マニュアルを熟知させることも同様の効果があります。言い換えれば、軍隊式は現場社員の声を聞く方策の門を閉ざしてしまっているやり方なのです。

最近はアルファベットの三文字略語というのが流行っていますが、この略語も「軍隊用語」と同様な効果を持っています。解釈や答えは一つという仕組みです。

また最近、日本で「英語を社内公用語にする」と、公然と言い放って経営を行っている経営者を見掛けます。この方法は軍隊のように、すべてに服従を求める独裁的経営を実施したい場合は効果があるかもしれませんが、やがて失敗の末路を見るのは火を見るよりも明らかです。理由はそのような経営からは、従業員の自由な複数の発想と企業改革の発想は生まれないということと、最も大切な「現場からの顧客の声」が経営幹部に迅速に上がってこないという点です。

さらに危惧しなければならないのは、マニュアルに書いていないことや、非常事態に対する臨機応変な緊急対応ができないことです。そのうえに厄介なことには、やがて社内では英語で追従《ついしょう》（ゴマすり）することが上手な社員とエゴイズムの塊のような、短絡した発想を得意とする社員がたくさん生まれ、だんだんと社内は内向きな発想（自分だけ良ければ良い）と目的の移転という病魔に侵されて行きます。そして、さらに都合の悪いことには、解釈に幅がないカタカナ外国語とゴマすりが上手な彼ら（日本では最も嫌われるタイプの人間）がどんどん昇進してゆき、互いに高給を取り合って、ついに会社を食い潰します。

最近、大企業で不祥事が続いていますが、不祥事の発生した原因にはこのようなことが潜んでいることが少なくありません。ですから、他社から経営幹部を落下傘式に受け入れたり、官僚組織から天下り降下を受け入れたりする企業も、企業文化が異なるという外国のビジネスモデルを受け入れるのと同様の危機をはらんでいるといえるのです。

日本人が作り、日本人が販売努力を行い、日本人が購入し、日本人が使うモノを、外国企業のやり方で強引に実施してもうまくはゆきません。日本の心、日本の魂が入っていない仕事は、日本では成功しないのです。

それではイノベーションが生まれないという人も出てくるでしょうが、そんなことはありません。多少時間はずれるかもしれませんが、日本人らしい気配りの行き届いた、斬新なアイデアが必ず生まれます。イノベーションが生まれないのは縦割り運営などで組織運営が下手なために、企業内で組織横串刺しの情報の共有化が進んでいないためでもあります。

多少感情的であったかもしれませんが、日本の企業が行っている努力を「感じて頂ければ」嬉しく思います。このようなことを感じて頂くことこそ、日本の企業が努力して社員を育てていることを知って頂く元なのです。日本の企業文化は役員、社員間で共有されている企業文化という「不立文字《ふりゅうもじ》」で支えられています。

科学的な根拠はありませんが、日本的組織の強固な結びつきは江戸時代に存在した藩政治の中に在った、「若者組」の風習が、いまだに「血の底」で存在しているからかもしれません。若者組は各藩に独自に存在していましたが、その運営の中身は「十五歳から結婚するまでの間、地域の若者が一定の場所に集まり若者頭から、地域での習慣などの教育を受けるとともに、地域では次のような役割を担いました。

内容としては「防犯・防災などの治安活動、災害時の救助活動、普請時の労働力の提供のほか、祭礼の手伝いや獅子舞・盆踊りなど、村の信仰や芸能面へもかかわることであります。また、年長者から礼儀や村の慣行、さらに性の知識などについて教育」を受けたといわれております。

この風習は義務教育の普及とともに、消滅して行ったといわれておりますが、青年団や消防団、防犯員などに判明するといいます。

今でも名残《なごり》が残っております。これらの集団の運営の特徴は、身分や家格、年齢、貧富などの差別がなく、みんなが平等に扱われた点にあるといいます。その証拠はお互いを呼び合うときの呼称に、敬語がないという特徴で判明するといいます。

自分は俺（われ、おれ）であり、相手はお主（おぬし）で、すべてをこう呼んで敬称は使っていなかったことで察することができ、今でも高齢者にそうした言葉遣いが残っている地域があるといいます。

このような文化遺産のお陰で、企業内での上司による〝手取り足とり〟の教育が普通に残っているのかもしれません。そして、これらの習慣は明治維新や昭和初期の世の激変のときでさえも、しぶとく生き残って日本の組織文化を支える潜在的な精神的支柱となったも考えられます。

さらに世界的に見ても、優秀な中小・零細な企業が日本にはたくさんあります。欧州において存在した、「ギルド」から発達した企業とはやや趣が異なります。日本には江戸という時代を経過したことによって、藩という自治組織が発達いたしました。幕府という中央組織がありながら、幕府は藩の行政に言及することは余りありませんし、藩の財政は「石高」によってその規模はほとんど固定されておりましたから藩の人たちには、決まった範囲の収入で工夫をするといった知恵が自然と発達いたしました。企業においては当然のことではありますが、藩と藩との競争は「質」の競争になりました。

親方から職人へ、番頭から丁稚《でっち》へといった「相伝」から生まれた精緻な技術を伝える文化は、日本の経営の根幹的な風習として見事に育ってきました。この人から人への伝承は、「マニュアル」では決して伝わらないものなのです。この伝統文化が今でも日本の企業の底流に流れて引き継がれています。

そのために日本の企業組織を見て、一心同体の組織という人がいますが、一宿一飯の恩義と同様に、それらの考え方は組織人の組織への忠誠心とか帰属本能として、今も残って機能している考え方であるように思います。

そしてそのような考え方は「古き悪しき考え方として疎《うと》まれているものではなく」、むしろ、「今でも好ましく思われております」。その証拠として、少々野蛮で暴力的な話であるにもかかわらず、「忠臣蔵」の物語は二百年も経過している今日において、なお多くの市民に好感を持って共感を得て、存在していることでも分かります。

第1節　良い店・良い会社とは――経営思想を共有する一心同体の組織

良い会社とはどのような会社をいうのでしょうか。日本でいう良い会社とは企業に気品があって、世間からの信頼が厚く、良い業績が長年続いている会社で、社員を大切にしている会社のことを指していう場合が多いと思います。ポッと出て間もなく消える会社が、いかに優れた業績を残したとしても、「幻の会社」といわれることはあっても、「良い会社」といわれることはありません。

世界で単独企業で百年以上も続いている会社の大半は、日本にあるといわれております。それらの企業が共通に持っている企業文化があるとすれば、それは企業の継続発展の教科書とすることができると思います。そのような会社は、どのような美徳を共通点として持っているのでしょうか?

まず第一に、創業者に「志《こころざし》」があるということがいえます。そしてその志には必ずといってよい程に、会社を経営することによって、企業業績を向上することだけでなく、地域社会や世のために尽くしたいという願望が入っております。経営目標を達成して、企業利益を得るということだけではないのです。まして、会社の株を売り払って、創業者利益を得るなどということを目的におくことなどは毛頭も考えておりません。ですから、高級官僚から関係企業に天下りした人や、よその会社から社長の椅子に落下傘で降りてきた天下りのサラリーマン社長とはちょっと違います。

また、よその会社を経営してうまく行ったからといって、その人が他の会社に行ってうまく行くということはまれです。日本では組織内の上下左右の人間関係が活力を生むのです。そのため天下り社長と社員との信頼関係の構築が十分にできておらず、そのうえ天下り社長の考えは一般的には「企業規模の拡大」が目的であるように勘違いしている人が多いのです。そのことも影響しています。すなわち、経営理念が〝天下り社長〟の血となり肉となっておらず、むしろ目的の移転が起きているのです。

それは何故かといいますと、日本的企業の組織は人と人のつながりで運営されており、不文律や口伝で伝えられた仕事やノウハウが少なくないのです。一神教の国の経営者や従業員における雇用契約とは、成り立っている当事者関係の精神が根本のところから日本と異なっています。

日本における経営者で成功する人に共通している点は、多くの従業員から信頼を得ているという点であります。素晴らしい能力や経験を持った人でも、多くの人がついてこなければ、どんな仕事もうまく行かないからです。この点をしっかり知っていなければ、日本企業で経営の成功はあり得ません。

就業規則に書いてあることについて、「神に誓って順守することを誓います」。と誓約する国の従業員と、日常就業規則を見ることはほとんどなく、上司の指示を信じて仕事をする国の従業員とでは、就業の姿勢や仕事の仕方が異なるからなのです。

日本において昇格人事を行うとき、Ａさん B さん、どちらを選ぶかといった場合、日本ではどちらの社員が優秀であるかということよりも、どちらのほうに多くの従業員が信頼をおいているかを比較して、検討するという場合が少なくありません。

例外的に、日産自動車のゴーン社長を成功例と見る人もいるでしょう。しかし、日産の場合は以前から下請け会社や子会社が多く、業務の多くをそれらの会社に任せていたという過去があります。親会社は子会社や下請け会社に対して、厳しい価格引き下げや従業員の解雇を要求することで、かなりの経営改善ができる体制にあり、経営思想の変換や本社体制、および組織変更までの大幅な改革がなくても経営上、数字上の業績回復は図れたのです。

また見落としてはならない点として、外国人であるゴーン社長は日本文化と日本人の情という特殊性について、相当深く研究したのではないでしょうか。少なくとも普通の日本人以上に、日本の企業文化について研究したものと私は思います。あるいはその点について、強い信念を持って上奏《じょうそう》した信頼できる幹部社員が存在したのかもしれません。

二〇一七年一月一日付日本経済新聞に掲載されている『私の履歴書』に、ゴーン氏の経営姿勢が書かれています。それを読みますと彼がアイデンティティーを大事にしながら、他の人の考え方を理解することの重要性について述べています。日本の企業文化を理解しようと努力した跡が読み取れます。

決して、多くの外人経営者が行うようなＭＢＯやセールスフォースを振りかざして、選択と集中こそ大事だと、自分の主張するビジネスモデルを強行する姿勢を見せてはおりません。論拠はありませんが、相性の良い優れた日本人スタッフが近くにいたのかもしれません。

そのうえ都合の良いことに経営思想は関係会社や子会社、そして下請け会社の各社長がそれぞれの会社の経営思想を独自に保持し、経営にあたっていたので、親会社の社長の交代があっても、元請け会社の経営思想までも当初、契約に反映されていた訳ではなかったのではないかと推測します。

品質、納品価格、数量と納期の目標のみを委託されてきた下請け会社の従業員としては、元請け会社の経営者が誰に変わろうとも、以前と比較して大した影響がなかったので社内紛争も少なくて済んだものか。あるいは、日産という会社は当初から社内分業が進んでいた会社であるために、子会社や下請け会社の経営方針がそれぞれにあり、親会社本体の経営思想の影響をそれこそ〝良いとこどり〟をして日常の事業運営に活用し、親会社の経営思想の共有ということはさほど重要視されてなく、日本の経済環境の流れに乗って事業が拡大しただけの会社が多かったのかもしれません。

そのために親会社の経営者が交代した一時期、顧客との情の交流が最も影響をおよぼす営業部分で、販売業績の停滞があったことだけで合併の影響が軽微で済んだのは理解できるような気がします。いずれにしても、外資系社長の例外的成功例でありましょう。

第１項　経営者の志

経営者の志を理解するのは社是、社訓とか経営理念を見ると分かりますので、ここでちょっと長年経営を続けてきた長寿会社の経営理念を見てみましょう。

金剛組（日本最古の長寿企業）

「お寺お宮の仕事を一生懸命やれ」
「大酒はつつしめ」
「身分にすぎたことをするな」
「人のためになることをせよ」

武田薬品（最長寿命を誇った製薬会社）

公に向かい国に報ずるを第一義とする。

相和ぎ力を合わせ互いに逆らはざること。

深く研鑽に勤めその業に倦まざること。

質実を尊び虚飾を慎むこと。

礼節を守り謙譲を持すること。

（武田薬品はこの〝則《のり》〟やロゴマークといった伝統文化を変更したようです。この付けはどこかに出るでしょう。現在はミッションと称して「優れた医薬品の創出を通じて人々の健康と医療の未来に貢献する」という言葉を掲げております。この精神の違いが今後の経営結果として出るはずです）。

トヨタ佐吉翁の遺志（産業に報国の志を導入）

一、上下一致、至誠業務に服し、産業報国の実を挙ぐべし。

一、研究と創造に心を致し、常に時流に先んずべし。

一、華美を戒め、質実剛健たるべし。

一、温情友愛の精神を発揮し、家庭的美風を作興すべし。

一、神仏を尊崇し、報恩感謝の生活を為すべし。

銭屋五兵衛（北前船を興し加賀藩の財政を救った銭屋商訓三か条）

世の人の信を受くべし（信用を大切に）。

機を見るに敏《さと》かるべし。

果断勇決なるべし（実行せよ）。

山居倉庫綱領（大名の財力を遥かに凌ぎ地方の福利に貢献した）

山居倉庫は、徳義を本とし事業を経営して以って天下に模範たらんとす。

山居倉庫の目的は、庄内米の改良を図り、地方の福利を厚くし以って国家に奉ずるにあり。

山居倉庫員は、己を正しく親切公平を旨とすべし。

米の扱いは、常に神に祈請する心を以ってすべし。

職責を重んじ、上下力を協せ克く勤めて怠る事なかれ。

サントリー株式会社（大阪商人の町船場の伝統、一心同体の組織を今に継ぐ）

今でもサントリーは従業員に対する福利厚生制度が極めて充実している。産休制度はもちろんだが、サントリーに勤める従業員が、不慮の事故、病気で亡くなった場合、一家の大黒柱を失った家族のために、その妻が働ける環境にあるなら優先的に従業員として雇用する制度を長く続けている。創業者の鳥居信治郎氏とクニという夫婦の奉公人への思いから生まれたものです。（日本経済新聞・二〇一七年四月二七日掲載）

ここに示した企業は皆長寿企業であります。日本には百年以上経営が継続している企業は三〇〇〇社以上あり、こんな国は他に見当たりません。ここに日本における経営継続に必要な要素の共通点を見ることができます。

その共通点の一つは、起業時に打ち立てた経営思想に、自社の利益のみではなく「利他《りた》」の精神が必ず含まれているという共通の現象であります。代表的なものが、近江商人の「三方よし」であります。「売り手よし、買い手よし、世間よし」というものであります。近江商人は日本の商人の原点といわれますから、他の多くの企業も影響を受けて、このような考え方が根本にあるのかもしれません。日本における産業は、最初、商業資本が支配する形で発達しましたので、モノ作りの人たちも、この商人の考え方が強く影響しているのではないかと思います。

日本において百年以上経営が継続している企業は、何故か関西地方に多いというのも、地理的に近い近江商人の経営思想に影響を受け、それを大切にして来たからかもしれません。この経営思想を大事にするという考え方が企業の支配階級の人にも従業員にも徹底して共有されて、しかも、みんなが「私の会社」と思っている点が、日本の企業の大きな特徴であり美点であるように思います。(一心同体、同じ釜の飯を食った仲)。

明治維新には功罪が多々あると思いますが、明治維新の元勲たちが犯した最大の罪は、極端に「外国の仕組みを顕彰すること」を徹底啓蒙した点にあると思います。そして日本人で外国に留学した人たちは、自分の意見を権威づけするために外国を利用し、いかに自分が体験してきたことが、素晴らしいものであったかを語ることによって、自分の存在を高く評価させるように、外国の素晴らしさを喧伝することに努めたことも原因するような気がします。

何故、そうなったかを考えてゆきますと、聖徳太子の時代に渡来した、外国の知識人の意見が影響しているような気がします。それは遣隋使、遣唐使が中国へ遣わされた時代に中国に渡り、帰国した人は中国で体験した知識や経験をことさらに権威づけし、自分の権威を修飾したものと思われます。そうして外国の権威を傘に着て、自分の意見を思い通りに推し進めて要職に就いた人々の言動が、多いに影響しているような気もします。もしかしたら、今もそのような国民的体験の積み重ねが、敗戦というショックをきっかけに増幅しているのかもしれません。

ＩＴ技術の発展や国際化のお陰で、情報の共有化が時間差なく行われ「実はこれは日本人が発明したモノなのだよ」、「日本人が最初に発見したモノなのだよ」といったモノが時間の経過とともに埋没することなく、スピーディに顕在化する時代になってきました。そして反対に、素晴らしい発想をする人と思われてきた人が、実はアメリカの模倣であることが割と簡単にばれてしまったりする時代となりました。さらに、日米構造改革会議といったものが、日本の文化を不平等な規制であると決めつけ、規制緩和の必要を強要して行く過程で、日本の古き良き文化までをも破壊し始めているような気もします。

本論に戻りましょう。長寿企業を見てみますと、現代における日本型の名経営者のほとんどが、かならず経営理念の中に、「世のため、人のため、会社のため、従業員とその家族の幸せのため、お客様を大切に」という言葉を忍ばせており、それらを実践して見せております。松下幸之助、井深大、本田宗一郎、稲盛和夫、永森重信、鈴木敏文らの発言からはそのことが感じられます。

一方、欧米型の経営からスタートした名経営者といわれる柳井正、孫正義、三木谷浩史、新浪剛史、宮内義彦などの経営手法は、ちょっと違った別の「匂い」がします。それを日本の文化で育まれた日本人は「不立文字《ふりゅうもじ》」で感じます。そして、そのような繊細な感性が日本の消費者の感性の特色でもあるのです。

日本市場で成功し高い評価を得るためには、まず「利他の心」を第一に、清廉潔白に生き、勤倹貯蓄を奨励して、いざというときに備え、万一不幸な事態に遭遇した人がいれば、救助の手を差し伸べる体制を保持し、企業の存在がその地域全体の人々の幸福に、寄与するという良い企業経営をしなければなりません。

日本の企業はどんなことを考えているかを以上の文章から嗅ぎ取ってください。古典が尊ばれるのと同様な意味で、長寿企業から教えられることは少なくないのです。

稲森和夫は研究センター開設記念講演で、次のような話をされています。

「経営に『利他の心』が大切だとあなたは言われるが、熾烈な市場競争により勝敗が決まっていく資本主義社会で、経営者が『優しい思いやりの心で仕事をしなければならない』などと甘いことを言っていては、経営などできないのではありませんか。そのような質問をたびたび受けるのですが、私は経営者が『利他の心』を持つことと、企業の業績を伸ばすことは、決して矛盾するものではないと考えています。むしろ、経営者が立派な会社経営をしたいと思うならば、『他に善かれかし』と思う『利他の心』を持ち、『心を高める』ことが不可欠であると、考えて会社経営を続けてまいりました」。このように確信をもって、具体的事例を示して説明されています。私もそう思います。(研究センター開設記念講演会講話録「なぜ経営に『利他の心』が必要なのか」二〇一五年六月二十五日)。

第2節　企業の組織形態の違いに見る日本的経営の形

ではどのような企業組織が優良といえるかでありますが、まずは、企業規模の差によって異なるというのは多分、みなさまが同意されると思います。企業規模別に比較され、評価されなければならないのは事実でしょう。今は国際競争ということで、規模の競争が少なくありませんが、今後、零細な小売店は競争に淘汰されるかというと、私はそうとは限らないと思います。都市ではない、周辺町村の過疎化は零細小売店の存続を、必要としているような気がします。地域と一心同体となっている小売店は、その存在価値を増してくるのではないでしょうか？

逆に、大型チェーン店は市街地以外の過疎地区では、採算が合わないということで、どちらかというと人口過疎化地区から撤退する方向に進むのではないかと思っています。困るのは企業に撤退された、それらの過疎地区に住む高齢な住民たちです。

そこで企業の大小を問わず、企業の経営の形を分類して、その長所、短所を検証してみたいと思うのですが、限りがありませんので、日本型企業の特例として「卸売業」「問屋」という業態に的を絞って良い店と悪い店とを考察してみたいと思います。ひょっとすると過疎地に零細な企業が残るヒントが、卸売業という業態を研究するところから生まれるかもしれません。

特に直接、消費者にモノを販売するのではなく、代理店や小売店を通してモノを販売する場合は、どのような組織を持つ店・会社を選択して販売を任せるかを判断することは重要なことです。色々な流通企業を分類の切り口の違いから考えて、企業分析や分類別に、現在実施されている経営実態の一部を紹介してみましょう。

ただし、日本では代理店（卸売業や特約店を含む）は単なる物流担当ということではなく、傘下の小売店などに対して販売を促進する機能を持っていること。小売店などが消費者に対しても、販売を促進するように圧力をかける能力をも持っているということを、承知したうえで読んで下さい。単なる物流業者と考えている人には関係のない話です。

卸売業という企業業態が今なお、存在しているのも日本の商いの特徴の一つかもしれません。今後は過疎化している地域で、それこそ細々と経営している零細な小売店に対して、今まで以上にその存在のありがたさが増してくるかもしれません。

日本では「そうは問屋が卸さない」という言葉が残っているように、日本の卸売業者は昔、資本力を生かして製造業者や小売業者にも、その経営に影響を与えていたのです。日本的商売のノウハウが卸売業に伝承されて残っており、今なお、多くの商売に影響を与えている場合も少なくないのです。反面、流通業はサプライチェーン・マネジメントとかＮＥＴビジネスに、その存在を脅かされているのも見逃せません。しかし、私はＮＥＴ販売と対面販売とは、根本的に求める感性そのものが異なっていると思います。

そこで「卸売業」が今後、物流業にとって代わられるか、卸売業が本来の力を取り戻し、企業に蓄積された有形無形の経営資源を活用して、顧客である取引先にどのような経営支援が実施でき、しかも営利企業としての経営の採算を合わせてゆくか。その存在価値の検討も含めて、営業担当者として卸売業支援のありようを考察してみたいと思います。

ここで注目して頂きたいことは、よくこんな言葉を聞くのです。「あの卸はだめだ力がない！」「卸売業に販売促進の能力はないよ！」、おそらく読者の方々も耳にしたことがあったでしょう。今後再び、そのような言葉に出会った場合には、忘れずに思い出して頂きたい言葉を申し上げます。「業態として卸売業が存在している限り、卸が力がないことはない、もし不満ならば、力がないのは卸ではなく、その代理店の力を引き出す能力のないあなた。すなわち、製造業や元売り業の流通担当者の提案能力不足が問題なのだ！」ということを覚えておいて頂きたい。

さらに、取引先の人事、組織、会議などの運営方針など情報が取得できるかできないかは、すべて担当者の人格と得意先からの信頼関係の度合いによるということを知っておかねばなりません。卸売業担当者においても、自分が得意先から絶大な信頼を勝ち得るべく、自分自身の人間性を磨く修行を怠ってはならないのです。

モノを売る場合だけに限らず、取引において必要な情報を得るためにも、人間道の修業が必要であることを忘れてはなりません。

組織対組織の取引の場合は、担当者の人格の善しあしは見落とされがちですが、実は大変大切な点でもあるのです。組織対組織の場合でも担当者の違いで、取引関係の業績が左右されることが少なくないのです。

第１項　卸売業者の得意先の質による分類

この項では卸売業態の企業を中心テーマとし、卸売業には代理店、特約店などと呼ばれている場合もありますが、それらを含めて卸売業と呼ぶことにします。また、卸売業の顧客を総称して小売業と呼ぶことにします。

本論の前に補足いたしますが、「卸売業」は日本の流通の一大特徴でもあります。仕組みと仕組みがぶつかり合う効率的自動化マニュアル主導の世界でなく、人と人の関係が重要な比重を占める、日本の商取引においてはとても重要な業態であります。特に、地方の零細企業が多い日本では、今でも卸売業は非常に重要な位置を占めております。そのような意識でこの項を見て下さい。

最初に対象と考える卸売業が現在持っている得意先数から想定して、地区市場に存在する小売店等（顧客）の所在件数の何パーセントを得意先として取引しているかを知ることは大事です。その企業を自社として経営支援体制を作り上げ応援しても、また逆に協力を得られる体制を作り上げても、売り先である得意先が少なくては売上げに限度があります。また、得意先の質が悪くても売れません。

ですから小売店数が多く、しかも優良小売店を持っている卸売企業が良いことになります。そして、その取引でつながっているパイプが一本一本太ければいうことはありません。（取引単価が取扱商品群の平均単価より高い）。

しかしそのような好条件で、常に多くの小売店（顧客）との取引関係が、続いている卸売業（代理店）ばかりとは限りません。どんなに悪い条件であっても、その店が多くの小売業（顧客）と取引さえつながっていれば何とかなります。そのような意味で、第一番に卸売業が存在する地区における、小売業（顧客）との取引軒数割合というものを一番に取り上げてみました。

どんなに対象とする卸売店が優良であっても、自社がその卸売業と取引する競合他社に比較して多くの面で脆弱《ぜいじゃく》である場合。あるいは市場進出の初期の段階である場合では、対象卸企業が売上げ規模も小さく、囲い込んでいる小売業（顧客）の当該市場での取引軒数占拠率（以後パイプ率と記します）も少ない店と取り組まねばならぬときもあります。そのようなことを考慮し、次のことも知っておいても良いことでしょう。

なかなか難しいことでありますが、できることならば、対象市場でのパイプ率が分かったら次に当該卸売業の取引先の質、すなわち、担当卸売業が持っている小売業（顧客）の質の問題であります。まず、当該卸の得意先の階層分析を行います。すなわち、小売業（顧客）の企業規模を三段階位に分けるのです。

例えば、月の商品仕入れ額十万円以上をA級、五～十万円をB級、五万円以下をC級というように分けてみます。そしてA級との取引は何軒（何人）、B級との取引は何軒（何人）、C級との取引は何軒（何人）というように、卸の顧客企業（小売業）を級別に分析し、さらに、できることならば取引先小売業の客層の質を分析することによって、われわれが取引をする卸売業の企業の取引先である小売業（卸からみた顧客）の質を調べるのです。

取引小売店の売上規模が分からないことがあるでしょう。そのようなときは卸売業の店主、また社長からその小売店、あるいは小売企業の業績情報を定期的に聴取し、情報を蓄積しながら、その小売業の経営の質を把握して記録しておく必要があります。それだけでは情報が少なすぎますので、自社と競合する会社員などからも耳にはさんだ情報を記録して蓄積する。

あるいは、業界情報誌や信用調査会社の資料などがあれば活用したりする。定期的に取引先を訪問して、その都度得た情報を記録しておくなど色々な方法があるでしょう。いずれの方法にも情報提供者の主観的要素が多いことを知っておかねばなりません。ですから、色々な角度の情報を収集して、総合して判断することが大事です。そのためにも自分で自分の判断による、得意先規模判断の基準を持っておくことです。

例えば、小売業（顧客）の業績を分析するとき、1. 店頭販売売りが多いのか、2. 通信販売があるか、3. 外交販売があるのか、4. 立地条件、5. 社員数、6. 店頭在庫量、7. 訪問時間帯における顧客数などから割り出した基準を持っておくことです。（得意先の支払状況なども大切なメモすべき要因です）。

得意先が中間業者であったり卸売業の場合は、取得した取引小売店（顧客）名簿には掲載されていても、取引がほどんどない場合や、自分の力の弱い取引先を将来、何とかしようとしてリストアップしている場合。さらには、製造業などの力を利用して取引を拡大しようとねらっている、小売店などをリストアップしている場合があります。その辺も計算に入れて、質を加味した真の取引先数による、クラス別取引パイプ率を知るようにして下さい。そうして、当然ながら取引小売店数が多く、優良小売店（顧客）を多く持っている店や会社を、良い店や会社として選択し、例え難しくとも主要取引卸売業（代理店等）にすべきです。

次の項では商売相手を卸売業という日本的業態に特化して、企業対策を分類してみたいと思います。ここでいう卸売業とは代理店、特約店業など直接消費者に販売する、小売店以外の中間的な企業業態を想定しています。流通網は扱う商品によって現実的には複雑ですが、大きくは製造業、卸売業、小売業の三段階に構成されていると想定しております。

良い企業とは決算内容が良いという点だけでなく、企業の質という切り口で分析して判断することも大事です。自分の業績が向上しない場合、市場や客を恨んでも仕方がありません。自分の努力が的を射ているものであるか、どうかということも冷静に判断しなければなりません。自分が担当している市場が難しいというのではなく、まず自分の努力が効率の良いものであるか、自らの活動を分析しなければなりません。非を自分に認める思考法も日本の企業経営の特色の一つです。

第2項　販売担当者の得意先を卸売業態に特化した考察（この項では卸売業・代理店と特約店を同意義語に）

まず、第一に自分の顧客である卸売業の社内における、自社のシェアの違いによる分類をしてみる必要があります。卸売業の規模と自社のその取引店内における、自社の売上実績とその占拠率をながめてみるとき、現在の自社の実績がその代理店の中でどのような位置にあるのか。そのようなことも考えてみなければならないときがあります。

すなわち優良な卸売店であり、しかも将来のことを考えても有望であるとの結論になった場合でも、今、その代理店の力を活用して販売促進を図るということが、合理的かつ効率的であるかのを判断する場合は、原点に立って客観的に自社の位置をみる必要があります。今、その代理店と取り組むことがより良い機会であるか否かを、慎重に考察してみる必要があるのです。

代理店総売上げの中でその代理店の営業部の「意識的販売割合」はどの位かといいますと、大体全売上げの60～80％と判断したらよいと思います。何故ならば、どんな店にも会社にも無意識販売（販促手段を意識せずとも自然に売れている）されている商品があります。特に占拠率を販売促進の目安に使う場合、心理的占拠率（マインドシェア）は有意識販売額を分母とするべきです。そして教育の徹底した社員の質の良い代理店は、有意識販売額の占める割合が高率であるし、逆の場合はそれが低いことを知っておきましょう。

今、競合他社が同じ代理店内で取引会社として存在するとした場合、自社と競合他社の代理店内での力関係を知っておく必要があります。競合他社の代理店の中での心理的占拠率は左記の式のようになります。

競合他社の売上げ÷（代理店総売上げ×0.06～0.08）×100＝心理的占拠率（％）

この式で求められた占拠率が、実は代理店の人々の意識の中にある競合他社の占拠率、すなわち意識の中のマインドシェアであります。従って、この心理的占拠率の数値の序列によって、卸売業（代理店）における取引会社の社内の序列が決められ、計画などが組まれ、管理されているといってよいのです。すなわち、現在ある特定の会社Ａの売上げが、代理店全体のシェアが30％あったとしますと、Ａ社の心理的占拠率は50～37・5％となり、ランチェスターの提唱する法則を認めるとすれば、その代理店は競合他社Ａ社に、完全に占拠されている状態に近いといえます。そのような代理店と、取り組もうとすれば、次のようなことを考えておかなければなりません。もし何も考えず、何も知らなければ、代理店における競合他社との占拠率争いで、必ず敗者の憂き目に遭うでしょう。

競合他社の占拠率が高い企業を重点的な卸業者（代理店）として選択する場合。

1. メリットがある場合はどのような場合か

今後、その卸売業は仕入先上位少数集中の形から脱して、仕入先第二グループを早急に育成する必要に迫られている時期にあるとき。あるいはその必要性を説得し、幹部が同意するであろうときであり、もしそうであるなら自社にチャンスが巡ってくる可能性があります。

2. デメリットが考えられる場合はどんな時か

上位数社以外に、卸売店幹部がラインに対し指示や命令を出したり、達成率の進捗を管理監督する余力がない場合です。

現状の卸売店を分析して、以上のような点を考えて、「現在自社は実力から考えて、近い将来どの位の売上げを、その卸売店を通じて売ることができると考えられるか。それはその卸売店売上げの何%のシェアに当たり、今後有利に展開する予定、目安が立ち得るのか」などを考慮しなければいけません。

卸売店規模と自社の売上げ規模を基準として、自社がどの程度の位置づけで代理店から意識されているかについて、卸売店を分類する場合、自社の現在の実力で想定できる「将来考えられる売上げ」が、今後その代理店での仕事を合理的、かつ能率的に進めることが可能かどうかを判断したい場合などに、参考になる数値を次に提示してみます。

業界によって事情が多少異なると思いますが、私の経験から考え出したものです。ですから、読者は自分の所属する業界でそれぞれに適した、「そのような物差し」を作ればよいと思います。参考までに供覧致します。

代理店の営業担当者のマインドシェアと、自社の売上げシェアの関係

1. 現状の売上占拠率が1%以下の場合
卸売店の営業担当者に関心を示してもらうまでに至っていない。
2. 現状の売上占拠率が2%以上の場合
営業担当者から興味が示され、部分的に注目する人がでてくる段階。
3. 現状の売上占拠率が3%以上の場合
営業担当者および営業幹部から注視される段階にきている。
4. 現状の売上占拠率が4%以上の場合
自社と協力的な取引関係が出来上がっており、会社としての組織的な指示が卸売店幹部からだされるようになっている。

5. 現状の売上占拠率が５％以上の場合

自社は卸売店経営上、必須な取引会社となっている。卸売店の中で自主的に計画（目標）が作成される段階に至っており、卸売店社内の管理機構の中に入っていると考えて良い。

これらの数値は、卸売店幹部と自社幹部との人間関係とか、株の持ち合いとか、担当者同士の相性といった、人間関係や過去の柵《しがらみ》の歴史があって、それらの要素に若干影響され協力度は若干左右されます。しかし、このような物差しを持っておくことは、大変大切であります。

この物差しは会社対会社の場合として成立しますが、それ以外にも代理店の支店単位とか営業所単位とか課単位とかの、一定の組織単位の枠の中での占拠率においてもあて嵌《は》まります。

従って、全社的には低い占拠率の場合で、どうしてもその代理店を工作せねばならぬときには、全社を対象に一斉に取りかからずに、支店別、営業所別、課別とかのブロックを作って、ブロック別にマインドシェアの物差しをあて、やりやすくそして将来の布石となるところから順々にシェアを上げて行き、やがて全社のシェアアップを図ることにも応用できます。

さらに、自分自身の仕事の成果や自分の仕事の評価としても参考になります。このように代理店規模と、自社の力とを考え合わせて、テリトリー内の卸売店選択と政策を考える方法としても有効です。卸売店の営業支援をしている人はこのことを分かるはずです。

第３項　卸売店の人的・組織的構成から見た形を知る必要がある

卸売店の組織・機構を見た場合、隠れた人脈を見落とさないようにしなければなりません。それらを見落とすと命令力、指導力、影響力、人間関係などが、現在の表面的組織機構図から判断してしまうので、うまくいかないことがしばしばあります。「隠れた人脈」とは何かと言いますと、それは過去の組織であり、会社の人的柵や力関係の歴史でもあります。

それを知る方法としては、人名の入った過去の組織図、さらにもう一つ前の組織図を手に入れることができれば便利です。そうしてできるだけ高齢の方へ（長くその会社に勤めている人）に会って、昔の情報を取ることが必要でです。

何でもそうですが、現在の状態が急に出来上がったのではなく、過去に種々の出来事の積み重ねがあって、それらの経緯が積み重なって、現在の会社組織が出来上がっていますので、過去の組織を知ることは、今の会社を判断するためには大切な情報なのです。今、閑職にある人でも過去に重要な仕事をしていた人がいます。

それらの方々が現在に至った経過を知ることによって、その会社がどのように動いてきたか、何を目的として今まで組織を改変させてきたのか、今後、どうしようと思っているのかなどが判断できることが多いのです。現在のトップグループの方々が、どんな経緯から出てきたのかを知ったうえで、現在の組織を見、そして判断することが大切なのです。

そのようなことを考えたうえで、現在の組織の特徴を見て分類し、どういう点に留意するべきかを考えてみましょう。

第3項の2　企業の組織的特徴による分類

分類A.　独裁的経営である。

分類B.　トップがグループを形成しており、トップグループの協調が大変良い。

分類Ｃ．トップがグループを形成しているが、トップグループの協調に多少問題あり。

分類Ｄ．現場に近い実務段階の人々が実権を握っている。

色々な分類の仕方があるでしょうが、私はこのように組織を四つの形に分類してみることにしています。そして次に自社、すなわち、こちら側の体制と実力をよく考えて卸売業としての得意先対策を練ることにしています。古い言い方をすれば相手側の陣形に対し、味方の陣形や攻め方を考えるということです。そのうえで次のような対策を講じることにしています。

日本人が好きな「孫子の兵法」によれば、「敵を知り、己を知れば百戦危うからず」という言葉がありますが、これに通じるものがあると思います。

第３項の３　いわゆるワンマン的経営――担当企業が卸売業であり経営組織が第３項の「分類Ａ」の形の場合

卸売業担当者が交渉をする相手の会社の経営者は、相当の実力者であるので、自分の実力を考えて対応や接触の仕方をよく考えてみる必要があります。そして、競合他社の担当者の実力も十分調べておきます。

競争他社の担当者に比べて、自分の実力のほうが卸売店の経営者を説得し得る力があると判断できる場合、最も効率よく攻略しやすい卸売店となり得る場合が多いのです。自分に〝一騎打ち〟の実力と覚悟があれば、ワンマン社長は毛嫌いするだけでなく、うまく行けば一番手間のかからない得意先であることも知るべきです。

通常は相手とする経営者には、迫力も実力もあるので敬遠しがちですが、ライバル企業の担当者に勝てばこんな楽な仕事はない位なのです。それは実力経営者の一声で、全社が一斉に動くことが可能だからです。

もし、自分の力が不足していると思われる場合は、自分の上司や自社の実力者の協力を得て、同行訪問を実施するなどして基本的な取り決めだけでも早目にやっておくほうが良いと思います。そのうえで担当者としても早く対等に話ができるように実力をつけることであります。自社の投入戦力が市場に比して少なく、しかも早急に追加戦力を投入される計画もない場合でも自分に自信のある人は、この形の卸売店と取り組み始めると効率が良い仕事ができると思います。

第３項の４　トップグループのまとまりが良い場合
——担当企業が卸売業で経営組織が第３項の「分類Ｂ」の形の場合

このような集団指導体制の場合は、何を決定する場合でも大義名分（社内規定やコンプライアンス順守）が大切にされますので、卸売店が自社を取り上げて販売促進の指示を組織的な命令として、下部組織にださせるだけの大義名分を作り上げる必要があります。そして、必然的条件が整うかどうかを、良く検討しなければなりません。自社を取り上げる際の有利性に関する理論構築を大切にして、十分な理論構成ができる見透しがたった場合のみ実行する条件が整います。そうした場合は、その卸売店は効率よく動かし得る、可能性が大きい取引先になることが大といえます。

ただし、この形の会社組織は規模が大きい場合が多いので、「目的の移転」と「内向きな考え方」が台頭している場合が少なくありません。そのためリスクを過剰に忌避し、通常何事も革命的やり方は好まれないので、何をやるにしてもトップグループの個々の方々と良くコミュニケーションを図り、そのうえで筋を通して交渉を行うことが大切です。

特に大事なことを決める場合、一人の人が決めるのではないので、答えや結果を焦らないことが大切です。費用も時間もかかることが多いので、自分の日程（代理店対策活動に投下できる時間）を含めて、その卸売店に投下できる総合力と投下費用対効果や、いわゆる採算とを良く考えて行動しなければなりません。

しかし現在、絶好調にある大規模卸売店はこの形が多いので、代理店担当者はこの形の組織をやりこなす力をつける必要があります。市場に対して大上段に取り込む場合は、この形の大型卸売業を重点顧客として選択せざるを得ない場合が多いのです。

第3項の5　トップグループのまとまりが悪い場合
——担当企業が卸売業であり経営組織が第3項の「分類C」の形の場合

どのような会社でも組織内部に多少は問題を抱えていると思いますが、組織としてのまとまりが悪く、自分から見た感触で余りよい感じがしない場合は、どうしてもその会社と取り組まねばならないとき以外は、敬遠したほうが良い取引先であると思います。

人によっては、このような状態の中で上手に働くことが得意な人もいますので、一概には言えませんが自分が気に入らぬ人は、まず取り組むことをやめたほうが無難でしょう。

ただし、例外的なケースがあります。それはその状態を社長が十分認識しており、しかも認識したうえで、現状の状態を計画的に膿《うみ》を出すための将来の改革の一段階と考え、あえて、知らぬ顔をしてやらせている場合です。これは注意を要することがあります。社長との話し合いは、いずれの場合も不可欠でありますが、このような場合は特に社長の腹の中をよく読む必要があります。トップに立っている人はいつの場合も、自社に欠点はないか、第三者の意見を待っているのもです。

ですから、本当にその会社の身になって意見を言ったり、話をしたり、聞いたりしたりすれば、社長は胸襟を開いてくれる場合が多いのです。もし、そうしたことができた場合は、改革後の近い将来に力強い味方となる取引先を、一軒獲得することができることになります。

第3項の6　下部組織や実務段階の人が実権を握っている場合
——担当企業が卸売業であり経営組織が第3項の「分類D」の形の場合

このような形で卸売店が経営されている場合は、自社の人的構成をよく考えてみなければなりません。卸売店担当者の場合、どうしても卸売店実務担当者との接触には時間的制限があります。まして、何個所も営業所がある卸売店の場合、その出先全部の人々とはなかなか接触ができない場合が多いのです。

ですから、相手にできる人数もおのずから限界があります。それなのに複数の実務段階の人々が実権を持っているとすると、できるだけ多くの人と接触を持つ必要があります。とすれば、それだけ多くの人手と時間を要します。しかし、面談時の話題は幹部の人々よりもより具体的ですので、卸売店の担当者としては知りたい情報が少なくないのです。

しかし、話が具体的なので代理店実務担当者の業務内容と市場（代理店の顧客の実情）など、現実的実態を良く知っていなければ話が合わない場合が多いのです。そのうえ、このタイプの卸売店は組織的に動く力が弱いので、このような会社の実務的実力者は、割合に製造会社または元売り会社など他の競合他社から、いわゆる〝一本づり〟をされている場合が少なくありません。

そのような場合は自社の戦術が、競合他社に筒抜けになるという危険もあります。このような会社と取り組むためには、自社のセールスチームが人数も少なく、若い経験の浅い人たちだとちょっと難しいのです。自分の実働時間をその会社にあまりかけられず、また、チームで仕事をしている場合、チームメンバーの人々の力も余り期待できないとなると、攻略が大変難しい卸売店となります。

しかし、利点としては市場の生の情報が具体的な形で入手できるし、会社対会社の際に要する取引リベートなどが少なくて済みます。自社が規模が小さくて、卸売店全社を相手に仕事をするには力不足であるなどと言った場合には、余りお勧めはできませんが、個別折衝ができるという点で取り組むことにメリットがあります。いずれにしてもスポットの仕事で、本格的な仕事ではありません。ただ、このような卸売店の取引小売店（顧客）には、得てして有力な小売店やユーザーが存在していることも少なくはないのです。

このように卸売店の組織実力者の構成をみて、どの卸売店と取り組むのがより合理的か、かつ将来的であるかを判断し、選択するやり方を加味して考えたほうが、データ上の数字だけを机上で判断するより現実的であることを知っておいたほうが良いと思います。

以上卸売店を担当し、その会社で自社品の販売促進を支援するといった仕事をしている人の、仕事の仕方を想定して日本の流通業対策として述べました。日本におけるディーラーヘルパーとして良好な成果を上げている人たちには、このような分析をして営業戦術を企画し、実行している人も少なくないのです。

次に、個人の消費者ではなく、会社という組織に自社品を売り込む場合を想定して、営業担当者はどのようなことを考えて行動をしているか。あるいはしなければならないかについて述べてみたいと思います。ただし、この場合も相手の企業から「君から買いたいのだよ」、あるいは「君に仕事を頼みたいのだ」といわれるような、信頼関係を持ち得る人間的な価値を持った人であることは必須の前提条件であります。

第４項　顧客企業の組織運営の実態を知る必要がある

どのような会社でも組織があり、そのうえに決定、協議、連絡の会議があり、さらに報告、伝達、承認や決定の規程（ルール）があります。ですから標的とする会社と取り組むとき、必ずその会社の組織とその運営の規程を知っておく必要があります。

具体的には会議の種類と、その会議の種類別に主な議案内容を知ることであります。さらに会議議題起案の作成者、議長、会議の構成員、決定者、または決定の仕組みおよび議案決定のルール、実権者は誰か、議決事項の伝達の方法は、どのような方法が取られているか。会議の開催日は、定例か非定例かなども、できれば知っておく必要があります。もちろん、企業秘密もありますので、そのあたりは情報入手手段に十分注意しなければなりません。

第5項　目標を達成するために顧客企業と販売目標・計画を共有する必要がある

まず、会議体別に重要人物のリストアップと情報整理を行います。重要人物の構成と運営のルールが分かったら、自社の要望をいつ、誰に提出し、誰と話し合いを実施すればよいかが分かると思います。さらに会議で決定される前に、参加メンバーが分かっているので、誰々に事前に補足説明を加えておけばよいかが分かると思います。どのような名案も、聞く人が聞く耳を持ってくれないと、実行に移すことは難しいものです。

そこで、自分の話を聞いてもらえる状態を、会議構成員との間で作り出しておかねばなりません。このことは前述の直接ユーザーを担当する人のための個所や、最初のところで何度も述べた通り、人と人の人間関係と信頼関係を構築しておくことが必要であります。

重要人物をリストアップしたら、次ぎにそれらの人々に関する情報を顧客情報カード（＊注―1）と同じように整理して、日々内容を充実するようにしていくと良いと思います。そして大切なことは担当頭書きは知らないことが多いので、調べては記録をしてゆきますが、慣れてくるとやめてしまったり、カードを見なくなったりしますす。ですから、時々は見ることと、まめに新しい情報は記入することを忘れないで下さい。時々カードを見ることによって、新しいヒントが生まれることがあります。

（＊注―１）顧客に関する知り得た情報を記録しておくカード式のメモ。

情報として最も大事なことは、創業時の企業理念を知ることであります。現経営者が創業者でない場合は、企業理念とともに現経営者の経営に対する志《こころざし》を知ることです。企業理念の重要さについては、どのような会社も忘れられてしまうことがあるのですが、そのようなときはその企業は、経営の危機を迎えつつあると言って良い位大事なことであります。そしてその企業を判断する場合、複数の経営幹部の発言において、企業理念と矛盾がない会社が良い会社といってよい程大切なことです。

企業理念を古い言葉で表現すれば、「家訓《かくん》」が定められており、番頭がおり、手代がいて、丁稚がおり、社業繁栄に一心同体となって働き、上司が部下を教え育てるといった仕組みが、日常的に機能している会社が日本においては良い会社といえるのです。極論すれば、この点が日本の企業と欧米の企業と最も異なる点でもあります。にもかかわらず、最近ではこの点を知らずして日本の企業に、欧米のビジネスモデルＭＢＯ（マネジメント・バイ・オブジェクト）などを持ちこんで失敗する経営者も少なくないのです。

第５項の２　具体的な展開について

担当地区の市場の把握から始めて、代理店の選択までの話は準備段階、調査段階の仕事といえると思います。次に、具体的に、代理店と販売促進を展開していく過程の話を致したく思います。

まず、第一に自分で作った目標・計画を相手の会社に分かってもらわねばなりません。何事につけても、何をするのか、目的や目標をはっきりして共有しておかねばならないことは、良くお分かりの通りです。その共有する目標をはっきりさせ、お互いに確認して、はじめて前へ進めるのです。そして進み方が早いのか遅いのか、進捗状況も分かります。最初に目的や目標がないのでは、羅針盤なしで航海するようなものです。何事も最初に合意した目標ありきです。ここで目的と目標についての考え方を確認しておきたいと思います。

目的とは定款に示したものや、公表した経営思想のことであります。自社の経営思想と取引を開始して行こうと考えている、取引企業の経営思想（理念）との間に矛盾がないことを、まず確認することが大切です。互いの目的を理解しておくことで、営業政策上の矛盾が生じることを事前に防止する必要があります。

目標とは両社の経営目的をともに、達成するために設定した道程のことであります。目的達成のための道程を相互に確認しておくことも必要なことであります。目的達成の道程を進む過程で通過する時点の共通認識と、製品別目標数値の共有化（何時までに何をどの位販売するか等）を行っておく必要があります。

すなわち、初年度目標、次年度目標、五年後の目標などをともに共通認識し確認し合うことです。このことは特に契約書を作成しなくとも、常々互いに確認することを忘れないようにして行けばよいと思います。これらのことが取引を開始するときの大前提であります。

第5項の3　計画会議の実施

担当代理店の営業幹部の方にお願いをして、まず、自社の計画を主たる代理店社員に説明し、検討する時間と場所をもらえるように交渉をします。

今までの取引過程の中で決算期ごととか、年に一度とか、月々とかそのような会議が定着している場合はよいのですが、そうでない場合は会議そのものを実施することが難しいでしょう。そのためには会議をやることの有効性を十分話をして、代理店がその会議に時間を割いて会議時間を設定する。利益があることを話して納得してもらわねばなりません。納得させるためには計画の中味、計画が達成された場合の代理店の利益など、代理店側に立った視点からみた、功利性が分かる計画案の作成をしなければならないでしょう。

何故、そのような会議をしたほうが良いかについてを、幹部を説得して会議の実施までにこぎ着けねばなりません。どんな困難でも、計画の打ち合わせの機会は、絶対に作らなければいけません。

目標についての打ち合わせを行い、お互いに確認し合った時点から、目標額は共有化され意味を持ってくるのです。すべての話し合いの基礎になるものですし、すべての指示や行動は目標を決定し、共有化したときから始まるのです。売り手・買い手双方の心理としては、会議で決められたことは、「置き言葉」（直接消費者を訪問する営業担当者のところで述べました）に匹敵します。ですから、この会議の結論を踏まえて、次々と話し合いを展開する基本方針にしなければなりません。

すでに代理店において、自社が重要な取引会社と認められ、計画（目標）が代理店の内部で自主的に立案されている段階にある場合は、当然、計画に対する双方の検討会の場が設定されていると思われます。そのような場合は、担当者の計画策定の仕事をどのようにしていけばよいかと言いますと、基本的な骨組みとして次のように分類して考えたらよいと思います。

まず、代理店における販売計画が立てられる段階を考えてみますと、四項目の分類が考えられます。

1. 全社計画――――営業所別および仕入会社別・商品別販売計画。
2. 営業所別計画―課別および仕入会社別・商品別販売計画。
3. 課別計画――――担当者別および仕入会社別・商品別販売計画。
4. 担当者別計画―顧客別および仕入会社別・商品別販売計画。

会社や業種によって違うでしょうが、大体において、このような分類で全社の大きな計画が立案され、だんだんに細分化されていくことが多いと考えます。すなわち、地域別、販路別、顧客形態別、主要な商品別などに販売計画は細分化され、具体的に立案されてゆくものと思います。

三月が決算、九月が中間決算の代理店の場合を考えてみますと、遅くとも二月および八月には、今期出来上がり予想と翌期の計画立案がなされると思います。その計画は上層部から順次下部組織へ下されて細分化され、担当者の段階で顧客別に具体化され、再び集計されて上層部へと逆に帰ってゆくものと思われます。

このような経過を経て集計された計画を、会社対会社の計画検討会を行ったとしても変更することは容易ではありません。

従いまして、大切なことは組織的に下部へ流される指示の前に、代理店の幹部と計画の打ち合わせを行うこと。計画の立案の段階で参考資料を提供したり、原案を提供しておいたりして、間接的に参画しておくことが重要です。何度も申し上げますが、「決まってからでは遅い」のです。そのためには代理店内の計画立案のスケジュール、すなわち、「何時どのようなことが行われる」かを、はっきり把握しておかなければなりません。自社としてどうしても必要な目標額をあらかじめ提出し、話し合いを行いたいことを意志表示しておくことも大切です。そうして、担当代理店の社内の上層部から指示される自社の目標額は、自社の必要最低額以上のモノが提示されているようにしておかなければなりません。

さらにできることなら、全社計画から段階を追って細分化される各部署の計画段階で、あらかじめその計画単位の責任者と打ち合わせを行い、できることなら代理店の計画作成に参画することが望ましいのです。そうして、計画立案の段階で自社の必須目標から目減りしないようにするほうが賢明です。

再度申し上げますが、一度各段階で決定された目標は、なかなか修正されません。特にコンピュータ管理の普及した現在では、その計画作成のタイムスケジュールからも修正が難しく、仮に修正ができたとしても、それは努力目標か何か漠然としたものになってしまって、期中後半から期末近くになると忘れられ、最初正式に決まった目標がどうしても生きて拘束力を持ち、すべてその目標で進捗が管理されることは明白であります。

何故かといいますと、修正させた目標は、修正に同意した数名の方々が了解しているにすぎず、代理店の営業担当者個々に渡って細かく修正されることはまずありません。その修正目標は組織の最下部まで徹底しないからです。これは実務で経験を積んだ人のみが分かっていることです。

第５項の４　決定目標とその追跡

互いに話し合って決定され、確認された目標は期の終わりまで、徹底的に筋を通して追跡管理（トレース）しなければなりません。追跡が甘いと次回の計画立案時に悪影響をおよぼします。注意が必要です。厳しい追跡が続けば次回の計画立案はより真剣なものになります。

月間進度、週間進度、品目別進度と細分化し、それぞれの責任者と進度はどうか、見透しはどうか？　どのような指示を出しているかなどを、聴収することによって実績を追跡し、達成率を向上するための提案を用意し話し合いを持つことが必要です。決して、目標がすでに決まっているからと言って放置してはいけません。計画会議を実施したということは、計画自身（目標）も会社が公式に決めた目標であるということですから、決して、追跡を行っても悪いことはないのです。追跡は正当な行為です。そのために、計画の決定の会議をやってきた訳であります。

しかし、そうは言ってもなかなか簡単には達成しません。代理店の協力を得られるならば、そんなときは、月々の計画達成のための進捗検討会を実施すると良いと思います。

第5項の5　月間計画進捗追跡会議（トレース会議）の実施

会社や何らかの組織であれば、決定された目標に対してはその会社幹部が、計画を立案、下部に指示するのが当然と思いますが、代理店内における競合他社の存在を考えると、話し合って決めた計画だからといって、絶えずトレースし、尻を叩くだけではうまくいきません。自分でも販売促進のための具体的アイデアを練って、それを代理店幹部にぶっつけ話し合うくらいの積極性を持たねばなりません（提案営業の重要性）。

もし、競合他社が良いアイデアに基づく魅力的、かつ具体的な企画を代理店に提案してきたら、当然、その代理店はその企画に影響を受け引っ張られるでしょう。ですから代理店が社内において月間計画を立案し、検討するシステムを把握して、代理店の施策立案者にタイミング良く企画を提案したり、会議参加者にもあらかじめ説明を加えて、その計画を取り上げてもらえれば、その会社の指示として組織的に下部に流れてゆくでしょう。指示が出された段階で実務責任者と話し合うことで、さらに目標達成を徹底することができます。

どのような大きな代理店でも、毎月毎月、すべての仕入れ取引会社を同じように取り上げて、力を入れているのではなく、必ずその月に重点的にやるものと、そうでないものと、濃淡やメリハリをつけて下部に指示しているものです。ここのところも良く知っておくと良いと思います。毎月、取り上げさせるように努力はすべきですが、現実的にはなかなかそうはゆきません。従って取り上げられたときに全力を尽くす必要があるのです。

しかし代理店は、そういった運営の事実を外部には簡単には漏らさないでしょう。こちらでよく嗅ぎつけることが大切です。そうでないと、せっかく良い企画を提案しても、空振りに終わることは少なくありません。ですから、効率よく達成させるためには、機会を逃さずにタイミング良く販促企画（案）を打ち出すことも、考えておかねばならない大切な点です。

そして競合他社が、何か特別の企画を実施するようなときは、余程それに勝つための充実した企画で正面からぶつかるか、それとも避けるかどうかは、判断のいるところですので検討の余地が十分あります。競合他社の企画を避けてタイミングを外すことも一つの作戦です。

話は少し重複しますが、上部からの指示・伝達は下部に行くに従って必ず目減りします。ですから、決定されたものが下部に伝達されますので、その伝達ルートに添って、指示の確認のために面談訪問をして下さい。

例えば、「課長さんは当社の計画について、部長さんからどのように聞いていらっしゃいますか？」という聞き方で、自社の指示がどのように出され、どのように受け取られているかを尋ね、そして、達成率向上のためにアドバイスを補足して行くほうが計画の達成効率は良くなるはずですし、そうすることが代理店支援になり、動機づけにもなり、そして意識づけの継続にもつながります。自社の提供する情報量を競合他社よりも多くすることになり、優位に展開することになること間違いなしということになります。

第５項の６　説明会・検討会の実施

なかなか代理店も忙しいので時間をとってくれないと思いますが、できることならば小単位（十名前後が一番よい）のグループを集めて、計画・企画説明、商品説明の時間を頂くとよいと思います。そして、その場で、企画展開上の問題点などの質疑応答を行うと、計画の徹底と同時によい動機づけになると思います。

第５項の７　計画の進捗チェックについて

チェックというとチェックを受けるほうからすると、何か欠点を指摘されるようで良いイメージはわかないかもしれませんが、気がつかない点を提案として問題提起してもらえるチャンスと考えてもらえれば、前向きに捉えることができます。

普通の組織の場合、会社機能として、命令指示に並行して、必ず進捗管理機構があります。（同じ組織である場合もあります）。ですから、実行すると決定したことは、当然その管理機能が働いてチェックするようになっている訳です。しかし現実には、なかなかそうはゆきません。みんな多忙なのです。

そこで組織上の進捗管理機構を活用し、最大限に意識づけと忘却防止をどのように行うかが問題です。それらの人たちによって、より頻度高く社内チェックを実施してもらうことが、悪感情を持たれることなく設定計画の達成率を高める方法になるのです。しかし、日本の場合、同一部門の組織内にラインとは別に進捗管理機構がある場合は珍しく、大抵の場合、ライン上の「中間管理職」がその任にあたって進捗管理を行っている場合がほとんどです。

そのために、全社的なライン上の責任者および課別の責任者に、まず自分がより多く面談して接触を高め、進行状況を聞くようにしなければなりません。代理店社内の組織上の管理者が多忙な場合には、細かなチェックが物理的に時間の制約があって、確実に実施できないことが少なくありません。そのような場合は、責任者にお願いして計画実施期間中、社内の状況チェックをする人を、特別に設定してもらうのも一つの方法でしょう。しかし、これはあくまでもどうしてもだめな場合であって、指示命令権の伴わないチェックは、重要な月（締め月）など最終段階には吹き飛んでしまいます。

管理責任者に対して、計画の進行状況を聞く場合、忘れてはいけないことがあります。

それは計画に対して、進行状況が把握されている場合、計画の残りに対して具体的指示がなされているかどうかを知るということです。すなわち、計画残に対して具体的な指示（例えば、５Ｗ・１Ｈが充実された形で指示されている）がなされているかどうか、ということを確認することです。

もし、具体的な詰めが欠けている点があれば、その点を再度指示してもらうように依頼することです。このように追跡していくことは双方が大変ですが、必ず結果として、〝あの人は熱心だ〟という代理店担当者の評価につながってくるものです。〝しつこい〟と嫌がられることを恐れずにやって下さい。そしてその評価が高くなるにつれて、代理店内の社内情報が入手しやすく成ってゆきます。

第５項の８　未達成対策について

代理店担当者にとって、代理店も基本的には、企業経営としてやらねばならぬ売上目標がありますから、黙っていてもある程度の売上げは、自らの企業防衛として、代理店は自らで目標を達成しようとする考え方がある訳です。ですから、取引会社ごとの最低の売上げ確保は、代理店自らがやるでありましょう。まして計画を設定し、話し合いを行った取引会社の数字（目標）については、達成努力を惜しまないでありましょう。

だから代理店担当者の油断という、落とし穴も待っているのです。やらねばならぬと思い、やりたいと思う。しかし、その気持ちだけではできないときがあります。進捗を追跡することは、そのやる気が低下しているときには効果がありますが、やる気があってなおかつ、できないときには、ただ追跡するだけでは効果が上がらないことがあります。

そのときこそ代理店担当者の、販売促進支援者としての能力を発揮しなければならないときであります。度重なる指示、命令をしてもらった結果、進捗が思わしくないときがあります。代理店の担当者たちには万策つきて、目標が達成できないときがあります。そんなとき、代理店担当者はどうしたら良いのでしょうか。そのときこそ、具体的な対策を代理店担当者とともに考え、ともに悩み、用意した対策案を提示することが大切です。私は次のようにやってきました。

最初の計画打ち合わせのとき、目標達成の具体的内容まで完全に完成していたとします。次に第一回のチェックをしてみますと、最初の見込みとは異なって予定通り行かないことが発生してきます。その場合、私は未達予想額の約二倍の具体的計画案が出来上がるまで、代理店担当者と打ち合わせをすることにしています。

あるときは、午後五時ごろから翌日中までに、相当額をやらねばならぬという事態に至ったことがあります。時間的にみて、販促企画の準備ができることに限界があります。とうとう「時間がない、明日の朝一番早く始まる仕事は何か?」という話になり、「青果市場であろう」ということになって、翌早朝、代理店のセールス全員が早朝出勤して頂いて西瓜を買い込み、重点販促品の名前のシールを西瓜に貼りつけて、顧客店の店主の自宅訪問をして注文を取り付けようと決めたことがありました。その案が決まったときは前日の夜の九時過ぎでした。

それから販促品の名前を書いたものをコピーして、ラベルのようなモノを作り、翌朝の仕事の分担を決めて解散しました。夜はふけていました。それでも翌朝全員でその作業を実施し、全社目標を達成しました。その日の喜びは全員で分かち合った嬉しいものでした。

このことで分かるように、いかに業務上の命令であっても、なかなかできないときがあるのです。そのときの対策こそ、むしろ担当のアイデア、腕の見せどころです。情熱をぶつけるときであります。いまここで示した例は低俗なものかもしれませんが、通常の勤務が終了した後にみんなで議論を交わしたこと、達成のための情熱がみんなのやる気を高めたこと。すなわち、情熱を持ってディスカッションした経過、そのものがモチベーションを高め成功へ導いたのだと思います。

ただし、労働環境が変われば、このようなやり方は一概に正しいとはいえません。そのあたりは労働基準法などを順守した、企画にしなければならない時代になっていることを忘れないで下さい。そこで具体策の例題には欠けますが、考え方だけを次に示します。

言葉では分かり難いと思いますけれど、目標の進捗をチェックするたびに達成の確定も分かりますが、未達に終わりそうなことも分かります。そのたびに、未達予想額の倍額の対策を話し合って決めて展開してゆくのです。なかなか予想通りにはゆきません。しかしそうやっていけば、必ず効率の良い達成率は得られます。

そしてさらに、未達に終わったターゲット顧客に対しても、販促期間が終了したからといってそのまま放置せず、せっかく何らかの働きかけの蓄積を行ったのですから、引き続き売り込み活動を継続していけば、必ず何軒かは期間外に拾うことができます。そうすれば、結果的に期間中未達に終わったターゲットに対する活動も、実質的には徒労に帰することなくカバーできます。

このような働きかけの継続が、やがて熱心さの売り込みと、自分自身の信頼感につながり、代理店のセールスマンのカウンセリングにまでつながり、担当する代理店に自分自身を売り込む道につながっていくのです。会社がやれというからではない、君が熱心だから君を喜ばしてあげたいのだよ！　と誰かがいってくれたら、あなたの行動は認められたのです。

第５項の９　日本で成功している代理店担当者の実務と心構え

通常の販売活動の他に、年に一度とか二度のお祭り的特売とか、キャンペーンとかがあるでしょう。それらの展開についても、日常の活動の集積でよいわけですが、プラスアルファの対策も必要な訳です。しかし、特別の販促活動でさえも根本的には、モチベーション（意識づけ）と目標達成意欲の維持にあることさえ忘れなければ、どのような企画も高い確率で達成できると思います。代理店担当者のためにの項が長くなりましたのと、基本的な販促企画の組み立ては通常の販促活動とビジネスモデルが変わる訳ではありませんので、キャンペーンの具体的展開については省略いたします。

最後に代理店担当者の心構えですが、社員としては、同然《どうぜん》ながら自社の利益に貢献することを考慮しなければいけません。しかし、同時に代理店の利益代表となって、ときには自社に対しても代理側の利害を代弁し、自社の多くの人を啓蒙することも大切です。

さらに、代理店担当者として大事な心構えは、いつでも代理店幹部にとって替わって仕事をすることができ、大袈裟《おおげさ》にいえば、代理店の社長になって、仕事ができるくらいの気概と知識を持ち、企業経営責任者としての覚悟と心構えを持つ程の気持ちで代理店を担当し、常に代理店のすべての人たちに感謝の心持ちを忘れないことが大切です。そして代理店すべての従業員から、感謝されるような存在にならなければなりません。サプライチェーン・マネジメントなどの普及で、卸売業を業態とする代理店の役割も変わってきておりますが、顧客企業を担当する者として、顧客企業支援の立場に立ち、ものを考えるうえでこれらの話は役に立つはずです。

第6項　人材育成の仕組みを企業文化として持っていること

日本での企業運営の特徴の一つは、上司が行う部下の社員に対する仕事の仕方の伝授。すなわち、仕事の技術を教える方法にあるように思います。上司と部下とのあり方において、長年の伝統が諸外国と違うことではないでしょうか。

後に紹介する「つん留の話」は古い話です。尾股惣司の著書『鳶職のうた』（丸の内出版）に記載されたものです。その中から一部引用させて頂いてお伝えします。理由は日本人の良き徒弟関係の、見本のような話だからです。この著作本には、他にもたくさんの感動する話が掲載されております。関心を持たれた方はぜひ、ご一読をお勧め致します。

その前に日本企業の管理職や、中間管理職の人たちが努力している点について紹介致しましょう。

第６項の２　日本企業の社内教育について

直接ユーザーを担当する人であれ、代理店を担当する人であれ、それなりに実績と経験を積んできた人が、中間管理職となる場合は良く見られるものです。それなのに管理職として悩み、また場合によっては失格してしまうことすらあります。これはどうしたことでしょうか。

管理者の立場になるくらいの人ならば大抵の場合、年齢的に子供さんがいることでしょう。ちょっとだけ自分の子供のことを考えてみましょう。風邪を引いたといっては悩み、けがをしたといっては心配し、学業の成績に一喜一憂、〝はしか〟にかかれば寝ずの番、そうやって子供を育てていることでしょう。大切に育てた子供が、もし理不尽にいじめられたらどう思うでしょうか。管理職にある人は、まず、すべての部下はそうやって大切に育てられた人の子供であるということを忘れないことです。これが第一のポイントです。

そして、次に自分が実務を担当してきた過程において、いかに得意先に寛容であったかを思い出して下さい。自らを鍛え、自らを戒め、ひたすら得意先の要望に応えるべく、自分の研鑽を積んできたことを考えて下さい。決してそのことを忘れてはいけません。

大抵の場合は、自ら努力してきたことを部下にさせようと思います。それが第一の間違いであります。そうであってはいけないのです。自分がそれまで顧客に対して実施してきたことと同じ努力を、今度は「部下を顧客」と思って実行することが大事なのです。「部下は個々においては顧客、課全員に対しては顧客企業」と思って対応していけば良いのです。

管理職は、営業活動の終着点ではないのです。自己の営業担当者としての、人間形成の通過点なのです。その通過過程の一つの段階において、「得意先の人の顔」が「部下の顔に」変わっただけなのです。これが第二のポイントです。この二つが大切なことです。

まして、戦中・戦後、さらにポスト戦後世代の人たちというように、世代と考え方の異なる人々が一堂に集まって、仕事をしていく現代社会においては、感受性も価値観も大きく違っています。それらの人々を自分の考え方や、やり方で仕事を押しつけるよりも、自分としては、いかに幅広く種々の考え方を理解できるように成るかといったほうに、自らの努力目標は向けるべきです。

多様化する価値観の中で、基本動作といいながら、実は一面から見ただけの仕事の進め方を強制している場合が多いものなのです。目的が同じでも到達する道程は、みんなそれぞれ異なっています。ですから、それぞれの人が自分の思考方法で、〝分かった〟というところまで考えさせるように導くのが管理者の仕事です。〝禅〟における師家と同じことです。

そしてヒントを与え、観察を怠らず、成果を顕彰してあげ、待つこと、感激すること、祈ること、それが部下にしてあげられることのすべてであって、むしろ、自ら努力向上する姿が本当は、部下が感応する教育であるかもしれません。

しかしながら、矛盾に聞こえるかもしれませんが、部下の会社経営方針や就業規定などの原理原則に反する考え方や、行動については部下と絶対妥協してはいけません。また、放任では管理職の〝師〟の道は務まりません。やはり、注意すべきところは注意すべきなのです。厳しく突き放すような注意をすべきなのです。そして優しく愛の目で黙って見守るのです。目を離してはいけません。これが注意の方法です。(言葉は優しく、分かりやすく、怒るのと叱るのとの違いをきちんと相手に分からせるように)。

さらにつけ加えるならば、現代のように世代別に、多様化した価値観を持つ人々が多くなったときには、理論、理屈よりも、本人自らの実体験から学ばせる方法が良いと思います。得意先から学ばせたり、仕事の現場から学ばせる方法が良いでしょう。また、失敗から学ばせるほうが良い場合も少なくないのです。

理屈っぽい部下の場合は、部下が自分で言っていることと、やっていることとの間にある矛盾に気づかせることのほうが、教条的指導よりも効果がある場合も少なくありません。現場の出来事を中心に、その中にある成功や失敗の原理を発見させ、部下を納得のうえで行動させ、成果を上げさせていくようにすると、自然に自分から進んで積極的に動き出すようになるものです。

話は変わりますが、禅の師家が弟子の修行の過程で〝こいつは分かったな〟と思った瞬間に、そのときをとらえて放さず、きっちりとその人の心に定着させることを行います。ちょうど写真の現像中に、フイルムから画像が浮き上がってきたとき、ときを移さず定着液につけて、画像が固定し、絶対変化しないようにするのに似ています。弟子の心に見えた〝悟り〟をしっかりと心に定着させ、二度と忘れないように、少々のことで消えないようにしっかりと教え、さらなる修行の旅へ出発させます。

営業の仕事も瞬間瞬間に、仕事の本質を見いだしていることがあるものです。上に立つ人はその瞬間を見落とさずに、その瞬間に部下を顕彰し、しっかりと教えたいものです。

どんなに素晴らしい人も必ずといってよいほど、良き師に出会っています。逆にいえば出会わなかった人は、不幸としかいいようがありません。営業管理職たる人は、自らがまず真の営業担当者になるべく努力をするとともに、色々な部下の考え方に応えられ得る、良き師となる努力をして欲しいものと思っています。それでは尾股惣司の著書の一部をご紹介いたしましょう。

第6項の3　つん留の話

企業内教育という言葉があります。営業管理職の仕事として大切なものに、その仕事があると思います。一昔前にくらべ、マイカー通勤が増え、会社員も肩を並べて帰り道の停留所の近くでちょっと一杯ひっかけながら、先輩が後輩と語り合うという光景は少なくなってきました。人肌のぬくもりを感じる教育が少なくなってきたと嘆く人の声も時々聞かれます。

営業管理職というこの気苦労な仕事にあたっている人に、注文をつけるのは過酷な話かもしれませんが、営業担当者が育つも、育たないも、すべて師としての営業管理職にかかっているのです。

そのような意味で、営業管理職の仕事に携わっている人々に、ぜひ、紹介したい話がありますので読んで頂きたいと思います。

……「木柄《きがら》」とは、土蔵の入口や窓のどっしりした「観音開き」の土の扉の心骨になる。栗材もしくは檜材を持って作られた木枠のことで、鍛冶屋《かじや》の作った頑丈な肘金《ひじかね》をつけた一見あらけずりの不細工な代物で「木柄大工」などと、お世辞にもいえた代物には見えない。が、何十年という歳月を一枚の木枠の作り方で、四、五十貫の土や漆器をがっちりと受け止めて、未だに開《あ》け閉《た》てのできることは、まさにお見事というよりほかはない。

「つん留」とは、老婆をかかえた留吉のあだ名で、愚鈍ながらも親孝行な少年であった。普通では承知してくれないところを、寺の和尚の口ききで、寺町の宮大工棟梁の小町に弟子入りすることができた。今で言う身体障害者の一種で、もちろん学校もいかずで文盲であったため、弟子入りして何年経っても簡単なけずりものぐらいしかあてがわれず、明けてもくれても親方の家の下小屋の主で、身体が不自由で危ないため現場にはつれて行かれず、従って建て前のご馳走やご祝儀などにはとんと縁がない。後から来た若い連中には次々と追い越され、「おいつん公」とか「やいつんの字」などと馬鹿にされながらも、その愚直と誠実をもって、泣き言一つこぼさず、一日、十五日の休みにお袋に会えることを楽しみに、年季奉公を勤めあげた。

大工の符丁《ふちょう》の中に、木材に掘りぬかぬ柄穴《ほぞあな》を「つんこ」などという。柄を差したときにこつんとつきあたることを抜け通らぬ意味の反語で、耳が遠いと悪口に「やつは、いいかげんつんこだ」などとすぐやられる。

今日の若い人達には、留吉の苦労したことなどとうてい信ずることができないだろう。身体が不自由の為に兵役もはずされて、さて一年の礼奉公のときが来た。並の若衆ならば、礼奉公を一年つとめれば一人前の大工職人として世間に通用するわけだが、さて留吉ではどうにもならない。さすがの小町大棟梁も首をかしげちゃった。「よわった野郎だなあ。何とか留公を食えるようにしなきゃあ大事なお袋を干物にしちまう」。

大工としては一人前には世間が通さぬ。しかし小町に辛抱して礼奉公までも人並みにつとめさせて……。これでは小町の面《つら》が立たねえ、そこで棟梁は考えた。

当時八王子は土蔵作りの全盛時代で、店蔵造り、文庫蔵、酒蔵、米蔵、糸蔵などで、大工・左官《さかん》・鳶職《とびしょく》・石工《いしく》等の諸職が大変な繁盛であった。とうぜん木柄の需要も多かった。そこで一年間の礼奉公が木柄の作り方を仕込むことに替えられた。これでは親方があべこべに弟子に礼奉公するようなことになっちまった。何年ならずとなく家に置いて、やれ肩を叩けの風呂を沸かせのといわれてもヘイヘイとやった。

よっぽど可愛かったのであろうか？　愚鈍な留吉を叱咤激励して、木割《きわり》の口伝《くでん》や肘金《ひじかね》の差口、又は取り付けのかんどころを手取り、足取りして仕込んだという。留吉も喰えるのか喰えないかの分かれめで、これが物にならなきゃあ、一生親方の家の下小屋で木端《きくず》や鉋屑《かんなくず》のかたづけばっかりやることになる。ひび・あかぎれの切れた手で必死になって辛抱して木柄造りに取り組んでいた。本当に血のにじむ苦労の末、やっと物になった時は、一年の礼奉公もいつの間にか二年近くの歳月がたっていた。辛抱した留吉もえらいが、棟梁がまたえらかった。

ある晩に家の職人や弟子達を全部集めて、「木柄の作り方は留公だけに教えた。他のものには教えぬ。手前達に教えたら留公が喰えねえ。留公一代は家でも木柄は作らぬ。必要なときは留公から買う。皆もそれで納得してくれ」と言ったと……さすがに当時の高尾山王院出入りの大棟梁小町若狭匠である。その後、留吉は三年坂に住み注文がある度に木柄を作り、ないときは脚立《きゃたつ》や梯子《はしご》や炬燵櫓《こたつやぐら》等を作っていたという。その櫓はいくら火の上にあってもガタがこないので名人芸といわれた。

これは今日呼ばれている身体障害者職能教育を、すでに百年以上前に一人の棟梁がやったことだ。自分の家で仕込んだ職人や弟子達にしころを下げて「留め公を喰えるようにしてやってくれ」と神社仏閣、山車、住宅、蔵の建築にかけては、八王子でも有名な親方が、不幸な一人の弟子のために、自らの権威も面子もさしおいて皆中にたのみ、一人の人間を救い上げ、世に出した。……（以上著書より抜粋）。

尾股惣司の著書『鳶職のうた』には、そのほかにも師弟の情愛に関する、もっとたくさんの心温まる話が載せられていますが、特にこのつん留の話は紹介してみたかった話なのであります。

写真の「猿橋」にまつわる話も、先輩方の情と志に胸が熱くなります。読んでみて頂きたい一冊です。

日本の企業内教育の記録の中には、このような先輩が後輩を助け育てる歴史がたくさん埋まっています。それは企業内で先輩は指導者として人を生かすか殺すか、大切な瞬間に立ち会う機会が幾度もあるからです。

そのような瞬間に至ったとき、上司や先輩は後輩に対して何が大切なことかの判断が、できるくらいになっていて欲しいと諸先輩が思うからであります。これが日本型企業文化の一つの形であります。

西田幾太郎先生は、著書『思索と体験』の中で、次のように語っています。

山梨県小和田・昭和53年ころの猿橋

「……親の愛は誠に愚痴である。冷静に外より見たならば、たわいのない愚痴と思われるであろう。併し余は今度この人間の愚痴というものの中に、人情の味のあることを悟った。カントが言った如く、物には皆値段がある。独り人間は値段以上である。目的そのものである。いかに貴重な物でも、それは唯人間の手段として貴いのである。（筆者注：電子頭脳も同じ）世の中に人間ほど貴いものはない。物は之を償うことができるが、いかにつまらぬ人間でも一つのスピリットは他のものを持って償うことができぬ……」。

「つん留の話」と「カントが言った如く……」の二つの話の中で、共通点として私がいいたかったことは人間の大切さ、有縁の人への限りなき情愛の大切さ、何物にもかえ難い絶対的価値を持った人間への接し方を、上に立つ人はこの重要なことを知っておくべきではなかろうかという意味で、この話を紹介してみました。

日本における良い会社とは、このような人を育てる情というものが、伝統的に脈々と企業文化として残っている会社をいいます。日本では、「仕事は教わるものじゃない、仕事は盗むものだ」とよく聞きますが、部下の社員がなかなか上手くできないとき、上司は黙って手を出して、実際にやって見せ、黙って部下の目をじっと見詰めて、言葉には出さないが「わかったか?」と心で問い掛けて、黙ってそこから去って行くようなところがあります。

これを先輩のカッコ良さとする企業文化が、保持されている職場には、伝統文化としての社内教育が存在しているのです。「以心伝心とか、相伝とか、隠喩《いんゆ》とか、不立文字」と言った言葉が、残っているのはその証拠であると思います。このような企業風土を持つ企業は、「モノ作り」の会社には今でもまだたくさん残っています。マニュアルや成果主義・賃金体系の会社では、このような企業風土は生まれないのです。ましで外国語礼賛の人には分からないことなのです。情に基づく人材育成の企業文化を持っている企業はマスメディアには登場しなくとも、地域に密着して社会に貢献している企業であり、多くの人々が信用している企業なのです。

「人は人によって育まれ、人によって磨かれる」。という言葉がありますが、日本の企業で成功してきている企業の軌跡から普遍的共通点を探るとすれば、1. 人の能力を信じ、2. 人を大切にし、3. 経営者が現場との距離をおいていないという、三つの大事な点が見えてくると思います。

第7項　これからの企業の経営者に必要な見識

企業経営者が日本で成功するための、特徴的な点を探ってお示ししてみたいと思います。

日本では先進諸国に比較して割合に早く、資本主義的価値観が変革するのではないかと思っています。少なくとも過度の資本主義信奉は、いずれ崩壊するだろうとの予測を持っております。どのように崩れてゆくのか、未来の経営者のために、独断と偏見で自分なりに推測をしてみたいと思います。次は私の予感です。

過去の歴史的な変遷から今後の世の中の変化の流れは以下のような変転をたどる。

1. 封建社会の崩壊。
2. 社会主義の台頭。
3. 民族主義の台頭、全体主義の台頭、軍国主義の台頭。
4. 国家主義的イデオロギーミックスの敗北。
5. 民主主義の台頭。
6. 資本主義のボーダレス的拡大。
7. 資産所有格差の拡大。
8. 自由競争による資本封建主義の台頭。
9. 民主的社会主義の発生。
10. 資本的暴力に対する革命の芽生え、テロの発生。
11. 宗教思想中心の、国境なき民族主義の台頭。
12. インターネットが影響をおよぼし、多くの人による国境、民族間のネットサーフィンが始まる。
13. 物理的流通物量と流通貨幣発行の平行的制限、バーチャル貨幣の発生と抑制。
14. 資本主義的価値観の変革。
15. 新しい人類共生の価値観が台頭する。

以上のことは一笑に付して下さって結構です。しかし資本主義が今のままではいけないだろうな、と思っている人も少なくないと思います。では、これから日本で企業を経営することをお考えの経営者が、考えなければならないであろうことについて、仮説を披露致します、もうしばらくお付き合い下さい。

第二次世界大戦の後、傷つくことなく勝ち残ったアメリカは、唯一の大国として長年、世界をリードしてきました。そしてそのリードする思想が自由と正義ではなく、アメリカ経済至上主義であることを近年になって世界中の人々が徐々に知ることで、そこからアメリカの悲劇が始まるように思います。

日本にいると、「これからの世界はこうなる、だからそれに追従して行くためにはこうしなければならない」という、日本のマスコミの論調に乗せられてしまいそうになります。気をつけたいものです。

グローバリゼーション、グローバル・スタンダード、ボーダレス、市場原理主義規制緩和、国際会計、企業格付け、金融ビッグバンが起きる、金融デリバティヴ、債権の証券化、未公開株式の売買市場の成立、ISO、CSR、WTO、FTA、TPP、ICH、………

これらの言葉を全部まとめて考えますと、結局は他国の企業の透明性を高くして（対象は日本に限らないが）、アメリカの物指しで測りやすくしてから、企業を安く買い取り、他国の労働者に働かせて甘い汁を吸い上げようとしていることが垣間見える気がします。

アメリカが多国間協定を避け、二国間協定のみに走るのは何故かといいますと、一対一では世界のどの国にもアメリカは負けないからではないでしょうか。優位性を利用して、さらに有利な貿易協定を、一見合法的に締結しようと画策しているように見えます。それはノーハンディキャップで、フライ級とヘビー級を同じリングで戦いをしようというものと、同じではないでしょうか。それをアメリカは世界戦略として実施しているようにみえます。

話は飛躍いたしますが第二次世界大戦の後、世界的規模で相場を作ることができる程の、まとまったお金を持っていた人は誰だったのでしょう？　あるいはお金をまとめる知恵を持っていた人は誰だったのだろう？

まとまったお金の一つは中東の産油国のオイルダラー、これは作られたあぶく銭ではないでしょうか。これをまとめて動かし世界の相場を操作したのは、誰だ？　世界各国でバブルを作りそれをパンクさせて、儲けようと画策している人は誰だ？　韓国のバブル崩壊後の混乱は何故早く収まったのか、誰かのシナリオ通り進んだからだったのか？　過去の東南アジア諸国の為替相場の急変と混乱は、何故起きたのか？　４０１Ｋ（米国・退職年金制度）のまとまったお金は何の相場づくりに使われたのか？　シリコンヴァレイの隆盛と急落を演出したのは誰か？

そして日本の不況は何故に、かくも長く続いているのか？　アフガンを攻撃し、イラクを攻撃することによって、政商は何を企んでいるのだろうか？　下衆《げす》の勘繰りといわれるかもしれないが、憶測をすればきりがない。しかし、良く考えてみると、見えないところで何かが動いているような気がする。フランシス・フクヤマらは著書で何かを訴えようとしている。

今までは巧く運んでいたアメリカの戦略も、自分たちが作ったボーダレスの世界で、グローバル・スタンダードを提唱することによって、あるいは自分たちが作ったハイパーリンク、インターネット、ＷＷＷによって、自分たちの作ったシナリオが、シナリオ道理に進まなくなってきたようです。すなわち、主催するマネーゲームに多くの人が疑問を持つようになってきたのです。

しかし、アメリカにいる人がすべてアメリカ人とは限りません。アメリカにいるユダヤ人かもしれないし、華僑かもしれない、あるいは印商かアングロサクソンかもしれません。断定は危険ですが、いずれにしても経済問題は、自由資本主義を提唱するアメリカ経済界を基地にして、発生していることは間違いないように見えます。これらを見抜いて新たな世界戦略を策定して、動きだした別の人々がでてきたようにみえます。

アメリカの正義は、実はアメリカのエゴだというように、だんだんと多くの人々に見え始めたのではないでしょうか。ニューヨークのテロもその兆候としてみることができるし、アフガニスタンやイラクがなかなか平定できないのもそうだし、イランの抵抗も同じ理由のようにみえます。

ヨーロッパを統合しようとしているEU連合の面々もそうだが、リー・クアンユーやマハティール（東アジア経済圏構想）なども、このことをいち早く見抜いていたように思われます。鄧 小平は権力構造を急激に変化させることなしに、共産主義を国を上手に変革するために、利用するための方便を考えていたように思われます。

イスラム圏の人々、少なくとも一部の大富豪を除いて大部分の人々は今でも、長い間資本主義、特にその代表格であるアメリカにやられてきたと思っているのではないでしょうか。

今、世界中の発展途上国では、大衆が民族の英雄の出現を求めています。それらの国々では英雄の一言で求心力が高まる可能性を秘めています。さすがに先進諸国ではその危険性は少ないと思われますが、最近の超右翼の人の発言が人気のあるのは、そのような考え方の兆候かもしれません。少なくとも、今後は経済的な価値観だけではいけない、価格がすべてではないと多くの人が思い始めたように思います。価値観のパラダイムシフトが始まったように思います。

旧封建主義が崩れたとき、特権階級への権力の集中は壊れて分散しました。分散したものをまとめることで、新たな権力の集中が始まりました。国家主義、民族主義、全体主義、社会主義、および共産主義などのイデオロギーを使って人々を扇動したのがそれです。結果からみると過去の数々のイデオロギーは結局、権力を集中するための道具であったように思われます。

昔の思想家といわれる人々は、本音をどうやって露見させることなく、上手に包み込んで綿密に隠し、いかにすれば富と権力を手の中に入れるかの方法を考え、それを哲学書と見まがう長大な文章にしたのではないかとさえ思われます。そう考えると自由主義や民主主義は、どんな形で権力を集中しようとしているのだろうかと考えてみたくなります。自由な競争は、結果として弱肉強食を促進して所得の格差を広げます。富の集中は、結局は金権的な主義を生み、経済的格差のある特権階級を生みます。その結果、経済的階級闘争が起こり、経済的集中は破壊され、分散するのではないでしょうか。（現代のテロ）。

このような展開の走りを見せているのが、二十一世紀初頭の中東諸国を中心とする動きではないでしょうか。次は中南米やアフリカ諸国にも起きる現象かもしれません。

ここに、マハトマ・ガンジーの言葉をあげさせて頂きます。

> 犠牲なき信仰、良心なき快楽、人間性なき科学、人格なき教育、労働なき富、道徳なき商業、原則なき政治

ガンジーはこれらのことは、すべて社会的罪悪であるといっております。耳を傾けようではありませんか。これらの言葉に人類が平和に生きる、永久普遍の示唆があるのではないだろうかと、私は思います。この暗示的な言葉の中から、経済的側面が強い二つの言葉に、スポットをあてて考察してみたいと思います。労働なき富、道徳なき商業という二つの言葉があてはまると思います。このガンジーの考えに、もし協調する人が多いとすれば、きっと経済的価値観や貨幣経済に対する疑問が生れるに違いありません。

貨幣経済そのものは後戻りできないかもしれません。物理的物流量の何十倍もの規模で流通している貨幣には、本来の役割から逸脱しているものがあるのではないかと、疑問を抱く人が多く現れる可能性はあります。平均的な人々の暮らしの消費に必要なモノの流通に対して、必要な貨幣の最適量はどの位なのでしょうか？円滑に貨幣経済が機能するためには、どの位の余裕を持った貨幣量が必要なのでしょうか？（バーチャルマネーも含めて）。今はその何倍くらいの貨幣が、流通しているのでしょうか？ そのあり余った貨幣を取り合いする道徳なき貨幣ゲームが、自由な経済競争と称し労働なき富を生み、社会に罪悪を拡大しているのではないでしょうか。

世界の物量を貨幣に換算すると約三兆ドルといわれています。それらの流通の決済に必要な貨幣は八兆ドルあれば十分だとされています。それなのに現在世界で流通している貨幣は三十兆ドル、実に物流の十倍の貨幣があふれています。金本位制が破壊してから（兌換紙幣の消失）、インターネット取引などが開発されて、その傾向は拡大するばかり。バーチャルな取引から発生するバーチャル流通貨幣などを含めれば、瞬間的にはどれほどの貨幣量になっているか想像もつかない。

道徳なき商業はどれほど多くの架空債権を生み、貨幣価値を堕落させているのだろうか。
少しづつ人々は経済的価値だけが、唯一の価値観ではないということに気がつき始めました。安いモノを大量につくるために、多くの人々を犠牲にするのはいいことなのか？ 本当に消費者は大量に安いモノを求め、使い捨てを喜びとしているのでしょうか。もっと違った別の価値観を求めているのではないでしょうか？
地球を破壊してまで競争に打ち勝つということが正しいのでしょうか？ 偏った価値観に集中することから競

争や闘争が生まれます。その結果、極端な例として殺し合いが生まれます。かつては戦争が生まれてきました。

多くの人が平和に暮らせる方法はないものでしょうか？　このことを命がけで考え続けたキリストと釈迦とモハメッド。この三人の考えが多くの人々の共感を得て、今日まで千年以上も続いています。しかし、これらの宗教的な思想でさえも、その弟子たちによって「俺の理解が正しいのだ」という正当化競争が起こり、殺し合いまで起きています。

元にさかのぼって考えれば、宗教的価値観とは「どうすればより多くの人々が平和に過ごすことができるか？」、ということを追及し、実践してゆくことが大切なのだという点に集約できるのではないでしょうか。だとすれば、経済的価値観のみが肥大して、一部の人たちだけが経済的特権階級になろうとしている現在の世界の流れに、「待った！」をかける人々がでてきてもおかしくないと思います。

最近の傾向として、一国単位で起きてきた歴史的変遷が、交通手段の発達や情報ネットワークの発達から国境を越えて、一斉に起き始めるというのが過去の変革との違いでありましょう。宗教化するかどうかは別にしても、「どうすれば多くの人が幸せになれるか」という考えが拡大するためには、どうしても既存の考えは部分から全体へほころび始めることにならざるを得ません。そして、そのほころびは過去よりも、もっと速いスピードで広がって、顕在化して行くというのが現在の特徴ということになるでしょう。

以上に述べました仮説をまとめますと、次のようになろうかと思います。

1. 経済的価値観の退潮。
2. 地球愛、人類共生的価値観の台頭。
3. 貨幣制度、特に仮想貨幣やそれに類する批判が高まり、株、証券、金融派生商品に対する一定の規制が必要だとの考え方に変わる。

4. 実体を伴わない貨幣発行の制約か、兌換券への転換（金本位制？）の動きが起きるだろうか？

5. 消費の急激な拡大は進まない。先進諸国のニーズは量的拡大から質的充実へと移行する、発展途上国のニーズは量的拡大がしばらく継続する。

6. 量的需要と供給は発展途上国で活発化し、質的需要供給競争の拡大は先進諸国という、国際的消費の棲み分けが進みながら、やがて世界的に平準化が進む。

7. 二十一世紀のキーワードは、『心身の健康と衣食住の安心・安全』であり、これを確保するという願望が膨張する。

ヨーロッパではドイツでもフランスでも、アメリカ型の巨大化した企業が、近年、経営がおかしくなっていたという情報もあります。それらはいずれも資本を集約し、再編や合併を繰り返し、企業を大型化して競争力を高める努力をしてきたところであるようです。

巨大化した安売り屋（価格競争の覇者）を古代の恐竜にたとえる人がいます。すなわち、「恐竜が、巨大化した自らを維持するために周りの食糧を食い尽くし、やがては自らを滅ぼす羽目になってしまった」のと同じではないかというのでしょう。

欧米でも、日本を代表するような巨大企業が街の目抜き通りのビルを買い取り、進出したときが過去にはありました。当時、日本はエコノミックアニマルと蔑称されました。今ではそれらの大部分はビルを売り払い、企業は縮小するか、日本へ引き上げてしまっています。しかし、「地元の頑固者はそれ以前も、それ以降もちゃんと残っている」のです。と、ヨーロッパのある人は語っていました。

よく考えると経済を活性化するということは、何かを消費しなければ達成できない。何かを消費するということは、とりもなおさず、最終的には地球資源を消費することにつながります。そう考えるとこのボーダレスの時代に、そんなこと（消費し続けること）が永久に続くはずはありません。このことには誰でもが気がつくはずであります。

大量生産➡大量販売➡価格競争➡競争相手の排斥➡格差の出現➡ゲリラの出現

経済の勝者と思っている人たちも、結局、このような右の図式に乗って、自らが破滅してゆきそうな気がしてきました。

《企業競争の変遷》

実は、今回、スイスへ行ってみて以前のスイスとの違いを見て、輝きを失っていることにビックリしました。ジュネーブの街を歩きながら、あのキラキラしていた街はどこへ行ってしまったのか？　と考えました。スイスは第二次世界大戦の後、永世中立を宣言し、今日まで中立国を保ってきています。スイスは長い年月、外国への傭兵の供給基地でもありました。（ローマの大切な施設は今でもスイス兵が守護を任されている）。近隣諸国が対立を続けている限り、大国同士が戦争をしている限り、中立は意味がありました。それは傭兵の供給源としても、また富豪たちの財産の保全場所という意味においてもそうです。

冷戦構造が壊れ、ＥＵ連合ができて中立の意味や存在価値は薄れました。その結果、スイスの存在価値が低下し、スイスへ流入してくるお金が減り、ユーロの中で中立の意味が薄れ、中立よりも孤立してしまったのではないだろうか。と、すら感じました。中立を継続するかＥＵに加盟するか、大変な国家戦略の選択に迫られているときが来るのかもしれませんが、経済行為はもはや実質的に統合されており、後戻りは非常に困難であろうと思われます。現に、スイスでも観光地の人々は、すでにユーロを認めて流通させています。

この二つの現象から、私は人間の英知はボーダレスの世界の中で、民族のアイデンティティーをそれぞれに確立し合い、認め合いながら共栄の道を探り見つけてゆくものと確信しています。お互いの違いを認め合いながら、自分の分限に満足してゆくことこそ、必要な知恵であるように思います。日本の古き良き時代の思想である「和」、「寛容」、「知足《ちそく》」の精神が国際化の時代の中で、重要な価値を占めることになる日も、そう遠くないものと私は思っています。

(社員数+会社と関係する人間の総数)×人件費+社会事業投資額+地球環境保護対策費÷売上×100=?%

話はちょっと飛躍致しますが、この方程式をどう思いますか？　私は企業格づけの基準をこの方程式のような考えで行うのが良いのではないかと思っています。

その訳は、この答えが大きい程、「多くの人が幸せになれること」を示しているからです。このことをより深く考えた企業が社会的にブランド価値において、高い評価を受けるようになれば富の偏りは減少し、所得格差の少なく、企業利益を共有する人々が増えると思うのですがどうでしょうか。これからの経営者は経済学的企業業績の評価に終始するだけでなく、その会社の存在のすべてが地球的規模で人類社会に貢献しているかどうか、といった価値が問われる時代になると思うからです。

限られた資源と限られた消費活動の環境の中で、人類の英知である「互いに助け合って平和に生きる」という思想の実現に向けて、まず個々の人が立ち上がり、次いで民族的差別のない民族集団が立ち上がり、個から集団へと理想的な思想が広がって、やがて国の境を打ち破って行く新しい道徳的思想を考えても良いでしょう。

最初は共通する価値観を見つけて、それを求心力とする集団を作り、その考え方に共鳴する人々の集団に、さらなる相互理解が進み、新しく創造された価値観が加えられ広がって、やがて過去の個別的、宗教的、思想的価値観を越えて、全世界的新価値観として多くの人々に影響し始め、世界が動き出すことになるのではないでしょうか。

そのとき、経済至上主義はほころび、経済的封建主義は崩れ、人類の文化的価値観を元にした多くの価値観が自己の主張を維持しつつ、相対的に理解し合う思想が出現してきて、今よりは理想的な世界はできるのではないでしょうか。

未来はどのように変化してゆくのでしょうか。これからの企業経営者は、企業が稼ぐ利益のみに関心を持つのではなく、人類の平和を求めるという力のベクトルに、矛盾しない方向性を持った思想で企業経営をしなければなりません。

現在の秩序が壊れたとき、世界の中で再び競争が生まれ、争いが始まるのか、人類が滅亡するのか。あるいは、遥かに理想的な世界に発展するのかは分かりませんが、しかし希求する方向は地球上のすべての生物の調和のとれた、平和な社会でなければならないと思います。

最近、話題となっている「マイナス金利」の問題も、資本主義経済に新しいインパクトを与えると思っています。何故なら、〝利息〟は資本主義存続の根幹をなす構造的必須条件のひとつであり、利息がなくなれば資本主義的権力は成り立たなくなると思います。しかし、私は人類の新しい英知の出現を信じています。どのような素晴らしい考えが出てきますか楽しみです。変化のときは、その変化が本質にかかわるものか、道具にかかわるものかしっかり見極めることが大事です。道具の変化に惑わされてはなりません。

昨今、日本の思想（本質にかかわるもの）が少しづつ変化を始めたように私には感じられます。良くも悪くも日本の思想は、大東亜戦争以降に作られた憲法に支配され影響を受けてきました。その考えの底には、戦争を起こした張本人としての反省が存在しているように思います。

「二度と戦争を起こさないためには、どうしなければならないか」ということが、憲法創設当初には最も大切な考えであったようです。戦争を始めた元凶が日本のファッシズムにあると決めつけて、全体主義や軍国主義を極力押さえ込み、民主主義と称して個人主義的な考えを増幅させてしまいました。「みんなのために」という考えを「全体主義に発展しかねない思想という理由で」、極端に嫌悪し、抑え込んできました。そのため公共性や公徳心まで、また周囲の人を慮《おもんぱか》る心まで否定してしまいました。その結果、アイデンティティーが育つ前に、自己中心的な考えのほうが育ってしまいました。

話は一転しますが、最近、日本でもノーベル賞の受賞者が同時に何人も出るということが続いています。そしてその受賞者のすべての方が、「一人の天才ではなく、多くのみなさんの協力がこの結果をもたらした」、あるいは「研究には多くの研究者が国際的に協力し合っている、共同研究の重要性が日々高まっている」。このように一人の力というよりみんなの力が大切と述べています。

日本ではかつての軍国主義や戦争の反省から、わが国は極端に「お国のために」「みなさまのおかげ」という全体主義を感じさせるような発言をタブー視してきました。その結果、自分のことしか考えない人たちが生まれ、日本中の多くの人が「何とかしなければ」と思うようになってきました。

このたびの教育基本法の改正検討委員会の中間報告に、その思いが込められ、日本は再び「和を以って貴しと成す」の国へ旋回しようとしているかのように見えます。「私は良かったなあ」と思っています。しかし、その反面、かつての和の国は戦争にかかわりなく「村八分」を生み、「向こう三軒両隣」の相互監視社会を作り、考えの違うものを『裏切り者』と仲間はずれにするような国でもあったのです。

国内で認められなかった仲間の誰かが、外国で認められると持《も》て囃《はや》しはするが、腹の底で妬《ねた》む。そのような心が存在していたこの国に、周囲の人に気配りをする心が芽生えたことは素晴らしいことだと思います。ですが、アイデンティティーを確立しようとする人を、仲間はずれにさせてはならないことも、忘れてはならないと思います。

これから始まる新しい『和の国』は、異なるものであっても、あるいはささいなことであっても素晴らしい個性を尊重する、個と全体との調和のうえに立ったものでなければならないと思います。

個性においても我儘勝手《わがままかって》を個性というのではなく、理性で抑制された知的なものを求める考え方でなければならないと思います。少なくとも凶悪犯罪を犯そうと考えている少年が「俺の個性だと嘯《うそぶ》く」、あるいは売春に明け暮れる少女が「お客さんも良いって言っているし、私も楽しい。互いに好きなことしているのに何がいけないの」と嘯くような個性尊重ではいけないと思います。このことは法人である企業においても同様の注意が必要と思われます。

一八三〇年には十億人であった世界人口が、一九五〇年に二十五億人、二〇〇〇年に六十一億人へと増加し、二〇五〇年には九十億人に達するといわれております。そうなると資源の枯渇を招くばかりではなく、オゾン層の破壊、地球温暖化、熱帯林の減少、砂漠化、酸性雨の激化、野生生物の減少、生物多様性・生態系の破壊、発展途上国での公害問題、海洋の汚染、有害廃棄物の越境移動など、地球規模の環境問題が深刻化してきます。

このような近代に至るまでの歴史的、環境的な問題も無視して、これからの企業経営が継続して成り立つ時代ではなくなりました。かつて、売上げとか利益とか、株価とかを経営指標としてきた企業も将来はそのような経営指標だけでは、存在理由が問い直される時代になってきたのです。

そのために企業も企業経営者もＩＳＯとか、ＳＣＲ、コーポレートガバナンス、コンプライアンスといった問題もクリアしてゆかねばならない時代になったのです。

しかし気をつけたいことはこれらのことが、基準以上の良い状態であるというだけでは不十分で、大事なことは企業や組織団体の存在そのものが、宇宙的規模で社会貢献をしているということでありましょう。

今、企業経営を考えるということは、それらすべてを視野に入れた経営論でないと、これからは通用しないと思います。単純な経済的価値観で構成されている企業経営から、すべての生物が平和に暮らすことに耐えられる、公平さや公正さを持った組織的な経営をマネジメントできるということが、経営者の条件になってきたのです。

今、このような話を紹介した目的は、経営思想の根底や外枠にこのような考えを見据えて、日本的経営の良さ、すなわち、企業内の人間関係や技術伝承の文化を継続し、経営の志を共有した一心同体の経営体を作らないと良い企業とはいえない時代になろうかと思うからであります。そのような経営が国際化の時代でも、世界標準として普及してゆくならば、人類にとっては楽しいことです。そしてその可能性は小さくないと考えます。

結論として、日本で企業経営を成功させようとする人はこれらのことを考えつつ、自社の暖簾《のれん》の価値（地域社会での企業のブランド価値・信頼性）の拡大を考えて経営をしなければ、国内で受け入れられる企業とはなれないであろうと考えます。

そのうえで、企業経営者は僧侶が「悟り」を求めるごとく、自らを律する戒律を定め、質素で清廉潔白な生活態度に徹する生き方を実践するということが必要であります。

第８項　商人の倫理、道徳、家訓などの重要性について

良い法人企業、商店および個人事業などの経営組織を本著内では、まとめて「組織」という言葉で以後、表現することにします。

日本的な良い組織が具備している、仕組みについて少し述べてみたいと思います。ただし、日本の組織経営の手法は証券取引法の上場基準などで、かなり、日本独自の経営の仕方をねじ曲げられ、マネジメントという言葉でも分かりますように、最近は「管理」ということが主体になっています。

そこには社員と一心同体、社員の指導育成の仕組みの充実といった考え方は、余り表面に押し出されておりません。その点を見逃して外来のＭＢＯと、マニュアル順守の手法を企業経営に導入してしまうと、短期的には良い結果を上げることができても、長期継続繁栄といった日本的企業の評価基準に耐え得る企業経営は難しいことになります。その点を見逃さずに、日本で良いといわれている企業が持っている、企業文化を研究して頂きたいと思います。

第３節　組織の経営管理

どんなに素晴らしい経営管理法も、その仕組み通りに、しかも組織的に社内の人が動いてくれなければ、良い結果を得ることはできません。うまくことを進めるためには業務分担の明確化、責任体制の公開、組織の統制と

統率、必要情報の共有化、そして危機管理が機能していなければなりません。

マーケティングの必要性が声高に叫ばれておりますが、マーケティング理論そのものは座学であり、過去の統計による推論であります。人間の体に例えれば、頭の仕事にあたります。しかし不必要であると言っているのではありません。仮説を立てて、過去から未来を推測することは大切です。しかし、陥ってならないのが、過去の延長に未来があると信じることです。

未来は過去の延長にあるのではなく、人間の英知によって創造されるものであるからです。その点、営業活動は実学であり、人間の体に例えれば手や足の仕事であります。ともに人間にとって重要な働きをする部分です。いかに重要な部分であったとしても、その機能を働かすためには、神経や血液が必要なことは、自明の理であります。

組織経営という仕事を人の体に置き換えて考えてみれば、その役割りは神経と血液です。神経の伝達と血液の流れがなくては、どんなに素晴らしい人間も機能しないのと同じように、組織経営の仕組みが機能していない企業は組織として機能しないだけでなく、とても危険なこともあります。

企業における神経と血液の問題について、これから述べることにします。

第1項　企業労働者の時代環境

組織経営を考えるとき、その対象となる組織集団の中核を形成する、世代の群が育った環境について、まず、考察しなければなりません。そして、それら集団の持っている感性の特長について、把握しておく必要があります。集団を統率して、一つの目標に向かわせようとするとき、「集団のどこに焦点を合わせて運営方針を作るか」を考えるのは大変重要なことです。この点を見過ごしてしまうと、いわゆる、時代遅れの組織運営になってしまうからです。

私は最近、少年剣道を通して、たくさんの中学生と付き合う機会を得ました。その結果、〝荒れた中学校〞を作っているのは生徒たちではなく、先生の態度だということに気が付きました。中学生はむしろ、先生にこびているのです。何故なら、みんなが良くないと思っている先生方にも、成績表や内申書や推薦状を書く権限があるからです。

ですから、先生に「ゴマをする」（お世辞をいう）子供が出てくるのです。そんな生徒たちの中で「おいみんな本当のこと言えよ」と、大声で叫んでいる少年たちが〝ツッパリ学生〞なのです。（いわゆる不良学生と見られている）茶髪の学生の中に純粋な子供が少なくないのです。「校則という規制」と「内申書に書くぞ」という強迫、そして「受験戦争」。こんな環境の中で育った子供たち。これらの子供たちが、今後十年くらいの間に現役の中核世代となろうとしています。

ツッパリ少年を除けば彼らはとても扱いやすく、指示には素直にしたがいます。しかし、自分からは何も考えようとしないし、問題解決のための思考や行動には極端に消極的です。そして何でも〝これやっても良いですか〞と聞いてくる。この質問の裏には、うまくいかなかったときに「でも先生、良いと言ったじゃないですか」という反論と責任回避のための、言質を取っておくという心が見え隠れしているのです。次の新入社員の世代は、求人難か就職難の時代にかかわらず、もっと悲惨です。一粒のきらりと光る若者はいるが、大部分は戦う気力を持っていないのです。

さらにもっと問題なのは、企業でそれらの若い青年たちを指導する立場にある、いわゆる高度成長期に階段をのぼってきた管理職に育てられた、何も教えられていない中間管理職の人たちの存在です。

彼ら自身はもっと悲惨です。年をとってはいるが、実は彼らは仕事の仕方を良くしらないのです。自分の仕事の仕方、すなわち、問題解決の方法をしらないのです。こんなとき何をどうすればよいのか分からないのです。バブルという異常な高度成長期に、大切な時期を過ごした人が彼らの上司でしたから、「困ったときはどうすれば良いか」などということを実地に指導を受けてきていないのです。

何故かというと、先輩や上司たちは現役の最盛期に「本当に困った！」という経験をしていないのです。極端な話しのように感じるでしょうが、そのような過去の時代には、それらしい「まがいもの」の「仕事」。すなわち、「仕事もどき」（真似ごと）をしていても業績がどんどん上昇してしまい、その結果、それがバブル現象だということも解らずに「これが仕事の仕方だ」と思ってしまっている人がほとんどです。

ですから、彼らにとって大切なことは、社内昇格競争のみであり、それが大切な仕事の目的である。と、大部分の社員は勘違いしています。すなわち、目的の移転が知らず知らずのうちに社内で根を張ってしまっていたのです。そのため、人事や社内情報を得ることが、社員の努力すべき大事な事柄と思い込んでいます。その結果、大部分の思考が内向きになってしまったといわれております。

会社が『顧客重点志向を会社の方針』として打ち出しておきながら、現実には客のことなどほったらかして、上司に対するプレゼンテーションに血の道をあげ、「ゴマすり」に徹し、追従《ついしょう》の技術を磨くことに努力を費やしている幹部社員ばかりが目につきます。そして彼らは自分では何も考えないし、できないものだから、「予算が少ない」とか、「外部のコンサルタントを採用することを提案する」こと位しかできないのです。

いかにして上司を口説いて予算をださせ、どうやって外部の人に頼んで、仕事をさせようかと考えているだけなのです。そして部下には、「会社の方針だからやるように」、「本部長の指示だから必ず達成するように」、「会議で決まったことだからやってもらわないと困る」、「できなければ君の評価に影響するよ」。

このように自分の言葉を使わず、社内的な権威者の言葉でしか指示をだせない。このような幹部に前述のような環境で育った、青年たちが従っているのです。それが今の会社の実態に近いのだと思います。アルバイトで学んだ間違った社会人のコミュニケーションの仕方や、マニュアル主義が多くの会社でまかり通っています。しかしそれさえも注意し、指導する能力をもった中間管理職がいません。それどころか管理職に就いている者でさえ、日本の文化である敬語を良く理解し使用することができないのです。

そして、企業内で通用している習慣や、伝統的に維持されてきた規律などが壊れてきてしまっています。マニュアルに書いてあることしか、分からなくなってしまっているのです。そのような企業は良くない企業ですが、良くない企業は良くない企業で悪い共通点を持っています。これからはこれら労働者の質の変化をしったうえで、組織運営を展開しなければなりません。

そのような企業環境、すなわち企業伝承文化の減耗《げんもう》、以心伝心の齟齬《そご》の発生、相伝習慣の消滅といった、新企業風土の中でも、時代に合った組織運営を展開し、組織内秩序を構築し、統治力を発揮しないと、その企業はいつか社会信用力を失墜してしまいます。

いくら、ＭＢＡの資格を習得した人やマーケティングを学んだ優秀な人がいても、あるいは素晴らしい営業担当者がいても、組織経営管理ができていないと企業組織は死に体《したい》なのです。人口問題と世代別特徴を把握しておかないと、日本における組織運営を成功させることはできません。

どんな時代でもＭＢＯ成果主義では、失敗するのは火をみるよりも明らかです。経営と関係あろうがなかろうが、日本の良い企業文化についての研究を行い、礼節と長幼の序を知り、企業内教育の重要性に気がつかなければなりません。

日本では店主が番頭を鍛《きた》え、番頭が手代を厳しく仕込み、手代は丁稚の仕事の面倒をみてきたのです。口数は少ないけれども実務的には中身の濃い、「部下を仕込む」といった上司の気概があり、その仕組みの中にマニュアル化していない多くの〝仕事のコツ〟が不立文字として相伝され、あるいは不文律として職場に存在しているのです。

第2項　組織の運営管理ができて初めてマーケティングが生きる

本当に若い青年たちに挑戦的な仕事をさせたいのならば、〝失敗したら俺が泥をかぶる、心配するな〟という上司の心意気を示す裏打ちが必要です。それが不足しているのが現代の管理職です。

私が本論を書こうとしたきっかけの一つは、日本の歴史と文化に裏打ちされた素晴らしい日本の企業風土が、このままでは失われてしまうとの危機感があったのがその理由です。すなわち、日本企業の特質である「みんなで考え、一つのモノを成し遂げる」ということができなくなるとの、憂いからでした。

日本の伝統的なこの企業風土が成熟することによって初めて、これから飛躍的に発達するであろう多種企業複合提携組織（コンソーシアム）も、うまく対応できるようになるのだと思います。大型のホストコンピータをおき、企業内ですべて自己完結させる型のシステムに対して、パソコンを多数連結してお互いの独立性を維持しながら、全体での共通目標を達成してゆくことができるクラウドコンピューティングを活用する。企業も単に巨大化を続けるのではなく、特徴ある個々が手をつないで、巨大企業以上のことができるようになってくるのであろうと想像致します。

そのような時代に向うとき、企業の幹部を志す者が将来の組織運営管理の概念を知ることは、大変大切なことであるように思います。

家訓とか社訓を昔は創業者の志として大切にされてきたように思われますが、実際にはつい最近まで多くの企業で、神棚の横に飾られているモノと思われていたようです。だから解決すべき多くの難題に遭遇したとき、理念や方針に基づいて意思決定や価値判断をしなければならないという、考えに立った行動がなされていない企業が少なくありませんでした。

最近になって日本の一流企業が少しづつ、自社の経営理念の見直しを始めていることは望ましいことです。「温故知新」で企業理念のもつ意味を、じっくりと味わい直してみてもらいたいものです。

しかし、現実にはまだかなり多くの企業幹部が、目標達成率のためには会社の経営理念や基本方針を二の次と考えて、多少はそれを逸脱しても良いと考えているらしく、基本方針は建て前の話として壁に貼ってあるか、額に入って飾られているだけで、その存在の意味すら分かっていないようです。創業者や起業家が、企業の継続と繁栄を願って作った方針、すなわち、「自分の企業が将来を間違えないための方策」や「知恵」が、目先の企業規模の拡大や経済的価値観に負けてしまっています。

ここに、一つの例として、私が二十年以上掲げてきた「営業の理念」を機会があればお示しします。これが最上のものかどうかは分かりません。しかし、このような理念を作っておけば、難しい問題の意思決定を行わなければならない場面に遭遇しても、「その意思決定は患者のためになりますか？」という言葉を第一の判断基準とすることによって間違いを起こさず、迷いからも救われたことは事実です。だからと言って、「格好良すぎる」と冷やかされるこの理念があったために目標を達成できなかったということは一度もありません。〝現実という本音と基本方針という、形而上的表現〟との調和と統合を図るということがとても大切です。

です。

第3項　個々の企業の経営理念はその企業が社会に示した公約である

私は公約を明示し、そしてそれを守ることが、企業の社会的信用を保つことだと思っています。〝量から質〟の時代に入ろうとしている現在、企業の格付けにより社会的責任の失墜が、企業の存在をも抹殺しかねない時代です。

日本の代表的な優良企業である「ソニー」でさえも、プレイステーションに使っていた一部の電線にＰＣＢ（＊注―1）が含まれていることが見つかり、市場に出した製品の全部を回収したことがありました。そのうえにソニーはヨーロッパでブランド価値を大きく下げたことは、耳新しい事故として記憶に残っていると思います。当然、株価も下がりました。最近多くの一流企業が時代背景にあわせて、企業理念の見直しをしていることでも分かるように、今後は暖簾《のれん》の価値を高める理念経営の実現の重要さがますます増大してくるものと思われます。

（＊注―1）ＰＣＢはPoly Chlorinated Biphenyl（ポリ塩素化ビフェニール）の略称で、極めて強くダイオキシン類として総称されるものの一つです。一方、溶けにくく、沸点が高い、熱で分解しにくい、不燃性、電気絶縁性が高いなど、化学的にも安定な性質を有することから、電気機器の絶縁油、熱交換器の熱媒体、ノンカーボン紙などの用途で利用されました。ＰＣＢの毒性について脂肪に溶けやすいという性質から、慢性的な摂取により体内に徐々に蓄積し、さまざまな症状を引き起こすことが報告されています。

「経営理念や基本方針を重視しながら企業の全部署が目標や目的に向かって、役割を効率的に果してゆくためにはどのような仕組みが必要か」を考えるのが、企業の組織マネジメントを考えることでも重要であります。

言い換えますと、会社の幹部が企業の理念や、方針を策定し決定してゆく過程から、指示実行の命令や進行状況の把握およびチェック、報告、連絡、相談のルール。そして成果の評価に至るまでの道筋を社員全部に開示し、お互いが見えないところでそれぞれに働いていても、一個の集団が間違いなく目的や目標という共通の成果に向かって、進んでいることを全社員が理解し信じられる仕組みを作ります。それを効率良く運用することが「組織の運営管理をする」ということであります。まず、そのあたりから組織経営管理の入り口に立っていただきたいと思います。（組織経営管理のことを以後「組織マネジメント」と称します）。

以前、行われた世界経営者会議において、世界の経営トップが発言した一言をまとめてみました。みなさんにはどのように感じられるでしょうか。私は政治家の発言ではなく、実業家として世界が認めた人の発言をまとめてみて、今、世界の企業の価値基準が、変わろうとしているという感じが致しました。すなわち、資本主義的企業規模の拡大一辺倒では、なくなってきたということです。そして、企業理念が大きく評価されようとしていると感じました。

米国では二〇〇一年、エネルギー大手のエンロンの不正会計が表面化、二〇〇二年六月、ワールドコムの事件が発生し両社ともに破綻に追い込まれました。そしてリーマンブラザーズにおける、サブプライムローンの破綻（二〇〇六年）という事件が起きました。株価至上主義経営が行き詰まったという考えが強まっています。しかし最高経営責任者（ＣＥＯ）、最高財務責任者（ＣＦＯ）が私利私欲を追及し、株価形成をゆがめたことが元凶だったともいわれています。次に新聞に掲載された日本の経営者の言葉に耳を傾けてみましょう。

伊藤忠商事、丹羽宇一朗社長

利益を増やし、株価を高めて株主に報いることをおろそかにしたら、資本主義経済の根本が崩れてしまう、利益を上げなければ経営者は何の意味もない。企業には顧客、社員、取引先、地域社会など、さまざまのステークスホルダー（利害関係者）がいます。これらのステークスホルダーの意欲や満足度を高め、好循環を作り出すことによって利益を高める。これが本来の経営者の使命ではないだろうか。リーダーが人を動かすには、まず私欲を制限しなければならない。

イトーヨーカ堂、鈴木敏文社長

お客のニーズを探ることに尽きる。安くすれば売れるのではない。

京セラ、稲盛和夫名誉会長

企業ブランドの形成力はトップのリーダーシップにある。日米で相次いだ企業の不祥事は、倫理観がリーダーの重要な資質であることを示している。トップには名誉や地位に対する、欲を凌駕する高尚な『人格』が必要である。その人がマーケティングの理論を使って組織マネジメントを行い、多くの人を統率してゆくことによって企業を成功に導いているのです。

『日本経済新聞』に掲載された経営者の言葉で、名前と肩書は当時のものです。前掲の日本の経営者の発言と比べて考えて下さい。

外国の経営者の一言

デルコンピュータ、マイケル・デル会長兼ＣＥＯ

我々は顧客満足度、利益、売上高という順番でトップを目指している。

アメリカ、アプライト・マテリアルズ、ジェームズ・モーガン会長兼ＣＥＯ

景気後退時にこそ、新製品の育成と人材育成を強化すべきだ。

ウオルマート、ジョン・メイザーＣＥＯ

世界で成功する秘訣はまず人材。最も望ましい職場には最高の人材が集まり、業績向上がさらに優秀な人材をひきつける。

ヒューレット・パッカード、カーリー・フィオリーナ会長兼ＣＥＯ

株主を含むステークスホルダーの評価を総合したブランド力を高めることが、関係するさまざまな人たちに対する企業の約束だ。

以上ですが、いつも新聞を気をつけてみていると、色々な経営者の考え方が目につきますが、それらをまとめてみると一つの方向性が見えてくることが分かるでしょう。

第４項　日本的組織マネジメントの要点

「安全」はかなりの確立で、科学的に根拠を担保して提供することができます。しかし、「安心」は形にして提供することがなかなか難しく簡単にはできません。

安心な企業とは、継続的な信用構築重視という企業活動の結果、全社員が社是や社訓といった経営思想に加えて誠実をモットーとして取り組んでおります。それらの人々が働いたり、発言したりした言行に裏打ちされ、そして積み重ねられた企業の持つ社風から、顧客が主観的に感じ取るものであるからです。では、そのようなことがどうしてできるかというと、それは経営者や経営幹部の人格と思想から生まれた企業理念が存在し、その実現に向けて継続的な努力がなされているからであります。

いずれにしても「安心」は、その企業を取り巻く利害関係者の多くが客観的に判断するものですから、企業側から意図して創造できるものではありません。これからの企業は顧客から安心して、取引をしてもらえるような努力をするべきであります。

企業が反省材料を探す場合、過去の足跡をたどることが良くありますが、今は多くのデータが存在しており、過去の傾向を分析して教えてくれますので便利になりました。しかし、過去のデータは将来の仮説を構築することに役立っても、未来の顧客の嗜好《しこう》やニーズを約束してくれるものではありません。未来のことは市場現場の顧客が、何を望んでいるかを見抜く感性があって、初めて将来市場の予測ができるのです。顧客の望むモノを見極める感性は、どこから生まれてくるかというと、注意深く緩みのない観察力で体得した現場体験からです。科学的再現性とかシュミレーション、あるいは確率の計算といったものとは別のものなのです。

市場分析や統計といった研究を専門にしている人は、自ら実施していることの限界についても、同時的に語ってもらいたいものです。過去の数値データが教えてくれるものは限定的であり、未来のすべてを教えてくれるものではないということを再確認して頂きたいと思います。あるいは数値で示せるのは過去でしかなく、未来は数値では示せないのです。膨大な経費を使って、科学力の粋を尽くして実施している地震予知でさえも、その予知の実現は甚だ困難でした。科学では解らないことが、この世の中にはまだたくさんあります。

机上の未来予測を試みる人は、この現実から目を離さないで欲しいのです。何よりも努力すべきは、顧客の幅広い感性を理解できる自分を創造する努力を惜しまないことです。その努力の継続の過程を経過して、人間形成を図ることが真実価値のあることです。修業した人の判断でないと当てにはならないのです。

今は、どこへ行っても同じ品揃えで同じようなモノを売っている店ばかりであります。そして、いずれの店も同じモノで価格競争をしています。しかし良く観察してみると売れ筋というデータに隷従せず、独自の感性に基づいて顧客の求める品揃えを行い、対面販売をしているところは顧客で一杯です。そして少し高いモノでも売れています。決して値引き販売をして、大量に販売している訳ではありません。客はその店とその店の主人から、自分が選択して買ったことを喜びとして、その喜びを持って帰るのです。

大量生産された同一の規格のモノを、価格競争をして売る時代は終わろうとしています。サービス業の方々は早くこのことに気がつかないといけないのです。

我々は本当に顧客が望んでいるモノは、何かということを考えたことがあるのだろうか？　そのことを考えて顧客に情報提供をしているだろうか？　さらに経営者は、顧客が欲しているモノを察知できる自分を作るべく、自ら修行して自らを切磋琢磨しているだろうか？　と自らを自らで省みて下さい。

経済的価値観（安い、高い）だけではなく、異なる多様な価値観に基づいた感性によって見つけられる「顧客の探し求めているモノ」を分かり、提供しなければならない時代になってきています。

話は飛びますが、医薬品に関する効能や効果、そして副作用などの情報を豊富に持ち、医師などに紹介している職種に「ＭＲ」（医薬情報提供者）という職種があります。かつて、医師は医薬品の情報の多くを彼らに求めてきました。医師も卒業後の新薬の情報を知るには、それが一番便利だったからです。

しかし、インターネット情報をはじめとする種々の方法で、医薬品情報がリアルタイムに、すぐ入手できる時代になりましたので、医師はＭＲの価値を以前程には重宝しなくなったのです。そのためＭＲに対して、面会する時間を制限するようになりました。理由は医師が患者の治療のほうに投じる時間を優先しはじめ、ＭＲからの情報の提供を受けるに使う時間の必要性を過去程は必要としなくなったからです。

何故、病院は医師はＭＲに対して、面会制限を求めるようになったのでしょうか。理由の一つは前述のごとく、インターネットで即時に医薬品情報が取得できるようになったこと。ＭＲという職種が持つ情報を医師が、さほど必要としなくなってきたからです。医師がＭＲに求める情報の質が、変化してきた訳です。

一方、ＭＲは商談のチャンスを獲得しようと、面会制限というルールの網の目をくぐり抜けることを考え、何とか面談はできないものかと行動しがちです。しかし、そうであってはならないのです。抜け道を探す努力をするのではなく、「顧客が必要とする自分になるためには、どうすれば良いのか」を必死になって考えないと、自己の存在が否定されかねない時代だからです。この傾向はＭＲに限ったことではありません。今後は誰もが働く業種・職種の違いに関係なく、行住坐臥《ぎょうじゅうざが》修業を積み重ね自己を磨かなければ、人間個人としても存在価値が輝かない時代になります。パート社員や、派遣社員にその地位を奪われるのはまだよいほうですが、それこそＮＥＴ情報、ＡＩ（人工知能：Artificial Intelligence）やロボットに取って代わられる時代がきます。

経営者の組織マネジメントのポイントは、すべての職場の社員が「何のために、誰のために、誰が何を求めているのか」といったことが分かる人となり、利他《りた》の心を常持するために自主的に日夜努力する社員を育成することが大切です。そのために新しい企業文化の環境を、どうやって創造するかが重要になります。

第５項　経営理念の具体例

最初に余談として第2項でちょっと触れましたが、稚拙、かつ卑近な例ですけれども、医薬品営業活動の活動理念をご紹介します。

「医薬産業とは薬の研究・開発・販売を通して患者の痛み、苦しみ、悩みを軽減し、さらには死の恐怖から開放し、一日も早いＱＯＬ（クオリティー・オブ・ライフ）の実現に寄与することによって、患者から感謝の象徴として支払われた金銭を企業運用資金の原資として、生業《なりわい》を営んでいる業種である」と思います。従ってその企業の日常の運営態度は真摯《しんし》であるべきであると考えます。

このことを肝に据え、商道徳を守り、薬業人としての倫理観を堅持しなければなりません。決して利益誘導や誘惑による安易な市場創造をしてはならないのです。その活動の基本的態度は「継続する努力は不可能を可能にする」という先達の言葉を信じて、不幸にして、運悪く効能効果や薬としての有用性に劣る薬を、投薬されている患者を救うために敢然と粘り強く戦うことであると考えます。

そして、その戦いは「最適量」、適応患者すべてに有用性に優れた薬が日常的に処方され、投薬され、治療が進んだ」ときに終わるのです。従って、それ以上の販売目標の設定は必要ありません。我々の行動目標は、何人のドクターに我々の考え方を理解してもらい、患者にとって最適な薬を処方して頂くか？　何人の患者に喜んで頂くかということにあります。

売って喜び、買って喜ばれ、そして患者を幸せにする。この行動が結果として対象患者のすべてに至ったときに、その薬の販売目標はプラトーに達するのです。広義の意味で福祉の世界に存在している医薬品産業は、仕事を通して社会福祉に貢献したい人にとってこそ相応しい職場といえます。

そのためにも、崇高な企業理念を持ち、正しい運営の基本方針を持った社員・役員を擁する企業となり、正しく努力した人が正当に評価され、しかも他人への迷惑を顧みない人々には厳しい処分を実施する。という職場風土を持つことを企業文化とする組織を作らねばならないのです。営業担当者は商品を売り込む前に企業を売り込み、自分を売り込み、例え同じものの競争であっても、販売競争に勝つために自分の価値を高め、顧客が自分から購入したことを喜びとするような活動を心掛けるべきです。

このような言葉を並べて「医薬品の販売に携わる人」に、営業人としての心構えを啓蒙してきました。これはたった一つの卑近な例であり、業種によって心構えが異なることはありましょうけれども、日本において効果的な組織マネジメントをする場合は、志《こころざし》や創業の理念、古くは家訓といったものを大切にし、企業文化として根づくまで日常活動で習慣化し、社風化することが必要です。

以上のことを医薬品業界を例にして一言でいいますと、「患者のために奉仕する」ということであります。特定の業界を示さず別の言葉で一般的に申しますと、現場から目を離さず、すべてを顧客の目線で考えるということであります。このことから組織マネジメントを始めるためには、まず、経営者の志や素晴らしい企業理念がなくてはならぬということを理解していただきたいと思います。

第4節　組織をマネジメントする

組織マネジメントの知識や技術を知る前に、組織マネジメントに失敗するとどうなるかの最新の実例をお示しします。（日本経済新聞記事抜粋）

「たくさんの若い優秀な人が集まっており、ベンチャービジネスの雄として話題を提供した「アスキー」社ではあったが、その末期には企画が重複した本を、同一会社の別々の部署から出版するという珍現象が起きました。この企業は思いつきが多く、長期的な視野に立ったマネジメント感覚が欠如していた典型的な例であり、理念も目標も基本方針もなかったことが伺えます。すなわち、窮地に陥ったとき、意思決定をする物差しが企業内になかったとしか思われません」。

この企業の社長が日ごろ口にしていたことは、「採算より挑戦」という言葉であったといいます。その他、近年の大企業事故としては三菱自動車、雪印乳業、森永製菓、日本ハム、西武鉄道、タカタ株式会社、東電原発事故、そして東芝の不透明経理事件などの例はよく知られています。それぞれ立派な企業です、しかし現場の実務担当者の一人一人に、企業理念が徹底され理解されていたかといえば、そうではなかったのではないでしょうか。

さらに、これらの企業に共通していることは、「会社経営情報の共有化」ができていなかった。すなわち、組織マネジメントができていなかったということです。

話は一転しますが、人類が最初に成功させた巨大な組織マネジメントの例として、エジプトのピラミットの建設があります。あの時代にピラミットを完成させるには、多種の専門知識が必要だったといわれています。それぞれに異なった能力を持つ、多くの人々を長期間にわたって一つの目的のために統制、統率して、奴隷制度を活用したのでもなく強制労働を課したということもなく目標を完成させたことから、この組織マネジメント能力は偉大なことであったと語り継がれています。

この二つの事例を対比して示したのは、スケールが異なりすぎていますが、たんてきに組織をマネジメントするための要点みたいなものが顕著に示されており、分かりやすい例と思いましたので紹介しました。

> 組織をマネジメントするということは目的を達成するために、別々の機能や能力を持つ人々に役割上の位置づけを行い、無駄や重複を防止し、目的達成に向かって効率よく統率することであります。

それでも分かり難い場合は、例えば野球のチームを考えて下さい。それぞれの能力を見極め、能力に応じた守備配置や打順につけ、目的を達成するために監督がチームを指揮しています。すなわち、監督が野球のチームをマネジメントしているのです。

会社でいいますと総務とか財務といった部署に所属する人と、製造・営業といった、別々の仕事に携わっている人を、一つの目的と目標に合わせて仕事をさせる人、すなわち、社長がマネジメントする人であります。

以上のことでお分かりのように、組織マネジメントとは、一人一人の人がモノを考えて作り、完成するという形態の家内制手工業時代や自給自足の時代にはさほど必要がなかった考え方です。しかし、集団で狩を行ったり、集団で農作業をしたり工場でモノを作ったりすることが始まってから、組織マネジメントの必要性は生まれてきました。そして現代では、大部分の仕事は一人ではできない時代になってしまいました。特に会社という組織ではマネジメントなしでは機能しなくなっています。

それなのに現在は、多くの人が自分のことだけを考えて全体のこと、組織マネジメントのことを考えていません。統制、統率というと、それだけで全体主義を思い起こし、否定しようとする人もいるくらいです。

複数の人間が社会において共同生活をしようとした場合は、組織マネジメントなしに行うことは混乱を生じさせるだけのことなのですが、このことを分かっていない人が多いのです。役割分担を考え、目的達成のためのルールを決めること、そしてそのルールに従って、全員が協力し合っているかどうかを時々チェックすること。すなわち、内部統制あるいは内部監査を行うこと、これらをすべて総合してマネジメントすることだと理解をして頂きたいと思います。

マネジメントを行うということで最も気をつけなければならないのは、組織において縦列の指示や命令および連絡は通るけれども、横の連携とコミュニケーションの充実が、しっかりとマネジメントされていないことが多いのです。そうすると情報の共有化が希薄になり、各部署や個人が企業の全体像を把握できにくくなってしまいます。何らかの思いがけない事故が起きるのは、組織がそんな状態になっているときです。

そこで一般に行われている企業組織運営規定の作成過程と、各種規定類の存在意義などについて述べてみたいと思います。ここでも各種会議の存在に注目して下さい。社内で情報を共有し、経営の現状認識を共有してゆく過程が普通に行われている企業文化が良い組織です。会議は情報共有の場であり、文殊の知恵を創造する場であり、部下や後輩の教育の場でもあるのです。

第１項　企業経営の志を明確にすること（理念・社是・社訓）

組織にはその組織を作ったときに必ず目的を定めています。ただ組織といっただけでは、余りにも多種多用のものがありますから、ここでは営利事業を行っている会社組織のことに絞って話をしてみることに致します。

会社という組織の目的は、会社を作るとき、法務局に届出を行う書類に「定款《ていかん》」というものがありますが、それに明文化されています。

株式会社の場合は売上げを上げて利益を生み出し、株式を購入してくれた人に投資に価する配当を行うことが必要です。そのためには利益を上げる手段として、何を業として営むかということを公表しています。例えば、「医薬品を製造し販売する」というように。たんてきにいえば、会社の目的は利益を上げることです。株主に損をさせないことが、株式会社を預かる人（経営者）にとっての第一の義務、責任となっています。

もっと株主サイドに立っていいますと、株を買うということはその会社に投資をするということですから、投資家としては投資効率が良いモノでなくてはなりません。すなわち、他のいかなる会社に投資するよりも、効率的（配当が良い）であって欲しいのです。従って株式会社の場合、組織運営の目的は高配当を可能とするためにどのような良い組織を作り、効率良く運営するのが良いかを考えることだといえます。

もちろん、この表現は株式会社の場合をたんてきにいったまでです。誤解を生じるといけませんので多少補足をしますと、一度作った会社はそのときから継続的に存続させねばならないという、社会的責任を持たねばならないことになります。そのためには、企業の継続を可能にする利益の確保もしてゆかねばなりません。ただし、最も大切なことは売上げでもなく、利益でもなく、創業者や発起人の創業の「志《こころざし》」であります。

このことを忘れますと、売上げや利益獲得のために手段を選ばずということになってしまい、何時かその会社は破綻を致します。創業の志は社是・社訓、経営思想に反映されていることが一般的です。

第2項　組織の活動目標は明確にすること

組織を運営（統率）、またはマネジメントする場合に目的や経営思想が、はっきりしていましても、何時までに、どの位利益を稼ぐかという定量的な目標がないと困ります。株式会社の場合は商法や株式会社法によって、会計年度が決められており、その会計年度ごとに、事業税を払い財務報告をしなければなりません。株主への配当をもしなければなりません。そのために、例えば毎年の会計年度末を3月末日と定め、四月一日から翌年三月末日までを一会計年度と定めている場合は、その会計年度内で売上げをどの位にする。また利益をどの位稼ぐ、また配当をどの位実施するということを目安として定め、あらかじめ公表しております。（株主総会または決算短信、ＩＲ）。

また社内的にもこれを決めておかないと、どの位の資金を運転資金として使えるかということも目途が立ちません。そこで「本年度は売上額一〇〇〇億円・利益額二十億円」を達成する、というように目標を定める必要があります。株式会社の場合は、その年度目標を株主総会で発表します。そして、株主から経営を任された人々が取締役として承認されることから、年度事業のすべてのことが始まります。

第3項　「組織目標」達成のための基本方針を明示すること

基本方針とはどういうことかといいますと、「どんな手段や方法でも目標を達成すれば良い」という会社はないと思いますが、基本方針がないということは、逆にいえば、どんな方法で目標達成をしても良いということになります。しかし株主はこれでは安心ができません。常識的には憲法、刑法、民法、商法などの法律に違反しない限り、方法は自由ということでありますが、それだけで良いかということであります。

　会社の目的達成のためには、「経営理念」といった思想の枠組みで規制を受けますが、「経営理念」は目標について達成の手段や方法について、直接規制するものではありません。売上げ目標まで会社の経営理念に照らし合わせて考えればそれで良いのか。あるいは会社の継続発展とか社会的信用の維持とか、社会的通念とかを考えますと、経営理念だけで良いとは言い切れない気がします。

　分かりやすく言いますと役員の誰かが、「どうも会社の雰囲気が暗い」とお得意先からいわれたとします。それを聞いた社長が今年は「明るい笑顔で顧客に応対をする」ということを全社に徹底して欲しい。といったとしますと、これが今年の方針ということになります。

　すなわち、「今年の目標は明るい笑顔で達成しよう」という言葉となり、今年の方針の一つか、あるいは今年のスローガンといったことになります。また、社長が「今年は量より質を大切に」ということをいったとしますと、その方針は「今年の目標達成は質の向上を重視する」ということになるでしょう。

　しかし市場環境が例年と異なり、状況が変化した場合はこれと反対に、「今年はライバルに勝つために薄利多売でゆく」ということになるかもしれません。目的は同じであっても、会社のおかれている市場環境によっては、今年の目標の達成の仕方に、一定の枠組みを設ける必要がある場合があります。これが『運営方針』と思って頂ければ良いでしょう。従いまして、方針はそのときそのときの社会の環境と会社のおかれている立場を考え、合目的に設定する必要があり、社員はその方針を逸脱しないで、目標を達成しなければならないということが大切です。

いわゆる「会社の方針に沿った売上げ」ということはそういうことです。

ここで日本で一般的に行われている、仕事の進め方の順序について簡単に示しておきます。

一般的な組織的仕事の進め方および順序。

1. 目的と経営思想を明確にする。
2. 目標を明確に定める。
3. 目標達成のための方針を決める。
4. 現状分析から解決すべき課題を抽出して、加味し新しい方針を絶えず更新して決める。
5. 方針に沿った具体的戦略や戦術を考えて決める。
6. 目標達成の時期を含め何時、どこで、誰が、何を、どのように実行するか役割とスケジュールを決める。
7. 誰が何をどのような方法で進捗管理をするかを決める（チェック）。
8. 進捗追跡会議を開催する（ディティール）。
9. 修正5W・1Hを作成する（何故、何のために、誰が、いつ、何を、どうする）。

（この順序を間違わないように注意しなければいけません）

第4項　組織規定、業務分掌規定等を作成すること（詳細は割愛）

良く、「当件は当社の社内規定に従って処理いたします。」という言葉を、耳にすることがあると思います。社内には、組織運営上の諸規定（社内ルール）を決めておく必要があります。一般社員でも就業規則、賃金規定などは直接自分に関係がある規定なので良く知っているでしょう。これも規定の一つです。そのように社内には種々の規定があります。その多くの規定の策定から運用までの全規定を、総轄している規程を「規定管理規定」といいます。

ちょっと面倒くさい話になってきましたが、すべての社内規定は、商法をはじめとする法律と定款と、この規定管理規定の定めるルールに則《のっと》り作られています。どのようなものかは、具体的に概略見本を巻末の別ページに表示しておきますので、それを見ながら理解して下さい。

ただし、これらはマニュアルとは違って、規程が単独で存在しているのではなく、組織の縦横の関係との連携と密接にからむ必要があります。例えば、意思決定の仕組みなどは会議規定や運用細則と連動して、初めて意味を持って存在しています。この点が日本企業の独自の仕組みでありますので、このことをしっかり認識しておく必要があります。

次に規定の中でも組織運営上、重要な代表的規定についてのみ簡単に説明をしたいと思います。そして、これらについても具体的な規定の見本を、巻末の別ページにそれぞれ付録資料として添付しておきます。

規定管理規定（**見本添付**）

本規定は、会社の諸規定の制定、改廃および運用について定め、かつ諸規定を体系的に統制して、業務管理の正常化と効率化を図ることを目的とします。諸規定とは、会社の業務遂行に関して、準拠すべき基準を定めたものです。規定・運用細則・内規・基準・要領およびマニュアル等を総称します。諸規定は、会社の業務執行・管理規準であり、厳正に遵守しなければなりません。業務主管部は、担当する業務の適性・円滑・能率的運営を図るため、業務の標準化に努めるとともに、業務執行基準を規定化しなければなりません。

組織規定（**見本添付**）

組織規定とは、会社の組織機構および業務分掌や職務権限に関する基本的事項を決め、組織の運営管理が効率的、かつ合理的に運用できるように定めたものです。組織や機関の種類や職位職階について、履行義務を定めてあります。そしてそれらの策定や制定および改廃についてのルールを定めてあるものです。

組織別業務分掌規定（**見本添付**）

業務分掌規定と業務分掌表は、組織運営の大切な根幹である、「どの部署はどんなことをしなければならないか」について定めたものです。これらを決めることは、組織運営上の機会損失を未然に防ぎ、業務の重複や欠落が生じないで、効率よく業務ができるようにすることを目的としております。

しかし解釈を間違えると、仕事の範囲に線引きをして「その仕事は私の守備範囲ではない」などと言い合って、仕事の範囲を硬直化したりします。セクト主義（縄張りや派閥を重視する主義）といって組織の効率を阻害する考え方が、発生しないように注意しなければなりません。

業務分掌を決めることはその部署の主たる業務　すなわち、主管業務を決めるのであって、あくまでも組織は各々連絡や補完をし合って、相乗効果を求めるものでなくてはなりません。そのためには部門間のコミュニケーションが非常に大切です。

組織機構図に会議の名称を組み込むのはそのためです。従って会議体や連絡網や報告ルールを定めておいたほうが実務的には便利になります。そうすれば、規定類を日常にいちいち取り出さなくても、会議やミーティングで分掌業務が機能するのが日本式組織経営の特徴でもあります。そしてそれらはすべてコミュニケーションと伝承で補完されております。

しかし規定類を完備しなくて良いという話ではありません。会議を嫌い、会議をなくして社内イントラネットで代用する人もいます。たしかに伝達という意味で似た点もありますが、まさに似て非なるものです。会議は最も効率的な情報の共有化の機会であり、発案の泉であります。さらに、切磋琢磨の場であり、若手社員育成の場でもあります。

組織別職務権限規定（見本添付）

業務分掌によって、どの部署がどんな仕事について責任を持って、その任にあたるかが決められています。しかしながら、その仕事の担当はその部署であっても、他の部署と関連のないことは組織運営上、あまり多くありません。大部分のことは、他の部署にもかかわってくることです。

例えば、賃金について述べますと、大変分かりやすく理解できると思います。賃金に関することは、どの会社でも就業規定の中の賃金規則に決められていて、その業務の主幹部は総務部や人事部であることが多いでしょう。そこで主管部（総務部あるいは人事部）が賃金に関するすべてのことを決めてしまって良いかというと、賃金は全部署、全社員に関係がありますから、各部から「ちょっと待って！」と声がかかることになります。

この例で分かるように、物事の意志決定には、その決定する事項の内容と重要度において、主管部は決まっていても、決定には多くの部署の同意を得る必要があることが多々あります。そのような場合、関係者が集まってみんなで決めることが必要です。

一方、他の部署とかかわりがあることでも、主管部内で決定しても差し障りのないこともあります。例えば、車の修理代の決裁などは、部門間で協議検討しなくても良いものです。ただし、同じ修繕代でも二万円の修理と百万円の修理では、決裁権限が同じではいけないということはお分かりのことと思います。

そこで組織別業務分掌規定に決められた、主管業務の細部の項目について、それぞれに「誰が発案して、誰が許可して良いとか」「誰が発案して、誰と誰に同意を求めて、決定して良いとか」。あるいは、商法上からも「取締役会で決定すること」と決められていることは「役員会で承認を得ること」というように、どのようなことは誰が意思決定をして良い（機関決定…役員会・常務会）ということを決めてあるのが職務権限規定で、それを表にしたのが職務権限表です。

まだまだ多くの規程が会社には存在致しますが、業種・業態によって種類や内容はそれぞれ異なっています。形骸化した規定類しか持っていない会社には二種類あります。社内コミュニケーションが充実しており、内部管理もしっかりしている場合と、内部統制が全く機能していない場合とであります。

規定類が充実しているからといって、良い会社であると決めつけるのは早計ですし、簡単な規定類しかないからといって、だめな会社と決めつける訳にも行きません。

理想的には必要最低限の原則的な規定類が存在し、伝統や企業文化で補足され継承され、機能しているのが良い企業と思います。少なくとも、株主対策のために存在しているのではないことだけは肝に銘じて下さい。

いくら会社組織内で権利義務が明確になっているからといって、組織間のコミュニケーションを無視してはいけません。忠臣蔵の物語が百年以上経過しているにもかかわらず、いまだに国民の間で人気があるということを忘れてはいけません。日本には「義」とか「忠誠心」とかに筋を通すといった考え方が、今でも好まれて生きているということです。（規定類の見本は巻末に添付しております）。

第4章　日本の商いを支配する情《じょう》

顔の見える商売といいますが、日本人は品物を買うと同時に、安心と心の満足を買って喜びを得ています。そのために購買の意思決定をするまでに、色々と確かめたいことや質問をたくさん持っています。その願望を満足させるために対話を希望します。対話は当然、人と人の関係になります。人対組織の場合でも、組織対組織の場合でも、究極は人と人の交渉になります。従って、商取引の基本は売り手と買い手の人間関係や、当事者同士の信頼関係が重要なことになります。

商売の売上げは「面談回数×対話技術」＝という式で表すことができます。

従って、信頼関係の良否は面談の回数と販売技術に比例します。この原則は例外的に憎悪の感情を発生させることもありますが、一般的には人と人の間に信頼の情を発生させます。このことは国と国の交渉事でも、同じではないかと思っております。人間関係における親愛の情は、相手の心を慮る。すなわち、相手の身になって考えるといった、利他《りた》の心も生まれ相互理解の向上につながります。相互理解が向上いたしますと、疑惑や疑問といった感情が減弱されて好意的感情が増幅致します。それが商談の成功につながる可能性の向上に、かかわっていることが少なくありません。

『情』については、岡潔がその著作『人間の建設』（新潮社）において次のように述べています。

「人間は葉緑素ひとつ作ることはできない。小さな虫、木の葉ひとつ作ることはできない。人は科学的にも物理的にも何も建設してはいない。しかし、人を知的論理では作る事はできないが、感性を育てることはできる。これを人間の建設という。数学でさえも、人は情において分かるのである。知性が説得しても無力なんです。今の数学でできることは知性を説得することだけなんです。説得しましても、その数学が成立するためには、感情の満足がそれと別個にいるのです。」と述べておられます。そしてさらに、「人というものは全く分からぬ存在だと思いますが、ともかく知性や意志は感情を説得する力がない。ところが人間というものは感情が納得しなければ、本当に納得しないという存在らしいのです」。と述べています。

また、西田幾太郎博士と鈴木大拙師はともに金沢で学んだ仲ですが、鈴木大拙師が米国に留学していたとき、互いの考えを手紙でやりとりしたものが残されております。その中で哲学と宗教学の両巨頭が会話しているのですが、西田先生が「哲学も宗教も究極は情を知るということに尽きる」といい、鈴木先生が「全くその通り」と応えております。日本における思想界で著名な両者が、『情』の重要性について意見の一致をみております。数学界や哲学界のような理の強い世界に住む、岡潔先生や西田幾太郎先生、そして情を仏心の本体と述べている、鈴木大拙先生や小林秀雄先生のように、それぞれの学会の頂点に立たれている先生方でさえも、情という点では意見の一致を見ております。

そのような事実を心強い根拠として、まずは、人を動かすには情において、納得させる必要があるということを述べておきたいと思います。

日本の商いにおいては、情というものを抜きにしては考えられないのですが、その情が形成された日本の歴史の流れの中で、蓄積され構築された生活習慣から取捨選択されて、今に残っている文化（価値観）というものを商売においても、置き去りにしてはならないということであると思います。

情の中でも注目すべき、「愛」について考えてみましょう。愛するということは、四六時中、愛する対象のことを忘れず、常に心にとめ、その特定対象に対して観察の目を離さず、全神経を集中して気配りをし、命をかけて奉仕すること。そして、その行為のすべてが喜びを伴っているとき、その対象を愛しているといえるのです。そのときの行為が、どのようにつらく、苦しいときであっても、嬉しくて心が躍っている状態をいうものであります。

そして愛されている対象もまた、同時に相手を愛している状態が、心の中に生まれでている状態を指していま す。自分を取り巻くすべての人を愛することができたならば、そして顧客との間で情が通っていれば商談の成立から失うものは、何もないということが言えると思います。

また、すべての他人に対して良かれと祈る心が、仏心の本体であるような気がします。多くの場合、人はみんな理想への努力と不条理に対する、自らへの鎮魂の戦いの狭間で生きています。気を振るい立たせ、気を静めながら生きています。愛についても同様であると思います。このような心を知らずに、日本で商売をしても長続きはしません。衣食住の獲得と直接的に関係にない行為は、大方そのどちらかに属しています。

「知足、利他の心」といったことも愛あればこそ、生まれる心情であると思います。商人道で語られる「損して得取れ」という言葉も、情を知らずして理解することはできません。古来武士の世界には「武士の情け」といった言葉もあり、日本人であれば大抵の人は知っております。合理的にものを考える人は、情という心をないがしろにすることが少なくありません。気をつけたいものです。

次の話もまた日本人が好む心情を語っております。かいつまんで概略をご紹介いたします。この話から「恩」

と「恥」、この二つの心も日本では忘れてはならない心であることを考えて下さい。

彼の名は佐野源左衛門尉常世《げんざえもんのじょうつねよ》。佐野常世は佐野を（現栃木県佐野市周辺）を支配する領主だったが、今では乞食坊主のような姿にまで落ちぶれてしまった。しかし鎌倉の御家人として、もしも幕府に一大事が起これば、ただちにやせ馬にまたがり、ちぎれたよろい具足をつけ、さびた長刀を持って鎌倉に駆けつけ、合戦ではめざましい最後を飾ろうと決意を語るのであった。

じっと聞いていた旅の僧は、鎌倉で何かのお力になろう。となぐさめ、翌朝には旅立った。やがて幕府から、緊急の動員令が下される。まさに「いざ鎌倉」と関東八か国の御家人たちが先を争って駆けつける。そのなかに、かの佐野常世の姿があった。

雪の日の旅の僧こそ、じつは前執権《しっけん》で最高実力者北条時頼《ときより》、その人であることをしって佐野常世は大いに驚いた。時頼は常世が先日の約束を果たしたことを褒め、ただちに、佐野庄三十余郷を常世に返し与えたという話です。この話は今でも上野の国、高崎で銘菓「鉢の木」の説明文に記載されて残っています。

鉢の木の話とは「ある大雪の日、諸国遍歴の旅の僧が上野《こうずけ》国の佐野の渡しで行き暮れて、路端の貧しげな民家に一夜の泊りをこう。アワ飯を炊き、秘蔵の盆栽三鉢の木を薪にして暖をとらせるなど、心尽くしのもてなしに忙しかった宿の主人は、やがて問われるままに身のうえを語りはじめる」といった話です。

行き暮れた僧を助けたのは「情」であり、世話になったことを忘れず恩人の万一あるときに、駆けつける心意気は「恩」を忘れぬ心であり、大切な盆栽をまきとして暖をとらせたことは「恥」を知る心であります。

全く話は飛びますが、定年退職後、会社を作った人の話です。彼は「どうして会社を作ったのですか」と聞かれたときの返事用として、用意しておいたのが、次の言葉だそうです。誠に日本人的であると感じたので紹介します。

私の心情

「私は関東武士であるから、名を惜しむ気持ちが人一倍強い。「名こそ惜しけれ」の心情に同調する心は大きい、そのうえに「武士は己を知る者のために死す」との、心意気にも強く感じるものがある。われを認め喜んでくれる人がいるならば、喜んでその人のために、一肌脱ぎたいと何時も考えている。衣食住の物欲には淡白だが、熱い心を何時も渇望している。勧善懲悪や、強きを挫《くじ》き、弱きを助けることを自分の美徳としている。例えそのことで損をしても、私はやせ我慢で凌《しの》いで行ける。このような自分が現役引退後に希望していることは、「お世話になった人々や業界に恩返しがしたい。お世話になった分だけ、何らかの形でお役に立ちたい」。ということである。

この考えと先に述べた、心情とを重ね合わせるとどうなるかというと、「自分の持てる知識と経験と予想能力を使って、困っている人のための相談相手になってあげたい」。もちろん、できる限り無報酬で！　というものです。

知識というものは分け与えても減ることがない、そのような上品《じょうぼん》な知識を持ちなさいと、お釈迦様はおっしゃっています。私の夢は、仁王様のような有徳金剛力の人。できることならば、仁・儀・礼・智・信を何時も心に備え持つ、赤兎馬《せきとば》に乗った関羽のようでありたいと願っているのです。宮沢賢司も優しくて好きなのですが、ちょっと暗い感じがして弱々しいので自分の好みとしては関羽や上杉謙信のほうが好きなのです」というものですが、多くの日本人男子の中には「自分もそうありたい」と、思う人も少なくないのではないでしょうか。

話は変わりますが、アンケートや市場調査に対応している人の多くは、今やコンピュータやアイフォンマニアに偏ってきました。従って、その答えも偏ってきているということをしらなければなりません。商人はデータよりも、自分で見聞きした現場の状況から、五感を働かせて判断するという力を、いつも持っていなければならないのです。

アンケートで「知っている」という答え程当てにならないものはありません。情報の氾濫で、薄っぺらな知識や、表紙と見出しの知識だけで生きている人が増加しています。知っていると答えた人のうち、多くの人は〝見出し的な言葉〟を知っているに過ぎないのです。ですから、聞き直してみるとそれはすぐ分かります。情報の中身を何も知らないことが多いのです。そして「みんなも知っている」という言葉も曲者です。彼らのいうみんなとは、せいぜい二〜三人であることが多いのです。

従って、アンケート調査や市場調査データに現れない声を、良く調べたうえでのマーケティング戦略を展開しないと、現代のマーケティングは失敗します。

アメリカのビジネススクールでＭＢＡの資格をとった人々が、習ったビジネス手法で華々しく活動しておりますが、アメリカンビジネスモデルを知らない人が新しい笛の音に乗って躍っているだけで、長続きは致しておりません。このことは色々な深い問題を内包しております。新しく企業を経営する人は企業経営の本質を良く学び、日本の企業文化との違いを深く研究して頂きたいと思います。コンピュータやＷＷＷ（ワールド・ワイド・ウェッブ）という新しい文明や、外国語が普及している現象に惑わされないようにして下さい。

特に外国言語を憶えるということは、外国文明に慣らされ、洗脳されるという側面を持っていますから、そのことを知っていないといけません。自己を確立するということと、相手を理解することは大切なことですが、違った価値観で行動することを、手放しで進歩したと考えるのはちょっと違います。価値観や文化の違いに盲従することは、相手を理解することと同一ではありません。文明の衝突は新しい社会の仕組みを創造しますが、新しい権力争いを派生することもあります。

それは鉄という新しい文明の出現によって、覇権という思想が生まれ、国と国の戦争が生まれたことで理解することができます。新しい文化の衝突は、人間関係がどれほど良くなったかを見ることで、その進化をはかることができます。同様に、営業活動の成果評価も業績数値の変動ではからなくとも、ビジネス対象（顧客）との人間関係の良化ではかることができます。

情は「情け《なさ》」とも読みます。情けと読みますと「武士の情け」という言葉が、多くの人の頭に一番にあがるでしょう。命を懸けてまで戦った相手を許す行為のことです。懸命に戦って、戦いの末にそれ以上相手を責めて、命まではとることをしないで許すことをいいます。源平合戦などの光景を後世に残す物語によく出てくる話で、日本人を感激させる感情の一つであります。大戦後では、次のこんな言葉に救われたことを日本人は深く心に刻んで、大切に思っております。

スリランカ初代大統領になったＪＲ・ジャヤワルダナ氏が行った一九五一年サンフランシスコ講和会議での名演説、「人はただ愛によってのみ憎しみを越えられる。人は憎しみによっては憎しみを越えられない」。そして台湾の蒋介石総統の「徳をもって恨みに報いる」といった言葉です。私個人は菊池寛の小説『恩讐の彼方に』を思い出します。

日本で事業を行う人は、これらの日本人の感情を認識しておくべきで忘れないようにしたいものです。

第5章　日本でモノを売るということ

浅薄な商品知識と、我欲しか持ち合わせていない未熟者でも、営業最初の一軒目に訪問した顧客のことは、五十年以上たった今でも記憶に残っています。私のことです。

当時は膝から下が緊張でガクカグするくらいの、純真さは持ち合わせていました。見ず知らずの人のところへ、仕事とはいえ商品を買って頂くために訪問したのでした。先方の方は優しい人（医師）で、院内の在庫を調べ、単価の安いモノではありましたが、（私が売り込みたいモノではありませんでしたが）、注文を出してくれました。きっと私の所作を見て、新米であるというのをお見透になられて、注文は〝お土産〟。すなわち〝お情け〟であったのだと思います。

それからがどうもいけませんでした。盲蛇に怖れずで、自らが備えておくべき条件の何物かも知らず、考えず、次から次へとただ売り込み活動を続け、そして結構、売上げが上がり、若いのに良くやるなどと言われるのが耳に入り、ますます深く考えることもしなかったのが、なおさらいけませんでした。

〝アッ〟という間に五年位たってしまいました。今から思えばもったいないことをしました。その五年間で何かに気づけば良かったのですが、気づくこともなくその年に転勤がありまして新しい土地に移り、また新しい仕事が始まりました。また考える機会を失って、ガムシャラに働きました。若いし無理が利くので連日遅くまでの接待などを自分も楽しかったせいもあって苦にせず、かえって自慢気にしていた程であります。有頂天になってやっているときですから、人を責めることも平気でやりました。何事も自分の尺度で測るものですからお構いなしです。

他人の深い事情も知らず叱りとばしたり排斥したり、そのうえ自分の成績も良かったので、なおさら、他人の事情に気がつくのが遅くなりました。

それでもそれまでは自分が一番下の若い部類だったので、自分のことだけ考えてやっていれば良かったのですが、このころになると何人かの人を指導する立場にもありましたので、少しずつ悩みを持ち始めました。

あるとき後輩の社員が恋をしました。仕事に身が入らないのです。その人にとって自分の興味と関心の中心が、そちらに向いているのだから仕方がありません。熱病のようなものです。そのころ、「はしか」という言葉をよく使いました。みんな一度はかかる病気だから仕方がない。それが過ぎれば元に戻ると、こんなことに出会ったとき他人に対する考えをもう少し深めれば良かったのです。「人はそれぞれに色々な事情を持って生きているのだ、その荷物を背負いながら仕事に携わっているのだ」。ということに気がつけば良かったのです。

森　篤が芥川賞をもらったとき、その作品『月山、鳥海山』を読んで、「人は重い荷物を背負っているから、高い山を苦しくても登っていくことができるのだ」。という箇所にぶつかって、はっと心に響いたのは何年も後のことでした。

その前の部下の〝はしか〟のときに気がつけばもっと早く人生が開けたのに、知らないうちにときは経ち傷はどんどん深くなっていたのです。父の死んだときも、長男でありながら、一日も早く仕事に復帰することばかりを考えていました。仕事が面白かったといえば聞こえが良いのですが、人の世が見えなかったのです。そのうちに上司と衝突して二度目の転勤、今度は「よし見返してやる」と反骨魂を持って、三度目の転勤後も夢中で働きました。

そこでまた成績が上がって、長野県の小さな出張所の所長になり、四回目の転勤をして行きました。さらに悪いことに、その地で年率百％アップという業績を数年も続けてしまいました。とうとう有頂天になってしまいました。あるとき、所員が私の目を盗んではサボリ始め、とうとう女子事務員まで、私の行動の報告連絡係（スパイ）となりました。社員は私がどこで何をしているかは全部解るわけですから、私が東へ行けば、社員はみんな西に集結して遊んでいたのです。これを知ったとき初めて大きなショックを受けました。

実に社会人となって十六年、その間ずっと人の世の情について理解をしていませんでした。それからしばらくは自信喪失、苦しみました。それでもなお恨まれてもよい、嫌われてもよい、今厳しいかもしれないが、その人のためならば、その人のためになると信じられるならば、思い切ってやればよいと考え、ますます嫌われ者になっていきました。

親切な人は「後で喜ばれるより、今喜ばれるようにしたほうが良いのではないですか」などと、いってくれたりしました。円満に寛大になることが、自分の堕落につながるような恐怖心もあって、自分の特色をなくすことは角《つの》をためることによって、牛を殺すようにならないかと思いました。

しかし淋しさは襲ってきます。そんなときでも社外の得意先の人は分かってくれ、良く思ってくれているように思いました。それが変な心の支えになって、分かる人は分かるのだと思ったりもしました。他人の見る目は甘く、身内の目は厳しいのです。そんなことも分かってはいなかったのです。一転柔らかな調子でやると、相手はつけあがるように見えるのです。そしてまた激しく、また淋しさに負けて優しくなどと、まさに対人関係を技術の問題とばかりに思いこんで、なかなか〝自分の心の問題〟というところまで行きませんでした。

ですから、演出の勉強をしたり、ドイツ、ナチスの宣伝相ゲッペルスのセレモニーや、ページェントの技法に感心したり、フロイトを読んで、それを販売技術に生かすことのために、勉強するようなところがありました。しかし、むなしさが心の隅で絶えず私にささやきかけるのです。その声から完全に逃げる切ることができませんでした。一生懸命やれば分かる、売上げをとことん追求していけば、必ず人間が磨かれるはずだと思っていたのです。間違ってはいないと思うのですが、何かが欠けていたのです。

人生の中で仕事とは何だろうと真剣に考え始めました。営業の仕事は、人間を完成させる方向に向いていないのだろうか、そう思うことはとても残念なことです。どんな仕事でも必ず人間形成に役立つはずだ、営業担当者の仕事でも例外ではないはずだと考え、少しずつ考え方を深めてゆく努力を始めました。表面的技術論に終始して人間性をおいてけぼりにしたのが、一番間違った点であったのではないかと考えました。

そして、人に教えを頂いたり、本を色々読んで営業担当者としての勉強、努力の方向をこんな点に求めていけば、修行になると思って「禅」に近づいて行ったのもこの頃でした。そして書いたのが前述のような、稽古と修行と言った話になった訳であります。

そこで前述したような営業活動を心掛けてゆくと、どんな人生が開けていくのだろうかと考えてみました。私自身未熟者でありますので、「結果はこのようになる」と断言はできません。しかし、徳を備えた人格ができれば、それは素晴らしい営業人生になるであろうと考えることはできます。いくつかの例をあげながら人間関係を基礎とする、営業活動の理想を追いかけてみたいと思います。

営業という仕事、人間にしかできない仕事をやりながら、人間無視の技術論に走り、そしてようやく人間の心の問題、自分の心の問題へと返ってきた訳です。しきりに心の動き、心理などを勉強しても、相手の心理は多分このような状態だから、こうすればよいだろう。というように、それまでは心理の綾《あや》を知識と技で解決するための材料、現象として事象を観察し、分析していたに過ぎませんでした。自らの心を育成することが、問題を解決すべき一番の早道であるという、ことだとは思っていなかったのです。

北極から南極に向かって旅をするとき、その旅行対策を知識で解決するとするならば、旅行に要する準備すべき品々は車何台分かにあたる、大量なモノになるでしょう。そしてそれらのモノは旅行中、さぞかし邪魔な大荷物になることでしょう。

しかし心と体を鍛えたならば、最小限の荷物で出発することができるでしょう。まずい例え話で恐縮ですが、営業の仕事をするにあたって、どれ程多くの人が前者の道をたどって旅をしていることでしょう。遅くて、しかも早い心の修行の道を一日も早く、「本当にそうだ」と気がついて歩み始めて欲しいと思いましたので、ぐだぐだと述べました。

日本でモノ売りで成功するということは、自分の人格を高め、日本の文化を理解することであろうと思います。サミエル・ハンティントンは『文明の衝突』（集英社）ということを述べ、異質の文明の衝突は新しい文明の創造を生むことを予想しておりますが、規律や習慣を含む文化と文化の衝突は、相互理解を生み情を深めることがあります。しかし、感情的な対立を生むこともあります。企業を経営する人はこのことを知って、日本の文化を深く理解する必要があります。

別の言葉で表現すれば、日本人の心を理解する必要があります。そして、心を喜ばす営業活動を心掛け、売って喜び、買って喜ばれる喜びの共有を実現するように心掛けるのが、情を生かした日本における営業活動のコツであると思います。すなわち、売り手と買い手が〝情〟を共有するためにも日本人の心というものを、少しでも知っていたほうが良いと思います。次に日本人の心について少し述べてみたいと思います。

第1節　日本人の心――情について記憶に残った言葉

最初に、私の心に鮮明な記憶として残った言葉を、幾つかご紹介いたしましょう。

第1項　岡　潔

人の中心は情緒である。情緒には民族の違いによって色々な色調のものがある。例えば、春の野にさまざまな色とりどりの草花があるようなものである。

第1項の2　西田幾太郎

人間の仕事は人情ということを離れて外に目的があるのではない。学問も事業も究意の目的は人情のためにするのである。そうして、人情といえばたとえ小なりといえども、親が子を思うより痛切なものはなかろう。

第1項の3　清少納言の言葉

遠きところはさらなり、おなじ都のうちなからも隔たりて、身にやむごとなく思う人の悩むを聞きて、いかにいかにとおぼつかなきことを歎くに、おこたりたるよし、消息聞くもいとうれし。

第1項の4　ある小学生の言葉（信濃教育会編）

夕べ本を投げつけて夫婦喧嘩をした父、今朝はかあちゃんに「ごめん」といったそのときぼくはとても嬉しかった。

以上のような言葉が強く印象に残っています。

日本人を論じた本はたくさんあります。また日本人の心について感じたことを、したためた本も、また負けぬくらい多いと思います。こんな現象は日本だけだと思う。と誰かの本で見たような気がします。そんな「日本人論」を述べる各方面からの議論と、同じような理論を披露するつもりはありません。

ただ素直に嬉しさ、悲しさについての意見を述べたいと思います。日本人の心といいますと、かなり幅が広く、多方面にわたる色々な比較相対論（外国と比較して）があるでしょう。そして良いとか、悪いとか議論は尽きないと思われます。しかし、嬉しさと悲しさに絞って考えてみますと、いくらか議論が絞られるかもしれません。そして、組織人について色々述べている場合ですので、その嬉しさも悲しさも少し絞り込んで限定して考えられると思うのです。

なかでも、営業を担当する人は、少なくとも相手の人が嬉しいか、悲しいのか、分からないようでは困ると思うのです。再々そんなことはないでしょうが、少し考えてみたく思います。先達が述べたように、人の情け、人情、これがわかるためにすべての学問があるとまで書いている人もいます。二千年の昔において人が人を想う心と、現代の若者の間に人情ということを考えるうえで、どれ程の距離があると思いますか？

私はほとんど同様ではないかと思っています。ともに人が人に情をかけ、情をかけられ、あるいは、想い想われる心が通じあって、そのところを発見したときに嬉しいと感じる点でも、今と昔は同じではないかと思っています。

例えば、幸田文は「病むことなく年を経た老人は不幸せだ」と、著書『闘』のなかで述べておられます。それは自分の身に置き換えて、他人の心が分かるようにならなければならない、と言っておられるように思います。他人の心持ちが分からないと、他人の喜びも悲しみも真に理解することはできません。多くの日本人は自分の心を喜ばすことが何であり、そのためにはどんな行為が必要かということを薄々しっています。そして、そのことが判然としない方々は、分かるようになるまで、坐禅をしたり、黙想をしたりして自分を見詰める修行を行ったり致します。色々な種類の嬉しさの中で、人情を感じることが中核であることは明白なようであります。

心の動きの中で、悲しみとは別離であり、その別離の中でも永遠の別離、死の瞬間との立ち会いが一番の悲しみでありましょう。もしその悲しみが、不可抗力的なものが原因ではなく、他人とか、何か他に原因でもあったならば、その悲しみは、そく怒りに転化することでしょう。色々な情の中で、「嬉しさ」と「悲しさ」が中心であり、その狭間で情がさまざまに変わっていくものと思います。

人間関係の中で嬉しさと悲しさが際だつのは、何といっても肉親間の場合であり、他人の場合は、いくらか違って薄まってゆくようです。すなわち、嬉しさと悲しさをともに感じ会う場合、親しさがそれを増幅しているように思います。

親しさは突き詰めれば、親子、兄弟などの肉親の関係ということでしょう。もしそうであるとするなら、不見《みず》不知《しらず》の赤の他人から始まった人間関係もなじみ、そして、なじむことから親しみへと連なってゆくはずです。その進み方の中で、嬉しさ、悲しさも同程度の感度で共有し得るようになっていくのでしょうか。もし、人情が中心であり、その中核的役割が、嬉しさ、悲しさであるとするならば、そこから連なる色々な感情、怒り、憎しみと寂しさなども、また親しさとともに大きくなる可能性を持っていると思わねばなりません。

仕事のうえでの人間関係においても、このことは大切なこととして覚えておき、良い人間関係を構築する際に、その都度、思い起して考えねばならないことだとおもいます。

第１項の５　「かつお」と題するちょっとした話

けさ学校の来がけに、ちょっとしたことから母と言い争いをした
ぼくはどうでもなれと思って
ぼろくそに母をいい負かしてやった
母はこまっていた
そしたら、学校で昼になって母の入れてくれた弁当のふたをあけたらぼくの好きな「かつお」が、パラパラと
ふってあった
おいしそうに匂っていた
それをみたらけさのことが思い出されて、ぼくはこうかいした
母はいまごろさびしい心で昼ごはんを食べているだろうかと思うと、すまない心がぐいぐいこみあげてきた。

親しさの中での、怒りと嬉しさと悲しさが素直に表現されていますが、親しさの増幅とともに情の動きも増幅されてゆきます。人間関係の向上への努力は、親しさへの道でもあります。今、その道を歩きつつある人にとって、自らの心の錬磨の必要はおのずから明白であると思うのです。そこを嬉しさ、悲しさから、いま直ぐ気がついて欲しいと思います。

道のおこりは花のつぼむとき（去来）では、少し遅いという感じがして私はちょっと淋しいのです。今すぐ感性を磨き良い仕事をして下さい。（明治図書・『東井義雄著作集』より）

第2項　「自然ということ」

日本人の心の中には、自然を愛するという心があります。何につけても「自然に無理なく」ということが喜ばれます。その理由の一つに、日本には明確な四季があって、その四季の輪廻《りんね》から確実な自然の営みをしり、暑いときもあれば、寒いときもある。そしてそれが回っていることを知っているので、人力でことさら無理をして自然に逆らうことを好まない心が、生まれたのかもしれません。あるいは、本来争いが嫌いな民族の血が、底流に眠っているのかもしれません。

よく島国根性と言われますが、狭いところで仲良く暮らしていくための永年の知恵が、日本には凝集しているのかもしれないのです。日本人は何事も、「しばらくじっとしていれば」過ぎ去ってしまうということを、台風という自然の猛威にさらされることから学習したという人もいます。いずれにしても、この争わないという民族の美徳が、昭和初期において一部の扇動家によって乱されましたが、民族の根底に流れているＤＮＡにおいては「和」を重んじる心があるのだと信じています。

ただ、日本民族もルーツをたどれば、必ずしも一種類の民族とは、言い切れない点もあるようですから、好戦的な血脈と温順な血脈と、どちらか一つであるという訳ではないかもしれません。しかし基本的には礼節を重んじる、和の国であることは間違いありません。ひょっとすると、将来、その経験と知恵を世界の人々は見聞にくるときがくるかもしれません。

信州人は理屈屋が多いとよく聞く話ですが、信州の中で今も生きている教育には、人を押しのけてまで前に進むことを戒めているところがあります。だから、信州から破格な出世をする人は、出ないかもしれません。出ようとすると、大勢の力で修正されます。そして、それが習性となり、信州の文化となっているようなところがあります。

そのような中で育った人が他国に行ったとき、特に生き馬の目を抜くような東京に出たときは、ただの口の中でぶつぶつ言うしかないのではないかと、思ったりすることがあります。その信州は、かつての日本的民族の生き方が今も残っている地方だと思います。自然との調和、自然との対話、自然から教えられた原理、原則を大切にしながらみんながうまくいく方法を探し出して生きています。

物質が豊かでないために、言葉の豊かさで表さなければならないということもあります。モノが豊かにあれば、モノに言葉をしゃべらせるといったこともでき、いわず語らず心に通じ、奥ゆかしいと感じられることもあるでしょう。しかし、適当なモノがなければ、それを言葉で表さなければなりません。そうすると、どうしても婉曲で微妙な表現になります。分からない人は回りくどく、理屈ばかりでと思うでしょう。しかしその言葉の思いやりの中で生きてくると、例えば、大阪商人のような会話は赤裸々で恥ずかしく、消え入りたくなります。信州の言葉遣いは日本の古くからの文化を引き摺《す》っているのではないでしょうか。

このような心が生まれたのは、信州には山河、森林は多くても平地は少なく、作物は少ないところです。狭く物質が質素な中で人が和して生きていくための知恵、自然から教えられた自然に生きるという心も、日本人の底流に流れている残された心から、生まれたものの一つであることを忘れてはいけないと思うのです。

うまくことが運ばないとき、それはどこかに無理があるのではないか。どうすることが一番自然かと、自らに問い掛ける心掛けも、日本人の知恵の一つであるように思いませんでしょうか？　そのような心もしっておきたいものです。

第3項　「礼儀とか作法とか」

多くの人が集団の中でうまくやってゆくために、考えられ作られていったものの一つに礼儀・作法があると思います。律令《りつれい》や現代の法のように力はありませんが、無言のうちに影響力を発揮し、しかも明治維新や占領下といった革命的な時代をも乗り越えて、いまだに存在しています。最初は自然発生的な長幼の序を示すために、やがては権力者とそうでない者との序列を守るために、作られていったものも多いと思われます。

最初は意図せずに作られたとしても、だんだんと意図的なものが整備されていったものと考えられます。その考え方には儒教の影響が大きいと考えられていますが、朝鮮のそれとは少し異なります。日本の場合、必ずしも、儒教を丸のみにしている訳ではありません。しかし、かなりの割合で影響を受けているのは事実です。

集団を法と秩序で維持するためには、たくさんの規制、規則が作られたものと思います。最初は大まかでその数も少なかったことでしょう。礼儀などというものは、その後ずっとずっと遅れて、意図的に出来上がったものと思います。最初は、まさに「衣食足りて礼節を知る」で分かるように、ある意味では平和を求める産物であったでしょう。

その後、封建社会の発達とともに、最初は貴族のために宗教家がつくったものと思われます。ときの権力者の権力を正当化し、それを維持するために、たくさんの儀礼がつくられていったような気がします。そして、その枝葉末節のルールや礼儀が大衆の中で習慣化し、無意識の世界へと恒久的に潜在化したり、顕在化したりして残ってきたものと思われます。

人の集団の運営がうまくいくようにと作った約束、すなわち規則、そして、それを柔らかく補うように作られた礼儀などが、ときには人を傷つけることになってしまうことがあるのです。例えば、礼法で守られる側の習慣的な意識がかなえられずに崩されたとき、無知な人々は粗野な〝無礼者〟ということになります。

今の日本に残っている礼儀は平安貴族の時代には、すでにその元が形成されつつありましたが、その対象はまだ大衆にまでおよんではおらず、大方のものは室町以降、徐々に武家社会の封建制度をうまく保つために作られ、高家などという専門職も出現しました。江戸期の小笠原家などは、武家の典礼などを仕切る家として、今も名を残しています。儀礼も時代とともにだんだんと形式化され、繊細に練られていったものだと思います。

それが民主主義の台頭とともに、畏敬の対象がちょっと崩れてきました。封建社会と異なる何らかの権威者とか、目上、上司あるいは年長者にすり替わっていったものだと思われます。

礼とは本来、心と心の問題、すなわち心を配ることと。その心を知り喜ぶことであったはずであります。ですから、年寄りが子供に「こういうときは、こうしたほうが良いのですよ」というように口伝したものであったと思われます。それがいつの間にか、筆まめな人の手によって成文化し、口伝を集めた覚え書きが編集され、誰かによって権威づけでもされていったのが、近代礼儀作法の生い立ちであろうと私は推測しています。

本来、他人の心を喜ばせよう、あるいは傷つけまいとして考えられた心が、いつの間にか権力者の心のみを喜ばす方向に集約され、形式化されたように思われます。その結果、今日では礼儀作法というと色々な批判が呼ばれます。

例えば、「上からの庇護恩恵を得るための便法であり、功利的な保身栄達の屈従的処世法である」、「内面の心を伴わない虚偽の行動である」などと批判されます。と、本の名は忘れましたが、小笠原流礼法の家元である小笠原忠続が書いているのを読んだ記憶があります。

しかし同時に、冠婚葬祭入門、女子の躾方《しつけかた》、スパルタ教育などに見られる躾の問題を取り上げた本とか、旧来の礼儀作法についての解説本とかに、最近はたくさんの関心が寄せられているともいわれています。外国人であるルース・ベネディクトは、日本の礼儀を支えるものは「恥とか、世間体とかいう周囲のかかわり合いである」といっているようですが、私は近年の礼儀を支えているのは、礼法によって守られた側の心地良い経験であり、建て前としても、本音としても封建制度はいやです。しかし、日本の礼儀作法には良い点もあるではないか、昔は良かった式の旧文化への郷愁である場合も少なくないと思っています。「恥」については後ほど触れることにします。

今の日本で、生活習慣とか、礼儀作法とかを語るとしますと、その過去には大きく分けて三つの世代に分けられると思います。

第一番目は古き良き時代に生き、「今の若い者は」と苦言を呈する人々の世代が考えられます。おそらく二十世紀後半で絶滅したであろう意気軒昂《いきけんこう》たるそれらの人々は疑いなく、自分で良し悪しを、区別する判断力を持ち合わせていたようです。しかし、何が良いことで何が悪いことであるか、「何故？」ということを深くは考えなかったようですし、考える余地もないといったところがあるようです。

それらの人々にとって礼儀作法などは、全く当たり前に行わねばならぬことであると、信じて疑っていなかったように思います。その時代に洋行をし、西洋文化を謳歌した人々、自由、民主主義を唱えた人々でさえも、例外なく、日本的礼儀について無作法を受ける側になったとしたら、決して快くは思わなかったでありましょう。それ程、習慣と化し、体質化した礼法を身につけた人々の世代があります。

第二番目には頑固などと表現されるのが最もふさわしい、「第一番目の世代に育てられた人々」がいると思います。それら二番目の人々は、自分は頑固な親から教えられて、礼儀や作法のことを良く躾《しつ》けられてしっているが、身をもって子供に教えるところまで余裕のなかった世代の人々です。それは戦争などで自分のことしか構っていられなかった世代であります。

昔からの習慣を継続することが良いことであるとするならば、わが子を自分の世代で躾けることができなかったことを、身からでた錆《さび》であることも気がつかずに、これまた〝今の若い者は〟と思いたくなる人たちであります。しかしながら、確かなる制度（教育）の裏打ちもないので、さりとてガムシャラにわが意を子供に押しつける程に強くもなく、子供のいうことも分かるような気がする世代であります。

でも、それらの人々は、ある面では「衣食足りて礼節を知る」ことができなかった不幸な時代、そんなときに回り会わせたということなのかもしれません。これら人々の礼節に対する考えは、自らは行うが完全に躾けられたのではないので〝ちぐはぐ〟な面を持っています。立居振舞、言葉遣いなど、特に答礼が不得意なことが多い場面を見受けます。強制はしない。しかしこのままでは日本の美点や道徳は、失われるのではないかと心配しています。そして自らは少し甘えをのぞかせる。甘えをわきまえている最後の世代といえるかもしれません。

土居健郎が著書『甘えの構造』で述べておられる〝甘え〟を、私は次のように理解しています。

すなわち、「甘えの心は封建社会において下層階級の者は、上層階級の者に対して自分の意志をあからさまに顕示してはいけないものとされており、また上層階級の人々はそれぞれの教育の中で、下級の者を気遣うことを教えられてきたものと考えられます」。その両者があるべき姿を躾けられた結果、その両者の出会いの場で、あるいは両者の関係において、「下層の者は意志表示を押さえることで、上層階級の気遣いを期待する」、上層の者は「その気配を感じたとき、意志表示であると察知し配慮する」。

このような上下関係の行為が、互いに甘えるという光景になって後の人の心に映ったもののように思います。

従って、礼儀作法の符牒《ふちょう》のようなもので無言の行為の中に、かなり強い要求が願望として、実は潜在しているように思います。このことは〝以心伝心《いしんでんしん》〟という言葉が良く表わしていると思います。

そのような意味で、二番目の世代は目上、上長に対し甘えることができた最後の世代のように思うのです。ですから、逆にいうと甘えられることも若干、期待している世代といえるかもしれません。もう一度まとめて言い直しますと、自分および目上の人に対しては礼儀作法を必然と認めながら、子供とか目下にはもう一つ徹底して命令はできないが、心中では不平、不満は持っている人々です。ややこしくなってしまいましたが、そんな複雑な心理を持っている人の世代が二番目であります。

第三番目には戦後産まれた子供の子供の世代であります。それらの子供がたんてきに特徴を持った、集団を構成しているので三番目の世代としました。

問題はこれらの子供に目上、年長者を見習うことを教え、情緒の教育を行って良いかということです。戦後、子供は体格は大きくなってはいるが、心を育てられてはいないと思うのです。幼いころ無意識のうちに生活環境の中ですり込まれるべき、数々の教えを身に受けて成長してきた訳ではないように思われるます。従って、彼らにはこうやればどう思われるだろかという、刷り込まれた、条件反射的な思考の展開の道順はないのです。ですから、発想が自由だと言えないこともありません。思い切った発想ができます。反対に昔からの生活のルールも無視することがある訳です。その自由の発想も、自分が攻撃していて調子の良いときはよく見えますが、殊《こと》に守りになると弱いのです。

寄って立つ考え方の基盤が、あまりにもなさすぎるからなのです。動物の本能としてこの世に生まれ出されはしたが、文化的過去の遺産である、礼儀とか作法とかといったものを継ぐことなく大きくなった子供たちです。

それらの人々が、「マイホーム、核家族、共稼ぎで育てた次の子供たち」、これらの子供たちに昔のなつかしい昔の教育を行っても、それはあまり良い効果があるとは思いません。従って、礼法だけ形式化されたものを教えても、子供たちには抽象的表現ではピンとこないでしょう。

これからの礼法、道徳の教え方は世代別（年齢）に重点をおかないで本質根本に根差した教え方。すなわち、一度ゼロに戻し、もみ直して現代の複数の人間が相互で納得のうえに、新しいものを組みあげる方法で考え直したものを教えたほうが良いように思います。この世代の子はときに、単に目立ちたがりであるだけの考えもありますので、気をつけなければならない点もあります。しかし、今の若者の既成概念にとらわれない自由で、スピード感あふれる感性も捨てたものではありません。

先日、テレビで野性動物の映像を見ながら考えたのですが、滅び行く動物と、そうでないものとの間にきわだった特徴があるように感じたのです（専門的には良く分かりませんが）。すなわち、群をなして住むことができる動物は繁殖し、孤独な縄張りを守る動物は衰退して行く。そう感じたのです。

そのとき、群をなして住むためにはルールがいるだろう。規律のもとでお互いに譲歩しあった、協調の精神がないと群をなして住むことはできない。この野生の群に習うといっては変ですが、これからの礼儀、作法は自由人による自由な議論から生まれた新たなルールを守ることを基本にして、上も下もなく一度全員を同じレベルにしてその集団の中でもみ合い、群の中の各個人の理解とともに種々の考え方、感じ方の理解を得て、全員が共通の場で自然発生的に出来上がってきたものを多くの人で確認し、合意しあったやり方でやらねばならぬと思うのです。

そして下位層から上位層への甘えとは違う、平等の中での互恵的、相互理解的な甘えや謙譲の美徳が生まれる。

そうすると許容する心、許す心が生まれ、寛容の心が生まれると思うのです。それらの中から生まれたものを新ルールとし、礼儀作法に変わるものを、お互いの生活の不文律として育てて行ったほうが、良いと思われる第三の世代がいます。

私は日本人の礼儀とか作法とかを考えるときに、大きくこれら三世代に分離できるといいたかった訳です。これほどに異なる世代が混在して生活している、日本人を一掴みにして「日本人は……」という発想は的を得ていないと思います。

すなわち、これからは全世代を対象にして考えるならば、まず現状認識を共有化して、相互コミュニケーションによってディスカッションを行ない、古代から続いている普遍的な文化や価値観に基づいたモノと、変化したり新たに生まれた価値観を加えた、新旧折衷的な新しい価値観の創造を行い、啓蒙普及するという、ときがきたような気がします。そのような時代になるといった仮説を立てて、将来を考えてみるのも必要なことではないかと思います。

第４項　「恥」とは

商売上、顧客に恥をかかせないということは、かなり大切なことであります。相手の人に恥をかかせてしまうと、そこで商談は中断し、後にしこりを残してしまうからです。日本人が結構、気にする恥とは何か。その恥という心がどこからきているのかを考えてみたいと思います。

「名こそ惜しけれ」「人は死して名を残す」などという言葉が残っています。

これらの言葉は恥と裏腹です。日本自身が島国であり対外的に没交渉の時代が長く、さらに、幕藩制度によって人は藩外の人との行き来が制限され、武士の所得も固定給のようなところがあって、何かを変えようとしても容易には変えることができない時代が続いた歴史があります。

何か失敗をすれば、「藩のお取りつぶし」「お家の断絶」という恐怖に常にさいなまれながら、生活してきた武士の幕藩体制の時代が長かったせいか、「恥を外へさらすな」といった考えが強く、恥をさらした者は「詰め腹を切る」といったことも行われました。

そのため「恥を隠す」といった習い性も生まれました。「臭いものには蓋《ふた》をしろ」といった考えがそうです。一方では、「旅の恥はかき捨て」といった考え方も芽生えました。これらはすべて過度に締めつけを強めた、環境のおよぼす影響ではないかと思います。ただ、恥という感覚も、「自制」という人間の自浄作用を強固にするといった、良い面を生んだきっかけにもなったということもあります。しかし、情報が瞬的に暴露されかねない現代にあっては、「隠す」という考えは「卑怯」であるとの評価も生まれかねず、現代では非常に考えものでもあります。

ソクラテスやアリストテレスの時代から、議論、討論ということ。近年ではディベートと呼ばれる討論術が盛んな欧米には、討論に敗れたからといって「恥をかかされた」といった感情はあまり濃厚ではなく、日本のように、恥をかかされたことから刃傷におよぶといったことは少ないようです。ただ、中世の騎士道が輝いていた時代には「決闘」ということがあったようです。

日本の場合には「名を汚された」「恥をかかされた」ということは、命を賭けてでも「汚名を挽回」しなければならぬことであり、ときには「仇打《あだう》ち」といって遺恨《いこん》晴《ば》らしが延々と続くこともあります。「忠臣蔵」といった話が長年人気を保っており、汚名を着せられたうえにそれを晴らさなかったならば「恥をさらす」ことになるし、仇を打って見事汚名を晴らすことができたら、称賛を浴びると言った環境のときもありました。

この、「恥」という考え方は、最近では薄くなってきているように感じますが、まだ日本においては残っていることを承知しておいたほうが良いように思います。恥をかく、恥をかかされるという感情は日本人の心として、自らを律している面もあり、まだまだ簡単に消えるものではないように思います。現代は恥をかかないために事実を隠ぺいするよりは、企業理念を忠実に守り、公正、公平で、かつ透明性の高い企業運営が、求められる時代となってきたのではないでしょうか。

話は変わりますが、恥じの対極に「見栄《みえ》」というものがあります。見栄とは虚飾のことをいいます。恥をかきたくないが故に、実力以上の不自然な示威的な行為をします。見栄を張り続けることや虚色で自分を飾りあげることは、何時かその化けの皮がはがれて正体がバレるものです。これなども「恥」の文化の、悪しき側面といえると思います。見栄を張るということの、良い面もないことはないのですが、無理をするのは良くないと思います。恥、卑怯、見栄、これらの言葉で表現される日本の文化は、多くの日本人が忌み嫌うものですが、それを忘れ去った経営は要注意でもあります。

そして日本人には、失敗を隠すために悪しき事実を隠ぺいするといった、良くない習慣も持っている人がいます。この考え方はこれからの社会では、修正しなければならない悪い考え方であると思います。恥でさえも公表するという勇気を持つことが必要です。日本人にはこの心がちょっと薄く、露見されないうちにときが経過して、いつの間にか風化してしまうだろうという、甘えた心境が、「家の恥を外に出すなと」とされた江戸時代の、習慣の悪い側面を今日までも引きずっている、日本の悪い文化の例であると思います。

日本人が好む感情や言い伝え、あるいは、嫌悪する考え方を勝手に選んで披露致しましたが、日本で商売や事業を興す場合、時代の変化に関係なく、誰もが共鳴するこのような考え方も、知識の端に付け加えておく必要があります。

第5項　「裏切り」とは

どこの民族もそうであろうと思いますが、日本人はことさら「信頼関係」を大事にします。その裏返しが「裏切り」です。ですから、裏切りに対する憎しみの情は大変すごいものがあります。その風土に内部告発者保護法、個人情報保護法、そして司法取引制度といったような、過去の日本の風土では似合わなかった制度が、導入されてどれほど日本の文化が混乱されてきたかを考えてみて下さい。

良い悪いだけではなく、日本の文化の維持が脅かされ、良い日本の秩序が破壊される危険性があるから怖いのです。日本の文化で守られてきた秩序が破壊されると、日本の治安を守るためには法律をたくさん作らなければなりません。いくら作っても法では間に合わなくなります。ただでさえ、今の日本は古来の法制度に加えて欧米の影響を受けた新しい制度が導入されて、たくさんの法や秩序が入り乱れています。いくら良い制度や秩序であっても、多くの人がしっており、理解していなければ役には立ちません。かえって混乱を助長するだけです。日本の生活文化として残っている、不文律の秩序と法や制度とは、そこのところが異なっています。

空気の存在と同じように、意識しないでも身についた習慣として存在するもの。すなわち伝統、習慣や風土といったものと、意識して律することをしなければならない、新しい法律や制度とは見掛けの目的は同じように見える場合があるかもしれません。しかし、日常の効果においては、かなり異なった結果になることがあるのはそのためです。企業においても同じようなことがいえます。先輩や上司から教えられる多くのものと、マニュアルから学ぶことの違いを見れば分かります。

どのような約束も「神に誓って守る」国と、「武士に二言はない」といって命をかけて、相手の人と約束したことを守る国との違いをしって経営に役立てる必要があります。

このようなことを述べている人もいます。「ビジョンや能力や業績において、今日の水準を維持しているだけの組織は、適応能力を失ったというべきである。明日の変化に生き残ることはできない。人間社会において、唯一確実なものは変化である。自らを変革できない組織は、明日の変化に生き残ることはできない」。このような考えも間違えではありませんが、日本固有の文化のルーツも知らずに、新しいモノに飛びつくのは良くないことだと思います。

過去の考え方と融和しながら経営思想をより新しい時代に合う、普遍的なものに練り直して変化対応を図るならば正解と思います。ただ単に変化にスピーディー対応することが大切というように短絡して読み取らないように注意したいものです。

宗教や倫理学、哲学といったものは、世の中の秩序を維持するために、古い昔から賢い人が練って作ってきたものです。新しい文化の侵入は旧秩序の混乱を生むこともあるのです。これからは移民の増加といったことも起きるでしょう。これらのことはこれからの国際化する経営で、気をつけねばならない点でもあると思いますので、僭越《せんえつ》ながら付言させていただきました。

第6項　「恩返し」とは

恩返しというと、日本の美しい昔話で『鶴の恩返し』という物語を思い出します。鶴が命を助けてもらったことを忘れず、美女となって恩人に尽くす。この話は約束（信頼関係）の重みも教訓として教えています。約束を破ると元へ復することができないことを示し、約束の重要性を教えております。

恩を忘れず、恩人に恩返しを忘れずに実行することが美徳とされ、そのことを忘れると、「恩知らず」ということになってその人は蔑《さげす》まされます。見事な恩返しをすると、多くの賞賛を得ることになります。恩返しは「恨み」の裏返しでもあります。恩情を施すことは損得を越えた行為であります。ときに徳を施すという言葉で言い表されることもあります。恨みも、憎しみもあるときは「かたき討ち」を生むことがあるほどに激しく、忘れがたく心に刻まれるものであります。しかし、美しい美徳の物語を生むこともあります。

私は菊池寛の『恩讐の彼方に』や「徳をもって恨みに報いる」といった、蒋介石総統の言葉を反射的に思い出します。前章で述べたことと少し重複するところがありますが、これらの心情は「許す」ということであります。恩返し、徳で報いるという心は、日本人の心に響く心情でもありますので、他人と接する役割のある人は忘れてはならない心情の一つであることを、心の根底に記しておく必要があります。

残心（アフターサービス）が重要という訳は、こんなところにもあるのかもしれません。「こんにちは、先日はお買い上げを頂きありがとうございました。その後調子いかがですか?」「近くにきましたので、お寄りしてみました」「何かございましたら声をかけて下さい。すぐに参りますから」。過去の購買顧客に対する、こんな所作がお客を「ファン」にさせます。

第４章の末尾でも述べましたが、日本で事業を行う人はこれらの日本人感情を認識して、深く心にとめて忘れないようにしたいものです。「理よりも情」といわれる程に日本人は情を大切にする民族であります。しかし、それゆえに日本の多くの名僧もこぞって、固執することを戒め「不執《ふしゅう》」の心の大切さを、ことあるごとに述べていることも忘れないようにしたいものです。

第７項　「価値観の多様化」の中身

最近になって、価値観が多様化してきたといった声が多くなってきました。この声は決して、多様化した中核的集団であると思われている若者からで出ているのではなく、その若者たちの考え方が良く分からない人たちからで出ています。

本来、人間の個性と人格には固有のものがあります。それが日本の過去においては封建社会、民族主義、全体主義、または軍国主義といったさまざまのイデオロギーが四百年以上変遷しながら続いてきました。日本の過去の価値観は歴史的にみると、それぞれのイデオロギーで無理に押さえつけられ抑圧されて、一つの方向性をもってまとめられてきた価値観を、示すようになったにすぎないものであると思うのです。しかし近年、その箍《たが》がはずされ、本来の固有の姿を取り戻しているように見えるのかもしれません。

そのような時代であって、しかも、それがいまだ普遍的でないために、価値観の多様化などという声が出ているのではないかと考えます。前述のように、現代は礼法に一つを例を取ってみても、その理解の仕方に概略三世代位のグループ別の考え方に分類ができます。そして、それらの価値観は各世代によって、少しずつ違ったものを持っていたのです。ですから、自分の価値観を基本に、それぞれの人たちが他人を見るので大変多様化していると見えるのです。

三世代と申しましたが、実はそのうえに実際は祖父母とともに一緒に生活し成長した人と、祖父母を早く亡くした人、または別々に住んで成長した人。さらには父母を早くから失った人など、その影響される環境の違いを考えますと、さらに複雑な組み合わせができます。そのうえに人は習わずしても無意識のうちに、その人の肉体に流れている血（現代風に言えばＤＮＡ）が覚えている感覚というのがあるように思います。

盤珪禅師風に表現すれば、すべての心は「不生の心」で整っているといったところでしょうか。実は、これらが曲者で本人が意識しないのですから手に負えないのです。こういったことも、価値観の多様化とみる原因であるかもしれません。しかし、このような潜在的な価値観も、物事の価値判断に影響していると思われます。

よく気をつけて観察しますと、「わが子が教えもしないのに」、あるいは「見てもいないのに自分とよく似たことをする」などといった話にぶつかります。そのようなときに〝ハッ〟と気がつくことがあります。そして父母を振り返り、自分にも流れているであろう、過去からの血の流れに気づかされることがあります。

元気盛んな壮・青年期には、なかなかそのようなことには気がつかず、自分の力を頼んで、すべて自分の能力から生まれた結果と考える場合が多いようです。それが若さかもしれません。従って、若者からは「価値観が多様化している」といった声が出ることは余り多くないのだと思います。

現代は無理な躾をしなかったために、逆に、生まれたままの自由な考えと、昔から続いてきた種々の基準とが意外に根強く残っており、新しく生まれた価値観に影響された血流（価値観）が入り混じって、大きなときの流れの渦を作っているように見えます。それが実は、現在の価値観の多様化の中味ではないでしょうか。そのように仮定しますと、「価値観の多様化」とは、何時の時代にもある現象といえましょう。

このように考えていきますと、最初のところで述べましたように「営業という仕事は一見能動的にみえるようですが、実はいかに相手を理解していくか。自分の理解や他人の考えを許容する範囲を、いかに拡大するかといった受動的態度が大変大切なことなのです」。この考えを併せていただきますと、良く分かって頂けると思います。

現在、現役の営業活動をしている人々は、実に複雑な環境の中で販売活動を過ごしていることが分かっていただけると思います。そして、これからはそれぞれの考えや価値観に対応するべく努力し、勉強する人がたくさん生まれてくることが容易に想像できます。

一方、人類の歴史の中では、弱肉強食の野生の時代から、すでに真理の探究の努力は始まっています。そういうことを考えてきますと、現代でも認められている、いくつかの考え方の中には長い時代を超越し時間を超えて、さらに色々の環境を越えて生き残った価値感もたくさんあるように思われます。

しかし、そのようなものでさえ、今後は崩壊してゆくかもしれません。厳しい仕事の修行をなし得た人たちが、肉体的な修行の限界に挑戦したあげくに、技だけではどうしょうもないことがあることに気づき、心の修行へと道を進めます。

さらに真理を探究する道筋で、必ず宗教・哲学、あるいはそれに近いものに出会って、そして、すべての道に通ずるものを究めたいと考え、さらに修行してようやく技を完成します。やがては弓の名人が弓矢を忘れ、剣術の名人が刀を忘れるごとく、人の世で生きるということの意義が、見えてくるところまで至るようになるのではないでしょうか。

みなさんも何時か過去の偉人が見つけ到達し、教示している数々の教えに出会う場合も多いものと思います。そこで共感し、共鳴したならば、真理を求める気持ちは、未来に受け継がれていくものと思います。そしてやがて、その人の体質と化した高尚な考え方が、その人の徳となって、その次の人々を教化してゆくでしょう。

そのように考えますと、価値ある営業人生を生きるためには、まずは他人に対応する技から磨いていかなければならぬようです。その対応の技の限界と体力の限界と（時間的限界の意味）を体験しつつ、同時に自分の精神と思想を磨いてゆかねばならぬことに気がつくように思います。

価値観の多様化とは見る方、あるいは見られる方のどちらかが固定観念を持って、他者を見ることから生まれてきているようです。そして、自分自身を磨くことで多様化していると思われた価値観も、俯瞰《ふかん》的な視野からみることができると、そこに潜《ひそ》む敷衍性《ふえんせい》ある価値観も発見することができそうです。

第8項　「稽古」が好きな人種

若い、エネルギーあふれる年代から壮年期までの長い間、そして、高齢者へと味のある営業人生を送るためには、猪突猛進の行動力だけではだめだということは十分お分かりの通りです。知識としての多様な学問を知っているだけでも、だめだということも、お分かりになっておられると思います。そこで再び、稽古という言葉をだしますが、今度は自らが自らの心の底から呼びかける声に対して、自らが正しく応じるために、やはり稽古（練習や修行）が大切だと思って頂きたいので少しお話します。

芸道とか武道・スポーツには先人の経験から作られた、ある程度体系化された肉体の鍛錬の方法が示されており、技の完成を通じて稽古の道が検証できるように準備されています。それを一生懸命にやっていくうちに体が覚えて行きます。しかし、形式化し標準化された指導の方針や練習方法は、あくまでも確率の高い方法ではあっても、最終的に完全なものではありません。どんなに素晴らしい練習方法でも、最後のところは良き師の指導を得ながらも、自分自身で昇りつめるしかないのです。

それは禅の悟りでも同じです。技の完成が目に見えない宗教世界では戒律で躾をしていきますが、最後の段階ではスポーツなどと同様に、自分で登りつめ「悟《さと》り」の扉を開かねばなりません。

実業の世界においては、業績と哲学とを修行の道標として、日夜仕事の技を磨いてゆくことこそ、稽古であり、その稽古で作り上げた人間こそ、自分で導いた自分であります。

このことを自覚し、その自分の無意識の行動の程度が自分の磨いた珠玉の輝きであり、その輝きの答えが他人の顔に評価として現れてくる。すなわち、他人の顔は自分の修行の鏡だと思っていけばよいと思います。

そうすれば、他人の顔、他人の行動も気にならなくなり、自他ともに忘れるときが来れば、まず、凡人としては稽古の最高位に到達したということになりはしないでしょうか。

第8項の2　良寛

知らない人がないくらい有名な禅僧、良寛和尚のことを少しお話します。『良寛禅師奇話』にこのように書いてあります。

師、神気内ニ充チテ秀発ス、その形容神仙ノ如《ごと》シ。長大にして清癯《せいく》、隆準《りゅうせつ》にして鳳眼《ほうがん》、温良にして厳正、一点香火の気なし。余牆《よしょう》　高くして客室の美を知ることなし…

（＊注訳：師は内なる精神が充実して、それが風采に現れて神仙の様である。背が高くすらりとし、鼻筋が通り、すぐれた相の穏やかな中にも厳しさがあり、少しも抹香《まっこう》臭いところがない。人は外見に惑わされて、師の内面を容易に見透かすことができない）。

このような風貌の人がどんな行いをしたか、伝えられているところを写してみますと、

「良寛は常に袋の中に手まりをいくつも入れて、至る所で子供達と手まりつきや、かくれんぼをして遊んだ。遊びあきると、わざと寝たふりをして、子ども達が立ち去るとおもむろに立ち上がって帰っていった。また、人と酒を飲めば蕩然として心なごみ、人が踊りを勧めると、たちどころに立って踊り、飽きればやめて挨拶もせず立ち去った」と示されております」（大関文仲著『良寛伝』）。

知人の家を訪問しても、家の者に教えを説いたり、禅を勧めたりするようなことはさらにせず、あるときは台所に立って火を焚き、あるときは座敷で坐禅をした。話はしても学問や道徳のことには触れず、その様子はまことに悠々としていて何とも形容のできないものであった。そして滞在中はもちろんのこと、師が帰られてから後も、数日間は、一家主人から下僕に至るまで和気あいあいとして、和やかな空気が続いたという。（『良寛禅師奇

話』)。

このような良寛さんにあこがれて、その伝えられた行いだけをまねて気取っている現代のお坊さんもいるようですが、私がこの話から感じて述べたいことは、まず一番目に、そこに至るまでの修行を抜きに考えたくはないということ。勉学に励み、悩み、考えを深め、苦行に耐え、見出した自分の考え、人の生きる道に到達したその過程を抜きにして、これら良寛の話を考えたくはないということであります。徳というものは、自ら備わったものと良く言いますが、万人が生まれたときから備わっているものではないと思うのです。

(盤珪禅師の説く不生禅の表現はこれとは異なっており、すなわち、俗人は生まれつきに持っていた素晴らしい心に後世見聞きした。つまらぬ物事を身につけて、余計なモノを捨てきらずにいるのだといっています)。

私はやはり生来もっていたものに、磨かれて備わったモノが加わって、素晴らしい徳になると思うのです。

二番目には「ただ徳の人を化するのみ」と『良寛禅師奇話』の著者、解良栄重《けらよししげ》が述懐しているように、書き残され伝えられた行いからは、「ただ自然に振る舞っただけ」としか分かりません。禅も説かず、法話も行わず、ただその人の徳行が、人々を教化していったということです。私はそれらがすべて隠匿であるがために、凡人には解らなかったというのではないかと思っています。ただ、著者は読者に考えさせたいがために、「ただ自然にふるまっただけ」といった表現に止めたのかもしれません。

急に俗っぽい話に飛びますが、営業担当者の話におきかえてみますと、「商品の説明もせず、販売条件の話もせず、ただの世間話をして立ち去った」とでもいうことになりましょうか。これではまず、大体の人は何も売ることができないでしょう。それなのに良寛和尚の場合は、一言でも話が聞きたい。ゆかりのモノなら何でも欲しい。遺墨などは喉から手が出る程、欲しいという人は今でもたくさんいます。

話の飛躍が甚だしいので良く分からないかも知れませんが、私は人間の道の根本を求める努力をすれば、やがて風格が表に出てきて、その結果、その人の行動に自然と〝人に好まれる何物かが出る〟のではないかということが言いたいのです。商品の説明と販売条件の説明抜きで商談が成立するとは思えませんが、少なくともあの人が来ると、なぜかみんな、良い気持ちになる。あの人の話を聞いていると心が和やかになる。あの人が帰った後は、さわやかだといわれるような、人物になり得るのではないかということがいいたいのです。

そうなれば商談の成功する確率は、格段に素晴らしいモノとなることでしょう。そして「あの営業担当者早く来ないかな!」と待たれるようになれば、それは良寛禅師が作り出した風景と、酷似していると言っても良いのではないでしょうか。

私の思いをお分かり頂きたいために実在の人物の人間像を提示し、決してそれが作り話でないことを分かって頂き。職業の種別でなく、生身の人間が努力によっては豊かな人格が形成され、身についた徳によって素晴らしい営業人生が、送られるのではないかとの考えを示したかったのです。

第8項の3　山岡鐵舟と三遊亭圓朝

山岡鐵舟については、説明が不要なぐらい有名な人なので説明は省きます。山岡先生があるときこれまた名人といわれた噺家《はなしか》三遊亭圓朝に「ちょっと桃太郎の話をしてみろ」といい、圓朝が桃太郎の話をすると「お前さんの桃太郎は確かに面白いけれども、舌で喋《しゃべ》っているから桃太郎が死んでいる。昔、母親が毎日枕元で語ってくれた桃太郎は生きていたから毎日聞いていても飽きることがなかった」といった。

圓朝はそれ以降、高座にあがるたびに「お前の桃太郎は死んでいる」という、鐵舟先生の言葉が頭から離れなかった。そこで圓朝はもう一度、鐵舟先生の元を訪ね、「どうしたら桃太郎が生きましょうか?」と聞いたところ、「坐禅しろ」といわれたので坐禅をした。何年かしたのち、再び桃太郎を演じたら、今度は「おお！　今日の桃太郎は生きている」といわれたという。喋るにも舌先で喋っていては相手に伝わらない。話が体に沁みわたるようにならなくてはいけないというわけです。

何であれ、自分の技が腹の底まで沁みわたるぐらい、稽古をやらないと本物にはならないという訳です。山岡鐵舟先生の道場では「立ち切りの稽古」というのがあります。自分は面をつけたままで、次々と掛かってくる相手と対峙する。これを一日二百面で一週間続ける。朝から晩まで立ち向かっていると朦朧《もうろう》としてきます。それがこの稽古の眼目であります。「もう体なんてどうなってもいい」というところまで追い詰めます。禅における臘八接心《ろうはちせっしん》においても同様であります。（平井正修著『山岡鐵舟修養訓』）

第９項　「薫習《くんじゅう》」ということ

稽古とか、修行とか真理の探究とかを、いい続けてきました。さらに、日ごろの努力が実ると、結果的にどのようになるかということを示す意味で、良寛和尚の話を出しました。もう一つぜひ、紹介したいお話がありますので、記述された本の一部を、そのままお借りして紹介してみます。伊藤肇が『月刊ペン』誌の中で述べられているものです。

……僕は瀬島さんという人が好きなんです。魅力があるんですよ。それで今の薫習で思い出したんですが、瀬島さんにはこういう経験があるんですよ。瀬島さんが伊藤忠に入って業務部長だった。ちょうどそのころ伊藤忠が持ち合いしていた芝浦製糖の株百万株が、どういう経緯か悪名高き高利貸しの森脇将光の手に落ちた。相手が相手だから大変だ。これをきっかけに森脇がおそらく難題をふっかけてくるだろうといって、重役会議を開いて対策を協議したんですが、どうも妙案がない。結局は当面は業務部長の担当だから、瀬島さんにその株を取り戻してこい。高い金を払ってもいいからという命令を出した。それでは行ってきますといった。瀬島さんが出掛けるときに、部下たちが心配して我々をボディガードに連れて行ってくれといったけれどもそんな必要はない。とにかく一人二人連れていったところで、向こうはもっと上手だ。喧嘩したってかなないっこないからと、小手先の策謀はやめて丸腰で乗り込んでいったわけです。

森脇の事務所というのは、薄暗くて曲がりくねった廊下があるんだそうですよ。そこを歩いて一番奥の部屋に招き入れられた。床の間に目をやると「南無妙法蓮華経」の軸がかけてあって、日中からお灯明が灯り、三方《さんぼう》のうえに抜き身の白刃が載っていたというんです。薄気味悪いですよ。

それで森脇はそれにうやうやしく合掌してから瀬島さんに向かっていきなり本題に入って、手形に関する二、三の質問を浴びせたそうです。ところが瀬島さんはソ連の抑留から帰ってきたばかりだから、手形の手の字も知らない。目をパチクリしていたらナメたと思ったんでしょうね、森脇は「おまえは商社マンのくせに手形のことを知らないのか」って怒鳴りつけた。それでしょうがないので、実は軍人として捕虜生活を八年やって帰ってきたばかりで、手形のことを皆目知らないと、とつとつと自分の身のうえを語ったそうです。そうしたら、それを契機にして森脇の態度がパット変わったというんですね。一瞬居ずまいを正すとそれはすまなかった。軍人は国家と民族のために命を投げ出すもんだと思っていたが、君を見ていてそれが嘘でないことが良く分かった。「よし、株券全部やろう」といってただで返したというんです。

瀬島さんも驚いたけど大いに喜んで帰って重役会に報告すると、重役会はただほど高いものはない、またなんか言ってくるぞということで、金を払ってこいと命令された。それで経理部長を連れて、もう一度森脇のところへ行って、「金を払わしてくれ」と言ったけれど絶対に受け取らない。「どうしても金を払うというんなら、それは君の好意として受け取るから酒を二本持ってこい」と言った。それで結局、お酒二本で株券全部引き取った。

その後、例の森脇が引っ張られた吹原産業事件がありますね。あのときに瀬島さんはせっせと森脇に差し入れに通ったんです。重要容疑者ですから当然、接見は禁止されていて逢えないけれどもね。検察庁はチェックします。それで森脇とどういう関係があるかといって証人喚問を食らったのです。そのときに株をただで返したことについて追求された。森脇がそんなことをする訳がないと。それに対して瀬島さんは、「伊藤忠商事はもちろん、自分個人も森脇さんに世話になったことはあるが迷惑をかけられたことは少しもない」と。

当時、森脇を弁護することは大変ですよね。進んで悪口を言うものはたくさんいるけど、その中でたった一人瀬島さんが弁護をした。裁判官が「ありがとう」といって言葉を詰まらせたという。今の薫習という言葉からそれを思い出したのです。森脇のような大変な悪党でも、特定の人間の前では善人になるということですね。そういうことがあり得るということですね……。

以上の話から私が何を感じ、何を言いたいかをまとめてみたいと思います。まず薫習ということですが、線香をたいた部屋にしばらくおりますと、外にでたときにも線香の香りが衣服や体に残っている。このことから始まって、毎日お年寄りがお線香をあげて経を読みますと、これを子供のときから見ていた人は、自然に体の中にそれが入ってきて、大人になってから知識で覚える仏教論と違って、体に染み込んだものとして分かる。そんなことを示しているようです。

「只管打座」、ひたすら坐禅をすることから得られた境地と、相通じるものがあると思います。

頭で分かることは、自分が意識しているときしかその知識を使えません。しかしいつの間にか、体に染み込んだものは、どんなときにもその人の無意識の行いを通して所作に現れてきます。正しく良いものを常に見て、身近に感じ、接し、勉学する心掛けはいつか必ず、自分の体から、行動から発するものとなるだろうということであります。

次に最後のところで伊藤肇が述べておられるように、「大変な悪党でも、その人の持っている良い面をさらけだして人と付き合うことがある」というところでありますが、こちら側の人間性、人格とか、徳とかによって相手側は悪人になったり、普通の人になったり、善人になったりするということであります。このことを深くよく考えてみますと、自分の人格のできかた、いかんによって相手の人がどのような人であっても、その人の持っている一番良い面を向けて付き合ってくるということになりはしないでしょうか。

もっと極端に申し上げますと、自分さえしっかり磨けば、すべての人がその人の持っている良い面で接し来るということになりましょうか。この点が言いたかったところであります。その会社に入れば、その会社の素晴らしい香り（企業の持つ伝統文化）で、いつの間にか社員を良い方向へ染め上げることができるといった、企業環境を作り繁栄を続けるといった会社を作りたいものです。

第9項の2　「モノを売る前に、まず自分を売れ」

これは営業担当者の入門書に必ず書かれている言葉であり、よく聞かされるものでもあります。この言葉が営業を志し、その仕事を少し深く考えようとする人にとって、営業道の入口を示す言葉としますと、出口の言葉は入店垂手《にってんすいしゅ》といいたいところです。しかし、私は薫習という言葉で示したいと思います。薫習のほうがだんだん臭いが染み込む様が容易に分かること。その「様」が稽古と修行によって、だんだんと体が覚えて行く様子と重なってゆき。修行の過程と成果が連想できやすいという意味において、第9項と第10項で稽古と修行とを強調してきたことを考えますと、その過程と帰着する姿とを同時に分かりやすく示す言葉として、薫習という言葉を遣って表現したく思います。

さらに付け加えますと、「習う」という字から師の存在ということも、併せ感じ取ることができるので適当な表現ではないかとも思います。また修行には昔から、「正師を持たない修業は邪道である」という言葉もあります。薫習という言葉で、師の存在が必須であることを感じ取って頂けるのではないでしょうか。

この薫習の意味が分かったとき、その人は初めて修行の道がわかり、振り返ってみると、そこに自分の歩いてきた道に至らない点があることに気づくはずです。そして、さらに自らに厳しい生き方を求めます。仮に、その生き方に、気がつかなくとも、師の指導する修行の過程が正しければ、第三者がその人の姿を見て、その人は素晴らしい人生を過ごしていると、評価することもあるのではないでしょうか。

そして、その人の仕事が営業という仕事であるならば、営業の仕事は「営業道」まで高められたといって良いと思うのです。さらに、その考え方がすべての職業に敷延して、普遍性を持つならば営業の仕事をいやがらず、営業担当者と呼ばれることの誇りを持つ人が増加して高尚な仕事となることでしょう。

道心のおこりは花のつぼむとき……去来

一般的にはそうかもしれません。しかし気がつくのが、これではちょっと淋しいのです。旧約聖書の創世記に、過去を振り向いたために、塩の柱にされてしまった婦人のことが書かれています。日本にも愚痴は百害あって一利なし。の言葉があり、過ぎ去った取り返しのつかないものに執着することの愚かさを戒めています。このことに気がついたそのときから、即、「営業道」の追求をしていただきたいと思います。そして、みんなで営業担当者とは、「素晴らしい人」の代名詞にしたいものです。

釈迦に説法とは思いますが、成果主義などという偽物の〝馬人参《うまにんじん》〟で利己主義者をたくさん育成したり、社内遊泳者（ゴマすり人間）を増加させたり、統計数字といった単なる借りモノ技術を労する人を作ったりせずに、人格形成の道を求める心を持った人が育つような、環境作りをお願いしたいと思います。少なくともそんな心が育ってくる芽を摘まないで欲しいし、高齢化し、さらに増加するのであろうこの営業という労働市場が、和で満たされ徳の競争をするようにして頂きたいと思います。

第10項　「求道心《ぐどうしん》」

自らに厳しい人は大抵の場合、最初のうちは自らの求めた「求道」の道の厳しさを、他の人にも強要するようです。しかし、さらに修業を積み研讃を続けた人は、その悟道の限りなく遠いこと。自らの持ち合わせた素養のいたらなさに気づき、自らの錬磨に拍車をかけ、さらに自分を磨こうとするようです。そして、自らが未完成であるのに人にものを教え、指導することなどとてもできませんと思うらしいのです。

どうか、そうかたくならずに、〃大乗〃の教えにも耳を傾けて、ともに歩んでみて下さい。

……一つの生涯というものは、その過程を営む生命の稚い日に、すでにその本質において余すところなく、露《あら》われているのではないだろうか。僕は現在を反省し、また幼年期を回顧するとき、そう信ぜざるを得ない。この確からしい事柄は悲痛であると同時に限りなく慰めに満ちている……。

この印象的な言葉で書き始まる『バビロンの流れのほとりにて』において、著者の森有正が述べようと試みられている自らの感覚を、過酷なまでに自らで試しながら、その感覚を通して得られた固有の経験を注意深く手にとり、もみほぐし観察して自らの感性の源を思索します。そして、幼い日に露呈している本質を見つけることができることを突き止め、その本質が確かめられると気がついたときにその慰めを感じるとともに、生きてきたことで身につけた体臭を消し去ることができる限界に挑み、さらに、本質の持つ宿命と風塵界《ふうじんかい》で身につけた悲痛な体験と対決し、それを打ち破るための旅を続け、自らの思想を成熟させていったように思われます。

そしてその後の感覚のスクリーンに映った経験が、本当に在るものを、在るがままに捉えていけるところまで至ったのかを、試し続けていった足取りのように。みんなが在るものを、在るがままに見て、そしてその在るがままに、ともに生きることが歓びであるということが分かり、自分の周囲にいる数多くの人々が、それぞれに生きていることを認め、自らの価値観、考え方で人の切り捨てを行わず。

さらに、その人に対して評価を決定づけたり答えをだすことをやめ、むしろその人の行為を見て、自らが反応した、自らの感覚に対して問い掛けを行うように生きるならば、多くの人々が生命の尊厳と自由を認め合えることになります。とかく挑戦的になり、傷つけ合う営業担当者の競争社会が、程良い調和が保たれた世界となり、自らの精神生活に充足を感じ、競争すらも美しさを伴って、目に映ってくるのではないかと夢みています。

第6章　日本における商いの成功は経営者の志にある

第1節　経営者の人格

良い経営者とは、自らを良く修身した人ではないでしょうか。単に良い人というだけではだめで、どのような人にも信頼される人でなければならないのです。目つき、姿勢、物腰、呼吸、間の取り方すべてにおいて、瞬時に相手に安心と信頼を感じさせる風格を持った人でなくてはなりません。

そのためには父母との縁を大切にすることです。そして「一期一会《いちごいちえ》」という言葉で言い表されております、他人との出会い。すなわち、地球上の人類、六十五億人分の一の確率で出会った人との縁と、出会いを大切にします。

この世においては、父母程に自分のことを良かれと考えている人はいないのだということを思い、同様に稀有な確率にもかかわらず出会った人との「出逢いの縁と運」を有り難いものとして感謝しなければなりません。このような考え方を自覚し、「己《おのれ》以外皆師なり」と、謙虚に他人の言葉を聞かねばなりません。この言葉は『小説宮本武蔵』の中で吉川英二が武蔵に語らせた言葉でありますが、このような言葉を良く考え、父母および多くの人々の言葉に耳を傾けて良く聞くことこそ、大切なことであるということに気づく人でなければなりません。

以前、長野県飯山市の古刹「正受庵」の住職から伺った話ですが、「アパレル業界大手」の社長A氏は経営の危機に遭遇し、ときの住職酒井盤山老師に体当たりで会社の危機を訴え、教えを請いました。話を聞いた和尚は「本来無一物《ほんらいむいちもつ》」と一言いわれただけだったと伺いました。しかし、A氏はその一言で裸一貫から創業したことを忘れていたことに気づき、一念発起して、見事危機を脱したといいます。人の出逢いの妙という好例ともいえる話ですが、A社長の虚心坦懐で謙虚な心があったからこそ、短い一言が心に共鳴したものと思われます。

どんなに素晴らしい言葉も、話を聞く人の状況に応じてしか理解が進まないことを考えますと、このお二人の会話は奥深いものを感じさせてくれます。

音叉《おんさ》の共鳴は波長が合わなくては起きません。そのことを知っているために多くの社長は人知れず、ひたすら自分の〝心の音叉〟の水準を高めようと、雲水のごとく「師」を求めて彷徨《さまよ》ったり、「坐禅」を組んで瞑想にふけったりして悩みます。

その結果、その人なりに悟りを開いて、自分が頼れるのは自分だけであるといったことを発見したり、「一期一会」を悟ったりします。私は素晴らしい経営者に共通して求められる要素は、創業の志を忘れず、自己修練を続ける心をもっていること。もう一点は顧客との接点である、仕事の現場から目を離さない。ということの二つではないかと思います。大切な要点であると思いますので、くどいようですが、何度か申し上げます。

優れた経営者とは、一つ目に、どんなに偉くなって立場が上がっても、企業と社会の接点である現場から目を離してはいけないということ。顧客の言葉や、身を挺して働いている現場の人の意見に耳を傾け、顧客や多くの人々に、今よりも満足度の高い提案ができないかと何時も考えている人です。二つ目には、どんな意思決定も「創業の志や経営理念」の求めるものから判断がブレていないこと。さらに蛇足として付け加えるならば、改革も改善も、社員とともに一緒になって実現せねばならないということであります。この二つのことはおそらく時代が変わっても、忘れてはならない大切なことと考えております。

どのような企業もみなんな素晴らしい経営思想を持っていると思います。問題はその使い方であります。ここで、ピーター・ドラッカー博士がその著書（『プロフェッショナルの条件』ダイヤモンド社）の中で紹介している話を引用してご紹介いたしましょう。

第1項　ブライアン看護師の原則（P・ドラッカーの著書から紹介したい一節）

「新任の病院長が最初の会議を開いたときに、ある難しい問題について全員が満足できる答えがまとまったように見えた。そのときひとりの出席者が、「この答えに、ブライアン看護師は満足するだろうか」と発言した。再び議論が始まり、やがて、はるかに野心的な、まったく新しい解決策ができた。その病院長は、ブライアン看護師が古参看護師のひとりであることを後で知った。特に優れた看護師でもなく、婦長を務めたこともなかった。だが彼女は、担当病棟で何か新しいことが決まりそうになると、「それは患者にとっていちばんよいことでしょうか」と必ず聞くことで有名だった。ブライアン看護師の病棟の患者は回復が早かった。こうして病院全体に「ブライアン看護師の原則」なるものができあがっていた。病院の誰もが、「患者にとって最善か」を常に考えるようになっていた。今日では、ブライアン看護師が引退して十年がたつ。しかし彼女が設定した基準は、彼女よりも教育や地位が上の人たちに対し、今も高い要求を課している」。

以上が紹介したかった話ですが、私はこの話の素晴らしい点は「企業理念」や「経営思想」といったものに値する言葉を日常的に文化として使っているという点です。一般的に経営理念などはたくさんありますが、その「志」を常日頃、どのように活用しているかといいますと、残念ながら日本においても日常茶飯の意思決定時に、使っている光景に余りお目にかかったことは多くありません。しかし、気がつけば、朝礼で「社是・社訓」を全員で唱和している企業は少なくはありません。

ブライアン看護師の話はアメリカでの話ですが、経営思想はこのようにして使うべきだという素晴らしい見本だと思います。そして、さらに素晴らしい点は、このことがこの病院では組織の文化となって定着して生きていることです。

歴史のない会社は、これからの日本では苦労することになるでしょう。何故ならば、それは新しいビジネスモデルによってだんだんとアナログ的社員教育の欠如が進み、場合によっては会社の持つブランド力が弱まるからです。アナログには連続性という積み重ねの良さがあり、社員教育は目先ではなく、将来を期した人の育成、すなわち、アナログ思考でなければならないからです。

何故なら、継続されてきた企業文化的社員教育は、優れた経営思想を持続しつつ働いてきた、先輩社員個々の経験と知恵が混ざり合って、歴史ある古い価値観と新しい時代に出現した異質の価値観を包含しながら、未来志向の新しい価値観を生み出してつないできているからです。デジタルなマニュアルで伝承するのとは違った味わいがあるのです。

多くの日本の従業員にとって、会社は自分や家族と一体であって、ある時、突然に会社まで売ってしまう米国流の出資者（企業経営者）とは、同調することができない価値観が存在しています。良いとか悪いとかを越えて存在する「一心同体」の文化なのです。これもいずれ変化してゆくかもしれませんが、神代の時代のいい伝えを今でも信じている民族ですから、人間の体が他人の細胞に対して拒否反応を示すように、異質の文化を理解はしても転換し同化するには時間がかかるでしょう。

日本における相伝の文化は、そう簡単にはなくならないような気がします。

経営者の志で印象に残って、私の記憶に残っている幾つかを紹介いたします。選択は全くの独断と偏見によるものですが、紹介した理由は、人は何時、どんな言葉に目を開かれるか解らないということを信じているからであります。優れた一言が人生の道を開くかもしれません。どうか読み流してみて下さい。

この話は米国のものですが、デジタルなビジネスモデルの先進国で素晴らしい成果を上げている事例として、知日家のＰ・ドラッカー博士が取り上げていることに重要な点があると感じましたので、引用して記載いたしました。

第２項　経営者とは

大きな夢を持つこと。
それを達成したいという強い情熱を持つこと。
情熱を自制する理性を持つこと。
情熱と理性を支える、多くの知識と体験を積み重ねること。
積み重ねられた知識と体験を善用する人徳を磨くこと。
絶え間なき観察とあふれる慈愛の目をもって、
それらを知恵として駆使することができること。

第３項　経営者の責任

企業倫理問題を提起しなければならない。
握りつぶせないことの自覚。
知らなかったでは済ませられないことの自覚。

説明責任を要求させられる隠しおおせない。

第4項　企業経営者が考えるべきこと

法律を知る、守る。
失敗や懸念事項の話ができる雰囲気を作る。
仕事の懸念の積極報告。
報復なしにアドバイスを受けられる体制。
企業倫理教育と啓蒙。
信頼感の醸成。

第5項　良い会社とは

良い社長に率いられた会社である。

良い社長とは、社員の信頼を集めている社長である。会社ごと、商品であると考えているような社長や経営者は、日本では論外と考えて下さい。経営者の信頼とは、常日ごろの働きが、社員の目から見て素晴らしいと感じられたときから社員の心に蓄積されたもののことである。

第6項　経団連企業行動憲章

参考に経団連の示した「経団連企業行動憲章」をお示しします。

・社会的に有用な製品・サービスを、安全性や個人情報・顧客情報の保護に十分配慮して開発、提供し、消費者・顧客の満足と信頼を獲得する。
・公正、透明、自由な競争ならびに適正な条件で取引を行う。また、政治、行政との健全かつ正常な関係を保つ。

・株主はもとより、広く社会とのコミュニケーションを行い、企業情報を積極的かつ公正に開示する。
・従業員の多様性、人格、個性を尊重するとともに、安全で働きやすい職場環境を確保し、ゆとりと豊かさを実現する。
・環境問題への取り組みは人類共通の課題であり、企業の存在と活動に必須の要件であることを認識し、自主的、積極的に行動する。
・「良き企業市民」として、積極的に社会貢献活動を行う。
・市民社会の秩序や安全に脅威を与える反社会的勢力および団体とは断固として対決する。
・国際的な事業活動においては、国際ルールや現地の法律の遵守はもとより、現地の文化や慣習を尊重し、その発展に貢献する経営を行う。
・経営トップは、本憲章の精神の実現が自らの役割であることを認識し、率先垂範の上、社内に徹底するとともに、グループ企業や取引先に周知させる。また、社内外の声を常時把握し、実効ある社内体制の整備を行うとともに、企業倫理の徹底を図る。
・本憲章に反するような事態が発生したときには、経営トップ自らが問題解決にあたる姿勢を内外に明らかにし、原因究明、再発防止に努める。また、社会への迅速かつ的確な情報の公開と説明責任を遂行し、権限と責任を明確にした上、自らを含めて厳正な処分を行う。

この手の話は探せば幾らでもあります。問題はそのとき、自分の心に響いてきたかどうかということが、大事であると思います。そして重要なことは、これらのことを知っている、分かっているということだけではだめで、心が共鳴したならば実行に移そうと考えることが大事であると思っています。

日本の経営者の特徴である、〝失敗は自分の責任と考える謙虚さ〟こそ、自己の人格を磨く出発点であると思います。

第2節　経営の失敗

たくさんの夢と希望をもって、起業してもときに失敗することがあります。

企業経営の失敗は、結果的には何時の場合も、収支が合わなくなったということで表現されます。収支が合わないということはどのようなことかといいますと、収入から仕入原価や必要経費を引いたら、マイナスになるということです。このマイナスも帳簿上のことで、短期なものであれば、倒産というところまで至らないこともありますが、何カ月も続きますと資金の回転がつかなくなり、倒産ということになります。倒産から廃業へとつながる場合もありますが、産業再生機構法、会社更生法や民事再生法により再建を期する場合もあります。

企業の倒産は、多くの会社や地域住民に多大な迷惑をかけます。ことに大型倒産の場合は従業員が職を失って困るということ以外に、出入りの業者からみると、貸した金がもらえず、そのうえ得意先がなくなるのですから、翌日から売上げの心配をしなければなりません。

企業倒産の際、債権者会議の現場に立ち会ったこともありますが、近所の食堂のおばさんは社員へ販売した昨日のお弁当代が心配ですし、多額の原料を提供していた会社は代金が回収できないと、自分の会社も危なくなると心配していました。

　このような倒産に関連する企業は、大小取り混ぜると年間でも相当な件数になります。倒産に至らず、再建を期して、建て直しを行う会社が相手の場合でも、債権者は債権を完全に回収できることがなかなかできません。何年も代金の回収を待たねばならず、また回収できる債権額も何％かは削減（カット）され、全額が回収できる訳ではありません。そして、再建案が裁判所で認められたとしても、その再建計画の中には、必ず不採算部分の切り捨てが明示されております。また、そうでないと再建計画は認められません。

　ダイエーというスーパーマーケットの直方店の例を紹介しましょう。

　直方という地域は、九州の筑豊地区にあって、昔は炭鉱の町として大変栄えました。そのため人口は最大事は三万人を超えていたので、市制を敷いておりました。しかし、その後、炭鉱の閉鎖などで町はかなり縮小して、小さな町として存在していました。

　そこへあるとき、ダイエーが進出してきて、店舗を出しました。ご存じのごとく、ダイエーはディスカウントスーパーの先駆けですから、開店すると、大量のチラシを何回も地元にまきます。当然、そこに示されている価格は、地元の商店では太刀打ちできないような安い価格です。小さいながらも長年続いていた商店街のお店は、次々にやめてゆきました。住んでいるところに、近くて便利な商店街はなくなり、郊外へ広大な駐車場とともにできたダイエーしか残りませんでした。町の人は不便を耐え忍んで、ダイエーに買い物に行くしかありませんでした。車に乗れる若い人は良かったのですが、お年寄りは困りました。

　ところが、開店後数年を経て突然、このダイエー直方店は、採算が悪い店ということで閉鎖されることになりました。地元の人はどうすればよいのでしょうか。地元の人は嘆願書を出しました。「どうかお店をやめないで欲しい」と、しかしご存じの通り、ダイエーは産業再生機構によって、再建することになってしまい、直方店は廃止することになってしまいました。不採算店はどうすることもできません。

このように大型店舗の企業経営不振は、債権者のみならず、地域社会の顧客にまで大変な迷惑をかけることになります。企業は経営に失敗すると社員、社員の家族、取引業者、地元の人々、顧客、電気、ガス、水道などの生活ライフラインを供給している人や会社、産廃業者など、あらゆる職種階層の人に迷惑をかけます。企業は公器として、継続経営に責任を持つ必要があるということは、このような側面を企業は持っているからです。

ここに吉田秀雄（電通創設期の社長）の電通鬼十則をご紹介いたします。

何故かと申しますと、あまり用心深き言葉を強調することばかり書きましたので、経営に対して消極的過ぎることになるといけないと思いました。それと自分自身が苦しかったときに、この言葉に何度も勇気づけられてきた、思い出深い言葉だからです。

ただし、時代環境といいますか猛烈社員が否定され、残業してまで働くことが悪であるといわれる時代に在っては、素直に素晴らしい方針だと認められるかどうか分かりません。しかし、私は言葉の字面《じづら》に捕らわれず、「言わんとする精神」を曲解せずに理解すれば、いつの時代にも通用する良い経営方針であると思っています。

（参考）電通鬼十則

1. 仕事は自ら「創る」べきで与えられるべきではない。
2. 仕事とは先手先手と「働き掛け」ていく事で受身でやる物ではない。
3. 「大きな仕事」と取り組め。小さな仕事は己を小さくする。
4. 「難しい仕事」を狙え。そしてこれを成し遂げるところに進歩がある。
5. 取り組んだら「放すな」殺されても放すな。目的完遂までは。

6. 周囲を「引き摺りまわせ」引きずるのと引きずられるのとでは長い間に天地の開きができる。
7. 「計画」を持て。長期の計画を持っていれば、忍耐と工夫、そして正しい努力と希望が生まれる。
8. 「自信」を持て。自信がないから君の仕事は迫力も粘りもそして、厚みすらない。
9. 頭は「全回転」八方に気を配って、1分の隙も有ってはならぬ。サービスとはそのような物だ。
10. 「摩擦を恐れるな」　摩擦は進歩の母。積極の肥料だ。でないと君は卑屈、未練になる。

第1項　経営を失敗しないための留意事項〈債権の管理〉

最初にもいいましたように、経営の失敗は経営収支が合わなくなるということです。売上げの不振、経費の使い過ぎ、その次に売掛債権の回収の失敗があります。売ったモノの代金が得られない。簡単にいいますと買った人が金を払ってくれないために、資金の回転がつかなくなるということです。どうして、そのようなことが起きるかといいますと、日常から債権の管理をしっかりとしていないからです。

最近はコンピュータが発達しましたから、どこでも誰でもが、債権管理システムを作り、立派な帳票が完備できています。どのような会社にゆきまして、「債権管理をやっていますか?」と聞きますと、ほとんどの社員が胸を張って、水も漏らさないような管理をやっていることを説明してくれます。しかし、その実施している管理というもののほとんどは、現場管理ではなく帳票管理で、その主眼点は債権の回収サイト管理です。

すなわち、売ってから現金になるまでの期間の長短を、帳簿の管理でやっています。それを支店単位とか、課単位とか、営業担当者個人レベルとかでやっています。書類はきれいに整っていましても、生きた債権管理とは程遠いものです。

生きた債権管理とは、毎日毎日の得意先の「生」の情報で、得意先の経営を管理することです。それは数字になって、まとめられているものだけではありません。まずは顧客の経営者の顔つきです。大げさにいいますと、顧客である経営者の経営思想と、その実践をチェックすることです。さらに、分かりやすくいいますと、顧客経営者の日ごろ「喋っていることと、言っていることの間に矛盾がないか」ということをチェックすることです。

まずは、約束を破ることがあった場合は、その得意先はマイナス一点です。いずれにしても情報の第一取得者は、顧客を担当する営業担当者です。データではありません。ですから、経営者は営業担当者に対する教育が大事なのです。そして顧客の悪いうわさ程、早く経営者に伝わる仕組みについて、常に気を配って完備しなくてはなりません。

経営者の顔色、出勤状態、趣味や行動の傾向など、数字やグラフにならない情報管理と、それらの報告の仕組みができている会社は良い会社ということができます。

第2項　経営を失敗しないための留意事項〈不正〉

創業の志や経営理念を、どのような問題の結論を出すときにでも、意思決定の基準としながら経営を進めることが第一です。粉飾決算をしてはいけません。背任行為をしてはいけません。不当利益を得てはいけません。公私混同をしてはいけません。分かりきったことですが、最近の企業の失敗はこのような事例が多く、その失敗に共通している点は、トップがワンマンであり、経営に不透明性があるという点です。

もう一点は経営者の能力を越えて企業が大きくなり過ぎていて、なおかつ権限の委譲が公平、かつオープンになっておらず、経営実態の公開が進んでいない点です。さらに付け加えるならば、企業内で「目的の移転」が起きているという点があげられます。

このような場合は企業の内部で、誰からも抑止力が働かないような立場の人が独善的に指示命令をして、結果的に多くの社員は内向きの思考となり、組織ぐるみで知らないうちに不正を働いているといったケースが見られます。さらに気をつける点は、目標が間違っているにもかかわらず、達成が困難と見込まれるようになったとき、その目標達成に向かって活動を重点化するといった方向へ、動き出すという傾向が生まれるといった現象が生じることです。これなどは経営思想や基本方針を、ないがしろにした結果ではないかと思います。

現代は、企業が内部で不正を隠すことができない時代になっております。また、企業会計も透明性を要求されております。投資家にとって、よくわかる会社にするということは、結果的に企業の透明性を増すということにつながり、公表ということが大切になってきます。そうしてゆくうちに社内情報も、いつのまにか多くの人の目にとまる機会が増加することになってしまい、良くも悪しくも企業秘密というものはなかなか守ることが難しくなってきました。

どうすればよいかというと、違法行為までして、売上げやシェアの拡大をしてはいけないということです。その結果、失うブランド価値や企業信用といった企業の生命までも奪ってしまう程、情報化が進んでいる社会になっているということを社内で承知徹底することが大事です。

対応策としては、重要な問題でもそうでない場合でも、まずは、意思決定の仕組みを社内で公表することであると、私は思います。社長が一人で何事も決めたり、特定の側近とだけで物事を決めてしまったりしている会社の経営者は、いつのまにか、なんでも自分の意のごとく決められる会社という錯覚に陥り、自己中心的な意思決定になってしまいます。その結果、社会的な常識の判断と食い違った判断をして、時代を読み違えたりしてしまいます。

意思決定の仕組み（ディシジョン・メーキングシステム）を、まず社内で公表し、重要な問題は何事も職務権限規定に照らして機関決定を通して決める。というようにしておくと、間違った判断をかなり防ぐことができます。半面、経営戦略上、重要な意思決定の場に参加した人々に対する守秘義務も徹底しておく必要があります。

会議規定を作り、議事録を作る習慣を作っておくこと。議事録をできるだけ公開すると、自然と革新力と自制力がバランスよく働きます。例えば、ＮＨＫの聴視料不払い一三〇〇万人、ジャイアンツ入場者数、過去最低を記録などのニュースも企業経営の失敗例であるように思います。世論が支持しなくなったのです。しかし、これらの企業経営業績も公表することによって、企業経営が健全な道を進むことが可能です。

これ以外に、インフレを読み違えたり、デフレを読み違えたり、消費者の購買心理を読み違えたり、色々な経営判断の間違いにより、経営を危うくすることがあろうと思います。大体において企業内の風通しを良くしておき、多くの人々が「本音《ほんね》」の意見をいいやすくし、幹部がそれらの声に耳を傾けるように企業風土を構築して、企業を運営してゆけば、そう簡単には企業の存続にかかわるほどの事故は起きないものです。

建て前と本音の使い分けのある会社は非常に危険です。公開、公表、公正が保たれている経営に徹すべきであります。私事までも公開しているワンマン社長は、ワンマンでありながら、好感を持って受け入れられているケースは少なくありません。これも日本の名経営者に共通する現象であるように思います。ただし、現代流行の「ツィート」は、公表とはちょっとニュアンスが異なりますので、同一視は誤解を生みます。人間が人間に対して生身の肉声で伝わるのが良い公表です。

逆に倒産にまで至った企業に、共通していることとして、こんなことがあります。倒産後多くの社員が「こんなに会社が悪い状態とは知らなかった」と、発言しているということです。良いことのみを公開して悪いことを隠す、経営状態を事実のまま社員へ伝えていない。これが会社悪化の共通した条件です。

第3項　神に祈るということ

日本人はどうやってもうまくゆかないとき、神仏や祖先を拝《おが》むということをします。

京セラの稲森和夫は現場との対話を重視する、経営者であることはよく知られています。あるとき、稲森氏の著書（『働き方』三笠書房）に記載されている文章を読んだときの記憶です。稲森氏は工場内で一人の従業員が悩んでいる場面に出会いました。従業員は自分のやっている仕事、やってきたことを含めてうまくゆかないことを説明しました。

それを聞いた稲森氏は「それで君は神に祈ったのか？」と聞きました。一見、非科学的に聞こえるその言葉に、ふとひらめいた従業員は何かに気がつき、作業を最初からすべてやり直したといいます。結果はうまくいったことはいうまでもありませんが、この話は何を言い表しているのでしょうか。

私は人の謙虚さが、人を救うことがあり得ることであると解釈いたしました。神に祈るということは、謙虚に自分を見詰めるということにつながってゆき、人間の形成に磨きをかけるという結果になると思います。経営者の成功は自己の人間形成に励むということに、尽きるといっても過言ではないのかもしれません。神に祈ったり、座禅を組んだりすることは願いをかなえるためではなく、自分に至らない点はないかと黙想して、謙虚に自問自答して自己を見詰め直す行為であると思います。

第3節　社長の交代

会社の社長は、何故、交代するのでしょうか。多くの場合、社長という立場も、何時かは交代しなければならないのです。何故なのでしょうか？　こんな疑問を持った人はいませんか。社長交代について考えましょう。社長の死が企業の終焉《しゅうえん》とならないために、法人格という知恵がでてきたと思えば、社長の交代こそ、企業永続の良き知恵だということが分かると思います。「法人」とは、死なない人のことなのです。

この良き知恵を前向きに捉えることこそ、社長交代の意味を考える重要なポイントであると思います。社長の交代は社長が偉大で経営内容が良く、社会の評価が良いときほど難しいのです。そしてまた、過去に社長の交代が、社業の浮沈に影響したことも何回となくあります。

社長の交代は、大きく分けて三つの場合があります。

1. 一つは高齢となって後任に道を譲るか、定年制度があって退任するという、いわゆる何の失点もない勇退であります。
2. もう一つは社業の停滞や不祥事の発生による引責辞任によるものです。
3. さらに付言しますと、社内が内向きな価値観に支配され、幹部には追従上手やゴマすりがはびこってしまって不祥事が起きかねない場合です。

どちらが良いということではなく、いずれの場合も後継者選びが難しいということです。

勇退する場合は、辞める人の影響力がまだ残っていますから、それを無視して実施する訳にもゆかず、得てして、身内や二代目、三代目を登用するという機運が周りに漂います。しかし社長としての能力や器量、社内の統率力が次の人たちにあればよいのですが、そうでない場合の交代はゴマすり側近が世襲社長を『裸の王様』（アンデルセンの童話）にしてしまいます。やがて、戦略や経営方針のない三流企業となって、業績が悪化してしまいます。

二代目、三代目の経営者の失敗例の多くに見られる現象に、経営理念の失念があります。そして、企業の規模（売上げ）を拡大することが、「目的そのもの」であるかのように錯覚している場合が少なくありません。そして、保守的で企業外の環境の変化に鈍感な場合も、失敗例には多く見られます。経営理念や良き企業文化を守ることも重要ですが、変化に対応できるということが重要な場合も少なくありません。

その場合は企業文化と環境の変化の衝突を、どのようにして調和させてゆくかといった、困難な変革を成功させなければなりません。しかし、解決すれば、イノベーションも生まれます。思考のポイントは、変革しければならない点と、変えてはならない点とを短期間に集中して、討議して確認しておかなければならないということです。

変えねばならないのは多くの場合、企業運営上利用する道具の進歩に影響されることが少なくはありません。ですから、その使い方の技術を進化させねばなりません。変えなくてはならない点を解決するためには、先見の明を発揮する人や若者や女性といった、意見が異なるであろう方々の参画を歓迎することが重要です。

変えてはならない点を協議し、検討する場合には、歴史を振り返り、時代を越えた普遍性のある価値観、すなわち、良い企業内文化を再確認して、中断するのではなく社員の質の強化を図るといったことが必要であり、主として人にまつわる問題です。

現在日本の一流企業は、世襲的な経営交代を実施しているところは数多くありません。一流の企業で結果として、世襲となっているところもありますが、その場合は、大変優れた能力を持っているから、そうなったというほうが当っているのだと思います。冗談半分ですが、会社の名前と社長の名前が同じ会社は、二流だという話もあります。

やはり、会社は「公器」との考えに立って、継続経営が可能な事業運営を行ってゆくに相応しい人材を登用すべき、ということに尽きると思います。

日本の代表的な企業である松下電器産業は、偉大な創業者である松下幸之助の後継者選択にかなり苦労をしたようですが、娘さんしかいなかった松下翁の後継者になった一族の方は、今のところ一人だけです。ソニーには世襲経営者は歴代一人もいません。トヨタにおいても一度だけしかありません。

創業家の血縁者が現在の会社の代表になっているのは大手の日本企業では、先ごろ交代した武田薬品の武田國男だけです。武田家直系の人でありますが、武田薬品中興の祖といわれるぐらいの改革を果たし、見事にグローバル企業の仲間入りを果たしました。しかし、次の社長が最近大変な社内混乱を引き起こしているようです。

国際化は会社を良くしてゆくために行うもので、継続してきた良き企業文化のうえに、新しい創造を建て増しするものでなければならないのですが、少し米国ビジネスモデルの模倣にすぎたようです。顧客や社員などとの間で、大切な信頼関係に綻《ほころ》びが生じたようです。

参考までに情報誌に掲載された企業の資産評価で、ベスト二十位以内の会社名を示します。社長の交代で、企業業績が芳しくなくなった例における共通点の一つとして、「天下り人材」を社長として迎い入れているケースが比較的多いことにも注目しておく必要があるように思います。

日本の企業評価ベスト二十社（これらの会社の社長交代を想起してみて下さい）。

1. トヨタ　2. ＮＴＴドコモ　3. ＮＴＴ　4. キャノン　5. 本田　6. 日産自動車　7. 武田薬品工業　8. ソニー
9. 松下電器産業　10. 東京電力　11. ヤフー　12. 日本たばこ　13. セブンイレブン　14. アステラス製薬　15. ＪＲ東日本　16. 三菱商事　17. デンソー　18. 日立製作所　19. ＫＤＤＩ　20. 関西電力

経営者の交代で、勇退による交代は難しいこともありますが、一般的にいって、日本では戦後できた会社の創業者が、功なり名をなして、花道をどうやって飾るかといった功労者の交代の場合が多いので、明るい雰囲気があり、後継者争いという陰湿な雰囲気は少ないのが現状です。セブン&アイホールディングス、大塚家具のケースは日本では一般的にいって企業の恥とみられております。下剋上が感じられることを好まず、「禅譲」が感じられる経営者の交代は好感をもって見られるのです。

ベスト二十の会社を見ると、官業であったものが民間企業になったものも多く含まれています。これらの会社は最初も途中も、結構天下りが多いので、社長の任期が定款に明記されている場合が多く、ルールに従って、交代するために、案外と淡々と行われているように見えますが、後継者争いは結構熾烈でもあるようです。民営化した企業は社会的インフラに関する業種が多いので経営の破綻は起こりがたく、分かりがたいのですが、いったん経営の破綻が暴露されますと、規模が大きく根が深いものがあります。

ドラスティックな社長の交代で、記憶にも新しいのが、日産のゴーン社長でありましょう。見事に社業を立て直しました。今回、ソニーが社長の交代を行い、次の社長がアメリカ人であるというのも、多くの人がびっくりした社長交代であったと思います。

「社の業績は、経営者の人徳を越えるものではない」という言葉があります。これは社長の力量以上には、会社は大きくならないという意味です。企業における社長の影響力は、絶大なものであることを示しています。ユニクロで知られているファーストリテーリング会長の社長復帰、これなどは一度社長を交代したが社業が思うようにいかなかったので、創業者社長が復帰という例であります。ダイエーの中内㓛社長も松下電器産業の松下幸之助も、社長引退後現場に一度だけ復帰しています。

近年日本を代表する松下電器産業とソニーの社長が変わりましたが、交代後の政策の違いが対照的です。

松下電器産業の中村邦夫社長は、松下電器産業の特徴的な組織構造である事業部を解消させ、カンパニー性を打ち立て、重複を排除して、シナジー効果をねらったグループ形成を致しました。同じことを別々の事業部ではやらないようにして、重複従業員の削減による経営効率化を実施しました。伝統を崩したため、かなりの大改革となりました。

ソニーのストリンガー社長は、逆にカンパニー制を廃止し、まさに選択と集中を図るべく、ソニーならではのユニークな事業であるソニー生命、ソニー損害保険、ソニー銀行、ソネット、スカイパーフェクトコミュニケーションズを売却すると発表しました。

このように社長の交代によって、企業の定款変更にもかかわるような政策変更が行われることがあります。そして、一～二年後に、新しい社長の評価が下されるのです。

もう一つの社長交代のパターンに、社業の業績停滞による引責辞任という社長の交代や、不祥事の責任をとって辞任するという形での交代があります。

日本最大のカリスマといわれていたコクドの堤義明の交代は世間を騒がせました。磐石といわれていた堤軍団が株という証券の取り扱いで、証券取引法違反ということで逮捕、社長交代ということになりました。最近ではカネボウ、東芝の粉飾決算、三菱自動車、スズキ自動車のデータねつ造による社長の辞任があります。危険情報の秘匿といったことで、経営幹部が引責辞任した東電のような例もあります。

社長の辞任には責任を転化して、「トカゲの尻尾切り」といわれる、部下に責任をなすりつけて、自分は知らないといって、居座ろうとするタイプ（結果的には世論に抗しきれずに辞めて行くタイプ）、と部下のやったことはすべて責任者である自分の責任といって、潔く退いてゆくタイプがあります。

日本人の感情には、この後者のタイプが好まれるようです。「敗軍の将、兵を語らず」を好み、「一将功成って万骨枯《ばんこつ》る」というのを嫌うのが、日本人の心に合うのだと思います。企業の長もしばしば武将になぞらえて評価されます。頂点に立つ人の不祥事を極端に嫌うのは、日本の文化の特徴の一つではないでしょうか。

第１項　日本人が後事を託して引退する際に好む心音《こころね》

「虎死して皮を残し、人死して名を残す」。

「子孫に美田を残さず」。

「老兵は死なず、ただ消え去るのみ」。

「立つ鳥跡を濁さず」。

「禅譲」。

第２項　日本人が嫌う社長の交代

「天下り」、「世襲」。

誤解のないように付け足しますが、土光敏夫や稲森和夫による企業の立て直しは、社長の交代や天下りではなく、社長に就任した会社の窮状が解決したらさっさと引き上げています。このとこの違いをきちんと見ておかなければなりません。

「天下り」で就任した人が嫌われるのは、旧体制から働いている人たちにとって、自分たちの昇進ポストがふさがれたことが最大の恨みとなることは間違いありません。それ以上に嫌われる理由は、天下り社長が「具体的な仕事」「今の現場」を知らない、「仕事で汗をかかない」「業績の拡大しか目が向いていない」、といった点について社員は多くの不満をもっているからです。そして何よりも怖いのは事実、企業文化の承継が途切れ、一心同体の信頼関係が崩れることが発生し、慣れによる企業の生産性が低下することです。

日本人には、昔から色々なところに記録として残された引退劇があります。それらの中で語られた、本節に出てきた言葉などは、知らないうちに日本人の心の中に遺伝子のように刷り込まれて、今もどこか心の隅に残っています。その価値観に、かなりの人は無意識にこだわっていることも、記憶に残しておく必要があります。

経営者は企業経営の責任をいつも背負っています。これからの経営者は独裁者では難しいでしょう。しかしながら、リーダーシップのない人ではさらに難しいでしょう。経営者は、就任したそのときから社員と、株主と顧客のこと、地域貢献と会社の継続発展のこと。さらに加えて、自分の引退後のことと後継者の育成を考えていなければならないのです。株価、データ、決算諸表に表れた経営係数の改善にのみ、価値観を求めているようではだめな経営者といわざるを得ません。

第4節　経営者の言葉
——多くの経営者の発言から日本の経営者として具備すべき必要条件とは何か

拙著では資本主義経済の興亡に影響するであろう、世界的なイデオロギーの変遷、その流れから将来の予測を行いました。そして最初に経営者たらんとする人の、世界的史観の見方をすでに示しました。次いで、アジア近隣諸国の指導者の考えを紹介し、経済的側面から東南・東北アジアの中での日本の立場を考えて頂き、それらの客観的環境や立地条件のもとで、日本の企業経営者として、どうあるべきかを考える必要があることを述べてきました。

次いで、企業とは何かから社長の交代まで、現代の企業に関する主な関連事項を述べてきました。それらの情報に接し、理解したうえで、「経営とは」「経営者とは何か」ということを考えてもらおうと思い、本章を構成してみました。

いよいよ最後に近づいてきました。日本の経営者とは何かを最後のテーマにしていますが、その前に著名な経営者の意見を聞いてみようと思い、以下の文章をさしはさみました。

本節では、多くの経営者、および経営学者（外国人も含めて）の言葉から、経営とは何かということをまとめる前に多角度から考えてもらおうと思っています。そして、最後に日本の経営者として具備すべき、必要条件とは何かということを考えてみたいと思っています。

第１項　日本における名経営者（二十世紀の話でちょっと古いのですが）

日本経済新聞が発表した日本の名経営者のリストによれば、

1. カルロス・ゴーン　2. 奥田　碩　3. 御手洗富士夫
4. 鈴木　敏文　5. 永森　重信　6. 小倉　昌男
7. 金川　千尋　8. 武田　國男　9. 盛田　昭夫
10. 孫　正義

ベスト十は以上のような方々が掲載されていました。選択の基準は統率力、見識、先見性、国際性、ブランド構築力、業績、技術、人材・雇用、企業統治、事業構築力、社会的責任という項目で、項目別に採点して総合点数の高いほうから順位をつけたということでした。

読者が選んだベストテンには三木谷浩史、出井伸之、稲盛和夫
企業のトップが選んだベストテンには丹羽宇一郎、張富士夫
市場関係者が選んだベストテンには坂本幸雄、酒井秀樹、佐藤研一郎、中村邦夫、山内　溥
記者が選んだベストテンには中村邦夫

総合点のベストテンに入っていなくて、それぞれの業界の人や、読者が選ぶとちょっと異なる人が上位に入ってきます。消費者に顔が見える経営者は、やはり消費者から見ると上位に入りますが、市場関係者はＩＴ関連の人から将来の可能性を付加して選択してくる傾向があるようです。企業のトップは見識、先見性と総合力に評価の重点をおいているように見えます。

第２項　経営者の一言

◇トヨタ自動車の張富士夫社長は、今や地球の環境対応なくして自動車は語れない。新技術への対応を新たなビジネスチャンスとして変革に取り組み、新技術を柱に社会貢献をしたい。

◇武田薬品の武田國男会長は、国内の一企業に収まらず、戦略商品を開発して、開発強化による世界本社という構想で幹部の意識改革を行った。

◇アサヒビールの池田弘一社長はビールアルコールのビジネスは大きく変化している。「スーパードライ」への評価だけでなく、企業ブランドを高めることに全社をあげて取り組んでいきたい。

◇松下電器産業の中村邦夫社長は、過去の経営方針にかかわりなく、顧客重視という一点を除いて、聖域なき改革を行う。雇用や、モノ作り、拠点の統廃合など構造改革を進め、社員が顧客と向き合う組織に変更する。

◇大和證券グループの鈴木茂晴社長は常に変化、常に改革、貯蓄よりも投資とする国の政策を担って行く。

◇東芝の西田厚聡社長は、ノートパソコンを世界ではじめて市場開拓したが、ノートパソコンが巨額の赤字を抱えると現場に復帰し、半年で四十五回の社内対話集会を開いた。一年で黒字回復を果たした。

◇日産自動車のカルロス・ゴーン社長は「達成できなければ辞任する」「潜在力を発揮できなければ激烈な競争を勝ち残れない」、高いハードルを掲げて社内を鼓舞する。

◇トヨタ自動車の渡辺捷昭社長は、三年間で部品調達費を一兆円削減したコスト低減を達成。長期安定取引が成長の基盤という信念の元、部品各社と提携しグローバル生産の基盤を固めた。

◇セブン・イレブンの鈴木敏文社長は、絶対に物まねするなと厳命、情報システムのアウトソーシングの先駆け。おにぎり弁当を販売するビジネスモデルを確立。こうだと決めつけるから絶対に無理という答えになる。固定的な考えからは進歩は生れない、変化に対応することこそ大切、消費の成熟化に対応が必要。

◇アステラス製薬会長の青木初夫氏は、日本にも世界に伍して行ける製薬会社が必要、合併はなんどやっても良い。

◇エルピーダメモリの坂本幸雄社長は、半導体業界再建請負人と呼ばれており、経営不振のメーカーを渡り歩き、相次いで再建を果たした。甲子園を目指した高校球児で、日本体育大学体育学部卒業。世界最大のＤＲＡＭ工場を広島に建設。

◇麒麟麦酒の荒蒔康一郎社長は、基盤技術を多様化し企業を多角化してゆく。医療やバイオなど魅力的な市場に参入してゆく。

◇京セラの稲盛和夫会長は、指導者の資質は才覚よりも人格、企業統治はトップが倫理観を持つことだ。

◇ ローソンの新浪剛史社長は、選択と集中を重視。

◇ 楽天の三木谷浩史社長は、組織の末端から多様な意見を吸い上げ、現場にオーナーシップを持たせるのが大事。

◇ 味の素の江頭邦雄社長は、アミノ酸技術が生み出した「味の素」は百カ国で使われている。廉価で安全な発酵法の開発などで技術を磨き、圧倒的なコスト競争力を持ったことが背景だ。インドネシアで製品がイスラム教の戒律に触れるという問題が表面化した。科学的には問題はなかったのだが、誤解から生じた混乱は一カ月続いた。我々はすぐ特別委員会を設置し、毎朝テレビ会議で情報を共有化した。トップに迅速に情報が伝わり、トップ自らがリスクマネジメントにあたったことで現地の混乱は最小限で収まった。

◇ 伊藤忠商事の丹羽宇一郎社長は、改革の意思を社員と共有化することだ。改革への取り組みをやめれば待つのは衰退しかない。トップのビジョンや夢を語り続け、納得を得てともに行動する。

以上は世界経営者会議に出席した、経営者の新聞紙上で公開された言葉から、抜粋したものです。世界中には、数え切れないくらいの経営者がおられる。全部の経営者の発言から勉強ができれば、それに越したことはないのですが、少々きりがないので、経営者の言葉の紹介はこのぐらいにしておきます。しかし、これからの日本の経営者には、日本の企業文化の素晴らしい点を認識しつつも、多くの異質の経営者の生の言葉からも学んで欲しいと思います。生きた経営者の生の声は、文字では表せない感動を与えてくれるはずです。

私の日本市場における名経営者の条件を僭越ながら申し上げます。

1. 創業の志や経営の理念を忘れずに意思決定を行うこと。

2. 顧客から目を離さず、顧客との接点である現場の声を常に聞き、現場の社員との議論を続ける。

3. 時代の変化を見誤らず、文明の変化と文化の変化を間違えないこと。（変えなければならないことと、変えてはならないことの峻別）。
4. 一心同体の経営を目指し「情」を軽んじないこと。
5. 経営情報の共有化と社員間の対話重視。

本節で見てきたことの中に、今日の視点からみると、すでに陳腐化した多くの情報があることに気がつくでしょう。ここに示した経営者の言葉の情報は、それほど古いものではありません。しかし事実は思っている以上に変化が激しいのです。

これら経営者の言葉から、そのときは素晴らしいと思った考え方であっても、今、読んでみると「ちょっと違うな！」と感じる言葉があると思います。それらはわずか十五年程の間に起きた考え方の変化なのです。そのような言葉に出会ったならば、変化とは何か、変化に対応するということはどういうことか。あるいは、変化に惑わされてはいけないこととは、どのようなことかということを考えて下さい。きっと良いヒントが含まれていることに気がつくでしょう。

第7章　国際化の中で日本の経営者の責務

第1節　国際化とは

グローバリー・ゼイションとは、他国の文化を理解することから始まる国際交流ということだと思いますが、国境の意味が薄くなる現象とも理解されています。

このような時代にあって、日本の価値観の基礎をなす特徴的な考え方、例えば島国根性、和以貴、農耕民族、仏教、儒教思想、幕藩思想などといった考え方が、鎖国といった国際的に戸を閉ざした状態で熟成され、非常に特徴的な国民思想が生まれました。その中でも、幕藩政治の中での江戸時代に成熟した考え方には、仏教の考え方の影響が大きく、特に人はみんな「生かされている」のであるという考えがありました。この考え方は個の確立というよりは、人と人との柵《しがらみ》の中で相対的な価値観を膨張させた影響は大きく、そのために自分の相対的な立ち位置と、他人の評価を確認しながら生きる価値観と謙虚、そして婉曲表現という生き方の根拠を確立したものと思われます。

その点、外国人を見ますと、「私はこう思う」という自己の考えが先にあることに気がつきます。日本人の多くは、まだこの考え方に気がついたばかりで、芽生えてもなく確立もしていません。どちらかというと「個の確立も必要である」という考え方がでてきたところです。今では少し変化しつつある考え方であると思ったほうが良いようです。このような変化が見え始めたときに、商売としてはどのようなことが顧客に好まれるのかを研究し、知る必要があります。何故かといえば、顧客思考という言葉が、純粋な日本人思考だけでは理解できない、色々な現象になって出現しているからです。

私は大学にいたころ、ドイツ人の教授からこんな面白い話を聞きました。話というのはこうです。「国際航路で海難事故が起き、救命ボートの定員もオーバーしてしまいました。誰かが犠牲になってボートから降りなければ、ボートそのものも沈没する可能性が出てきました。あなたならどうしますか?」。

他国の価値観を理解するための一つの具体例（第1章に記述、一部再掲）

＊海難事故の場合に乗客の一人を海に飛び込ませる方法

1. アメリカ人には、今飛び込めば君は英雄になれる。
2. イギリス人には、今飛び込めば君は有名人になれる。
3. フランス人には、飛び込んではいけない。
4. ドイツ人には、規則だから飛び込まなければならない。
5. 日本人には、みんな飛び込んでますよ。

＊もう一つの別の話

1. 英国では多くのことがだめだが、していいことはしていい。
2. フランスでは多くのことはしていいが、ダメなものはだめ。
3. 米国ではだめなことでもしていい。

4.　ソ連ではしていいことすらだめ。
5.　日本では前例はどうなっていますか。

この話を聞いたとき、各国の人の考え方というものは、同じ状況で同じ事故に遭遇したときでさえも、これほどに違うということを分かりやすく、たんてきに理解しました。

このような笑い話（ジョーク）とも取れる話でさえも、外国人について知っているのと知らないのとでは、外国人に良い友人ができたりできなかったりする程度の、違いが起きる可能性があると思います。一方、現代アメリカを代表とする外国の方々の考え方は、日本の古くからある習慣や文化を「自由の規制」であると捉えているところがあります。

日本のやり方は長い時間をかけた経験から修正を重ねてきて、今日に至った歴史を持つものも少なくなく、今、新しく始まった種々のやり方も、海外から移入されてきたために、革新的な考えと思われている節もあります。しかし、よくよく調べてみたら何百年も前に日本では実施していた過去の方法であって、何らかの欠点があったがために、今に改良された方法や制度であることも少なくありません。

海外で起きている日本の諸制度の見直し論には、そのような側面もあるのかもしれません。だからといって、日本がすべて優れているという訳でもありません。日本も謙虚に外国の諸文化の良い点を学ばねばなりません。

話は変わりますが、インターネット情報通信において、一時代先を行くアメリカではインターネット・コミュニケーションの良い点も悪い点も、日本よりは多くの経験を持っています。

例えば、インターネット・コミュニケーションは次善の策で Face to Face が最も優れたコミュニケーション方法であることを彼らは知っています。

十七年近く前に、アメリカを訪問したとき、NET先進国であるアメリカ人に「日本では隣の席にいる人にE：mail で伝える人がいる」と話したとき、周りにいた多くの人々が大笑いをしたことがあります。日本人には新しく知ったことを、すべて「先進的なモノ」と錯覚する人がいます。現在のアメリカにも、日本で江戸時代に行っていたことを「先進的」と捉える人がいるかもしれません。

このような事例にみるだけでなく、国際化の時代というのは日本にとって新しい文明や文化、そして宗教的な価値感との出会いがあるという時代です。相互理解こそ、必要です。

何度も話は飛びますが、新しい製造文明を開いた「鋸《のこぎり》」を考えてみましょう。欧米のそれは「押切《おしきり》」ですが、日本のそれは「引《ひ》き切《き》り」です。どちらが良くてどちらが悪いということは機能的にはないと思うのですが、いざ、それぞれを使いなさいといわれたら戸惑うことでしょう。また、文化の違いといえば、自動車の右側通行と左側通行があります。これもどちらが良いかといった質問に、正解はありません。いずれも発明から今日に至った切っ掛けと、改変に歴史の違いがあるだけなのです。

このような現象を理解して頂けると、国際化社会での経営者にとって必須な条件の一つに、「他国の文化、歴史や宗教などについて知識を持つことが重要である」ということに気がつくことでしょう。国際化時代には、諸外国に対する基礎的な知識と教養を身につける必要があります。もちろん、日本の古い歴史や文化、宗教および道徳観について、きちんと知っていることが重要です。日本では自国のことを知らずに他国の文化に走る人がいて、このことも外国人から見た場合、不思議な現象と見らていることも承知しておく必要があります。

唐突ですが、このユビキタス時代に、過去に経験した多くの文化や考え方の中で、電子情報化時代の感覚によって失った多くの文化、そして、それらを捨てた考え方や価値観などは、いずれ高価な代償を支払う義務とともに帰ってくる気がしてなりません。

二十一世紀の日本の価値観は、「心身の健康と安全な衣・食・住・環境」を大切にするということに収斂するような気がします。私はこの言葉が国際化にあたっても、キーワードになる可能性が濃いと思っています。

企業は健康と安全を損なうことを、助長するようなことをすると社会の批判を受けることになり、企業経営としても健康と安全に配慮することを重視することになるでしょう。

その結果、企業としてもこれらの維持管理に対して危機管理をしておく必要があり、かつ予算化しておく必要が増すでしょう。その対処ができない企業は、社会的に抹殺されることになるのではないでしょうか。ＩＴ技術やベンチャー企業が巻き起こすバーチャル投機市場が、次なるバブル崩壊現象を起こす気がしてなりません。

第2節　新しい文化と新しい競争の発生

誰もが自分がいつの間にか身につけた習慣であっても、それらを誰もが正しいと思って行動していることがあります。一方、後天的に身につけたモノでなくとも、よい匂い、好きな人、嫌いな人などを、人は瞬時に感じることがあります。

偶然と必然の出会いの中から何かが生まれます。いや、偶然でさえも、神が作れし必然かもしれません。何故に神というかといえば、考えても、考えても、元の元、そのまた元のその先の元など、まだまだ人類には分からぬことがたくさん残っているからです。従ってそれらを「神のなせる業」というしかないから、その存在を神といっているのであります。科学ではまだまだ解らないことが、この世にはたくさん残っています。

科学者は物質の研究から、分子、原子、中間子などと研究を極めて、その究極の物質を見つけようと努力しています。

哲学者は言葉を使って、人間の特徴である思索という行為を通して、真の真は何かを問い続けています。しかし未だに、敷衍的《ふえんてき》な真理を発見するには至っていません。そしてまだ神をも見つけてはいないのです。

ですから、正確には偶然か必然かは分かりません。自分の判断を越えたところから発する何かによって起きた事象を、私はとりあえず偶然ということ、にしてそのように表現することにします。偶然か必然かは別にして、異質のモノが混じったときに新しいモノは生まれます。生まれる必要のあるモノは新しい形として永遠の命を授けられ、生まれてはいけないモノは新生の一代で終わる。これはひょっとすると神の意思に反した偶然なのかもしれません。

曼荼羅《まんだら》には大日如来を中心にして、同心円的に近いところ程大きく、だんだんに小さく菩薩や如来が書かれていますが、ほぼ仏の位別に均等に書かれています。

しかし、それぞれの人には、それぞれの人の心の斑《まだら》の模様があります。濃淡あり大小あり、それらは必ずしも均等、かつシンメトリックではありません。私は私自身の心の曼荼羅に従い、久遠の昔より流れ来し民族の心に身をゆだね、自然に沸き起こる言葉を頼りに書き綴っているつもりでいます。しかし他の人から見れば、そうではないかもしれません。自分自身の判断でさえも、普遍的な心理に従っているとは思えません。ですから、自分の祖先や自分が生きてきた社会から、学んだことの中には間違いがあるかもしれません。それ故に、ときに瞑想し、ときに禅堂に籠って自己を見つめ直すときを持っています。

その結果、自分なりに一定の結論を見つけたように思います。そして、その結論から得た価値観が敷衍的に万全であると、確信している訳ではありません。私は自分の本体の真知から出た判断に、基づいていると信じております。ですから、それら日本の知恵の多くには国際化を前にして、ひょっとすると、世界平和に寄与する考えが含まれているのではないかと思っています。

経済の発展は機械や道具の発明から、効率的な大量生産方式を生み出しました。（産業革命）。大量生産は大量消費を求め、領土の拡大を含め欲得を満足させるための覇権争いを生じました。そして人類が採集・狩猟民族であった時代の調和は乱れ、その時代に行っていた「労働の成果に見合う所有」という考えが薄れました。たくさん作る人が余剰物を売り広げ、貨幣の出現と相まって、「土地と富を所有する競争」が始まりました。

そのとき以来、人類は今日まで大まかにいって、市場獲得競争を踏襲してきました。所有するモノが農産物から貨幣に変わり、そしてそれは証券から先物取引へ、さらに金融市場の自由化へと変化して行きました。しかし、基本的に貨幣をたくさん保有するという競争は変わらず、今日まで続いています。民主主義であれ、社会主義であれ、あるいは共産主義であれ、国家という単位での総資産の拡大競争の時代を、今も続けているということではないでしょうか。

このような考え方が続く限り、争いは止むことがないのではないでしょうか。ＩＴ文明の広がりは、やがてどのような競争の形を生み、覇権争いを生じるのでしょうか。国際化している現在において新しい文明の利器は、きっと新しい覇権の形を生もうとしているに違いありません。我々は過去の大小取り交ぜた各種の産業革命から、普遍的な傾向、すなわち、覇権争いが生じたという事実を教訓として心に記して、格差の少ない共存共栄の世界を創造しなければならないと思うのです。

もしも覇権争いを防止し、平和裏に新しい文明が多くの人類のために供するとしたなら、強欲を制し、知足を徳とし、大量生産や大量消費を控え、使い捨から再利用を尊重する考えにシフトし、地球資源の有効活用へ向けての技術競争をすることが、その方向であろうと思います。ぜひとも、多くの経営者にはそのような考え方を研究していただきたいものと思います。

これが交際化を迎えるにあたって、各人が心掛ける考え方であろうと思います。日本には幸いにして「もったいない」「モノを大切に」という文化が、消え去った訳ではなく残っております。新しい文明から生まれるであろう新しい競争時代を迎えるに際して、日本は率先してこの考え方を発信しなければと思います。

新しい競争は、顧客の「心を喜ばす質の競争」であって欲しいものと思います。

日本には量的拡大がなくとも、約三百年弱、平和に過ごした「江戸時代」という体験の歴史があります。幕藩体制や鎖国、そして封建主義のぜひは別にして、少なくとも経済といった面ではほぼゼロ成長を続けて、なお、内戦のごとき紛争を起こさなかったという、その歴史から学ぶものは少なくないと思います。むしろ、「低成長時代」には、何をすべきかといったことを江戸時代から学ぶといったことが賢明なことかもしれません。

特に国民の道徳観念を先導した「武士道」から、学ぶべきことが少なくないと思います。金銭のやり取りを卑下し、心を喜ばせる会話と気配り、心遣いを評価する付き合いを貴しとする生活態度からは、学ぶものが多くあるはずであります。

日本は江戸時代、戦争もなく経済成長もなかった三百年弱の平和な時代に、人々はどのような工夫を行って経済生活を行ってきたかを研究することは、高齢社会を迎え、人口増加に歯止めがかかってきた先進諸国にとって、今までに経験したことのない新鮮な知見となるかもしれません。

日本に限らず世界においても、日本の過去の経済活動から、時代の変化にさらされても生き残っている文化にはどのようなものがあり、一時代を風靡したような出来事であっても、短い期間に消滅していったブームのようなモノに、どのようなモノがあるかを調べ、分析することによって、少子高齢社会が到来することが確実な諸国に、失敗例も成功例も学ぶことができる例題を示すことになりはしないか。このことこそ、日本が国際化時代に向けて果たさなければならないことの重要な、論点の一つではないかと思います。

例えば、これで日本の景気が右肩上がりで良くなると思いますか？　日本自身も過去の低成長時代のモデルに倣《なら》う点があることに気がつくべき時代となっているのです。それは大量生産、使い捨て大量消費、高生産性の追求ではなく、勤勉貯蓄、修理再利用、再利用可能な資源活用の研究、無駄の排除、質実剛健などの考え方を充実することが必要です。

さて、切り口を変えますが、次の現象をどう捉えますか？

1. 税金は高くなる。
2. 国債の償却負担は増大する。
3. 年金の掛け金は高くなる。
4. 健康保険の掛け金は高くなる。
5. 介護保険の掛け金が増大する。
6. 医療費の自己負担が増加する。
7. 失業保険の掛け金は増加する。
8. 年金はもらいが減る。
9. 失業保険はもらいが減る。

10. 金利は安くなる、貯金の価値が減る。
11. 食べ物の不安が増大する。
12. 環境の安全が脅かされる。
13. 「需要の飽和」による消費の低迷が始まっている。

これだけ条件がそろって、国民が経済的に元気になると思う人はいますか？ 今や心の豊かさを求めることに、価値を認めるという方向性を打ち出さなければならないときではないでしょうか。

何をやるにしても振り子を思い切り振ってみる、徹底して変えようとしたほうが最終的には早くよいバランスになると思いませんか。

異文化との衝突にこそ、反対の文化を発見して、そこから新しい価値観に基づいた創造的な考えが生まれてくる原点ではないでしょうか?。ただし、何度もいいますが、その振り子を振る実験の前に、徹底的に研究すべき点は、人類が人類であるとする本能的な価値観のうち、時代の変化にあって変えるべきモノと、そうであってはならないモノとの中に潜む、根本的な選別の原理原則を見出しておくべきです。日本で名経営者といわれた人の言動の中に、あるいは、長年経営が続いている企業の社訓や家訓の中に、変えてはならないモノを見出すことができると思います。

大変厄介なことですが、日本の伝承の中には文章化されていないモノも少なくなく、「仕事は教えるものではない、先輩のやっていることを見て盗め」とか、「以心伝心」とか、禅における「不立文字《ふりゅうもじ》」とか、あるいは剣術の「免許皆伝書」のように、何も書いてない白紙の巻物である場合もあったようです。これらから学ぶことは伝え方ではなく、師から弟子への相伝を基本とし、正師を持ち、師即弟子となり、弟子即師となり、相伝転じて単伝となる。薫習《くんじゅう》長じて身、即香りとなります。

師となる者はこの難解な教導を経て自得開悟《じとかいご》したことの中に、未来永劫に変えてはならない不変の教えを見つけたなら、自分の身の丈に合った伝授方法で、後輩や弟子に正伝してゆかねばなりません。そして確信を持つことができた考え方について、自分の言葉で、場合によっては無言でそのことを伝え続けてゆく覚悟を持たねばなりません。

このような組織文化（企業文化）の伝承の仕方のことを、諸外国の経営者にも理解して頂くという努力も、これからの国際化の時代になさねばならぬ、日本の経営者の責務であると思います。

第3節　国際化時代の企業経営

国際化の時代には多くの国々が、他国の文化をお互いに理解し合うことが必要不可欠です。成果主義が流行っていますが、資本主義はその効果を図る物差しを数字しか持っていません。数字だけの価値観は単純で分かりやすいものです。そのために識字率が低い国や、人種的に多様な人が住む国での目標を、統一的に見せるには言葉より数字のほうが都合が良いかもしれません。

しかし、人類の価値観は多様です。その多様さを表現するためには、数字だけでは十分ではありません。そしてその多様さを受け入れてきた民族が、したたかに今日まで存続してきました。

アメリカを中心勢力とする現代の自由資本主義は、巨大企業のみが勝者であるような価値観を育成してきました。その結果、ヴェンチャー企業も誕生しましたが、多くの若者に対して無力感に耐えるか、若《も》しくは安易に得られる欲望を実現しようとする、短絡した思考方法を選択するような社会の形成を促進したような気がします。

私は勤務評価方針を日本的な相対評価から、成果に基づく絶対評価に変えると、宣言して転換した企業を見てきました。しかし、そのような企業は何年かするうちに、社員の顔ぶれが全く変わってしまいました。親しい古株の社員に「どうなったのこれ」と聞きましたら、「こういうことになったのです」と、悲しそうに笑っていました。

部下の面倒見のよい古参はほとんど消えて、上司に対して調子のよい受け答えをする軽率な、「お調子者」だけが残っているように見えました。自分の評価だけしか考えない、エゴイストだけが生き残ったのです。成功は自分で独り占めにして、失敗はすべて他人のせいにすることが、上手な人が組織の中で生き残ったのです。

そのような現象が見えてきたときには、その企業では、すでに「目的の移転」が起きており、売上目標が目的となって、経営理念はどこかへ、置き去りにされてしまっていると思って間違いなく、やがて、データのねつ造や粉飾が表面化して、その企業は社会的に信用を失ってゆきます。次いでその企業は、リストラを経て企業改革へと進みます。

このように変化してゆく経営は、大きな間違いです。企業の経営理念に〝従業員を犠牲にして良い〟などと唱えている企業など、あるはずがありません。リストラをした時点で、その企業経営者は経営に失敗しました。リストラを実行することは経営者の〝恥〟なのです。日本では恥をかくぐらいなら、死んだほうがましというのが武士道精神なのです。

そして武士道は、今でも多くの人の心の底に「潔《いさぎよ》い心」として残っています。江戸時代の武士道文化で良い点は、恥をかかないように常日ごろから努力を積み重ねると、いった日常の生活態度を保持している点です。今でも、その考えは経営者の経営方針を律しているという部分は、小さくないといっても良いと思います。その点こそ、日本的経営の長所であり、多くの国の人々にも理解を広げたい考え方であると思います。

世界にも例のない江戸時代という三百年も続いた、経済成長の長期停滞時代の国民生活の体験。あるいは、長期安定のために築いてきた知恵の累積の中から、少子低成長経済時代に差し掛かってきた先進諸国が参考とするものが、日本の企業文化の軌跡の中に存在するのではないか。多くの国にとって、参考となる事例もあるのではないだろうかと考えます。

現代の自由な金融経済界が嫌うことばかりかもしれませんが、経済原則に合わない次の言葉を味わってみて頂きたいと思います。

金《かね》は卑しいモノ、金の話をするのは下品《げひん》、そして勤倹貯蓄を心掛ける。壊れたら修理して使う、捨てるのはもったいない、モノを大切にしなさい、無駄を省いて贅沢《ぜいたく》をしてはいけません。必要なモノを買うのではなく、なくてはならないモノのみ買いなさい、いつも整理整頓を心掛けなさい。早寝早起きは三文の得、知足、利他、投機賭博をしてはいけません、酒池肉林に溺れてはいけません。暴飲暴食を戒《いまし》めなさい、華美を戒めなさい、損して徳取れ、情けは他人のためならず、わが身のためであることを知るべし。

以上、これらの言葉で示される価値観の中に、必ずや、経済的に低成長時代と呼ばれる時代の、経営の在り方や生き方のヒントがあるに違いないと思っています。

今、日本の経営者はそのことを理解して、低成長時代の企業経営の在り方の見本を示して、世界から経済的な摩擦を消滅させ、抗争をなくす努力をしなければならないと思います。そうでないと、「和を以て貴しとなす」を国是とした国の価値はないと思います。

話は変わりますが、マレーシアのマハティール元首相が香港で演説した言葉の中に、こんな一節がありました。「日本の存在しない世界を想像してみたら良い。もし〝日本なかりせば〟ヨーロッパとアメリカが世界の工業を支配していただろう。アメリカが基準と価格を決め、欧米だけにしか作れない製品を買うために、世界の国々はその価格を押しつけられていただろう」。(「欧州・東アジア経済フォーラム」香港・一九九二年十月十四日)

このように日本の存在価値を、評価してくれている外国の首相もいらっしゃいます。有り難いことです。

第4節　日本の経営者が果たさなければならない役割

日本企業が世界で発揮しなければならないことは、輸出・輸入のバランスではなく、人口の高齢化、人口の減少などによる消費財飽和、および低成長時代に外国の企業に安定成長の見本を示すことです。そして多くの国が、自力で平和と安全、安定と将来への安心を獲得することができる、社会の実現が可能であることを示すことであると思います。

ところが、今日の日本外交は外務省が大使館を通して実施しているのでしょうが、外交官が伝える日本像と日本の実態との間にある乖離《かいり》の幅が、今は拡大しているのではないでしょうか。民間の企業こそ、日本の実態をリアルに伝えることに努力すべきときではないでしょうか。そのためには多くの日本の民間人がぜひ、外国人の友人を一人でも二人でも持つように、努力することをお勧めしたいと思います。企業であれば、外国人の社員を採用してみることをやってもらいたいと思います。

人間の付き合いは、親しくなればなる程本音で話ができるようになります。本音で話をすればする程「へぇ！

そんな風に思ってたの」ということにぶちあたり、邦人と外国人の考え方に無意識の隔たりがあることに気がつきます。違いに気がつくことは、お互いが理解し合う入り口になります。

外交官の世界も今や内向きになっていますから、自分の評価にプラスとなる表現の仕方に終始して、現実に即した実態に基づいた赤裸々な話はせず、抽象的、かつ陳腐な会話に終始していることが想像できます。そのうえに官僚全体としては官僚が反抗期を迎えている。そんな印象が私にはあります。「そんなに官僚が悪いというのなら、私らが作ってきた仕組みを皆ぶっ壊してやる」と、昔、誰かが「自分の所属する団体をぶっ壊す」といったことが、伝染しているのではないのだろうかと思える程です。

最近の橋梁談合事件や社会保険庁の事件、食肉業界の内部告発など、自分たちの責任になりそうな職域の内部告発を、積極的にやり始めているように感じます。官僚の防衛本能か、あるいは現官僚機構に飽き足らなくなった若者が革命を起こそうとしているのか。長年こつこつと、働くことを是としてきた人たちが、最近のマスコミに氾濫している目立ちたがり族の台頭に、ばかばかしいと感じるようになってきたのか。いずれにしてもしばらくは、官僚の談合体質崩しの内部告発が続くであろうと思います。独立行政法人病院が行った、医薬品の購買の仕方はどう考えてもしっくりいかない。何か不審な点が心に残る。近いうちにきっと何か暴露されるに違いありません。

そのような時代に政府の政策に頼って国際化対応を行っても、企業は世界に向けて、もてる価値を発信することができず、世界から評価を得るチャンスも逸します。

今、世界的に問題を起こしているイスラム教の過激な人々の考えも、回教国で女子の教育が進み、男女平等の思想が浸透するにつれて、過激な原理主義は影をひそめるような気がします。また、テロ事件は根源的な背景に、社会的無知が影響していると推測されます。男女平等な思想が台頭し、社会教育が行き渡ればイスラム教と民主主義が共存可能であることの認識が深まるでしょう。仏教もキリスト教も他の多くの宗教も、究極は人類の平和を願っているという点で、共通点を持っていることに気がつくでしょう。互いに敵対視するのではなく、互いに相互理解を進めれば、平和な安定した世界が出現することが十分予想されます。

グローバリゼイションとは、他国の文化を理解することから始まる国際交流ということだが、国境がなくなる現象とも理解されています。このような時代にあって、日本の価値観の基礎をなす「和の精神」をはじめ、多くの価値観や文化が世界に理解されるように努力することこそ、企業の未来志向ではないでしょうか。外国人の友を持ち、互いに理解の度を深めながら経営者自らが外国と直接接して、国際化時代の役割を体感して実践することをお勧めしたい。民間企業が率先して、国際化を平和裏に進めることができれば企業人として喜ばしいことではないだろうか。

第8章　商人道

どんな仕事であっても、人間形成の道にしてしまう日本人として、モノ創りから販売に至る過程で仕事をする方々の終局に求める、〝生き方〟〝道〟とはどのようなものでしょうか。商売を商人道としてとらえ、企業の大小にかかわらず、その求める生き方と、求道的なモノに仕上げてゆく人々の考え方の理想像は、やはり〝悟りを得ること〟であろうと思います。

ただ長い期間、金銭を介した取引を下賤《げせん》なモノとして卑下してきた民族にとって、商道から得た悟りは高僧や剣客が得た悟りとは、次元が異なるとみられがちです。しかし、それらの武士道や宗教的な悟りに負けないぞと、言ったモノでなければ満足のいくものではないでしょう。

そこで考えられる商道の悟りの境地とは、どのようなものでしょうか。日本人の努力の道標として影響を与えた言葉があります。まず孔子の言葉を示します。

1. 子曰く、吾、十有五にして学に志す。=「志学」
2. 三十にして立つ（三十而立）。=「而立」
3. 四十にして惑わず。=「不惑」
4. 五十にして天命を知る。=「知命」

5. 六十にして耳順《みみしたが》う。＝「耳順」
6. 七十にして心の欲する所に従えども（従心所欲）、矩《のり》を踰《こ》えず。＝「従心」
というのがありますが、禅の修行の過程を示した言葉として、次のようなものもあります。
1. 尋牛《じんぎゅう》　牛を捜そうと志すこと。悟りを探すがどこにいるかわからず途方にくれた姿を表す。
2. 見跡《けんせき》　牛の足跡を見出すこと。足跡とは経典や古人の公案の類を意味する。
3. 見牛《けんぎゅう》　牛の姿をかいまみること。優れた師に出会い「悟り」が少しばかり見えた状態。
4. 得牛《とくぎゅう》　力尽くで牛をつかまえること。何とか悟りの実態を得たものの、いまだ自分のものになっていない姿。
5. 牧牛《ぼくぎゅう》　牛をてなづけること。悟りを自分のものにするための修行を表す。
6. 騎牛帰家《きぎゅうきか》　牛の背に乗り家へ向うこと。悟りがようやく得られて世間に戻る姿。
7. 忘牛存人《ぼうぎゅうぞんにん》　家に戻り牛のことも忘れること。悟りは逃げたのではなく修行者の中にあることに気づく。
8. 人牛倶忘《にんぎゅうぐぼう》　すべてが忘れさられ、無に帰一すること。悟りを得た修行者も特別な存在ではなく本来の自然な姿に気づく。
9. 返本還源《へんぽんげんげん》　原初の自然の美しさがあらわれてくること。悟りとはこのような自然の中にあることを表す。
10. 入店垂手《にってんすいしゅ》　悟りという清らかな世界から雑踏の中において、人々を救うこと。
いずれにしても味わい深いものがあります。一度は耳にしたであろう、これらの言葉が日本人に与えた影響は少なくないでしょう。これらの言葉を聞き、奮起して自らを切磋琢磨して努力してきた人々も、また少なくはないでしょう。

私は、商人道の極みとして、刹那に相手が今、何を望んでいるかが分かり、瞬時に、さりげなく対応できる自分を創ることなのだと思っています。その結果、「知足」の心や「謙虚」な心が生まれ、「利他」の心が生じて自己や企業の存在が世のためになるという、人間像の形成でありたいと思っています。

話が飛躍しますが、将棋界の名人酒田三吉が升田幸三が初段のとき、角を指した一手を見て、その才能を見抜き、当時の木村義雄名人を破るのはお前だといって、升田を鍛え、かわいがった。升田はその油が乗りかかったときに、戦役に召集され五年間を戦地で過ごした。その間中、「木村爆撃なんかで死ぬなよ」と祈り続けたという。「俺が負かしてやるからそれまで生きておれよ」という気持ちであったという。その後、復員した升田は木村名人に五勝三敗で完勝した。

この人生の妙をみて、人は運というものを感じたという。そして、升田は運も大事だが、『運・勘・技・魂』が大切である、運がよくても運を掴むことができなければだめだと語り、人生は話し合いであると語った。この話を商人道の悟りの境地として、持ってきても違和感を感じないでしょう。

次いで、ＩＴ革命について述べてみたいと思います。

人間は新しい文明を手にするたびに社会を変革し、革命と呼んできました。アルビン・トフラー博士が『第三の波』を発表して以降、ＩＴ技術を駆使して数多くの変化が生まれてきました。デジタル信号化して実施する技術を使って、各種の分野に伝達方法や確率集計の技法に変革を起こして、それを情報革命と呼ぶようになりました。アイフォーンは、実用化されたデジタル情報伝達機器の寵児であります。

しかし早くも退潮の兆しが見えてきました。自由に飛び交う情報の多さと匿名性などで、情報の信頼性に疑問を持ち始める若者が出始めたのです。週刊誌の記事が、笑い話のネタにしかならないのと同様に、「ツイート」

だろう！　という嘲笑的な会話が、ちまたで増え始めているのです。ＩＴ技術を使った情報の価値が変化し始めたのです。

私はこの『第三の波』が人類にどのような革命的弊害を生むかについて、「鉄」が人類におよぼした弊害について考えるのです。鉄と火薬を手にした人類は、戦争と覇権という悲劇を生みました。インターネット情報の登場は、人間に「何が真実なのか」という不信感を生み出すのではないかと危惧しています。母親がテレビ画像に出ていた画面を見ていた子供に、「お母さんだ！」といった父親に対して、子供が「お母さんじゃない」といった。この子供の感覚こそ大事です。バーチャルリアリティーの氾濫する時代を、心して迎えねばなりません。デジタルネット情報に対する不信感の増幅の結果、結局は「人と人の触れ合い」が最も大切であると多くの人が気づけば幸いです。できることなら、次なる「ロボット時代」になる前に、多くの人に「肌にぬくもり」の大切さを気づいて欲しいと思います。商人道とは、人が人の世にいて、他人のためになることを目指して我慢をし、努力をして、自らを磨いて充実した人生を過ごす道程の一つであります。

商人道とはモノを作り、売上げを上げ利益を稼ぐことを目標にしながら、その過程で悩み苦しみ、その結果としてその努力の過程が、人間個人にとっても修業となって、人間形成の道程を一歩進めることができる修行の道であります。

第9章　商人の夢

未来の企業評価方式

（社員数＋関係会社の社員数）×人件費＋社会貢献投資額＋地球環境保護対策費＝Ｘ売上額

企業の評価はＸが大である。すなわち、《どうすればより多くの人が幸せになれるのか？》をより強く考えた企業が、社会的に高い評価を受けることになったら素晴らしいことだと思います。さらに、地域規模における自給自足を、大きく崩さない消費経済の評価が必要です。

すなわち、消費経済の過剰を豊かさとしないことであろうと思います。そして個人の労働に対する対価、報酬が最高の人と最低の人の格差が、十倍以内とするといった、夢みたいなことが実現すれば、なお素晴らしいといえないでしょうか？

実は私にはまだ、この本を書く資格が完全に整った訳ではないのです。

私には、まだ売れないことをとがめる心のほうが強すぎて、売れないことで死ぬ程、悩み苦しんでいる人の心までは分かっていないのです。売れない人を慰め、許す心が習い性となるまで私の心には育ってはいないのです。私の性格ときたら、「何故調べなかったのか？」「何故知らないのか？」「何故実行しなかったのか？」「努力が足りない」「努力すればできる」、そして「できないのは怠慢なのだ」と言った、人を責めることばかりが得意なのです。

売れない人の苦しみを知らずして、なんぞ、売ることの喜びを知ることができようかと、いうのが現在の心境なのであります。従って、自分の欠如願望の一環として、優しさに満ちた商売の本を書きたいと思っています。

心に響く言葉とは、食事のごとき心の糧。そのときそのときのその人の糧となれば、後は忘れられても構わないものであると思っています。

だらだらと書いたこの文の中身が、すべての人に普遍的に役に立てば、天にも昇る心地がするほど嬉しいですが、そうなるとは思っていないのです。しかしどこか一箇所でも、その人その人にとって、そのときちょっとでも〝そうだ〟と考えられ、その人にやってみようと思わせた箇所があれば嬉しく思います。

結局、商売というのは、商品を安い高いといって買ってもらうモノと思っていましたが、近年感じることはそれだけではなく、実はもっと大切なことは、お客様の心の満足を満たすことであるということが分かりました。お客様の心を満足させられる人間になるということが、商人道を極めるということになるのでしょう。

最近、商売とは文字や数値に表せるといった科学的根拠がなくても、「感じるという人間の感性」の素晴らしさを信じて、神や仏を信じ、自分を磨くことの結果を信じ、ひたすらにモノを作り、モノを売ることであり、購入して頂いたお客様と喜びを共有することであるということが解ったような気がします。

そして商人の人間としての幸せとは、人に愛されること、人にほめられること、人の役に立つこと。人から必要とされることであって、働きたいと思う心を持っているということは、本当の幸せを求める人間の証であると思います。

仏道における参禅とは、心身の脱落なり、焼香、礼拝、修懺《しゅうさん》、看経《かんきん》を用いず、只管打坐のみであり、心身の脱落とは坐禅なり。という道元禅師の言葉がありますが、日本では農夫、匠、漁師、猟師、そして商人もみな神や仏を信じて、業《なりわい》を始める前に斎戒沐浴し、方便《たつき》を八百万《やおろず》の神に祈り、あるいは釈迦や孔子に教えをこう習慣を持つものであります。

商人道とは獲る人、作る人、売る人、買う人、すべての人々の艱難辛苦《かんなんしんく》をしり、商品を用いる人に互恵の心と感謝の心をしらしめ、知らない人にはそのことを説いてまわり、自己の人間形成に励む道であります。

その結果、個人の人間形成における商人道としては、刹那に相手が今、何を望んでいるかが分かり、瞬時に、さりげなく対応できる自分という人間が、形成できることが夢の実現であるということになります。

十牛図《じゅうぎゅうず》の言葉を借りれば、「入店垂手《にってんすいしゅ》」ということになりますが、その境地に至れば最高です。

二〇一八年に創業百年を迎える、伊藤忠商事の初代伊藤忠兵衛は「商いは菩薩の業、売り買いいずれも益し世の不足を埋めるものでなければならない」と述べています。（『日本経済新聞』二〇一六年十二月六日掲載）

おわりに

私は企業における、販売担当者でさえも、日本の美しい企業文化を保持しながら、販売活動をするべきではないかと願っております。販売活動はかくあるべきとの思いを込めて、そのような趣旨で拙文を書きました。欲張りな事にできれば、何時か、外国の人の目にも止まってもらいたいという夢を見ています。その理由は「大量生産、大量販売、大量無駄遣い」「価格競争」の風潮の中で生まれた、がさつな商売と消費生活がこれ以上のさばらないようにと心から願っているからです。

営業の仕事において、言葉が重要な要素であることはいうまでもありませんが、まず、人の行動におけるすべての起点は心にあると思います。心。すなわち、わが心の想い程重要なものはないと思います。わが想い、わが心が重要だということが分かれば、心を修行する必然性が理解できます。

心を修行する必然性が分かれば、坐禅黙想の必然の意味が分かります。坐禅する必然が分かれば、真知と煩悩が判然としてきます。そして妄想が煩悩と分かれば、解脱の必然性が分かると思います。解脱に成功すれば口を吐いて出てくる言葉が、すべての汚れのない真知から出ることになるはずだと思います。煩悩が本能であることを思えば、解脱は不可能に近い程に困難であります。しかしながら、真知から迸《ほとばし》る言葉は本体（仏性）が発する言葉でありますから、謙虚であり、慈愛や感謝の気持ちを聞く人に感じさせることができます。そしてそのことは真の利他を招く言葉となるはずです。

そうして、自他の心を共振させることができ、人を動かすことができるのではないでしょうか。すなわち、言葉は人間関係において非常に大切なものであると思います。言葉が大切なことが分かれば、禅の考案修行の必然性も分かると思います。

このことを知って、行住坐臥即禅を心掛けるならば、営業人生においても真の他力本願、入店垂手の境地が得られるのではないでしょうか。禅の師家は修業を通して、これらを不立文字で弟子に相伝するのであろうと思います。実業界の先輩諸氏も、どうか後輩をそのような考えで育てて下されば、営業道も伝統文化として守ることができ、心に満ち足りる仕事になるもと思っております。

今回の拙著『日本の商い』が最近の資本主義一辺倒の経済活動に一石を投ずることができ、日本人の仕事の仕方を世に問うことができるならば嬉しく存じます。

また出版にあたりまして、原稿よりご指導を賜りました岡村忠典先生、またその御縁でご紹介頂きました島津書房村瀬博一氏、校閲にお手を煩わせました池田あきゆき氏、装幀家戸田ヒロコ氏に感謝の意を申し述べます。

私は今年喜寿を迎えました、この七十七年間ご縁があり出逢ったすべての方々に心より感謝を致します。

ありがとうございました。

平成二十九年五月十一日

《付　録》

企業規定類見本

《付録》企業規定類見本

１、定款、２、規定管理規定(見本添付)、３、組織規定(見本添付)、４、組織機構図、５、組織別業務分掌規程(見本添付)、６、組織別職務権限規程(見本添付)、７、会議体

1、定　款

第１章　総　則

(商　号)

第１条　当会社は、株式会社パープル・ローブと称する。
(英文で表す場合は、“K.K・Purple Robe.”とする。)

(目　的)

第２条　当会社は、次の事業を営むことを目的とする。

1　企業経営コンサルティング
2　一般企業の社員教育研修ならびにカウンセリング
3　地域の青少年および高齢者のリクレーション指導、ならびにカウンセリング
4　医薬品、化粧品、医薬部外品、機能性食品、および介護用品等の販売ならびに販売斡旋
5　前号に付帯する一切の業務

(本店の所在地)

第３条　当会社は、本店を群馬県群馬郡箕郷町柏木沢1196番７号に置く。

(資本の総額)

第４条　当会社の資本の総額は、金　10,000,000円とする。

第２章　社員および出資

（出資の口数および１口の金額）
第５条　当会社の資本は、これを200口に分ち、当会社の出資１口の金額は金　50,000円とする。
（株主の氏名、住所および出資口数）
第６条　株主の氏名および住所ならびに出資口数は、次のとおりとする。
出資口数　200口　群馬県高崎市箕郷町柏木沢1196-7　鈴木　太郎
100口、他４名各50口　氏名別紙
２．現物出資をする者の氏名、出資の目的たる財産、その価格及びこれに対して与える出資の口数は、別表のとおりとする。

第３章　　株主総会

（株主総会）
第７条　当会社の株主総会は、定時総会および臨時総会とし、定時総会は６月にこれを開催し、臨時総会は必要に応じて開催するものとする。
（総会の招集）
第８条　株主総会は、社長たる代表取締役が招集するものとする。
２．株主総会を招集するには、会日より５日前に、各株主に対してその通知を発することを要する。
（議　　長）
第９条　株主総会の議長は、社長たる代表取締役がこれに当たり、社長に事故あるときは、他の取締役がこれに代わる。
（決　　議）
第10条　株主総会の決議は、法令または定款に別段の定めが

ある場合のほか、出席した社員の議決権の過半数をもって決する。

（議決権）

第11条　各株主は、出資１口につき１個の議決権を有する。

（議事録）

第12条　総会の議事については議事録を作り、これに議事の経過の要領およびその結果を記載し、議長および出席した取締役がこれに記名押印することを要する。

第４章　役　員

（取締役の員数）

第13条　当会社の常勤取締役は５名以内とし、社外取締役は２名以内とする。

（資　格）

第14条　当会社の取締役は、当会社の株主の中から選任する。但し、必要があるときは、株主以外の者から選任することを妨げない。

（代表取締役および社長）

第15条　当会社に代表取締役１名を置き、取締役の互選によって定めるものとする。

２．代表取締役は社長とする。

（役員の報酬）

第16条　取締役の報酬は、役員総会の決議をもって定める。

２．社員たる取締役の報酬は、当会社の事業開始次年度迄はこれを支給せず、期末業績結果により社員総会の承認によって期末賞与として支給する。

第５章　計　算

（営業年度）

第17条　当会社の営業年度は、毎年１月１日から12月31日までの年１期とする。

（配当金）

第18条　株主に対する配当金は、毎営業年度の末日現在の株主に配当するものとする。

第６章　付　則

（最初の営業年度）

第19条　当会社の第１期営業年度は、当会社成立の日から平成20年12月31日迄とする。

（最初の役員）

第20条　当会社の最初の役員は、次のとおりとする。

取締役　　　鈴木　太郎　他４名

代表取締役　鈴木　太郎」

（社内規程）

第21条　この定款に定めない事で、役員および従業員の遵守すべき事項は、別に社内規程により定める。

（準拠すべき法律）

第22条　本定款に規定あるものを除くほか、すべて会社法、その他の法令に定めるところによるものとする。

以上、株式会社パープル・ローブ設立のため、本定款を作成し、取締役が次に記名押印する。

平成20年11月１日

代表取締役　　　鈴　木　　太　郎

２、規定管理規定（見本）

第１章　総　則

（目　的）

第１条　本規定は、会社の諸規定の制定、改廃及び運用について定め、且つ諸規定を体系的に統制して、業務管理の正常化と効率化を計る事を目的とする。

（定　義）

第２条　諸規定とは、会社の業務遂行に関して準拠すべき基準を定めたもので、規定・運用細則・内規・基準・要領およびマニュアル等を総称する。

（遵守および規定化の義務）

第３条　諸規定は、会社の業務執行・管理規準であり、厳正に遵守しなければならない。

２、業務主管部は、担当する業務の適性・円滑・能率的運営をはかるため、業務の標準化に努めるとともに、業務執行基準を規定化しなければならない。

第２章　諸規定の体系

（規定の分類）

第４条　諸規定は、その内容により次の５種に分類する。

①　基本規定

②　組織規定

③　人事規定

④　業務規定

⑤　各種運用細則・内規・基準・要領・マニュアル　等

（基本規程定の内容）

第５条　基本規定は、会社経営の基本となる事項を定める規定で、次の規定をいう。

（1）定款は、商法の規定にもとづく基本事項および会社経営上特に重要な事項を定める。

（2）取締役会規定は、定款の委任により規程された事項を定める。その他の規定は社長が策定し、取締役会の承認を経て実行する。

（組織規定の内容）

第6条　組織規定は、会社組織および職務分掌・権限を定める規定で、次の規定をいう。

（1）組織規定・組織別業務分掌規定は、業務機関の設置と業務囲を定める。

（2）組織別職務権限規定は、業務機関の業務執行責任者の職位（職階）と職務権限を定める。

（3）内部監査規定は、規定の運用・業務運営および管理指導に関する監査担当者の業務範囲に関する事項を定める。

（人事規定の内容）

第7条　人事規定は、会社と従業員の権利義務を定める規定で、次の規定をいう。

（1）就業規則は、労働基準法に基づく事項の他、雇用契約に関する基本的事項を定める。

（2）賃金規定・退職金規定は、就業規則の委任を受け又は補足的事項を定める。

（3）フレックス・タイム制度規定、育児休職・短時間勤務規定、国内出張旅費規定、海外勤務規定、海外出張旅費規定、借上社宅規定、福利厚生関連規定、転身支援、企業倫理要綱、企業秘密管理規定、公正販売活動指針並びに顧問契約規定、に関する事項を定める。

（業務規定の内容）

第８条　業務規定は、会社業務の遂行ならびに関係会社に関することを定める規程で、次の規程をいう。

（１）経理規定・固定資産管理規定・棚卸資産管理規定・予算管理規定・販売管理規定・仕入管理規定・車輌管理規定・印章管理規定および文書管理規定は、業務執行に関する事項を定める。

（運用細則・内規・基準・要領・マニュアル等の内容）

第９条　運用細則・内規・基準・要領・マニュアル等は、業務処理手続きの具体的な方法手段を定め、規定を補完し、業務の円滑化を図ることを目的とする。

第３章　諸　規　定　の　効　力

（諸規定の効力）

第10条　基本規定・組織規定・人事規定・業務規定の順位によりその下位にあたる規定を抱束し、かつ上位の規定に抵触する場合は、その抵触部分は無効となる。

２、運用細則・内規・基準・要領・マニュアル等は、前項に定める規定の拘束を受けるとともに、その抵触部分は無効となる。

３、諸規定は、会社の業務に従事する者のすべてを拘束する。

（効力の発生と消滅の時期）

第11条　諸規定は、その施行の日から効力を発生し、廃止の日に消滅する。

第４章　諸　規　定　の　制　定　お　よ　び　改　廃

（様式・形式）

第12条　諸規定を制定するときに用いる様式は、次のとおりとする。

（１）諸規定には、諸規定の内容を適切簡単に表現した固有の名称をつけなければならない。

（2）文章は箇条書きとし、文体は原則として口語体・現代仮名遣いとする。

（規定の制定・改廃）

第13条　定款の変更は、株主総会に付議し、その決議によってこれをおこなう。

2、重要な規定の制定・変更および改廃は、主幹部が起案し、取締役会の決議によって社長が執行する。

（運用細則の制定・改廃）

第14条　基本規定または組織・人事・業務規定で、取締役会で決議および協議事項に指定されたもののほかは、次の手続きによりこれをおこない、社長が執行する。

（1）組織別職務権限規定に基く業務の取り扱い・運用処理にかかる軽易な内規等を制定・改廃する場合は、業務主管部長が策定をおこなう。

（2）人事の機密にかかる内規等を制定・改廃する場合は、業務主幹部が起案し、社長の決裁を得るものとする。

（3）内容が2つ以上の部門の業務にわたるときは、関係部門と必要な調整をはからなければならない。

第5章　諸　規　定　の　公　布

（諸規定の公布方法）

第15条　諸規定はすべて制定・改廃の都度、所定の手続きによりその規定の制定または改廃の主管部名をもって公布する。ただし、定款は社名をもって公布する。

2、諸規定は、通達をもって公布する。ただし、組織別職務権限規定にもとづき業務主管部長を制定者とする内規等は、公布に代えて関係者にこれを通知することができる。

3、公布するおよび前項の通知は、施行期日以前にしなければならない。

（公布の担当部署）

第16条　公布に関する事務は、人事部がこれをおこない。業務主幹部長を制定者とする内規等は、業務主幹部がこれをおこなう。

（諸規定の閲覧）

第17条　諸規定は会社に常時１部備え置き、改正の都度差し替えをおこなうものとする。

（諸規定の保存年限）

第18条　現行諸規定の保存年限は永久とする。

２、失効した諸規定については、改定版を保存する。

第６章　諸 規 定 の 運 用 ・ 管 理

（諸規定の実施）

第19条　諸規定の適正な運用の直接責任は、業務主管部長がこれを負い、その実施および指導にあたるとともに、業務の正常化をはからなければならない。

（諸規定の維持管理）

第20条　制定公布された規定の業務主管部署は、常に規定を最新の形で維持するため、当該規定の改訂・関連規定の整備をおこなわなければならない。

２、主管部は、毎年２月に定期見直しをおこない、改廃をおこなう場合は、第13条および14条に従い実施する。

（疑義解釈）

第21条　規定の解釈について特に定めのある場合を除き業務主管部長が裁定する。

２、規定に定めない場合は、組織別職務権限規定にもとづき裁定する。

（本規定の改廃）

第22条　本規定の改廃は、取締役会の決議を要する。

ただし、字句・表現等軽易な変更は、社長決裁を得ておこ

なうことが出来る。

本規定を実施するため、別に細則を制定することが出来る。

平成20年11月１日　実施

3、組織規定（見本）

第1章　　総　則

（目　的）

第1条　　本規定は、会社の組織機構および業務分掌ならびに職務権限に関する基本項目を定め、業務の効率的・合理的運営をはかることを目的とする。

（性　格）

第2条　　会社の組織機構・職務その他組織に関する基本的事項は、定款・取締役会規定・監査役会規定および就業規則に定めるもののほか、本規定の定めるところによる。

（用語の定義）

第3条　　本規定における用語の定義は、次のとおりとする。

（1）職　　位…経営目的を達成するために割り当てられた、組織上の地位またはその地位にあるものをいう。

（2）役職位　…職位のなかで管理監督の立場にある地位またはその地位にあるものをいう。

（3）組織単位…会社の業務を運営・管理するために編成された組織機構上の単位をいう。

（4）業務分掌…各組織単位が分担する業務の範囲をいう。

（5）職務権限…役職位がその分担する責任事項を遂行するたの決定をおこない、かつその決定に従うことを要求できる力をいう。

（6）上位・下位…組織機構図上に示された上位の者を上位者（職）下位の者を下位者（職）という。

（7）統　　括…全般的状況を把握し、業務活動を一定の方針・計画に合致させるように進めることをいう。

（8）総　　括…本部または統括部署を取りまとめることをいう。

（組織機構の改廃）
第４条　組織機構の改廃は、社長がこれをおこなうものとする。
　組織機構の改廃にあたっては、市場環境および企業目的に十分留意するとともに、組織単位ごとの業務分掌事項を勘案し、系統的に編成しなければならない。

（組織機構の尊重）
第５条　各職位は、当該職位の責任を全うするとともに、組織機構を尊重し、経営の組織体としての総合的効果をあげるよう努めなければならない。

（組織機構の管理）
第６条　総務部長は、組織が会社目的に対し合理的に機能しているか常に監視し、問題の適確な把握をおこなわなければならない。
組織単位の長は、所管する部門において業務の配分および職務権限の行使などについて、常にその状況を適切に把握し、組織機能が効率的に発揮されるよう管理しなければならない。

（解釈上の疑義）
第７条　本規定について疑義が生じた場合は、社長がこれを裁定するものとする。

（本規程の改廃）
第８条　本規定の改廃は、社長がこれをおこなうものとする。

第２章　取　締　役

（社　長）
第９条　社長は、定款および取締役会規定にもとづいて業務を執行し、会社の業務全般を総括する。

（専務取締役・常務取締役）
第10条　専務取締役および常務取締役は委嘱された業務を執行するとともに、社長を補佐して会社の業務全般を総括補完する。

（取締役の業務分担・委嘱）

第11条　取締役会は、必要に応じて取締役の業務の分担を定め、もしくは業務を委嘱することが出来る。

取締役が担当役員としての任にあるとき、その基本的役割は次のとおりとする。

（1）担当業務に関し、方針・政策を立案し、社長に建言もしくは取締役会の決定・承認を得ること。

（2）担当業務に関する執行責任者であるとともに、部下に対し業務上の指導・援助・調整および勧告をおこなうこと。

（3）担当業務の執行にあたっては、権利・義務が並行することに留意すること。

取締役が辞任または退任する場合、後任が決定次第、ただちに業務の引継ぎをおこない、完了の記録を残しておかなければならない。取締役の業務代行順位は、別に定める役員業務代行順位内規による。

第３章　顧　問

（顧問契約）

第12条　顧客の要望に応じるために専門的知識・技能を必要とする場合は、取締役会の決定により、適任者と顧問契約をすることが出来る。２、顧問は社長の要望により負託された業務を執行する。顧問の活動の結果生じた顧客への損害補償義務は、負託された業務を超えない場合のみ、会社が履行する。

３、顧問の報酬および必要諸経費の支出は別に定める顧問契約規定による。

第４章　組織機構および業務分掌

（組織機構）

第13条　業務運営の組織機構は、別表の組織機構図のとおりとする。

（役職位の設置）

第14条　前条に定める組織機構の組織単位に、次の役職位を設置する。

（1）本部にあっては本部長を統括部にあっては統括部長を置く。

（2）部・支店にあっては、部長・支店長を置く。

（3）部長の下に、室長・課長を置く事ができる。

（4）支店長の下に、所長・課長を置くことができる。ただし、役職位を増減することができる。

（5）役職位の兼務は、原則としておこなわない。万一兼務をする場合は、内部牽制を崩さない範囲内で可能とする。

（業務分掌）

第15条　各組織単位および各職位の業務分掌は、別に定める組織別・職位別業務分掌規定による。

（委員会）

第16条　第13条に定めるもののほか、必要に応じて委員会（またはプロジェクトチーム）を設置することができる。委員会は、主幹部の要請により、取締役会の承認で設置する。

主管部は委員会にテーマを諮問し、委員会は指定された期限までに諮問された内容について検討した結果を答申する。

委員会の答申は、原則として主幹部の職務権限を越えるものではない。主幹部の職務権限を越えるもので必要と思われる物は答申とせず、参考意見として付記する。

委員会の答申内容は、取締役会で審議され、執行は主管部長に委ねる。

2　主管部は答申された委員会の意見が取締役会の決定を経て執行に移される場合は、必要な示達文章を作成し当該部署の責任者に配布しなければならない。

第５章　　職　務　権　限

（役職位の職務権限）

第17条　　役職位の職務権限は、別に定める組織別職務権限規定による。

平成20年11月１日　実施

４、組織機構図　（部分見本）

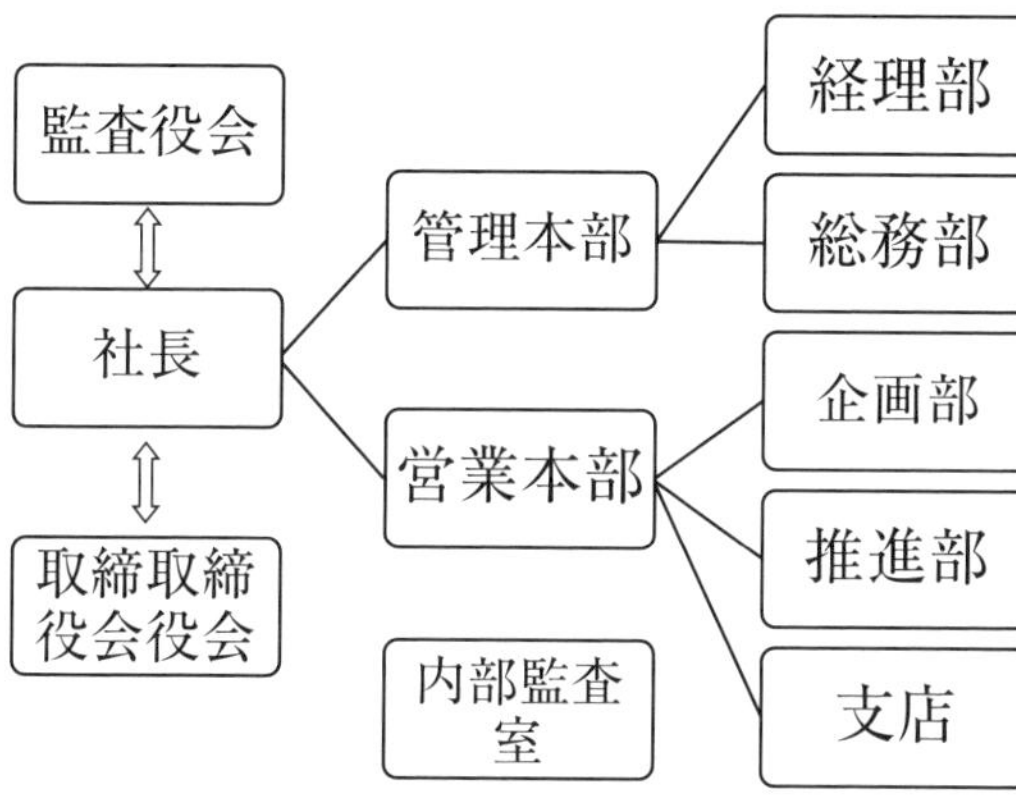

５－１　組織別業務分掌規程、職務権限規程等の作成手順

組織マネジメント・規定類作成の手順と運営の仕組み

（社内コミュニケーションと情報の共有化）

以下に簡単に作成手順を示します。何故にこのようなものを作ったかと云いますと、規程間の関係と連携の必要を知って頂きたいためです。まず組織を確定し、組織図を作成します。

１、業務分掌規定を作ります。

２、組織別業務分掌表を作ります。

３、組織別業務分掌事項や項目を作ります。項目別に年間スケジュール表を作ります。

４、分掌細目を作ります。

5、分掌項目別職務権限規程を作ります。組織別職務権限表を作ります。
6、分掌細目・年間作業サイクル表（スケジュール）
7、職務権限表には、発案者、協議部署、決定部署（機関）、連絡報告部署を明示
8、連絡会　協議会・審議会　承認決定会　設立の必要性検討
9、会議規定の策定　会議体の作成　組織機構図の作成　構成員・議長・事務局・議事録
10、会議年間スケジュール　定例検討事項　定例報告事項　審議決定事項

次ページの表も参考にして下さい。

5—2　参考表

組織マネジメント・規定類作成の手順と運営の仕組み
（社内コミュニケーションと情報の共有化）

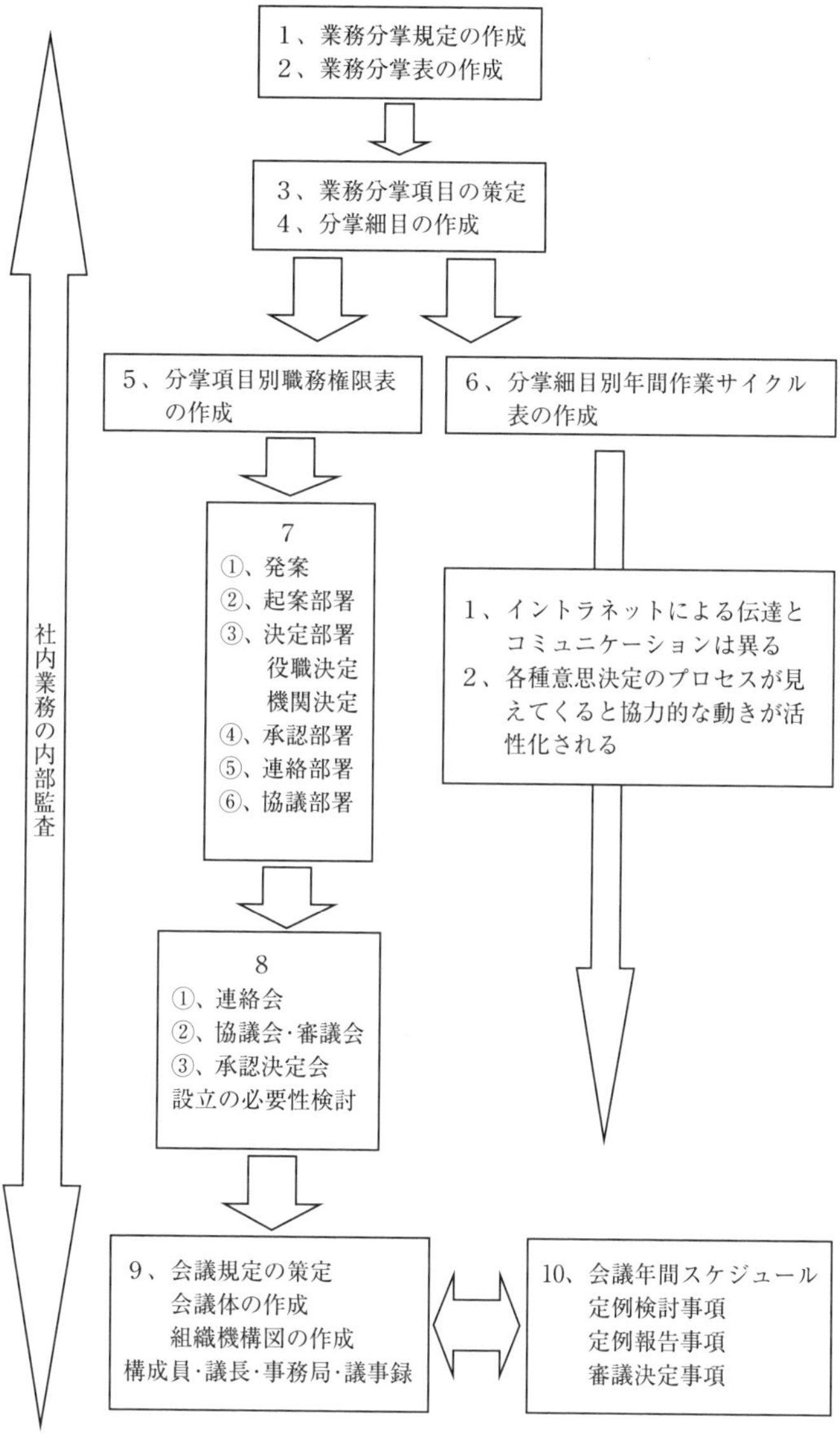

5—3組織別業務分掌規定、組織別業務分掌規定（見本）

（目的）

第１条　本規定は、組織単位の主要分掌業務を明確に定め、その業務の確実な遂行と関連部署との協調により、経営効率の向上を期することをその目的とする。

（業務分掌の徹底と遂行）

第２条　役職位は、当該分掌する業務を下位の者に周知徹底させるとともに、分担の上指導・監督のもとに確実な遂行を行う。

（共通業務分掌）

第３条　全社の組織単位に共通して分掌する業務は、次の各項に定めるとおりとする。

（１）所管業務運営の基本方針の立案・実施に関する項目
（２）所管業務の年度事業計画の立案・実施及び進捗管理に関する項目
（３）所管内の組織及び人事に関する項目
（４）所管業務の予算の立案・実施及び管理に関する項目
（５）主管規程の作成に関する項目
（６）所管施設・備品の保全及び管理に関する項目
（７）所管業務の改善及び生産性向上に関する項目
（８）所属員の人材育成に関する項目
（９）所管業務の調査・研究に関する項目
（10）関連部門との連携・調査に関する項目
（11）所属員の勤務・労務・福利厚生に関する項目
（12）受け取り文書の取扱に関する項目

（組織別業務分掌）

第４条　各組織が個別に分掌する業務は、別表組織別業務分掌表による。

（組織別業務分掌の表示単位）

第５条　分掌業務は、課以上の組織単位について規程する。

（用語の定義）

第６条　別表組織別業務分掌表で用いる用語は、次のとおり定義する。

（１）基本任務

経営目的を達成する為に編成された組織の本部・事業部・部及び室全体に要求される基本的な役割・任務をいう。

（２）分掌項目

部門の基本任務を遂行するために必要な部・室・課などの組織機能をいう。

（３）分掌事項

組織機能の遂行に必要とされる具体的な業務事項をいう。

（４）英語表記

英語あるいは英略で表記された用語は、添付用語集の解釈に従う。

5—4　権限表

組織別業務分掌表（部分見本—2）

（広報室）

基本任務	社内・外広報をつかさどるとともに、業界規範及び社内プロモーションコードの啓蒙を通じて、社員のモラル向上に寄与し、公正な販売活動を支援することを基本任務とする。

分掌単位	分掌項目	分掌事項
広報室	1、社内広報に関する項目	（1）社内報通信員会議の企画、運営 （2）社内報の企画・編集・発行 （3）News Letterの作成、発行 （4）社内行事の取材、サポート （5）かわら版、Management Flashの作成発信 （6）社内掲示物の管理 （7）社内コミュニケーション促進の諸施策の企画. 立案・実施 （8）社員向けコンシューマー製品サンプルの配布
	2、社外広報に関する項目	（1）マスコミへの対応 （2）企業広告活動（広告の作成及び媒体との交渉） （3）会社案内の企画立案及び作成 （4）インターネット、ニフティサーブの管理
	3、加盟団体・業界範囲に関する項目	（1）加盟業界団体の総会・理事会への出席 （2）独占禁止法・景品表示法の解釈と運用 （3）製薬協企業行動憲章の運営、管理 （4）プロモーションコード・公正競争規約、公正販売活動指針の社員教育の企画、立案 （5）公正取引協議会への対応
	4、消費者対応に関する項	（1）消費者対応の窓口業務

６－１　組織別職務権限規定、

組織別職務権限規定（見本）

（目的）

第１条　本規定は、組織規定第18条に基づき、役職委の責任と権限を明確に定め、責任体制を確立することによって、業務実行の円滑かつ効率的な運営をはかることを目的とする。

（権限の行使）

第２条　役職位は、権限の行使に当たっては組織規定第５章職務遂行の原則に規定された次の事項を厳守しなければならない。

（１）組織規定第19条　指揮系統の厳守に関する事項

（２）組織規定第20条　権限の行使に関する事項

（３）組織規定第21条　協調・強力義務に関する事項

（４）組織規定第22条　責任に関する事項

（５）組織規程第23条　報告義務に関する事項

（６）組織規程第24条　権限の以上に関する事項

（７）組織規定第25条　権限に代行に関する事項

（８）組織規定第26条　稟議に関する事項

（疑義の解釈）

第３条　確役職位は、自己の権限内の事項であっても解釈に疑義ある場合もしくは異例の業務の発生により第４条及び５条に定める職務権限表で判断できない場合は上委職位者に指示を受けるものとする。なお、分掌業務が曖昧で他の関係部署との協議・調整を必要とする場合は、社長室長へ連絡の上これを処理しなければならない。さらに必要な場合は、業務分掌規定を改正する。

（各職位の共通権限）

第４条　全ての組織単位の役職位に共通する職務権限は共通職務権限とし、その内容は、別表共通職務権限表の通りとする。

（各職位の固有権限）

第５条　各組織単位の役職位に固有の職務権限は、組織別職務権限とし、その内容は別表職務権限表の通りとする。

（用語の定義）

第６条　別表職務権限表で用いる用語は、次のとおり定義する。

（１）立案

判断力・計画力を行使して構想を組み、計画を立て、一つの案をまとめあげ、決裁後は自らあるいは共同して実施に当たることをいう。

（２）最終立案

部下または関係部署の立案内容を取りまとめ、最終立案、提言をなし決済後は実行責任者として実施に当たることをいう。

（３）合議

決済もしくは承認の前に立案部署より協議・調整を受け、意見を付すことをいう。

（４）審議承認

立案内容のうち重要事項に関し、会議体の審議・検討を要することをいう。

（５）決裁

自らの責任で諸条件を判断し、会社もしくは部門としての意思決定を下すことをいう。

（６）決議承認

決議された事項のうち重要事項に関し、取締会の決議承認を要することをいう。

（７）報告

決裁後もしくは承認後、決定した内容を文書または口頭で報告することをいう。

付則　　１、平成20年11月１日　　実施

職務権限表の見方

1、稟議区分欄のA・B・C表は、稟議を必要とすることを表しているが、その区分は次のとおりとする。

　A、　一般稟議書を使用する稟議事項

　B、　支出稟議書を使用する稟議事項

　C、　専用稟議書・専用書式を使用する稟議事項

2、職位欄について

（1）共通および組織別職務権限表に示す役職位は、以下に示す、職位を包含する。

①	課　　長	課長・営業所長
②	営業部長	支店の営業部長
③	部　　長	本社の部長・支店長
④	本 部 長	本部長・室長・事業部長

3、関連組織欄について

所属外の本部長・室長・事務部長の合議等必要な関連組織欄にその内容を示す。

関連する組織の名称は、固有の部門名を表示しているが、「部・室」の文字を省略している。

例	（1）経営企画室	経営企画
	（2）総　務　部	総　　務

4、規定注の記号の解釈について

（記号）	立案	最終立案	合議	審議承認	決裁	決議承認	報告	
	△	▲	◇	☆		○	◎	R

6—2　職務権限表

共通職務権限表（部分見本—1）

稟議区分	分掌事項	課長	部長	本部長	社長	備考 経営会議	取締役会	関連組織
	1、所管業務運営の基本方針の立案、設定							
	(1) 部の基本方針		▲	○	R	☆		
	(2) 課の方針	▲	○					
	2、所管業務計画の立案・実施及び進捗官理							
	(1) 部の計画		▲	○	R	☆		
	(2) 課の計画	▲	○					
	3、所管内の組織・人事							
	(1) 部組織の設置、改廃			△	○	☆	◎	経営企画▲
	(2) 課組織の設置、改廃		△	◇	○			経営企画▲
	(3) 臨時雇用員の採用		△	◇	○			人事▲
	(4) 部門内移動		△	◇	○			人事▲
	(5) 従業員の退職		△	◇	○			人事▲
	(6) 人事考課の評定		▲	◇	○			部門・全体人事委員会◇
	4、所管業務の予算の立案・実施および進捗管理		▲	◇	○			予算委員会☆ 総務R
	5、所管施設・備品・車輌の保全および管理	▲	○	R				
	6、所管業務の改善および生産性向上の推進	▲	○	R				
	7、所属員の人材育成	▲	○					
	8、所属業務の調査、研究	▲	○	R				
	9、関連部門との連係、調整	▲	○					

7―1　会議体　会議規定

会議規定（見本）

（目的）

第１条　本規程は、会社の会議体運営に関する基本事項を定め、会議の効率的運営と適切な運営管理をはかることを目的とする。

（基本方針）

第２条　会議体の運営は、次の基本方針にもとづいて行うものとする。

（１）各会議は、原則として構成員全員が出席して開催されること。

（２）会議体の規模および付議事項は、適切なものであること。

（３）意思決定・問題解決・業務調整のための意見具申や情報提供が活発におこなわれ、提供や妥協がないこと。

（４）担当部署の利害に固執した見解の主張に偏って、適正な決定を損なうようなことがないこと。

（５）決定事項は、責任のある実行につながること。

（６）決定事項は、責任ある実行につながること。

（会議体の設置）

第３条　会議体の設置に際しては、次の事項を明らかにしなければならない。

（１）名称

（２）目的

（３）付議事項の範囲

（４）開催頻度

（５）開催時期

（６）開催場所

（７）議長

（８）構成員

（9）運営方法

(10) 事務局

(11) 議事録

(議長の職務)

第4条　議長の職務は、次のとおりとする。

（1）会議体の運営方針の策定

（2）日時・場所・付議事項の決定および召集

（3）議事進行

（4）関係部署に対する審議結果の報告・連絡

（5）その他会議の運営全般にわたる統括

(不在代行)

第5条　事務局の職務は、次のとおりとする。

(事務局の職務)

第6条　事務局の職務は、次のとおりとする。

（1）召集通知の発送

（2）付議事項および資料の準備

（3）司会

（4）議事録の作成・配布・保管

（5）その他会議の運営に必要な事務

(召集通知)

第7条　召集通知には、開催日時、場所・付議事項を明記して、事前に構成員に通知するものとする。会議資料は原則として事前に配布し、協議時間を節約するよう心がけなければならない。

(厳守事項)

第8条　各会議体の構成委員は、次の事項を厳守しなければならない。

（1）会議に付議すべき事項があるときは、事前に付議事項および資料を事務局に提出すること。

（2）必ず当該会議に出席すると共に、開始時刻を厳守し、やむをえない理由により遅刻するとき、また本人が出席できない場合は事前に事務局に連絡すること。尚、出席できない場合は代理人を出すこと。

（3）来客・電話等のために会議を妨げることのないよう、臨機の措置をとっておくこと。

（4）会議の内容について機密に属する事項は、社の内外を問わず他に漏らさないこと。

（議事録）

第９条　会議の内容について議事録を作成し、構成員および関係部署に配布するものとする。

（実施責任および報告）

第10条　会議において決議された事項の主観部署は、その実施に関して示達文書を作成し、関係部署に配布するなど責任を有し、必要に応じてその実施状況を当該会議体に報告しなければならない。

２、公式会議の統括は広報室とする。

（会議体）

第11条　会社の公式会議については、別に定める会議体・会議運用基準による。

（用語の定義）

第12条　会議に際して使用する用語の解釈に齟齬の生じることがないように、次のとおり定める。

（1）審議　詳しくことの可否を論議・検討し、可否を決定すること。

（2）協議　寄り集まって相談すること。必ずしも結論を要しない。結論を約束として決める場合の表現は、協議し決定するとする。

（3）討議　意見をたたかわせることで、お互いに認識を深め

合うこと。

（4）検討　詳しく調べ当否を考えることで、必ずしも複数の人間が集合して行うことではないことも含む。調査あるいは精査にも似ている。

7－2　会議体（名）および構成員　(部分見本)

会議名	株主総会	取締役会	監査役会	OPCOM
開催	随時定例年１回	１回／３ヶ月	１回／３ヶ月	月１回
主な会議内容	商法上の株主総会付議事項（報告、審議、承認）	取締役会付議事項の審議、承認 業績報告、主要人事、組織機構、投資計画、 新規事業、役員人事、決算審議 詳細は役員規程による	監査に関する重要事項の報告および審議 詳細は監査規程による	取締役会承認事項の審議 各部月次定例事項の報告、質疑、承認 重要審議事項の審議、承認 重要提案事項の審議 年間サイクル表に示された定例検討事項の討議、決定 年度予実差異検討、
主催者（課長）	社長	社長	監査役	社長
構成員	社長、株主、役員	社長 役員	監査役	社長 財務本部長 営業統括部長 ＣＨ事業本部長 研究開発本部長 ビジネスディペロップメント部
事務局	法務局	法務室		広報室
報告先	株主		取締役会	取締役会
示達先				主幹部 →関連部
予算計上部門	法務室	法務室		広報室

著者のプロフィール

本名・鈴木陸生《りくお》　1940年生まれ　旧東京市牛込区出身
医薬品業界に勤務、医薬品の研究・開発・製造・販売と医薬品業界の川上から川下に至る幅広い現場を体験。定年退職後は学校法人北陸大学未来創造学部で教職に就任、未来社会創造学科教授。教職退任後は有限会社パープル・ローブの特別顧問コンサルタントに就任し、医薬業界企業の相談役的仕事に専念。
趣味は剣道・居合道、全日本剣道連盟公認社会体育指導員として少年剣道を指導。
著作に「医薬品市場概論」「医薬品流通業界の歴史」「組織マネジメント」「医薬マーケティング論入門」「日本人の営業活動」「医薬品販売競争の歴史」「医薬品製造販売の法的環境の概説」などがあるが、いずれも学生教育教材用に作られたものです。

日本の商い

平成三十年一月十五日　第一刷発行

著　者　鈴木　陸生
発行者　村瀬　博一
発行所　㈱島津書房
埼玉県入間郡毛呂山町南台三―一四―一七
郵便番号　三五〇―〇四六四
電　話　〇四九・二七六・六七〇〇
ＦＡＸ　〇四九・二七六・六七〇一

乱丁・落丁本は、御面倒ですが小社通信係宛送付下さい。
送料小社負担にてお取替えいたします。